本书系国家社会科学基金西部项目
项目名称：云南人口较少民族文化多样性与和谐社会研究
项目批准号：06XMZ044

云南省社会科学院研究文库

云南人口较少民族
文化多样性研究

YUNNAN RENKOU JIAOSHAO MINZU
WENHUA DUOYANGXING YANJIU

黄光成　著

中国社会科学出版社

图书在版编目（CIP）数据

云南人口较少民族文化多样性研究／黄光成著 . —北京：
中国社会科学出版社，2013.7
ISBN 978 - 7 - 5161 - 2994 - 4

Ⅰ . ①云… Ⅱ . ①黄… Ⅲ . ①少数民族 - 民族文化 -
研究 - 云南省 Ⅳ . ①K280.74

中国版本图书馆 CIP 数据核字（2013）第 162762 号

出 版 人	赵剑英
责任编辑	任 明
特约编辑	乔继堂
责任校对	张玉霞
责任印制	李 建

出　　版	中国社会科学出版社
社　　址	北京鼓楼西大街甲 158 号 （邮编 100720）
网　　址	http：//www. csspw. cn
	中文域名：中国社科网　　010 - 64070619
发 行 部	010 - 84083685
门 市 部	010 - 84029450
经　　销	新华书店及其他书店

印　　刷	北京奥隆印刷厂
装　　订	北京市兴怀印刷厂
版　　次	2013 年 7 月第 1 版
印　　次	2013 年 7 月第 1 次印刷

开　　本	710×1000　1/16
印　　张	20.5
插　　页	2
字　　数	378 千字
定　　价	65.00 元

凡购买中国社会科学出版社图书，如有质量问题请与本社联系调换
电话：010 - 64009791

总　序

　　云南省社会科学院是云南省哲学社会科学的"省队"，云南省省级综合性哲学社会科学研究机构，在推动云南哲学社会科学的发展中发挥着重要的作用，担负着义不容辞的责任。2001年，在认真分析形势和找准问题的基础上，院党和院行政班子确立了把社科院建设成为云南省马列主义、毛泽东思想、邓小平理论、"三个代表"重要思想以及党的路线、方针、政策研究和宣传的重要基地；建设成为云南省级党委、政府以及社会各界决策咨询的重要基地；建设成为云南省哲学社会科学理论创新、知识创新的重要基地；建设成为云南省人文社会科学和加强国际合作与交流的重要基地。

　　云南省社会科学院历来重视基础研究和学科建设，逐步形成了社科院的特色学科、重点学科及学术优势，民族和宗教问题研究、东南亚南亚研究、云南历史文化研究、社会发展研究、区域经济和农村发展研究，以及邓小平理论、"三个代表"重要思想等学科和学科方向的研究，在全省、全国都有重大的影响和较高的学术水平，某些方面（东南亚、民族文化、农村发展等）在世界上也占有一席之地。

　　在邓小平理论、"三个代表"重要思想研究和宣传方面，云南省社会科学院取得了一系列重大成果，出版了《江泽民"三个代表"重要思想概念》、《邓小平理论与云南发展》、《邓小平理论与云南21世纪发展》、《马克思主义人权观与中国少数民族》、《邓小平经济思想研究》、《当代中国的马克思主义——邓小平理论研究》、《邓小平社会主义论》、《邓小平社会发展论》、《邓小平改革开放论》、《邓小平经济发展论》、《邓小平统一战线论》等著作，系统研究、阐述邓小平理论和"三个代表"重要思想的科学体系和时代特征，受到省委省政府的肯定和学术界、理论界的广泛好评，这些理论成果标志着云南研究邓小平理论和"三个代表"重要思想学科体系的形成和完善。民族研究方面，参与完成了国家民族问题五种丛书的编写工作，集中就云南各民族的基本情况进行了全面系统的总结，使自古以来无人说得清的云南基本省情——云南民族情况清晰地展示在人们面前；先后完成了基诺族的识别研究和崩龙族名称更改问题的研究，为解决民族识别遗留问题作出了重大贡献；完成了云南省 16 个少数民族 16 部民族文学史，填补了国内学术研究空白；国家基金重点项目成果《论当代中国民族问题》，系统全面地论述了现阶段的民族问题，总结了我们党解决民族问题的成功经验，对促进国家统一和民族团结具有重要意义。在东南亚、南亚研究方面，取得了"开拓东南亚市场研究"、"澜沧江湄公河次区域经济技术合作研究"、"印度独立后农业发展道路研究"、"东盟的发展与我国我省的对外开放"、"走向 21 世纪的东南亚与中国"、"东方多瑙河—澜沧江—湄公河流域开发探究"、"当代印度"等一批重要成果。《忽必烈平大理是否引起泰族大量南迁》、《南诏王室泰族说的由来与破产》、《泰族起源与南诏王室族属问题》等成果中关于泰族起源问题的研究，纠正了国际上流行的错误观点，受到了国际学术界的广泛关注，泰国正式接受了"南诏不是泰族建立的政权"的结论，并改写了中小学教材中的有关内容。在历史、文化和人类思维研究方面，《云南近代史》首次全面记述了 1840—1949 年云南各族人民爱国主义斗争的历史，系统反映了云南近代历史上的社会变迁和发展情况，填补了云南地方史研究的空白；《法言注》被著名思想史专家任继愈认为"这是部值得向出版界推荐的好书"；民族学界专家认为《中国神话的思维结构》在神话学研究中具有开创性意义，在学术观点和研究方法上有新的探索和突破；《哲理逻辑探要》、《东西方矛盾观的形式演算》、《辩证思维方式论》、《原始思维》、《思维活动论》等系列著作，使云南省思维科学、逻辑学的研究达到了国内先进水平，在学术界产生了良好影响。

　　为了认真总结云南省社会科学院几十年来基础研究方面取得的重大成绩，进一步整合基础研究力量，营造良好的学术氛围，提高学术品位，提升基础研究学术水平，打造学术品牌，培养名家，发挥哲学社会科学认识世界、传承文明、创新理论、咨政育人、服务社会的作用，同时，让社会各界特别是学术界比较全面系统地了解云南省社会科学院，从 2003 年开始，我们特别推出《云南省社会科学院文库》，希望社会科学界关注、支持、指导和交流，共同繁荣和发展云南哲学社会科学。

目　录

导　　论

理解人口较少民族文化多样性与
和谐社会的几个理论前提

一　文化、民族文化与文化多样性界说

要研究文化多样性，首先碰到的就是文化界定的问题。文化是什么？如何理解文化？限于篇幅和论题方向，我们不拟对此进行更深入的讨论，但在对文化众说纷纭的当下，为了获得对话的共识，却有必要简要阐明我们对文化概念的认识。

本研究使用的是人类学意义上广义的文化概念。我们理解的文化，不止局限于歌舞文艺，以及习俗、节庆之类的范围和显性层面。我们认为文化是一定的社会群体在长期应对自然和社会环境，求得生存发展，并经世代积累和传承着的知识体系、思维体系、价值体系，以及与群体心理、情感、行为等相互联系的诸多要素的统一体。我们赞成美国人类学家莱斯利·怀特的说法："文化是使人类的生命过程得以延续的手段，它是向人提供维持生计、保护、攻防、社会调节、外界适应和休养生息等需要的机制。"[①] 2001 年 11 月 2 日联合国教科文组织第 31 届会议上通过的《世界文化多样性宣言》明确指出："大会重申应把文化视为某个社会或某个社会群体特有的精神与物质，智力与情感方面的不同特点之总和；除了文学和艺术外，文化还包括生活方式、共处的方式、价值观体系，传统和信仰。"[②]

另外，联合国教科文组织（UNESCO）、世界文化与发展委员会（WC-CD）编写的《文化多样性与人类全面发展——世界文化与发展委员会报

---

① 夏建中：《文化人类学理论学派——文化历史的研究》，中国人民大学出版社 1997 年版，第 221 页。
② http：//www.ihchina.cn/inc/detail.jsp？info_ id＝3089，见"中国非物质文化遗产网·中国非物质文化遗产数字博物馆"，2010 年 12 月下载。

告》一书中，关于文化的界说也是我们所赞同的："正是文化，使人们得以相互沟通、联系，也正是文化，使每个个体的发展成为可能。同样，文化规定了人如何与自然、与周遭的物质环境发生联系，文化决定了人如何看待人与地球、人与宇宙之间的关系，文化决定了人对其他生命形式（无论是动物还是植物）的态度。正是在这种意义上，包括人的发展在内的所有形式的发展，归根结底都取决于文化因素。"① 像这样突出了人和人类发展的文化定义正是本研究贯穿首尾的一个重要理念。

民族文化是一个民族社会生活（包括物质生活和精神生活）和历史传承的综合体现。民族文化渗透在民族社会生活的方方面面，反过来也可以说，哪里有民族社会生活哪里就有文化。在民族社会生活中，我们把各种在文化体系里具有某种意义的事物及活动称为文化现象或文化事象。这里所谓文化体系的意义至少具有三个方面的指向：一是时间的指向，其中包括两个坐标：历史和未来。它指向民族久远的历史，因为一种文化形态的形成必然可以追溯到久远的过去；它指向民族的未来，因为文化已经在一定程度上规定了民族未来的走向。二是空间的指向，它指向民族赖以生存的各种自然和社会环境，从这个意义上说文化是环境适应的产物。三是指向民族文化结构内部，即各种文化要素之间的复杂关系，文化即是各种文化要素之间相互联系、相互制约、相互转化的统一体。因此，民族文化是整体与个体（要素）、动态与静态、现象与深层结构等多方面的对立统一体，这就要求我们采取历时性与共时性相结合的多视角、多方位的方法对民族文化进行调查研究。

在上述对"文化"理解的基础上，再来看文化多样性。像众说纷纭的文化概念的界说一样，当今学界和社会上对文化多样性的理解也是多种多样的，很难一概而论。其实，我们没有必要把简单的问题复杂化，人类文化的丰富多彩和千差万别本身就决定了文化多样性的客观存在，它是当今人类社会和世界文明的一种基本特征。2005 年 10 月第 33 届联合国教科文组织大会上通过的《保护和促进文化表现形式多样性公约》中说：会议"确认文化多样性是人类的一项基本特性，认识到文化多样性是人类的共同遗产，应当为了全人类的利益对其加以珍爱和维护，意识到文化多样性创造了一个多姿多彩的世界，它使人类有了更多的选择，得以提高自己的能力和形成价值观，并因此成为各社区、各民族和各国可持续发展的一股主要推动力，以及

---

① 联合国教科文组织（UNESCO）、世界文化与发展委员会（WCCD）编写：《文化多样性与人类全面发展——世界文化与发展委员会报告》，张玉国译，广东人民出版社 2006 年版，第 3 页。

在民主、宽容、社会公正、各民族和各文化间相互尊重的环境中繁荣发展起来的文化多样性对于地方、国家和国际层面的和平与安全是不可或缺的。"①这段话已经对文化多样性的客观存在及其意义作了充分的表述。

既然文化多样性是人类社会的基本特征，是人类共同的遗产，就应该以更宽广的视角来看待文化多样性。我们认为，所谓文化多样性指的是一种各有差异的多种文化形成的一个整体，即不同的传统、不同的生存方式、不同的价值观念、不同的思维和情感模式并存同生，保持着差异，其理想的状态应该是相互以一种和平共处、互相尊重、互相理解、互相启发的和谐状态的自由发展。因为，"人类社会是一个由不同类型文化所构成的共同体。在漫长的历史发展过程中，每个民族、每个国家都在创造着自己的文化。由于地域、历史、传统的差异以及种种现实因素的影响，不同地域、不同时期、不同传统的人类社会共同体，总是在社会的生产方式、生活方式和思维方式以及相应的语言、宗教、科学、伦理等文化体系方面，表现出不同程度的独特性，还构成一些不同的文化类型，使整个人类文化表现出鲜明的多样性，并成为世界文化的一个基本特质"②。

1952 年，人类学家克洛德·列维－施特劳斯应联合国教科文组织之约，以反种族主义为题撰写了《种族与历史》一书，书中在阐明人类不是以种族，而是以文化来区分，不仅种族间不存在优劣，而且文化之间也不存在优劣这一观点的基础上，进一步指出文化多样性的客观存在和保持文化多样性的重要意义。他说："首先必须接受以下事实：人类文化的多样性比我们一向所知道的都更为繁多。目前如此，过去亦然，不管从事实出发还是就理论而言都是如此。……的确，多样性的问题不只是文化层面上的问题；在每个社会内部，在组成社会的所有社群中，同样存在着多样性问题，如社会等级、阶级差别、专业部门或宗教派别等等，差异得到一定的发展，也为人们所看重。……因此我们知道不该静止地看待人类文化的多样性，这种多样性不是一成不变的样品目录表。"③

正是基于这样的观点，联合国教科文组织《世界文化多样性宣言》第一条就阐明："文化在不同的时代和不同的地方具有各种不同的表现形式。这种多样性的具体表现是构成人类的各群体和各社会的特性所具有的独特性

① http：//www.ihchina.cn/inc/detail.jsp? info_ id=317，见"中国非物质文化遗产网"。2010年 12 月下载。

② 房广顺：《文化多样性是当今世界的客观存在》，载《浙江日报》2007 年 7 月 16 日。

③ ［法］克洛德·列维－施特劳斯：《种族与历史　种族与文化》，于秀英译，中国人民大学出版社 2006 年版，第 8—9 页。

和多样化。文化多样性是交流、革新和创作的源泉，对人类来讲就像生物多样性对维持生物平衡那样必不可少。"① 进入 21 世纪以来，联合国教科文组织通过了《世界文化多样性宣言》、《保护文化多样性公约》、《保护非物质文化遗产公约》、《保护和促进文化表现形式多样性公约》等一系列具有历史意义的国际文献，并得到了多数国家领导人的签署，这标志着人类社会进入世界文化多样性的新纪元。同经济全球化、世界多极化一起，文化多样性已经成为当今世界的三大潮流。

我们认为，文化多样性是人类社会生活丰富多彩以及人们的精神需求多样化的必然反映，正是文化多样性的客观存在使我们生活的这个世界变得多姿多彩，丰富无比，它为世界各民族群体提供了相互对话、相互启迪、相互借鉴的机会。随着现代科学技术的进步，交通、通信和信息的高度发达，人与人、民族与民族之间的交往大大方便，经济一体化不可避免地成为事实。即使是像独龙族这样的民族，也很难像过去那样以独龙江划地自处，同样越来越频繁地发生着各种不同的文化之间的相遇、碰撞、交流、融合，依然造就了自我丰富和更新的契机，同时也增加了民族文化被侵蚀、被同质化的危险。一个民族不论大小，尊重和维护文化多样性并非外在的职责，而是一种发展本民族文化的内在要求，是构建和谐社会的必然要求。

本研究的对象是云南人口较少民族的文化，因此需要指出：民族的文化与民族人口并非具有某种比例关系，不是人口少，文化就单薄，就不重要。事实上，每一个云南人口较少民族都有悠久的历史，都有很丰厚的文化积淀。如果我们以一种动态的眼光，从历史发展的角度来审视云南人口较少民族的文化，我们将会看到丰富多姿、色彩斑斓的文化多样性。不要说云南 7 个人口较少民族各个不同，就是每个民族的文化系统本身也构成了文化多样性的集合，甚至同一民族中不同居住地域、不同民族分支的人群也都呈现出不同的文化差异。这些民族人群的语言、宗教信仰、认知智慧、心理情感、生产生活方式、口碑传承、民俗民风，乃至建筑、服饰、音乐、舞蹈等都各富特色，都应作为人类的共同财富给予重视和保护。

在后面的研究阐述中我们将会看到，目前人口较少民族文化受到了巨大的冲击，民族文化差异性的空间正在急剧缩小，文化多样性受到了威胁。在这种情况下，越是人口较少的民族文化，越是稀有资源，越具有珍贵的价值，因而保护的责任就越重大。

---

① http：//www. ihchina. cn/inc/detail. jsp? info_ id = 3089，见"中国非物质文化遗产网·中国非物质文化遗产数字博物馆"，2010 年 12 月下载。

二　民族文化是具有自身价值指向的文化生态系统

　　"文化生态"的概念是由以美国人类学家斯图尔德为首的文化生态学派提出来的，指的是人类的文化和行为与其所处的自然生态环境之间互相作用的关系，认为文化的多样性其实就是人类适应多样化自然环境的结果，强调对生态环境在文化研究中的重要性，因而其理论被称为生态人类学。在这一学术理论的启发下，近年来我国有不少学者引入了文化哲学的视角，把"文化生态"的概念加以引申，植入了另一层新的含义，把斯图尔德所说的自然生态环境拓展到了社会环境及其与文化相关的自然、社会和历史等各方面的互动关系中，把文化的各个部分看成是一个相互作用、导向平衡的整体。把人类文化本身看作一个类似于自然生态的系统。例如，冯天瑜等人认为："自然的、经济的、社会的诸生态层面主要不是各自单线影响文化生成，而是通过组成生态综合体，共同提供文化发展的基础，决定文化的大略格局和走向。"① 又有学者认为："比照自然生态概念，我们认为，文化生态应是指一定时期、一定社会文化大系统内部各种具体文化样态之间相互影响、相互作用、相互制约的方式和状态。换言之，文化哲学视野中的文化生态研究，试图把特定社会的总体文化构成，看作是多个子文化的有机集合，注重它们之间的融通和互动，并以此作为解读文化演进和文化变迁的重要依据。"② 我们赞同对文化生态所下的这样一个定义：文化生态"指一定时代各文化要素之间相互关联所呈现的形态以及由此形成的一种具有特征性的文化结构，它在本质上规定并表征着人的生存方式及其相互关联。"③

　　总之，文化生态的概念具有两种含义，或者说有两个研究的侧重方向。"关于文化生态的研究。大致可以分为侧重解释文化变迁的生态学研究和把文化类比为生态整体的文化研究。前者把文化置于生态之中，侧重研究文化演变与生态的其他部分的关系；后者把文化类比为生态一样的整体，虽然也顾及文化与自然环境的关系，但是侧重在研究文化与社会的关系"④。目前国内在第二种意义上，从文化与文化关系的视角解读文化生态概念已经被广

① 冯天瑜、何晓明、周积明：《中华文化史》，上海人民出版社1990年版，台湾桂冠图书公司1993年再版。

② 孙卫卫：《文化生态——文化哲学研究的新视野——兼论当代中国文化生态及其培育》，《江南社会学院学报》2004年第1期。

③ 徐书业：《文化自觉：教师专业发展的未来趋势》，《广西教育学院学报》2004年第2期。

④ 刘魁立：《文化生态区保护问题刍议》，转引自中国民族文学网（http://www.iel.org.cn）。

泛使用，并有不少研究文章问世。

把文化类比为生态整体的文化研究，其意义就在于强调文化与各种相关要素（内部和外部的）、相关环境（自然环境和社会环境），以及各种文化因子之间的相互作用和相互关系。文化之间的差异，从外部来说，其实就是不同的文化主体面对不同的自然、社会、历史三重现象进行特殊适应的过程中模塑出的文化生存状态；从内部来说，即是文化内的不同要素和不同关系所构筑的生态系统。如果把文化看作一张网络，那么文化生态就是联结着文化主体与各种内部和外部要素的有机整体；如果将文化比喻为一条河流，那么文化生态就是不断应对和融会着自然与社会的各种相关因素，并在文化系统中不断进行自我调整并保持着内部平衡的动态系统。也就是说，正常的文化生态是一个有机的整体，它既有一定的独立性，又与周围的一切相互联系、相互作用、相互统一，由此形成了一个生态整体。它应该具有不断地自我修复和调适的能力，它能够在应对各种要素和关系的变化中，保持着系统的平衡，或者说是维持着系统平衡被打破后再调适到新的平衡的动态过程。

对于一个民族来说，其文化的重要性已经不言而喻。民族文化是一个民族认同的依据，甚至成为一个民族之所以为民族的根据。可以说，一个民族的文化就是一个完整的生态系统。民族文化生态是民族人群得以维持民族特性的一种生存状态，是一种融会着自然和社会各种相关要素的基础上、包含着一个民族的价值系统、思维系统、情感系统和各种行为方式的总和。对于民族社会和民族区域经济的发展进步，民族文化生态也提供了一种强大的内在调适和驱动的力量。

文化生态系统内部的各种文化因子交融互摄，相互牵引、贯通，形成环环相扣的"文化链"，其中一个因素、一个环节的变化，往往会带来连锁反应，导致民族文化结构的震荡[①]和文化生态的失衡，甚或会引起深刻变革和变迁，也会导致文化的衰落或消亡。一种文化出了问题，首先就是文化生态出了问题。文化生态失衡而不能恢复，乃至系统本身丧失了自我调适的能力，那就意味着一种文化走向衰微，即将寿终正寝。因此，研究民族的文化生态对于认识民族文化内部和外部的关系及其形态，把握其演进及变迁的规律，对于民族文化的保护和发展，对于民族社会的和谐进步都将具有重要的意义。

这里需要特别强调的是，民族的文化生态系统的价值指向不尽相同。如

---

① 参见拙著《云南民族文化纵横探》，科学出版社 2007 年版。书中的"序篇"，探讨了民族文化的结构构成和机制，以及民族文化变迁与结构震荡的关系问题，可为本论的补充。

同自然万物一般，在不同的民族文化生态系统中，人们的生活方式、精神追求、善恶价值、行为规范、幸福标准等，往往呈现出纷呈多姿的形态，不可强求一致。就说幸福的价值指向吧，虽然各民族的人来到这个世界上，都几乎无一例外地要追求幸福，但是，不同族群的人，追求的幸福目标不一样，追求的方式也不一样。对于有的民族，幸福在于征服自然以增加物质舒适的程度，有的在于追求家庭的和睦，有的在于实现个人的价值，有的则是追求精神世界的宁静完满。有的民族认为唱歌跳舞、弹琴奏乐是人生的极乐，有的则把美食佳肴、得口腹之乐作为人生的至福。有的民族需要得到很多财富才快乐，甚至仍不快乐，有的则所需无多，甚至不需要什么就其乐无穷。有的民族把"造反"的日期镌刻在纪念碑上，动辄罢工游行，快乐无比；有的则认为"和为贵"，以造反为大逆不道。有的民族乐在与天斗，与地斗，与人斗；有的则乐在与天和，与地和，与人和……①

我们认为，运用文化生态的视角和视野来观照民族文化多样性问题是颇具价值的。云南每个民族都有自己深厚的历史，每个民族都在各自的自然环境和社会环境的长期适应过程中，探寻着适合自己民族的生存方式，模塑出了各个不同的文化生态。尤其是对诸如云南人口较少民族文化等一些处于弱势的民族文化，不从文化生态的角度去进行整体的认知，只就文化现象谈文化是很难说清问题的，也难以正确地认识其文化多样性的价值。云南人口较少民族文化生态中的价值指向显然与其他人口较多的民族有着诸多不同，在以后逐步展开的调查分析中我们将会看到，在这文化生态系统中的人一般不会无休无止地专注于财富的积累，他们无意充当时代潮流的"弄潮儿"，而是更关注于人与自然、人与人、个人与群体之间的和谐。

如果把云南人口较少民族本身作为一个研究对象来看待的话，那么它是一个分布较广、居住分散、复杂多样的集合。据 2010 年第六次全国人口普查，云南省的 7 个人口较少民族②人口总数不过 27.78 万人，仅占全省总人口的 0.60%，占全省少数民族人口的 1.81%，但是它们却分布较广，以大分散、小聚居的形态居住在全省 10 个地、州、市中。而且大多聚居在边境一线的山区和半山区，多数是跨界民族。每个民族都与其他民族相邻而居，每个民族都有自己深厚的历史，每个民族都在应对各自的生存环境中，探寻

① 河清：《破解进步论——为中国文化正名》，云南人民出版社 2004 年版，第 29 页。
② 2010 年以前，人口较少民族的划分标准是 10 万人以下。云南省共有 7 个人口较少民族，分别是：独龙族、德昂族、基诺族、怒族、阿昌族、普米族、布朗族。从 2011 年起，国家把人口较少民族划分的上限从 10 万人提高到 20 万人，云南除了原有的 7 个人口较少民族外，景颇族也被纳入人口较少民族范围。由于本项目开展的时间主要在 2011 年以前，故未能将景颇族包括在内。

着适合自己民族的生存方式，模塑出了各各不同的文化生态。

从民族的角度看，每一个云南人口较少民族的文化都是一个独特的文化生态系统，从地域的角度看，每一个云南人口较少民族的聚居区也就是一个文化生态系统。如果再缩小观照的范围，每一个民族文化的内部又有若干的生态单元，比如，在信仰方面的文化生态、语言方面的文化生态、非物质文化遗产方面的文化生态，等等，这些不同单元的文化生态的状况又都集合成了一个民族文化生态的总体状况。

总之，云南人口较少民族的文化不是一种文化形态或一个文化生态系统所能涵盖的，它们必然属于多个系统。这些不同的文化生态系统各具传统，整合着不同的生境，呈现不同的特点。"人类所创造的每一种文化都是一个动态的生命体，各种文化聚集在一起，形成各种不同的文化群落，文化圈，甚至类似食物链的文化链，它们互相关联成一张动态的生命之网，其作为人类文化整体的有机组成部分，都具有自身的价值，为维护整个人类文化的完整性而发挥着自己的作用。这种将人类不同的文化看成是一张互相作用的网络或者说是一个群落的观念，是对人类文化整体的一种领悟。而这种领悟的关键在于，我们将如何去理解人类各文化之间的一种相互作用的关系。"①

当然，由于云南人口较少民族在人口构成、生存环境、历史际遇等许多方面都有一些相似或相同的地方，因此这些不同的文化生态系统也蕴含或呈现出诸多的共性特征，这将成为我们对云南 7 个人口较少民族进行集合研究的一个认知前提。可以说，云南人口较少民族的文化和文化生态折射着云南民族文化的特点，也是多元而多样的。它们大大丰富了云南民族文化生态的多样性，增添了云南民族文化的魅力。如果缺少了云南人口较少民族的文化，云南民族文化的丰富性将要大打折扣，云南民族文化的精彩纷呈也将大为逊色。

对于一个民族的文化生态状况的观察和评价，可以制定出多种多样的观察和评价指标，在研究人口较少民族的文化生态时，我们认为有两个方面最为重要：

其一，是否有利于对文化多样性的保护和发展。民族文化多样性是人类全面发展的基础，也是一个文化群体获得自尊、自强、平等进步的动力。如果一种民族文化系统的诸要素及其相互之间的互动关系是对民族文化多样性

---

① 方李莉：《文化生态失衡问题的提出》，《北京大学学报》（哲学社会科学版）2001 年第 3 期。

的保护和发展具有促进作用的，其文化生态就可视为运行正常，反之则是文化生态的失衡，需要加以调适或挽救。

其二，是否有利于民族群体的和谐，以及和谐社会的建设。人们创造文化是为了更好地生存和发展，一种文化生态的存在及其运行是为相应的文化群体服务的，只有在文化群体内外造就一种和谐的观念、氛围和环境，有利于人与人、人与自然、个体与群体、人的内心与外在世界等各种关系向和谐的方向运行，人们才能更好地生存，更有利地发展。因此，和谐是考察和评估民族文化生态的又一重要指标。

当然，上述两个对文化生态的观察和评价指标并非是完全分割的。文化多样性促进着和谐社会的构建，和谐促进着文化多样性的保护和发展。二者之间紧密关联，互为前提，互为补充，共同作用于民族的文化生态系统，一个文化群体的民族认同、传统传承、文化坚守、文化自觉，以及民族的凝聚力和发展的活力，都包含在其中。基于这样的认识，我们将在后面的研究中时常运用这两个指标来观察和评估云南人口较少民族文化及其一些重要的文化单元要素。

三　摒弃单线进化的文化观

如何看待民族文化及其文化多样性，这是我们研究和保护人口较少民族文化的一个重要前提。是把每个民族的文化作为具有独立价值的生态系统，是为特定人群生存提供行为依据和精神支撑的独特体系，还是把它作为人类文化单线进化链条中的一个环节来看待，这涉及两种不同的文化观。

毋庸讳言，许多年来在扶持人口较少民族脱贫发展的主流话语中，往往习惯于采用国家主体或当地主体民族的眼光来看待人口较少民族，从经济、政治、科学技术等方面都把它们放在发展后进的系列中，从而将其文化也混淆起来，一概视为"落后"，说穿了这就是一种单线进化观念的体现。

如果我们依然秉持单线进化的观点来看待人口较少民族的文化，就会认为它是在发展进程中处于较为低端的文化，其他大民族的文化处于它的上端，这些文化的今天就是它们的明天。它们存在的价值不在其文化本身，而在于作为所谓先进民族考古的活标本，让人们从中去推究所谓先进民族的历史面貌。如果以这样来看人口较少民族的文化，不管我们口头再怎样说要保护民族文化多样性，其实只是一句空口号。因为从逻辑上说，不管人口较少民族的文化具有何等的多样性，最终必将是要走到与国家主体民族文化、城市文化，甚至是西方文化相同的道路上来的，它们的多样性也最终会被

"共同性"、"一体化"所取代。换句话说，在这种单线进化的观点中，文化的多样性其实是没有意义的。

在此，有必要提及文化人类学的一个早期学派。19世纪中叶发端于西方的第一个人类学学派称为文化进化论学派，或称古典进化论学派。主要代表人物有泰勒和摩尔根。贯穿其学说的主要观点就是进化论。他们秉承并发展了从孔多尔塞、斯宾塞、孔德等人人本主义思想和社会有机论、社会进化论的观点，并深受达尔文生物进化思想的影响，把生物进化的科学依据套用于社会进化论，使之在理论中上获得底气。他们的主要观点是：第一，用人类本质的一致性观念来说明文化发展的单一性。所谓人类本质的一致性就是人的心理的同一性，即人类无论什么种族，在心理和精神方面都是一样的；人们的行动都是人的心理活动的产物，所以同样的心理和精神活动必然产生同样的文化发展规律。第二，各族文化都遵循同一的进化路线，当前各社会发展的不同程度，实际上体现着这条进化路线中的各个阶段，每个民族都要在这条进化路线中一个阶段一个阶段地循序渐进；各阶段在程序上都是固定的，只有时间上的快慢差别。第三，整个世界是依自然法则运行的，这无论对于分子或有机体的运动，还是对于社会的运行来讲都是如此。因此，社会科学上的解释基本上与自然科学的解释毫无二致。而自然科学使用的方法，也同样适用于社会科学的研究。①

泰勒在其代表作《原始文化》中一再阐明："文化的各种不同阶段，可以认为是发展或进化的不同阶段，而其中的每一阶段都是前一阶段的产物，并对将来的历史进程起着相当大的作用。"② 摩尔根在著名的《古代社会》中一开篇就提出："人类是从发展阶梯的底层开始迈步，通过经验知识的缓慢积累，才从蒙昧社会上升到文明社会的。"③ 由于古典进化论学派把人类各民族及其文化置于一个单线连续的系列中，从而建立了一种"文化的标度"，根据文化进化的水平来安排各种社会和文化在这一标度上的位置，上端是文明的民族，下端则是野蛮和蒙昧的部落。摩尔根将社会划分为蒙昧、野蛮和文明三个时代，其中每一个时代又分为低级、中级和高级三个阶段，每一个阶段的具体标志就是生产技术和生产工具的发明和发现，例如，从野蛮时代进入文明时代的显著标志就是文字的发明和使用。

从人类学100多年的历程来看，古典进化论的历史局限和理论缺陷是很

---

① 夏建中：《文化人类学理论学派——文化研究的历史》，中国人民大学出版社1997年版，第21页。
② ［美］路易斯·亨利·摩尔根：《古代社会》，杨东莼等译，商务印书馆1992年版，第3页。
③ ［英］爱德华·泰勒：《原始社会》，连树声译，上海文艺出版社1992年版，第1页。

明显的。其中最明显的就是忽略了人类生存环境的多样性、人类知识的多样性和文化的多样性，忽视了各种文化的互动关系，在进化的链条上以单一的时间维度错误地预设了各种文化的起点和终点；由于深受生物进化论的影响，当进化理论被移植来阐释人类社会时，常常会犯简单化的错误，同时它还融入了以西方人为主导价值的欧洲中心论，并自觉或不自觉地为殖民扩张提供了理论依据。

近代日本最负盛名的启蒙思想家福泽谕吉就是在一元论单线进化观的指导下对西洋文明十分推崇，他的所谓救世方策，就是要坚决摒弃儒教的影响，要与儒教的宗主国——中国，以及朝鲜这些东方的"恶邻"彻底告别，"脱亚入欧"，与西方文明之国共进退。后来日本军国主义造成人类的巨大灾难与此不无关联。说明单线进化的文化观将人类文明的产生、发展形态绝对化，容易造成狭隘的民族自我中心主义，是正确认识和对待本民族文明和他民族文明的障碍；在现实层面，它容易赋予强势文明社会达尔文主义的色彩。

由此可见进化论的一种倾向，就是借"进化"之名，行"种族优势"、"种族优先"之实。列维－施特劳斯更是将其称为"伪进化论"。他说："伪进化论一词，无疑是最适合来概括这一脚本。准确地说，这是一种抹杀文化多样性，同时又装出充分承认这种多样性的企图。因为如果人们把诸古老或遥远的人类社会的差异状态，当作是某种发轫于同一起点又趋于同一目标的单一发展的诸阶段或时期，那么很显然，文化的多样性便成了表面的虚象。人类变成单一和同一化。只不过，这种单一性和同一性是渐进地实现，文化的多样性只是图解了一个过程的不同时刻。这一过程其实掩盖了一种更深潜的真实，或搁延了其显现。"①

经典进化论的理论薄弱环节和致命弱点早在20世纪初就遭到了以格雷布纳、弗洛贝尼马斯等为代表的播化学派，以鲍亚士及其学生为代表的美国历史学派，以杜尔干、莫斯等人为代表的法兰西学派，以马林诺夫斯基、布朗为代表的功能学派，以列维－施特劳斯为代表的结构学派等文化人类学界的责难、批判和围剿，即使是后来继承了进化论思想的新进化论学派也抛弃了单线进化的观点，发展出了多线进化和特殊进化的理论，极大地丰富了文

---

① ［法］克洛德·列维－施特劳斯：《种族与历史》，河清译，载《破解进步论——为中国文化正名》，云南人民出版社2004年版，第105页。施特劳斯《种族与历史》中有关"文化多样性"的阐述对本研究具有重要的指导意义，因此，我们对照不同的译文版本，择善而引。

化人类学的理论宝库。①

单线进化的观点在文化人类学界早已经没有了市场，但遗憾的是，目前在国内不少人的头脑中，即使是在一些学者或是做民族工作的干部队伍当中，这种单线进化的思想还在改头换面地变换着形式登场，甚至成为民族工作中的一种主导思想。当然，国内持这种单线进化思想的人，不一定都清楚地知道单线进化这个概念。单线进化的思想观点往往是变换成目前我们普遍被推崇的一些形式和概念进入我们的思想体系中，混淆着人们的视听，影响着我们对诸如人口较少民族这类弱势民族的正确认识。这种情况的表现多种多样，笔者曾在一些学术研讨会上听见有学者高谈阔论，说"文化，文化就是要'化'，要以先进的文化去化落后的少数民族文化"。我们也时常听到有人对弱势民族的文化横加指责，说他们这样不行那样不行，文化如何如何落后；也有不少人抱着善良的愿望真诚地希望人口较少民族或其他弱势民族能够得到较快的发展，但总是习惯居高临下地用汉族或是其他大民族的文化标准把这些民族排列在后进序列的地位。当我们在云南人口较少民族田野调查中，就常常会遇到当地干部并无恶意地，甚至是习惯性地使用"落后、愚昧、迷信、原始、野蛮、不开化、不文明"一类词语来描述某一民族人群。这些带有歧视性的词汇和话语对人口较少民族社会的负面影响不可忽视。在某种程度上，其中包含着对民族历史的否定，对民族传统的解构，对民族现实生存能力的贬低，对民族文化自信的打击。

早在半个多世纪前，功能主义人类学派的代表布朗就说过："人类学中一个不断被使用的词就是'原始'，这个词是人类学科学思考的最大障碍。"② 英国人类学家亚当·库柏则在《发明原始社会》一书中通过对"西方人不是发现了原始人，而是发明或建构出了原始人"的揭示，解构性地深入批判了西方中心的历史观和白人优越论的偏见③。遗憾的是，直到今天还普遍流行着文明与原始两极对立的观念，尚未意识到针对弱势少数民族使用"原始"、"野蛮"一类词语的危害性，这样的词语在民族工作中还不绝于耳。甚至这种认识和情绪也潜移默化地传染给了弱势的民族群众，常常会听到他们这样表示："我们太落后了"，"我们没有文化，什么也不懂"，"与先进民族的差距太大"，"我们要向大民族看齐"；等等。这在一定程度上也

---

① 黄光成：《云南民族文化纵横探》，科学出版社 2007 年版，第 19 页。
② ［英］拉德克利夫·布朗：《社会人类学方法》，夏建中译，华夏出版社 2001 年版，第 75 页。
③ 叶舒宪、彭兆荣、纳日碧力戈：《人类学关键词》，广西师范大学出版社 2004 年版，第 52 页。

是造成一些弱势民族人群文化自卑的一个重要原因。

很明显，这些词语使用的背后隐藏着单线进化的思想方法。自从古典进化论学派的思想理论产生以来相当长的一段时间里，"原始的"（primitive）、"野蛮的"（barbarous）、"野性的"（savage）等用语在古典进化论学派的著述中大量出现，因为只有建立这样的视野与态度，"进化"才具备基本的演变逻辑，进化论也才得以立脚。而在单线进化论者的眼光里，与上述词语相对应的是："现代的"（modern）、"文明的"（civilized）、"发展的"（developed）等，这种二元对立的思想方式，不仅表述着类别的差异，更隐含着"话语"中的"权力"性质与特征，也就自然拥有对前者"高一等级"的性质和操控权力。[①] 这是我们在民族发展工作中最常见的一种单线进化文化观的翻版。

严格地说，"发展"之类的概念本身也包含着多种二元对立的模式：一种是单纯经济的发展；一种是民族社会全面进步的发展；一种是单线进化的发展；一种是多样化的发展。前者将发展限定在单一的模式和时间范畴里，认为各民族的发展都要走同样的道路，经历同样的形态，达至同样的结果；后者发展的模式多种多样，各民族的出发点不同，历程不同，评价标准也不一样，也不能强求最终结果的一致。前者绝对不能算是科学发展观，应该说科学发展观就是为了解决好多样化发展模式而提出来的。

科学发展观是我们对云南人口较少民族文化研究的指导思想。要坚持科学发展观首先要摒弃单线进化的思想，因为它妨碍着对民族文化多样性的认识，不利于对民族文化多样性的保护，妨碍着人口较少民族和谐社会的构建。

四　民族文化与相关领域的几个不等式

文化的定义多种多样，文化的概念有广义和狭义之分，中外学者历来已有足够多的讨论。在本研究中，我们从广义的文化定义出发，把文化看做是一个民族的生活方式、习俗传统，以及与适应自然和社会环境相关的人生观、价值观、情感方式、思维模式、心理素质等方面的综合形态。不管文化的定义如何宽泛，我们认为都不能把文化与经济、政治和社会完全等同，或混淆不辨。这种概念范畴的混乱常常造成许多似是而非或是说不清的问题。

---

① 叶舒宪、彭兆荣、纳日碧力戈：《人类学关键词》，广西师范大学出版社 2004 年版，第 136—137 页。

固然，文化与政治、经济、社会和科学技术等相互之间具有千丝万缕的联系，但却不能在中间画等号。如果将文化与政治、经济和社会的概念范畴相混淆，很容易出现以经济指标来衡量文化，或是以政治和社会的阶段划分来定位民族文化的情况。在云南人口较少民族地区我们常常发现，目前还普遍存在着用经济、科技或社会发展的标准来衡量文化优劣的偏见。这种偏见对于民族自信的打击和民族社会的进步造成的负面影响很大。因此在对云南人口较少民族文化多样性进行具体阐述之前，我们首先需要阐明民族文化与政治、经济和社会发展等相关领域的几个不等式。

（一）经济落后不等于文化落后

目前，云南人口较少民族的总体经济情况不要说与内地或沿海发达地区相比，就是同周边的其他民族比较，也还处于后进状态，云南人口较少民族中相当多的人尚未完全解决温饱问题，还需要开展扶贫工作。对此，在一般人的意识里似乎形成了一种思维定式：经济落后预示着文化也落后。某一民族人群的人均 GDP 或人均收入较低，这本来是经济状况的反映，但常常被戴上了"落后"的帽子，这个语焉不详的"落后"在经济与文化分辨不清的情况下又很容易与其民族文化挂上了钩，从而得出民族文化落后的结论；甚至有人更进而推论，经济落后的原因是文化落后所致，落后的文化拖住了经济发展的后腿。

每个民族都有获得充裕的物质生活的诉求，这是人的本能的反应和基本需要，却未必是一种文化的必然诉求。法国社会学家雷蒙·阿隆说："没有证据证明，最有效、最快地增加共同财富数量的组织，便同时是最公正地分配产品的组织。用抽象的话说，一种有效的经济，并不必然是一种公正的经济。而一种公平的产品分配并不必然有利于（经济）的最快增长。"[①] 对于民族人群来说，经济上的各种指标可以衡量其经济生活的水准，并划分出发达与落后的不同类别，但是从来就没有统一的指标来衡量一个民族文化的水准。文化是不同的族群在适应不同的自然和社会而模塑出来的满足于各种功能需要、调节各种社会关系的网络。它是一种民族生存所需的精神和行为支撑体系，而不是物质支撑体系。如果说经济更偏重于物质方面的话，那么文化则更偏重于精神方面。精神的东西是很难用落后与先进一类的概念去评价的。原始时代人们就追求的人与自然、人与群体的和谐，你能说它落后吗？

---

① ［法］雷蒙·阿隆：《工业社会 18 讲》，转引自《破解进步论——为中国文化正名》，云南人民出版社 2004 年版，第 26 页。

现代发达人群中常见的相互冷漠、嫉妒和仇视，能说它先进吗？总之，经济与文化分属不同的领域，不能混为一谈。更不能说，一个民族的经济处于后进状态，其文化就一定是落后的。

把经济落后与文化落后等同的思维方式，常常影响着我们对人口较少民族的客观认识。在田野工作中常常会遇到从事民族工作的干部用一种不屑的语气，说某某民族人群如何贫困，如何可怜，他们文化上如何如何落后。这种思想也难免感染着一些弱势的民族，认为自己确实"落后"。这个含混不清的"落后"已经把民族文化中许多有价值的东西低估了，甚至否定了。既然是落后的东西，就没有多少保留的价值了；大量的民族文化流失了，也没有太多的惋惜。尤其是年轻一代，多数人向往的是所谓发达地区的时尚，而对本民族的文化则不感兴趣，不想用心去学习传承。

总之，将经济与文化相互混淆，把"落后"的概念套用在民族文化领域，这对于民族文化的保护、传承和发展无疑是一剂毒药，需要给予足够的警惕。

（二）技术落后不等于文化落后

与经济和文化混淆的情况类似，将科学技术与文化等同或混淆的情况在实际生活中也常有发生。在一般人意识里，总认为一个民族的科学技术发达，其文化也就发达；科技水平低下，其文化也就低下。以此推理，当今世界上最先进的民族和国家是不是就可以说是文化最"先进"的呢？事实并非如此。再用现代科学技术的尺度去衡量云南人口较少民族，其生产的技术含量还很低，科普工作也还处于较低层次，但是不是就因此认为他们的民族文化也像技术一样落后呢？再反过来看，假如有一天，在某个云南人口较少民族的偏僻山村，突然建起了一个现代工厂，引进了先进的尖端技术，许多民族人士经过培训，掌握了先进的生产技术，进入工厂工作，那么是不是可以说这个人群的民族文化就因此变得先进了呢？如果给予肯定的回答，显然就是荒谬的推论。这也从另一个方面证明了将技术与文化画等号的荒谬。

尽管技术的创新发明给人类社会带来了巨大的进步，但是技术与文化本属不同的范畴。民族文化体现着民族生存方式的差异，技术是一种获取能量的手段，它比文化具有更多的普适性特点和易变性特点。技术的改进并不必然带来社会组织、文化价值的相应转变。如果把技术和文化放置在同一领域来看待的话，它们显然不是在同一层次上的。技术最多只能算是文化中的一个部分或亚系统，文化在技术之外还包含着很多内容。如果将技术与文化等同就要犯以偏概全的错误。如果我们由于云南人口较少民族的技术落后而推论其民族文化也落后，那就是以偏赅全的错误推论，其结论显然也是错误的。与上述经济与文化概念混淆的情况一样，在实际生活中，这类错误所造成的对人口较少民族文化自信的打击不小，其危害性不可轻视。

这种将技术评价运用于文化评价的做法由来已久，甚至已经成为文化人类学新进化学派的重要观点。该学派的代表人物美国人类学家怀特就认为技术发展是整个文化进化的基础。怀特将整个文化划分为三个亚系统，即技术系统、社会系统和思想意识系统。三个亚系统之间的关系是技术系统处于基础，思想意识系统处于最高层，中间为社会系统，其中，技术系统对文化的进化起着决定性的作用。他说："作为一个物种的人类以及相伴的作为整体的文化，在适应自然环境的过程中依赖于物质和机械的工具。人必须吃东西、躲避暴风雨的袭击、抵御敌人的攻击。倘若人想要继续生存下去，他必须完成这三项任务，而要完成这些目标，只得依靠技术手段。因此，在重要性上，技术系统不仅是首要的，而且也是基本的，整个人类的生活和文化莫不仰仗于它。"①

其实，怀特的这种观点受到了同时代很多人类学家的批判，就连他的学生也对他的技术决定论始终持否定态度。塞维斯和萨林斯等人就认为："问题在于怀特视文化为一种封闭系统。就是说，文化被抽去了特定的和历史的血肉。由此，怀特的结论是，一种文化的社会成分和观念成分都是由其技术成就所决定的。显然，在研究一般进化时视文化为封闭系统、视技术为进步动因，无疑是对的，也是富有成效的。但是，当人们的视线转到适应或特殊进化时，文化则应被视为一种开放系统，应该用专门的方法来理解它的发展机制。"② 海德格尔后期思想的一个内核，便是对西方技术主义给予痛击，认为技术至上的思想是把人与自然对立，把大自然看成人的征服对象，通过近代技术无节制地对大自然的掠夺。

我国近代史上面对西方坚船利炮写下的屈辱的一页，使国人对科技有一种复杂的心理，从而也强化了对技术与文化关系的误解。有学者就一针见血地指出，将社会进化论与生物进化论混淆，让前者罩有后者的科学光环，可称为第一障眼。将科学技术与文化领域相混，可称为第二个障眼。第一个障眼，一经点破，人们马上可以看清楚。但第二个障眼，非常迷惑人。③ 对此

① ［美］莱斯利·A. 怀特：《文化科学——人和文明的研究》，曹锦清等译，浙江人民出版社1988年版，第349页。
② ［美］托马斯·哈定等：《文化与进化》，韩建军、商戈令译，浙江人民出版社1987年版，第38页。
③ 河清：《破解进步论——为中国文化正名》，云南人民出版社2004年版，第28页。

我们一定要有清醒的认识。曾经津津乐道技术革命问题的未来学家们也不乏这样的认识:"进步再也不能以技术和生活的物质标准来衡量了。如果在道德、审美、政治、环境等方面日趋堕落的社会,则不能认为是一个进步的社会,不论它是多么富有和具有高超的技术。"①

的确,"科学技术的进步(先进),并不等于文化的进步(先进)。就是说,一个国家的科技先进,并不意味其文化也先进。因为科学技术面对的是物质的世界,是人类认识自然、利用自然的能力,可以有统一的标准衡量;而文化涉及的是精神的问题,有关善恶、美丑、正邪、义与不义、人生是否幸福、社会是否和谐等方面的问题。这里没有普遍统一的标准可以衡量"②。

因此,将文化与科学技术两个范畴区分开来,对于我们正确认识人口较少民族的文化及其多样性是一个重要的前提。

(三) 社会发展阶段不等于文化发展阶段

长期以来,有一种社会发展"五阶段论"的理论模式,主宰着我们对社会发展的历史认识和社会发展战略的实践,深刻地影响着我们的思想方法,即认为人类一切社会的发展都要经历原始社会→奴隶社会→封建社会→资本主义社会→共产主义社会五个发展阶段。近年来随着思想解放的不断深入,理论界对这一理论观点已经有不少讨论。有考证提出,"人类社会发展的五阶段学说"是苏联理论界于 20 世纪 20 年代提出来的,得到了斯大林的敲定和表述,马克思只提出过人类生产方式的发展四阶段模式,即亚细亚的生产方式、封建主义的生产方式、资本主义生产方式和社会主义生产方式。③ 对五阶段发展模式仍持肯定态度的人认为这种模式是根据历史唯物主义关于生产力决定生产关系、经济基础决定上层建筑的原理提出的,是对马克思、恩格斯相关论述的概括,应该算是马克思主义的学说,是一种反映人类社会发展历史规律的科学论断。而持质疑态度的人认为,五阶段模式带有浓厚的单线直线演化论的色彩,不符合历史发展的事实;即使在欧洲这个马克思所研究分析的西方社会,历史上也没有任何一个国家和社会按部就班地发展演变并完整地经历过每一个阶段,更不能与东方的社会发展历程相吻

---

① [美] 阿尔温·托夫勒:《第三次浪潮》,朱志焱、潘琪、张炎译,三联书店 1984 年版。

② 河清:《破解进步论——为中国文化正名》,云南人民出版社 2004 年版,第 28 页。

③ 马克思在 1859 年的《〈政治经济学批判〉序言》中说:"大体说来,亚细亚的、古代的、封建的和现代资产阶级的生产方式可以看作是经济的社会形态演进的几个时代。"后来,马克思又提出社会发展的三形态理论,即人的依赖关系—物的依赖关系基础上的个人独立性—个性的自由发展三大阶段。

合；它将西方存在过的一些历史事实总结为规律，认为世界所有国家和民族也应该是按照这一规律发展演变的，带有明显的欧洲中心主义的思想方法①。还有人认为，并不一定是理论本身的偏颇，而是后人将其"放之四海而皆准"的失当；这一学说反映的历史规律是思维抽象的结果，而将这种思维抽象公式化，简单地用来指导各国历史发展实践，将历史规律与其实现方式等同起来，将历史发展的普遍规律和各民族的发展道路混为一谈，是一种简单化、公式化的思维方式和理论的误区，并非马克思主义创始人的原意，结果对各民族的发展战略的选择造成了不良影响②。

不管理论界对这一问题的争论结果如何，我们都不能回避，社会发展五阶段的模式在我国曾经是一种占主导地位的思想理论，对许多方面都产生过重大的影响，至今这种影响依然随处可见。在民族学的理论中，人们早已习惯套用社会发展五阶段的模式来划分民族社会，在中华人民共和国成立前云南人口较少民族都处于前资本主义阶段，有不少被定位为原始社会。按理，以此模式来定位中华人民共和国成立前民族社会的制度和发展状况并非不可，问题是有人进而以此来定位民族文化，把民族的文化状况与民族社会发展进程简单地画上等号，于是就有了相应的原始文化、奴隶（制）文化、封建（制）文化之说。

这样定位民族文化的错误首先表现在，模糊了文化与经济、政治形态的界限。马克思主义经典作家主要是从政治制度、经济形态和生产方式等方面来考察社会发展进程的。属于上层建筑的文化虽然受制于一定的经济基础，但它不是经济和政治的附庸，它一旦形成就具有一定的独立性。如果将文化与政治、经济画上了等号，民族文化多样性的提出就没有了意义。经济、政治与文化毕竟处于不同的领域。对科技和物质生产追求的经济活动不能等同于文化活动，对政治普适价值的认同也不能等同于文化的认同。因为对经济指标和政治普适价值的追求并不能体现出民族群体的差异，只有差异才能体现出文化的多样性。其次，把社会发展五阶段的理论套用在民族文化领域，更明显地体现出单线进化的思想。似乎每个民族的文化发展完全跟随经济和政治形态，亦步亦趋，甚至认为只能在一条相同的道路上，阶梯式地从低到高不断进化，经历五个阶段，而最终达到与其他民族整齐划一的一致性。如

---

① 知原：《中国的"封建制度"辨析及"人类社会发展五阶段学说"批判》，互联网，ht-tp：//club. kdnet. net/，2004 年。

② 刘奔：《历史发展规律的普遍性和各民族发展道路的特殊性》，《教学与研究》2007 年第3 期。

果真是这样，处于进化链条低端的民族文化已无多大的价值，应该像它们已经过时的政治和经济制度一样，消失得越快越好。实际上，在马克思的视野中，历史发展决不像一条僵死的直线，而是一幅丰富多彩的图景。马克思说："极为相似的事情，但在不同的历史环境中出现就引起了完全不同的结果。"① "历史就不再像那些本身还是抽象的经验论者所认为的那样，是一些僵死的事实的汇集，也不再像唯心主义者所认为的那样，是想象的主体的想象活动。"② 各民族历史文化本身就呈现出五彩缤纷的多样性特征。

如果不厘清这一理论问题，将社会发展五阶段的学说直接套用于民族文化的研究，特别是对像云南人口较少民族这样的弱势民族的认识就会出现许多误区：既然原始社会处于社会发展的低端，原始文化也就处于人类文化发展的低端，那么，这些民族文化的存在还有什么意义？研究它还有价值吗？还需要保护吗？处于高端文化的持有者是否就可以无所忌惮地鄙视低端文化，促使它快速地转型变迁，"跨越式"地发展？

这种将社会发展阶段与民族文化发展阶段相等同的思想方法在现实中的危害不小，长期以来我们对民族文化多样性的一些错误认识和不当措施，不能说与此无关。

五　和谐社会与民族文化多样性的互动关系

进入 21 世纪以后，新一代党中央领导集体根据国内外的社会形势和我党全心全意为人民服务的根本宗旨，提出了构建社会主义和谐社会的号召。和谐社会建设的思想是科学发展观的重要组成部分。和谐社会是一个以人为本的社会，应该使经济建设、政治建设、文化建设和社会建设，"四位一体"协调发展，应该是一个民主法治、公平正义、诚信友爱、充满活力、安定有序、人与自然和谐相处的社会，应该有效地处理好人与人之间、人与自然之间、人与社会之间、社会群体之间多方面的协调关系，从而达到各社会群体及其个人各尽其能、各得其所而又和睦相处的理想境界。中国是一个有 56 个民族的多民族国家，如何让各民族既能充分地保护各自的民族文化，同时又能和谐相处、和谐发展，这一直是党和国家十分关注的重大理论和现实问题。

党的十七大报告提出建设和谐文化和建设中华民族共有精神家园的号

---

① 《马克思恩格斯全集》第 19 卷，人民出版社 1963 年版，第 131 页。
② 《马克思恩格斯选集》第 1 卷，人民出版社 1995 年版，第 73 页。

召，指出："和谐文化是全体人民团结进步的重要精神支撑……要全面认识祖国传统文化，取其精华，去其糟粕，使之与当代社会相适应、与现代文明相协调，保持民族性，体现时代性。"①

显然，我们追求的是文化多样性基础上构建的和谐社会。面对客观存在的文化多样性，我们所应采取的态度就是认同与尊重。既要认同本民族文化，又要尊重其他民族文化，尊重世界文化多样性。应该以宽容的、赞赏的态度看待其他民族的异质文化，通过倡导文化的多元共存，通过文化的相互借鉴，求同存异，和而不同，共同促进人类文明的繁荣进步。正如费孝通先生所提倡的："各美其美，美人之美，美美与共，天下大同。"② 因此，文化多样性是构建和谐社会的基础，和谐社会又将有力地促进文化多样性的保护与发展。二者之间具有相辅相成、相互促进、互动发展的关系。

（一）文化多样性是构建和谐社会的基础

文化多样性与民族和谐社会具有相互依存的关系。从民族社会的角度看，文化多样性来源于诸多不同的社会群体的存在。社会群体可以从多种角度、多种层次、多种形式去观察、划分和定义，如年龄、性别、职业、地位、阶级、阶层、地区、宗教、语言、民族等，其表现形式也是多种多样的。

根据人类学者张海洋的观点，从构建和谐社会的大局着眼，可以将社会群体简单区分出两个范畴：一类是基于物质财产和社会地位差别的纵向分层，另一类是基于文化认同和价值观差别的横向分类。马克思研究问题更侧重于纵向分层，他把阶级定义为人们基于对物质财产的不同占有而形成的地位、阶层、贫富、城乡、种姓等利益群体。而马克斯·韦伯的研究则侧重于横向分类，他将社会群体定义为人们基于价值取向和对生活意义的不同理解而形成的民族、族群、宗教、语言等文化认同群体。当然像阶级、阶层这样纵向分层的社会利益群体也有它的群体意识和价值观，如民族、宗教一类横向分类的文化认同群体也同样会关注物质权益。它们在现实生活中表现出许多交错叠压的复杂现象，但是两者毕竟有根本差别：纵向分层的矛盾性质往往源于物质财产的生产不足和分配不公，其目标也较单纯：只需尽量控制或者缩小。解决方案也更成熟：先把馅饼做大，再设立公平分配机制。西方启蒙运动以来的社会主义和自由主义，科学技术和市场经济，经典理论和现代制度，都是以解决社会纵向分层问题为目标，从而给我们准备了更多的手

---

① 《人民日报》2007 年 10 月 16 日第 1 版。
② 费孝通：《论文化与文化自觉》，群言出版社 2007 年版，第 222 页。

段。相比而言，横向分类的矛盾问题就比较复杂，文化认同群体追求的核心内容却不单单是物质，而是黑格尔指出的某种意义上的"承认和社会认同"。如果试图用上述缩小差别的现成办法来解决社会的文化横向分类问题，不仅太简单化了，还可能适得其反，事与愿违。

当今世界上的发达国家和地区，通过科技、市场、税收及其他社会福利政策而逐步化解了社会纵向分层的矛盾，实现了和谐。阶级、阶层和贫富不再是那里社会冲突的首要根源。但文化的横向分类在世界许多国家却是另一番景观：民族、宗教和语言及地域认同问题仍然是动荡、纷争、冲突的焦点，甚至成为恐怖活动的低成本动员手段。①

德国历史哲学家、文化形态史观著名代表人物斯宾格勒指出："民族既非语言的单位，也非政治的单位，也非动物学上的单位，而是精神的单位。这就立刻引起了文化前、文化中和文化后的民族之间的进一步的区分。这是一件在一切时代中深刻地被感到了的事实，就是，文化民族较之它种民族具有更显明的特征。"② 在种种"文明冲突"现象遍布地球每个角落的今天，这是不难理解的问题。民族宗教问题简单地等同于阶级问题显然有悖于国情和事理，也与和谐社会的目标背道而驰，因为社会的横向分类毕竟有其独特性。横向分类的主体有许多超物质的诉求，它反映了人性深层的一些需求，因此能牵动人心。如果这类诉求长期不被重视，也会酿成影响社会和谐的消极后果。例如，美英等国近年频繁发生恐怖事件，就是因为西方单边单向的发展观否认这些移民及其母国的文化价值，使他们精神上陷于绝境，进而使其中的激进分子铤而走险。

因此，纵向分层与财富和特权的分配有关，属于是社会公平问题，和谐的管理目标就是控制和缩小差别；但从横向分类的角度看，文化多样性是由若干群体许多不相雷同的文化特质所决定的，多种文化特殊性的聚合形成了文化多样性。文化多样性是一种历史和现实的存在，谁也回避不了，更不可能立即消除它。在这样的社会现实面前，要维持社会的长治久安，就必须把文化多样性作为建构和谐社会的基础和基本要素。其管理目标则要尊重各种群体的主体意识和主观感受，保护和尊重文化的特殊性，积极创造多元文化和文化多样性存在的空间，积极构建多元文化之间和谐相处、平等的对话机制，维护社会文化生态的平衡，保持多样性的活力。

---

① 张海洋：《从社会发展史到文化生态学》，http：//blog. sina. com. cn/zhanghaiyangblog，2012年2月8日下载。

② ［德］斯宾格勒：《西方的没落》，齐世荣等译，商务印书馆1963年版，第304页。

在这方面，云南是一个很好的例子。云南是全国少数民族种类最多的省区，5000 人口以上的少数民族有 25 个，全省少数民族人口占了全省总人口的 1/3 左右。在众多的云南民族人群中，若再以语言、宗教信仰和地域加以横向分类，我们将会看到由一个无数社会群体组成的同中有异、异中有同的民族大家庭。多元民族文化的共存共生促进了云南的社会和谐、相互尊重，形成了多民族多元文化和谐共处的格局。云南的这种状况曾被许多国内外的专家称为多民族和谐共处的典范。试想，如果在云南的民族工作中，采用缩小文化差别，以一种强势的民族文化来代替所有的民族文化，或是以政治斗争的方式来处理民族问题，云南民族社会的和谐还会存在吗？在 20 世纪中叶，云南民族地区就发生过不少惨痛的教训。当时在"以阶级斗争为纲"的时代，许多民族问题和文化问题都以阶级斗争的方式来处理，结果边境附近的不少民族村寨，一夜之间就像蒸发了一样，许多民族群众纷纷翻山越岭逃往国外。在我们调查的布朗族、德昂族、怒族等人口较少民族人群中，不少上年纪的人都有过仓皇出逃的经历，他们大多都是后来改变了民族政策以后才又回到家乡的，至今讲起来都还心有余悸。

构建和谐社会在一个多民族共同生存的社会中，不可回避的一个重要问题就是如何理解和处理文化多样性与和谐社会建设的关系。多样性是多民族国家在社会历史和现实的存在，和谐是一个民族社会稳定和发展的基石。从文化的层面审视民族的和谐，至少有两种不同的和谐观和表现形态：一种是在文化多样性基础上构建的和谐社会，其前提是多样性的文化得到了共同的发展和繁荣，各民族既保持着民族文化差异和平等竞争的权利，又维护文化互动交流、自由创造的权利；另一种是经过文化的同化之后，在文化单一化基础上的和谐，它以多种弱势文化的消失为代价而求得和谐，这样的社会弱化或丧失了文化的自由，以一种声音压倒其他声音，以一花独放代替百花齐放，其实它已经没有了民族的平等，是否能真正获得社会的和谐、安定和幸福，还将打一个大问号。

两种和谐观首先反映的是两种不同的文化观念，前者反映的是实事求是的文化发展观和以人为本的精神，后者是表达的是文化单线进化和文化中心主义的论调。

从社会系统的角度看，前者注重系统内部各文化要素的多元发展，并在保持多元的前提下构成良好的社会运行状态；同时也要强调系统与系统之间不论大小、强弱都要相互尊重，相互学习，取长补短，形成良性互动，共同进步。而后者则不同，注重的是系统内部的同一性，强调的是步调一致，为了保持协调一致，不鼓励不同声音的出现，甚至还要刻意消除不同而趋同；在系统外部则习惯于划分出大小、强弱、先进落后等多种系列，要用所谓的"先进"代替"落后"，甚至不惜以强压弱，以强代弱，以图暂时的和谐。

从文化变迁的趋势看，前者注重"和而不同"，将文化导向多元和丰富，后者走的是以趋同求和的道路，使文化整齐划一；前者要保护弱势的文化和文化群体，后者要用强势代替弱势，以强势文化来"化"弱势文化。

从时效性来说，在文化多样性的基础上，通过文化的多元发展而达成的和谐，将会获得长久的生命力；而通过压制弱小、消除杂音而造成的文化单一化的和谐，一般来说也可能会保持住暂时的和谐，获得短暂的一致，但却不可能见效于长久。严格地说，通过消除多样性来达到和谐，那不是真正的和谐，甚至相反，它孕育了不和谐，是冲突、动乱的根源。

显然，我们追求的是文化多样性基础上构建的和谐社会。面对客观存在的文化多样性，我们所应采取的态度就是认同与尊重。既要认同本民族文化，又要尊重其他民族文化，尊重世界文化多样性。应该以宽容的、赞赏的态度看待其他民族的异质文化，通过倡导文化的多元共存，通过文化的相互借鉴，求同存异，和而不同，共同促进人类文明的繁荣进步。因此，文化多样性是构建和谐社会的基础，也是人类文明进步的基础。

进一步来说，文化多样性不仅是建设和谐文化与和谐社会的基础，也是人类社会的宝贵资源，是推动民族和谐社会发展的重要动力。

列维－施特劳斯在《种族与历史》中用轮盘赌的比喻来说明文化多样性对于世界各民族进步的意义：一个赌徒把赌押在某个长顺子上，他得到的概率太小太小，就有最大的风险倾家荡产。但如果有好几个人，在好几个轮盘上赌同样绝对值的数字系列，情况就不一样，如一个人中得 21 和 22，需要一个 23 才能继续下去，那么十张赌桌肯定比只有一张赌桌有更多运气得到这个数字。"这种情况很像那些最积累性的历史形式的文化。这些极盛的形式，从来不是一些孤立的文化所为，而是出自一些有意无意把各自的博弈组合起来的文化。它们通过不同的方式（迁徙、借取、贸易交流、战争），实现了我们刚刚设想其模式的联合。正是在这里，我们昭示了称一种文化优越于另一种文化的荒谬性。因为只要一种文化孑然独处，就绝不可能'优越'"①。

近年来，越来越多的人意识到了文化多样性与生物多样性具有同样重

---

① ［法］克洛德·列维－施特劳斯：《种族与历史》，河清译，载《破解进步论》，云南人民出版社 2004 年版，第 129—130 页。

要的意义。联合国教科文组织认为："各种复杂系统从其多样性中汲取力量：一个物种从基因的多样性中汲取力量；生态系统从生物的多样性中汲取力量；人类社会从文化的多样性中汲取力量。"[1] 从自然界来讲，生态环境多样性和生物多样性的存在，有利于生命支持系统功能的保持及其结构的稳定。从人类社会来讲，保持种族的多样性和文化多样性是确保人类生生不息和社会和谐进步的基础。人类要在进化的过程中避免种族的灭绝，就必须在生物性和文化性两方面均保持其多样性和适应性。也就是说，在生物性方面，要维护各个种族的多样性。因为，所谓适应是指生物体内部遗传基因适应于环境的需要而存在，能适应环境的基因被保存而传给下一代，不能适应于环境的基因就被淘汰。就整个种族而言，其基因库所具有的遗传种类愈复杂众多，其适应不断变化的环境的能力就愈强，反之就愈弱。当基因库中的基因种类单一而缺乏变异时，若环境发生变化，原来适应于过去环境的基因无法适应，基因库中亦无其他基因可以调适，种族就会走向灭绝。同理，在文化性方面，人类也要维护各民族不同的文化特性，鼓励各民族发展其特有的文化模式，只有保持文化的多样性才能保证人类适应不断变化的环境。[2]

因此，维护文化多样性对人类生存与发展的意义是极其深远的。文化多样性是各民族共同进步的基础。没有文化的多样性，民族社会的发展将缺少动力，我们周围的环境将缺乏生机和灵气。因为，只有在文化多样并存的情况下，才能保持相互的激励，才能达到最大化的互通有无。

中华人民共和国成立60多年来云南民族关系发展的历程也表明，凡是文化多样性受到压抑和否定的时期，都是云南民族关系紧张、边疆动荡不安的时期，20世纪50年代末到"文化大革命"时期就是如此；而凡是文化多样性得到尊重、支持、倡导和弘扬的时期，都是云南民族关系团结和谐、边疆稳定安宁的时期，20世纪50年代初期和改革开放以来直至今天云南的稳定和谐发展就是证明。

因此，保护民族文化多样性就是保护各民族的精神家园，就是保护现代化的内源动力。我们提倡文化多样性基础上建设社会主义多元一体的和谐文化，从而达到各民族和民族社会的和谐。费孝通先生十分精准地概括了中华民族文化多元一体的特征。所谓多元一体，就是要在尊重多元的前提下，凸

---

① 联合国教科文组织编：《世界文化报告——文化、创新与市场》"序言"部分，北京大学出版社2000年版。

② 陈家柳：《民族传统文化保护纵论》，《广西民族研究》2005年第4期。

显汉族和各少数民族共同的文化精神，营造共同的精神家园。只有各民族的文化得到充分地尊重和发展，才能真正做到所有民族不论大小一律平等；只有在民族平等的基础上，充分保护各民族文化的特殊性，才能出现多元一体的和谐文化，才能真正体现出整个社会的和谐发展。在云南省这样一个多民族的省份里，构建和谐社会要以保护和发展民族文化多样性为前提，要充分保护各民族文化的特殊性，尤其是对文化处于弱势的人口较少民族，要充分尊重其文化差异特征和模式，形成与之相应的、民族成员认可的发展方法，以达到民族社会和谐发展的目标。

从文化生态角度看，云南人口较少民族中的每一种民族文化都是维系民族生存与发展的文化生态系统，它们需要通过保持文化多样性来获得系统内外的平衡，从而维系和谐的民族社会；从云南人口较少民族文化的和谐特质来看，它们是中华民族和谐文化中一笔不可缺少的财富；从云南人口较少民族居住的区域看，正是包括人口较少民族在内各民族文化多样性的存在，才使得这些地区基本上保持着长期的安定团结，很少发生过激烈的民族冲突和动乱；从中华民族大文化的角度看，每一个云南人口较少民族的文化都是其中的一个组成部分，中华民族的文化本身就具有丰富的多样性，缺少了这些人口较少民族的文化，其多样性就要大大减分，和谐社会的构建就要大逊其色。

（二）和谐社会与民族文化多样性的互动发展

《中共中央关于构建社会主义和谐社会若干重大问题的决定》中明确指出："任何社会都不可能没有矛盾，人类社会总是在矛盾运动中发展进步的。构建社会主义和谐社会是一个不断化解社会矛盾的持续过程。"① 可以说，和谐社会的建构就是要以和谐的方式处理好各种社会关系，化解各种社会矛盾。

在诸多的社会关系和矛盾中，如何处理好不同文化群体之间的关系是首要的问题。民族与民族的不同首先在于文化上的区别。面对不同的民族和纷纭复杂的民族关系，怎样以和谐的方式化解社会矛盾，构建和谐社会？一个重要的环节就是和谐文化的建设。胡锦涛同志指出："和谐文化既是和谐社会的重要特征，也是实现社会和谐的精神动力。"② "建设和谐文化，是构建

---

① 《中共中央关于构建社会主义和谐社会若干重大问题的决定》，2006 年 10 月 11 日中国共产党第十六届中央委员会第六次全体会议通过。

② 2006 年 11 月，胡锦涛在全国第八次文代会、第七次作代会上发表重要讲话。

社会主义和谐社会的重要任务。"① 怎样理解和谐文化呢？时任中共中央宣传部长的刘云山同志认为："和谐文化是一种崇尚和谐、追求和谐为价值取向，融思想观念、理想信念、价值体系、思维方式、行为规范、社会风尚、制度体制为一体的文化形态，其内容包括多元统一、兼容共生、协调有序、充满活力和大众共享等方面。"②

和谐文化为中国提供了和谐的发展方式，我们要通过和谐文化的建设来整合社会各种力量，化解矛盾，增强凝聚力，营造安定团结、和睦共处的良好社会氛围，从而激发全社会各族人民的积极性和创造性，迸发出不竭的创造活力和创新能力。和谐文化就是要以和谐为价值取向、用和谐的方式来处理各种发展中的关系和矛盾，以有利于中国的可持续发展。比如在处理人与自然的关系上，强调人与自然和谐发展，走一条生态与经济"双赢"的道路；在处理人与人的关系上，强调提倡宽容协作、平等竞争，共同发展；在处理民族与民族的问题上，强调尊重差异，包容多样，保持多元的民族文化，推动不同文化之间互补共荣，创新发展，反对文化霸权和文化中心主义，最大限度地增加和谐因素，最大限度地减少不和谐因素，调动一切积极因素，凝聚全国人民的力量，形成和谐的合力。

在我们这样一个统一的多民族国家中，构建和谐的民族关系对于和谐文化与和谐社会的建设至关重要。中国是由 56 个民族组成的国家，虽然 55 个少数民族的人口规模仅占全国总人口的 8.42%，但是少数民族聚居或自治的地区却占了全国国土面积的 64%，全国陆路的大多数边疆地区，以及经济地理意义上的西部地区，基本上都属于少数民族聚居地区。这一基本国情决定了民族关系是我国最重要、最特殊的社会关系之一，关系到中国特色社会主义建设的全局问题，关系到边疆的稳定和国家的长治久安问题。

因此，和谐的民族关系是中国长治久安的和谐社会的基础，没有和谐的民族关系的支撑，社会主义和谐社会的建设将难以实现。和谐的民族关系建立在民族平等和尊重民族文化多样性的基础上。尊重差异、包容多样，是马克思主义的民族观，也是我们协调民族关系的基本准则。胡锦涛同志提出，建设和谐文化要"弘扬民族优秀文化传统，发掘民族和谐文化资源"；"对各民族在历史发展中形成的传统、语言、文化、风俗习惯、心理认同等方面

---

① 《中共中央关于构建社会主义和谐社会若干重大问题的决定》，2006 年 10 月 11 日中国共产党第十六届中央委员会第六次全体会议通过，载《人民日报》2006 年 10 月 12 日。

② 刘云山：《建设和谐文化　巩固社会和谐思想道德基础》，载《人民日报》2006 年 10 月 24 日。

的差异，我们要充分尊重和理解，不能忽视它们的存在，也不能用强制的方式加以改变"①。

　　要构建和谐的民族关系需要树立一种新型的民族文化观。在民族地区构建和谐社会的过程其实就是努力践行尊重差异、包容多样、和而不同，以及各民族一律平等的原则的过程。这是保护民族文化多样性并促进其发展的过程。"尊重差异"是为了保护文化多样性，在差异中求和谐，实现各民族文化交相辉映地繁荣发展；"包容多样"是为了在多样中求发展，筑牢多元一体的中华各族人民团结奋斗的共同思想基础；"和而不同"是为了各民族在不失去文化个性的基础上获得正常的发展进步。在我们这样一个多民族的国家中，必须坚持民族文化多样性基础上的和谐，反对在任何口号下把民族文化引向单一化的道路。因为，任何消除文化多样性、导致文化单一化的行为都是对民族关系的破坏，都是不和谐的，是与和谐社会建设背道而驰的。

　　多元一体是中华各民族文化所具有的一大特点，也是我国和谐民族关系的现实基础。我国不同民族的多元文化之间并不是格格不入的，不同文化在共同的发展中也有趋同的一面，同时也会因地制宜、因人制宜、因族制宜地保持着各自的特点。一方面是趋同，另一方面是多元，两者同时并存。

　　人类学家雷德菲尔德（Robert Redfield）提出的"大传统"与"小传统"的概念可用来阐释汉文化与包括人口较少民族在内的中国少数民族文化的关系。"中国文化大传统本身的多元因素映射出一个历史事实：上古中国原本没有汉族和少数民族观念，只有被后来的大传统称为'五方'、'四海'和'万邦'的部落、方国及其文化传统。大约 3000 多年前，农耕与畜牧两大生计板块在中国的黄河中下游接触界面上强烈互动，结果形成了一个由多民族精英组成的统治阶层和一个兼容多民族文化的治理结构。这个结构不断从各地各民族的文化小传统中取精用弘，最终发展成适合治理多民族统一国家的文化大传统。……今天的汉族就是在这场大小传统的长期互动中逐渐失去自身小传统而较深地同化于大传统的人。今天的少数民族则是由于地理和社会（如宗教）等原因而较多地保持了自身文化小传统的人。但是，少数民族保持自身文化传统并不等于他们对国家的历史文化大传统没有贡献或对它没有认同。事实上，近代中国人的国家观念正是通过各民族、族群、祖籍、出生地或方言区认同的中介才得以升华

---

① 胡锦涛：《在中央民族工作会议上的讲话》，2005 年 5 月 27 日，人民网，http：//politics. people. com. cn/GB/1024/3423605. html。

和实现的"①。

中华文化可以看做一个庞大的文化生态系统，其中"大传统"与"小传统"的互动是一种保持生态平衡的重要运行机制。人口较少民族的文化传统显然在中华文化的系统中属于"小传统"，它在受到"大传统"的影响的同时，也在影响着"大传统"。也就是说，"小传统"与"大传统"相互之间在不断地进行着交流，在相互补充，相互激励，相互增添着活力。没有"大传统"的支撑，"小传统"就有可能难以立足；没有"小传统"的滋养，"大传统"就会失去文化的多样性，就有可能凋零、萎缩。

在中华文化的生态系统中，必须有各民族若干"小传统"的存在，并与"大传统"形成互动交流，中华文化才能保持多样性，才能在多样性的基础上保持活力，才能获得和谐社会建设的文化支撑。从这个意义上说，和谐社会与民族文化多样性之间具有一种互依互存、互动发展的关系。和谐社会的建设保护着多元文化的发展，文化多样性的保存本身就是和谐社会建设的举措。民族不论人口多少，其文化本身都是建设和谐社会的重要资源，只要每一个民族保护好自己的文化特质，本身就是对文化多样性的维护，同时也是对中国乃至世界和谐的贡献。多元文化和文化多样性的功能就在于它能充分地动员社会力量，推动社会改革，追求不同群体在精神和物质上的繁荣以及人类本身的自由和尊严。

我国在处理民族关系时提出："少数民族离不开汉族，汉族离不开少数民族，少数民族离不开少数民族。"这一"三个离不开"的口号，十分真切、透彻地反映了我国民族关系的特点。这是在抛弃了单线进化的文化中心论弊端，充分承认多元文化存在的事实和价值的基础上，在和而不同的语境里，认识到不同文化进行公平、平等对话的必要性而提炼出来的。的确，只有各民族互相依存、互相帮助、互相促进的和谐状态下，才能各得其所地利用多元文化资源实现美好的愿景。

总之，文化多样性与和谐社会的关系是相互依存、相辅相成、互动发展着的。保护文化多样性是构建和谐社会的基础，构建和谐社会的过程也是保护文化多样性发展的过程，在协调好民族关系的基础上弘扬和谐文化、构建和谐社会，必将有力地推动民族文化多样性的保护与发展。

云南人口较少民族的文化需要在平衡与和谐的文化生态系统中，保持着文化多样性的活力和创造力。云南人口较少民族与云南的其他民族一起经历

---

① 张海洋：《论中国的多元文化与和谐社会之三》，中国社会人类学网，http：//anthropology. cass. cn/view. asp？articleid＝509，2011 年 4 月 20 日下载。

和见证了中国民族关系和谐与不和谐的各个时期。多年的民族工作实践和历史上诸多的正反经验告诉我们，民族关系和谐的时期也是各民族文化得到较好的传承和发展的时期；民族关系不和谐的时期正是民族文化急剧消亡的时期。因此，必须以平等、和谐、友好的方式善待各种文化群体，其中包括对弱势文化群体的尊重和保护。在全球追求全面发展的今天，像云南人口较少民族这样的文化弱势群体，同样，不仅要求经济权益和发展机会平等，而且要求文化安全和话语权利平等。他们要求主流社会承认他们作为能动主体和发展参与者的尊严和能力，承认其文化作为社会正面资本的价值和意义，使他们摆脱发展客体的从属地位。这体现了民族意识的觉醒，正是社会开放和政治文明的标志，也是保护民族文化多样性与构建和谐社会的重要基础。

第 一 章

云南人口较少民族的类型和特点

本研究按照国家 2010 年以前的划分标准，把民族人口在 10 万人以下的中国少数民族称为人口较少民族。云南人口较少民族共有 7 个，它们是独龙族、德昂族、基诺族、怒族、阿昌族、普米族、布朗族。这 7 个民族都是云南省特有的少数民族。根据 2000 年和 2010 年第五、第六两次全国人口普查，7 个人口较少民族人口的云南省人口数据如表 1 – 1 所示。

表 1 – 1　云南 7 个人口较少民族第五次和第六次全国人口普查的云南省人口数

单位：人

	独龙族	德昂族	基诺族	怒族	阿昌族	普米族	布朗族
第五次人口普查	5884	17804	20685	27738	33519	32923	90388
第六次人口普查	6355	20188	22763	31823	38070	42057	116584

比较两次人口普查的情况，云南 7 个人口较少民族的总人口从 2000 年的 228941 人增长到 2010 年的 277840 人，占云南全省总人口的比重由 0.005% 增长到 0.006%，占全省少数民族人口的比重由 0.016% 增长到 0.018%。说明近年来云南人口较少民族的人口增长速度较快。

云南是全国少数民族种类最多的省份，人口较少民族在全国所占的比重也很大。全国 22 个人口较少民族中，云南省就占了 7 个，接近 1/3；按第五次全国人口普查的数据，全国 22 个人口较少民族共有约 63 万人，而云南的人口较少民族 22.89 万人，占了 1/3。由此可见，云南是全国扶持人口较少民族发展任务最重的省份之一。

近年来，从中央到地方都对扶持人口较少民族给予了高度的重视，2005 年国务院审议通过了《扶持人口较少民族发展规划（2005—2010 年）》，2006 年云南省政府通过了《云南省扶持人口较少民族发展规划（2006—2010 年）》，进一步明确了云南省 7 个人口较少民族聚居村脱贫发展的目标，确定了以行政村为单位，改善基础条件，以自然村为单位，实施整村推进的实施原则。经过国家和地方大量扶持资金的投入和各级政府多年的辛勤努力，近年来云南人口较少民族的发展确实大有改观，许多人口较少民族村寨都改善了基础设施，甩掉或正在甩掉贫困的帽子，走上了奔小康的道路。

然而，在云南人口较少民族经济社会发展的同时，民族文化的流失却日益严重，出现了文化生态失衡的现象，经济发展与文化保护的矛盾十分突出。如果只有经济的进步，而没有民族文化的相应保护和发展，这样的发展显然不能说是符合科学发展观的，也是不可持续的，更难以达到构建和谐社会的目的。因此，在推动和扶持人口较少民族脱贫致富和经济发展的同时，一定要对这些民族的文化和文化生态给予高度的关注和重视。

可以说，云南人口较少民族的文化和文化生态折射着云南民族文化的特点，也是多元而多样的。它们大大增添了云南民族文化的魅力。如果缺少了云南人口较少民族的文化，云南民族文化的丰富性将要大打折扣，云南民族文化的精彩纷呈也将大大逊色。

本研究的对象主要是云南省7个人口较少民族的文化，但不能不首先对其基本情况进行交代。为了在有限的篇幅中对这7个人口较少民族的概貌进行一个粗略的勾勒，我们试图通过多角度分类比较和特点概括的方式来反映各民族及其环境的基本状况。

一　云南人口较少民族的类型

（一）地理方位分布

云南7个人口较少民族基本上都分布在云南省的西部地区，主要聚居在怒江傈僳族自治州、迪庆藏族自治州、德宏傣族景颇族自治州、西双版纳傣族自治州、大理白族自治州、临沧市、普洱市、保山市、丽江市等9个州市的31个县、区、市的81个乡镇中。从云南的地理方位来看，分布在滇西北地区的有独龙、怒、普米3个民族；分布在滇西地区的是德昂、阿昌两个民族；分布在滇西南地区的是基诺、布朗两个民族。

1. 滇西北地区

滇西北地区主要包括怒江傈僳族自治州、丽江市、迪庆藏族自治州，这里地处青藏高原南延横断山的纵谷地带，由于濒临印度板块和欧亚板块的结合部，形成了规模巨大的南北走向褶皱山体和深陷的河谷，担当力卡山、高黎贡山、碧罗雪山和云岭四座延绵千里的山系，与独龙江、怒江、澜沧江和金沙江相间纵列，海拔高差达 4000 多米，造就了典型的立体气候，动植物种类繁多，生物多样性特点突出，形成壮丽的"东方大峡谷"景色，是世界自然遗产"三江并流"的腹心区域。居住滇西北大山褶皱里的独龙、怒和普米三个人口较少民族主要分属于怒江傈僳族自治州和丽江市两个行政辖区中。

独龙族主要居住在怒江州贡山独龙族怒族自治县。据 2010 年第六次人口普查统计，云南共有独龙族 6355 人，贡山县的独龙江两岸是独龙族的主要聚居地。此外在贡山县怒江流域双拉乡的小茶腊村，以及迪庆藏族自治州维西县齐乐乡的俅扒卡村也有少数独龙族居住。

怒族主要居住在怒江傈僳族自治州的贡山、福贡、泸水、兰坪等县，和迪庆藏族自治州的维西县，以及西藏自治区的察隅县等地。怒江傈僳族自治州的贡山县为独龙族怒族自治县。据 2010 年第六次全国人口普查统计，云南省共有怒族人口 31823 人。怒族主要分为四个支系：阿龙、阿怒、怒苏、若柔，除了若柔主要居住在澜沧江流域外，其他三个支系都聚居在怒江两岸。从怒族的历史文献、民族语言、支系名称、服饰以及《送魂歌》等资料来综合分析，他们可能是外来的氐羌族系移民与当地土著长期融合而形成的一个民族共同体。由于地理隔绝、周邻人文环境差异以及长期以来政治归属上的不同，怒族"一体多元"的民族构成特点比较明显。

普米族主要分布在滇西北高原的怒江州兰坪白族普米族自治县、丽江市玉龙纳西族自治县、宁蒗彝族自治县，以及迪庆藏族自治州的维西傈僳族自治县。据 2010 年第六次全国人口普查统计，云南省共有普米族 42057 人。兰坪县的普米族主要分布在通甸、河西、金顶、拉井、石登、营盘和春龙等乡镇，共有约 1.5 万人；宁蒗县的普米族主要分布在翠玉、永宁、拉伯、跑马坪、红桥、西川、金棉、宁利、战河和大兴镇等地，共有 1 万余人；玉龙县的普米族，主要分布在鲁甸、石鼓、鸣音、宝山、石头、九河、太安、奉科、红岩、大研镇等地，共有 5000 多人。此外，在维西、永胜、香格里拉、云县等县市也有部分普米族分布。一般来说，普米族在山区与彝族、藏族杂居，在坝区与纳西族、白族和汉族杂居共邻。

2. 滇西地区

德昂族和阿昌族两个云南人口较少民族主要分布在滇西地区，分属德宏傣族景颇族自治州、保山市、临沧市和大理市等行政区域。该地区地处横断山脉南部和南延部分，分属伊洛瓦底江、怒江和澜沧江流域，境内山岭峡谷相间排列，水土资源和生物资源都比较丰富。地处最西端的德宏傣族景颇族自治州属南亚低纬度季雨林型气候，具有气温高、霜期短、热量充足、雨量充沛等特点，在纵横的山岭与河道之间分布着不少大大小小的河谷平坝，其中 100 平方公里以上的坝子就有盈江、陇川、瑞丽、芒市、遮放等。

据 2010 年第六次全国人口普查，云南省德昂族共有人口 20188 人。德昂族人口较少，但却分布较广，分散居住在滇西三个州市的 9 个县市中，德宏州的芒市①、瑞丽、盈江、陇川、梁河，以及保山市的隆阳、临沧市的镇康、永德、耿马等县市区都有德昂族聚居的村寨（详见表 1-2）。

表 1-2 云南省德昂族传统居住地人口分布 单位：人

地区（市）	所属县区	德昂族人口	分布乡镇数	村委会数	村民小组数
德宏州	芒市	9336	8	19	35
	瑞丽	1627	4	6	11
	梁河	768	2	2	4
	陇川	1344	2	5	7
	盈江	365	2	2	3
临沧市	镇康	2510	2	4	9
	耿马	1234	1	2	4
	永德	568	1	1	1
保山市	隆阳	1053	1	2	3
合计		18805	23	43	77

说明：采用 2007 年人口数据，由当地统计或相关政府部门提供。

阿昌族主要居住在德宏州的陇川县和梁河县，陇川县的户撒乡、梁河县的九保乡、曩宋乡都是阿昌族民族乡。此外，在德宏州的芒市、瑞丽、盈江，大理白族自治州的云龙县，保山市的腾冲县和龙陵县，也有一些阿昌族分布。据 2010 年第六次全国人口普查，云南省共有阿昌族人口 38070 人，其中约 85% 的人口居住在德宏傣族景颇族自治州（详见表 1-3）。

表 1-3 云南省德宏州阿昌族人口分布情况

县市	乡镇（个）	村委会（个）	自然村（个）	总户数（户）	总人口（人）
芒市	1	1	10	440	1928
梁河	6	24	225	2549	11694

① 芒市原为云南省德宏傣族景颇族自治州潞西市所属的一个镇。2010 年 7 月 12 日，国务院批准，将潞西市更名为芒市。本书除引用或其他特殊情况外，一律依照现名，使用"芒市"作为市级政区单位。

续表

县市	乡镇 （个）	村委会 （个）	自然村 （个）	总户数 （户）	总人口 （人）
盈江	2	3	3	145	776
陇川	3	12	117	4276	14517
合计	12	40	355	7410	28915

资料来源：《德宏州扶持人口较少民族阿昌族发展规划纲要（2007—2010 年）》。

与德昂和阿昌这两个人口较少民族相邻或杂居的其他民族主要有傣族、景颇族、佤族、傈僳、彝族、苗族和汉族等。

3. 滇西南地区

基诺和布朗两个云南人口较少民族主要分布在滇西南地区，包括西双版纳傣族自治州、普洱市和临沧市。滇西南地区地处云贵高原西南边缘，横断山脉南段，分属澜沧江、怒江和红河三大流域，山谷纵横，垂直气候特点明显，土地资源、森林资源、动植物资源、热区资源、水能资源都较为丰富，与缅甸、老挝、越南等东南亚接壤的国境线较长。尤其是布朗族和基诺族人口主体集中的西双版纳地区，保存着北回归线上最完整的热带雨林，具有"植物王国"和"物种基因库"的美誉。

据 2010 年全国第六次人口普查，云南共有基诺族人口 22763 人。相对而言，基诺族的居住地比较集中，主要聚居于云南省西双版纳傣族自治州景洪市基诺山基诺族民族乡，以及附近的勐旺、勐养、勐罕等乡镇，另外在勐腊县的勐仑、象明等乡镇也有少量分布。基诺族是 1979 年才被国家正式确定的单一民族，是最后进入中国民族大家庭中的成员。

布朗族是云南 7 个人口较少民族中人口最多的一个民族。据第六次全国人口普查统计，云南布朗族总人口为 116584，已经超过了 10 万人。布朗族从滇西偏南地区开始分布，临沧市的双江拉祜族佤族布朗族傣族自治县就有不少布朗族居住，进入滇西南地区的普洱市和西双版纳傣族自治州，所居住的布朗族人口就更多了，在勐海县的中缅边境一带是布朗族的最大聚居区。勐海县的布朗山、西定、巴达、打洛、勐满、勐岗等乡镇是布朗族较为集中的聚居地。在勐海、双江、云县、镇康、永德、耿马、澜沧、墨江等市县的沿边地区都有布朗族的聚居区，此外，滇西南的景东、景谷、思茅、景洪、勐腊等县市，滇西的隆阳、施甸、昌宁、南涧等区县的山区，也有少量布朗族分布。

2009 年 2 月，国家民委正式确定将长期未定族称的克木人和莽人归属于布朗族。目前，中国境内的克木人共有 738 户 3291 人①，主要分布在云南西双版纳州的景洪市和勐腊县的 6 个乡镇 10 个村民委员会中的 19 个村寨中，其中景洪市嘎洒镇有 5 个克木人聚居的村寨和 2 个散居的村寨；勐腊县克木人聚居的村寨共有 12 个，分布在该县的 5 个乡镇中。

过去，莽人散居在云南省金平苗族瑶族傣族自治县与越南社会主义共和国交界的高山密林地区游耕游居，20 世纪 50 年代方才走出山林定居定耕，起初在红河哈尼族彝族自治州金平县金水河镇有 12 个居住点，后来合为四个自然村，最近在上级部门对莽人的专项扶持中，又并成了三个村寨。截至 2009 年，共有 681 人。

此外，据我们调查，还有一种过去未确定族属的人群——昆格人，最近也划归了布朗族。目前，中国境内共有昆格人 1700 人左右②，主要集中居住在云南西双版纳景洪市勐养镇的 7 个自然村寨中，其中有 6 个寨隶属于昆格村民委员会，另外一个村寨隶属于曼纳庄村民委员会。这个族群原称"空格人"，后来改称为"昆格人"。过去昆格人一直未被确定族属，2000 年全国第五次人口普查时当地有关部门把他们作为布朗族来统计，但他们自己仍以"昆格人"自称，第一代身份证上也填写为"昆格人"或"空格人"。2006 年以后，由于更换第二代身份证需要进入计算机系统填写，民族一栏已经设定好必须在中国现有的 56 个民族中选择。经过有关部门的解释和说服之后，他们基本上同意归属于布朗族，现在他们的身份证和户口册上都已经明确地注明了"布朗族"的族属。

基诺族和布朗族居住的主要聚居区长期以来和哈尼、拉祜、傣、佤、彝、汉等民族相邻，各族友好相处，各民族关系较为和谐。

（二）自然环境形态类型

1. 河谷和峡谷地区

云南 7 个人口较少民族中，其人口主体分布在河谷和峡谷地区的有独龙族、怒族。

独龙族主要聚居在独龙江峡谷两岸。独龙江大峡谷地势陡峭，被称为"土地挂在墙上"的地方，其坡度在 30 度以上的耕地占 90%，而且地表土层较薄。独龙族祖祖辈辈就居住在这峡谷中。1949 年贡山解放后独龙江划

---

① 根据 2010 年 8 月 19 日景洪市嘎洒镇的克木人玉尖为我们提供的调查材料。

② 昆格人的人口数字由昆格村委会主任岩香为我们提供，他连续四届当选为村委会主任，笔者于 2008 年 8 月和 2010 年 8 月两次采访过他。

为贡山县的第四区，区下设四个行政村，一村龙元、二村献九当、三村孔当、四村茂顶。1958 年成立了人民公社，1962 年又改为贡山县第四区，1989 年至今为独龙江乡，下设 6 个行政村，由北而南为迪政当、龙元、献九当、孔当、巴坡、马库。

怒族主要聚居在怒江和澜沧江中上游的河谷地区，被认为是怒江和澜沧江两岸古老的世居民族。据说"怒江"和"怒山"皆因怒族而得名。怒族支系中的阿龙、阿怒（侬）和怒苏三个支系，从北到南在怒江两岸居住。怒族居住的怒江峡谷地区谷底狭窄，两岸山坡陡峭，石头多，土层薄，交通不便，生存条件较为艰苦。怒族的另一个若柔支系则聚居在澜沧江河谷地区，自然耕作条件略好于怒江两岸的怒族居住区。

如果我们对河谷与外界沟通的情况作一个划分的话，河谷可分为三种类型：封闭型河谷、半开放型河谷和开放型河谷。那么迄今为止，独龙江河谷还属于典型的封闭型河谷，虽然独龙江乡已经修通了公路，但公路等级较低，一年中只有半年多时间通车，与外界的沟通程度还很低。一向被称为"太古之民"的独龙族人，基本上还生活在一个封闭或半封闭的环境中。

怒族人居住的怒江和澜沧江河谷应属于半开放型河谷，近年来随着高等级公路的修通，与外界沟通频度的增加，这种半开放型河谷正在向开放型河谷过渡。从历史情况看，澜沧江河谷的开放程度略高于怒江河谷，但距离开放型河谷还有一定距离。

就是说，上述两个民族居住的河谷地区，还都算不上开放型河谷。他们的生存环境还有待于进一步开放。

2. 山区和半山区

山区和半山区是多数云南人口较少民族居住的自然环境形态，7 个民族中就有 4 个民族主要在这样的环境中生存，它们是德昂族、基诺族、普米族和布朗族。

德昂族以小聚居的形式分布较广且居住分散，但却有一个共同的特点，就是几乎都居住在山区或半山区。他们大多处于高黎贡山和怒山山脉蜿蜒伸展的南延地区，属于印度洋季风影响下的季雨林区。德昂族一般居住在半山之中，既不在较高的高寒山区，也不在坝区。像德宏州芒市三台山德昂族的居住情况就比较典型，德昂族人聚居在半山和矮山上，比他们居住得更高的有景颇、傈僳等民族，在他们下面的是坝区的傣族。

基诺族比较集中地聚居在景洪市东部的基诺山区，处于横断山脉无量山末梢中的丘陵地带，属北热带边缘山区，地形波状起伏，山高谷深，相对高差较大，基诺乡境内最高海拔1482.5米，最低海拔550米，相差932.5米，平均海拔为1016.25米。在这里山地植物随山势呈垂直分布，海拔1000米以下为热带季雨林，1000米以上为热带常绿阔叶林。目前基诺山区多数都属于国家级自然保护区。基诺山面积623平方公里，土地坡度在25度以上的土地占了95%以上，山区经济的特点十分明显。基诺族种植农作物以旱稻、玉米为主，经济作物主要有茶叶、砂仁、橡胶等，是出产普洱茶的六大茶山之一。由于山地自然的多样性特点，基诺族村寨的经济和文化也多呈现不同的特点。

普米族村寨大多分布在海拔2000—3500米的高寒山区和半山区，被称为是生活于森林草甸的民族。普米族聚居的滇西北属于横断山脉纵谷区的中部，地势北高南低，金沙江和澜沧江由北向南贯穿全境，形成高山峡谷与小块盆地相间的地貌，属温带季风气候，雨量充沛，森林资源丰富，为云南重要林区之一。在森林草甸的生存环境中，普米族采取了以农促牧、以牧养农的生产方式，形成了半农半牧的经济特点。除居住在金沙江西岸的维西、丽江和东岸的宁蒗境内的少数普米族种植水稻外，其他地区的普米族主要种植玉米、马铃薯、青稞等山地作物。目前在部分海拔较高的地区还种植着一些轮歇地，占总耕地面积的30%左右。

布朗族主要分布在北纬25度以南地区，多居住在澜沧江中下游两侧低纬度高海拔的半山区。其海拔一般在1500—2300米，海拔高差悬殊较大，山高谷深，地形复杂，为动植物提供了良好的栖息和生长条件。在这样的自然环境中，布朗族以种植旱稻为主，兼种水稻、小麦、玉米、豆类，以及其他杂粮，经济作物有茶叶、棉花、甘蔗、橡胶、烟叶、麻类等。布朗族种植茶叶的历史比较悠久，其所种植的茶叶早已是著名的"普洱茶"和"勐库茶"的主要原料，其茶叶种植成为布朗族重要的经济来源，也造就了布朗族的茶文化，多数布朗族村寨附近都有青翠的茶园。

生活在山区或半山区的云南人口较少民族，面对复杂的自然环境，过去多数靠种植轮歇地和狩猎、采集生活，普遍广种薄收，多数都没有高产稳产的田地，一般风调雨顺之年生活还可以过得去，遇到自然灾害，就难以维持生计，居住在高寒山区的民族群众尤其如此。

由于山地自然环境和气候形态本身就呈多样化的特点，动植物资源十分丰富，民族的生存方式多种多样，因而也模塑出了山地民族文化的丰富多样。

3. 坝区和山坝结合地区

与其他 6 个民族不同，阿昌族大多都聚居在山间平坝和山坝①结合地区，这些地区分别属于高黎贡山、怒山和云岭三大山脉南延区域，属于高黎贡山支脉向南延伸形成的丘陵山地有陇川县户撒坝子，梁河县的九保、曩宋等坝子，腾冲县的小蒲窝及龙陵县的芒达、芒市的高埂田一带；属于怒山向南延伸余脉之间的山间盆地有云龙县境内澜沧江两岸的漕涧坝子；属于云岭向南延伸的丘陵地带有云龙、兰坪等县的山间平坝。其中，陇川县的户撒坝和梁河县的九保、曩宋坝是中国阿昌族的三个最大聚居区。

户撒坝中部宽，两头窄，东北高西南低，如船形，为海拔较高的山间盆地，南北长 26.5 公里，东西宽 9.5 公里，面积 81.2 平方公里。户撒坝由坝头户撒和坝尾腊撒两部分构成。由于户撒和腊撒在地势上没有明显的分隔，所以人们习惯上把它们统称为户撒或户腊撒，但当地人却习惯清楚地将二者区分开来。坝子里村寨密布，居住着阿昌、汉、傣、景颇、傈僳、回等民族，其中阿昌族约占了全乡总人口的 53%，在全国阿昌族人口中也占了 34%，2000 年共有 11542 人。户撒坝具有得天独厚的环境条件，水土丰沛、气候适中，交通便利、环境优美，适宜多种动植物生长；坝子边缘有大片草甸，适宜放牧，另外还储藏着丰富的煤矿。

梁河阿昌族约占全国阿昌族总人口的 35%，2000 年人口为 11938 人。大多居住在海拔 960—1380 米左右的坝区、山坝结合部和半山区。主要聚居在九保、曩宋两个阿昌族乡，以及湾中、勐来、芒回等 8 个行政村的 46 个自然村落。除勐来行政村地处大盈江西岸，芒回行政村位于龙江流域外，其他阿昌族村寨均坐落在大盈江东部。这一区域属南亚热带季风气候，雨量充沛，夏无酷暑，冬无严寒，干湿季较为明显。适宜种植水稻、小麦、包谷等粮食作物，以及甘蔗、茶叶、油菜等经济作物和多种亚热带水果。

另外在芒市、腾冲县、龙陵县等阿昌族居住区，其地理环境有很大的相似性：处在三县市交接处，临近同一段龙川江流域内，水资源丰富；均为山丘台地、缓坡地或山间宽谷地；海拔都在 1000—1500 米，均为南亚热带低热丘陵气候类型；年平均气温 17℃ 左右，年平均无霜期较长；土质深厚，光、温、水条件较好，有利于发展农业生产。

以上各地的阿昌族中，户撒的阿昌族比较典型地居住在坝子中，其他地区的阿昌族主要居住在山坝结合部。我们在梁河调查时，当地阿昌族人就打比喻说："傣族在坝子，景颇族在山上，阿昌族在山坝之交，蹲也不是，站

---

① 云南方言将山间盆地称为"坝子"，本书所使用的"坝"字皆表达此意义。

也不是。"他们还反映，梁河县芒东镇湾中村委会有 8 个寨子，其中 6 个是阿昌族聚居寨，共 1000 多人，新中国成立初期划入山区杞木寨乡，因为山区面积广大，土改时其他山区村寨就来分这些阿昌族寨子的水田，最近这些阿昌族寨又划归坝区的芒东，但水田却没有还回，致使阿昌族村寨的水田较少。据说类似水田紧张的情况在梁河阿昌族中还较普遍：48 个阿昌族寨中，就有 43 个村寨人均只有半亩田。

（三）居住集散类型

云南人口较少民族的人口分布较广，总体上呈大分散、小聚居的形态。在这样一个大的格局中，具体到单一个民族和小范围的地域而言，我们又可以将云南 7 个人口较少民族大致分为以下几种类型。

1. 大分散小聚居型

指的是同一民族人口总体居住分散，但有一定的聚居区域，一般都以村落或村落连片的形式集中。这种在面上分散、点上集中的民族居住形态即为大分散小聚居的民族分布类型。属于这一类型的云南人口较少民族有德昂族、布朗族、怒族。

其中德昂族表现得较为典型。从表 1 - 2 可以看出，不到两万人的德昂族人口在云南省内 3 个州市的 9 个县区中都有传统居住地。

德昂族主要聚居在云南省德宏、临沧和保山 3 个州市所属的 9 个县市区 23 个乡镇 43 个村委会 77 个村民小组之中。从大范围看，德昂族在云南的分布是相当分散的。但是，从每一个聚居村落看，德昂族的聚居程度又是比较高的，在云南省德昂族居住的 77 个村民小组中，德昂族所占的比例大多都在 95% 以上，只有个别的与其他民族混居。然而，高度聚居的德昂族村落又往往在很小的范围内与其他民族的村落交错分布，一个村委会一般都由几个民族的村落组成。如三台山德昂族乡帮外村委会就是由 3 个德昂族自然村和 3 个景颇族自然村，再加两个汉族自然村组成的。这种在大分散中又以自然村为基本单位聚族而居的分布特点是云南人口较少民族中相当普遍的现象。

云南布朗族分布在西双版纳、普洱、临沧和保山 4 个州市的 20 余个县市之中。涉及布朗族民族自治的地方原有 1 个自治县，9 个民族乡镇（现并为 6 个）。这些布朗族的自治地区分布在从滇西南到滇西的广大地域。除了这些布朗族的自治地区的县市外，还有澜沧、景洪、墨江、昌宁、永德等 10 余个县市都散布有布朗族的村寨。如果单看勐海县布朗山和巴达一带的布朗族，可以说是分块聚族而居，因为这一带主要是单一的布朗族居住区，但从布朗族的整体看，其大分散小聚居的形态是很明显的。即使是在布朗族单一连片居住比较集中的勐海县布朗山乡，由于地处山区，村落与村落之间的距离往往相隔较远，一般都在 5000—6000 米，相互交往很不方便，甚至语言都不相同。总之，云南布朗族由于分布较广，居住形态复杂，因而其文化多样性的特点也较为突出。

怒族分散居住在怒江中上游和澜沧江中游地区。在一定的区域内，怒族主要是按照民族支系聚族而居。阿龙支系以贡山丙中洛为中心，阿怒支系以福贡上帕为中心，怒苏支系以匹河为中心，若柔支系以兰坪兔峨为中心，各支系在空间上形成高度分散的居住格局；由于人口少，怒族村落多与傈僳、白等民族的村社交错而居。而在聚居的村落中又往往形成了以小型血缘村社为主的聚落类型，这主要是受到自然地理环境、资源条件以及据此形成的以自给自足为取向的粗放式的农耕和林猎型传统生计方式影响而逐渐形成的。除了在地势相对平缓、水田比例较大的少数沿江地段形成几个几十户甚至上百户的较大村落（如丙中洛乡的丙中洛村，匹河乡的知子罗、老姆登等）外，绝大多数村落只有十几户甚至几户，显得较为分散。①

2. 连片聚族而居型

民族的主体集中聚居在一个区域内，居住区中地缘相连，形成同一民族的不同村落，在一定的范围内的村落与村落之间很少有其他民族人群杂居其间，这就是连片聚族而居的类型。云南人口较少民族中的独龙族和基诺族就属于这种类型。

独龙族的主体就聚居在怒江傈僳族自治州贡山独龙族怒族自治县的独龙江乡，这是独龙族主要聚居区，也是独龙江这条险峻河谷两岸唯一的民族人群。在这一片幅员近 2000 平方公里的土地上，共有 4000 余人居住，其中独龙族人口占总人口的 96.87%，约占云南省独龙族总人口的 63%。在独龙族聚居的独龙江地区，独龙族村寨大多分布在江边和山腰台地上，村与村之间的距离相隔较远，有的多达几十公里。其村落一般都不大，大者 20 余户，小的甚至不足 5 户。在这民族居住区内，各村寨已经基本固定，但部分独龙族人仍保持在居住区内自由流动迁徙的习惯。

基诺族的主体主要集中在西双版纳傣族自治州景洪市基诺山基诺族乡及其周边的勐旺、勐养、勐罕等一些乡镇，仅基诺山乡居住的基诺族人就占了全国基诺族人口的一半以上。据 2003 年统计，基诺山乡的基诺族人占了该

---

① 编委会：《中国人口较少民族经济和社会发展调查报告》，民族出版社 2007 年版，第481 页。

乡总人口的97.9%，可见基诺族人在当地的集中程度之高。

　　比较来看，独龙族和基诺族这两个民族的居住环境和地缘特点还是有所不同，虽然都是连片聚族而居，但还有杂居与独居之分。基诺族是杂居型的，即与其他民族相邻或混杂而居；而独龙族则是独居型的，即在居住地中无其他民族相邻相杂，仅有一个民族人群单独居住在相对偏僻的地域。

　　3.分块聚族而居型

　　一个民族人群被不同的地域划分开来，在两个或两个以上的地区中聚族而居，在云南人口较少民族中有阿昌族和普米族表现出这样的居住特点。

　　阿昌族主要集中的云南省德宏傣族景颇族自治州约占全国阿昌族人口的85%，该州有131个阿昌族聚居的村寨。除了少数零星分散的人群外，德宏州的阿昌族主要分布在两个聚居区中：一是以陇川县户撒乡为主的陇川地区，二是以梁河县的九保、曩宋两个乡为中心的梁河地区。户撒一带的阿昌族自称为"蒙撒"，"傣撒"、"蒙撒掸"或"衬撒"，梁河地区的阿昌族则自称为"昌撒"或"阿昌"。

　　截至2006年末，陇川县有阿昌族14517人，梁河县有阿昌族11694人。这两个居住区分别占德宏州阿昌族全部人口的50.20%和40.44%（见表1-3）。两地阿昌族的聚居程度虽不如连片聚族而居的独龙族和基诺族那样集中，但相对来说居住还是比较集中的，例如，户撒乡内居住阿昌族就占了户撒全乡总人口的53%；九保和曩宋两个乡的阿昌族也分别占了全乡总人口的26%和16.3%。两个阿昌族的聚居区相隔100多公里，其间山河阻隔，过去交通很不方便，同一民族的两个人群交流不多，形成了两种同中有异的文化形态。在两个民族聚居区，民族自称不同，使用的民族语言和信仰的宗教也不一样，对民族渊源的传说也不一，加之各自受到居住地其他民族的不同影响，明显呈现多元一体的特点。

　　普米族则主要分布在两个地区，一是以通甸和河西等乡镇为中心的怒江州兰坪县一带，二是以翠玉、永宁、战河等乡镇为主的丽江市宁蒗县一带。居住在兰坪县和宁蒗县的普米族人口分别占了普米族全国总人口的42%和29%。两个聚居区的自然和社会形态都有不小的差异，因而形成了两地普米族文化的不同特点，在语言和信仰方面都不一样。不过，在普米族的两大聚居区中，普米族人群的分布并不如阿昌族那样集中，而是在一个大的聚居区内形成了大分散小聚居的特点。如兰坪县的普米族遍布了全县的8个乡镇，总体形成大杂居的格局。但在兰坪境内中部雪盘山腹地中段偏北的河西、通甸、拉井、金顶等几个乡（镇）交界的地带却是普米族最集中的居住区，主要集中在箐花、大羊、玉狮、三界、联合、德胜、河边、龙塘、弩弓、高坪、干竹河、挂登、水奉、下甸、箐头等 15 个山区村社中，由这些村社连片而形成了兰坪普米族"小聚居"区。

（四）语族与族源类型

国内语言学者从 20 世纪 50 年代开始就对云南各民族语言进行过调查，并运用语言谱系分类法进行研究。从语言形态看，云南省 7 个人口较少民族分属汉藏语系的藏缅语族和南亚语系的孟高棉语族两大类。

1. 藏缅语族

属于藏缅语族的民族较多，有独龙、基诺、怒、阿昌、普米 5 个民族。但细分语支则有所不同。民族语言学界多数认为：基诺语属彝语支；普米语属于羌语支；而对阿昌语的系属则有两种说法，一说属缅语支，二说应归彝语支①；怒族则根据支系划分共有四种语言，阿侬语②属于景颇语支，怒苏语和若柔语属于彝语支，而贡山怒族所讲的阿龙语则与独龙语相类。贡山怒语与独龙语基本相通。对独龙语的系属也有多种观点，过去有的说属于西蕃语支或藏语支，后来经语言学专家比较研究，认为与景颇语比较接近，归为景颇语支比较合适③，但也有的认为尚未确定语支④。独龙江流域北连藏语区，东接彝语支地区，南部和缅甸毗邻，西面是喜马拉雅山区。由于这个地区长期与世隔绝，虽然独龙语使用的人口较少，但其语言受外界影响小，变化缓慢，保留早期面貌较多，在一定程度上被认为具有藏缅语"活化石"的特征。

一般认为，操藏缅语族的各民族与古代氐羌族群有渊源关系，其先民可能主要来源于古代氐羌族群。云南氐羌族群的来源有多种说法，但多数学者倾向于认为来自中国的西北部地区。它们从很古老的时候起，就翻山越岭、顺江流河谷向云南地区"随畜而迁"，并陆续在云南各地定居下来。现在云南省内 26 个 6000 人口以上的民族中就有 13 个属于古代氐羌族群的后裔。

上述每一个民族由于支系或居住地区的不同，其语言又可再划分为两种以上不同的方言，本研究将在第五章中详细讨论。

---

① 编写组：《阿昌族简史》，云南人民出版社 1986 年版，第 3 页。

② 阿侬语，即怒族阿怒支系所讲的语言。"阿侬"和"阿怒"皆指同一民族支系人群，只是写法不同。国内民族学界多写为"阿怒"，而语言学界则用"阿侬"来表达。因此本研究在涉及语言问题时写为"阿侬"，而在其他方面则写作"阿怒"。

③ 孙开宏：《独龙族语言简志》，民族出版社 1982 年版；另见孙开宏《谈谈怒族和独龙族使用的语言》，载《民族研究动态》1986 年第 1 期。

④ 云南省地方志编委会编：《云南省志·卷五十九·少数民族语言文字志》，云南民族出版社 1998 年版。

2. 孟高棉语族

云南人口较少民族中有德昂和布朗两个民族属于孟高棉语族，其语支也相同，为佤德昂语支；只是 2009 年归属布朗族的克木支系，其语言属孟高棉语族克木语支。

据考证，南亚语系孟高棉语族的民族是古代孟—高棉族群后裔的一部分，属于古代百濮部落集团。关于南亚语系民族的来源，其说法有多种：有的认为来自印度，有的认为形成于中南半岛，有的说迁自长江中下游，有的说是云南本土土著，他们很早便在云南地区生活，并逐渐向东南亚地区迁徙……不管怎样，可以肯定南亚语系孟高棉语族的民族在云南定居的时间较早。在云南，同属孟高棉语族的民族除了德昂族和布朗族之外，还有佤族。它们与东南亚地区的孟高棉语族在文化上还具有一定的共性可寻。

从民族的语言、习俗、传说等多方面的文化比较也可以证明，布朗、德昂和佤三个民族的先民在古代同出一源，尤其是布朗族和德昂族直到元明以后方才分化为不同的民族。德昂族原称为"崩龙族"，后根据民族的意愿，报请国务院批准，于 1985 年更名为"德昂"。"崩龙"作为一个单一民族出现较晚，直到清初乾隆年间方才见载于史籍《乾隆东华录》，但作为百濮族群中的一部分，其先民与布朗族、佤族的先民同属于古代永昌濮人的一部分。《德昂族简史》说："史学界多认为汉晋时的濮人，即为唐时的扑子蛮和元明时的蒲人（濮、扑子、蒲字音相近，为古今异字），它们是现今佤族、德昂族、崩龙族的先民。"[1]《布朗族简史》也认为："总之，所谓'扑子蛮'、'蒲蛮'、'蒲人'、'蒲满'、'黑蒲'等等都是他称，都是指今布朗族的先民。所谓的'濮'、'扑'、'蒲'都是汉文同音的异写字。"[2]

在德昂族和布朗族的语言中，有不少相近和相似的地方，我们在这两个民族中调研时，都分别听说他们能够听得懂一些柬埔寨人讲话的词汇。1998 年 8 月，我们到缅甸德昂大山参加德昂族"创文节"时，竟意外发现，当地与德昂族为主的 Palaung 族群中，其实也包括部分与我国布朗族相对应或相似的人群。

据我们调查，境外的德昂族支系有 13 个以上，中国的德昂族内部则可划分为七个支系，即布列、梁、汝买、绕竞、绕可、绕波、汝景。但一般从妇女服饰上则分为红德昂、花德昂、黑德昂和白德昂四种；从民族方言的差异情况划分，我们认为可分为布列语、汝买语、梁语、绕竞语四种。布朗族

---

①　编写组：《德昂族简史》，云南教育出版社 1986 年版，第 7 页。

②　编写组：《布朗族简史》，云南人民出版社 1984 年版，第 3 页。

民族支系和居住区的不同，有较多的土语，但大体分为布朗语与阿尔佤语两大方言，此外，再将最近正式划入布朗族的克木人、莽人、昆格人的语言也分别作为布朗族的语言分支来看待，于是布朗族语言的种类就更多了。

（五）宗教信仰类型

在宗教信仰方面，云南7个人口较少民族呈现出了多种不同的形态，几乎涵盖了云南民族的各种信仰形式。即是说，云南人口较少民族的宗教信仰具有多元化的特点，有时候很难说某一个民族信仰什么宗教，而需要分开支系或居住区而论，甚至即使在同一个民族聚居区也会有多种宗教和信仰并存的情况。下面仅就一个民族信仰的大体倾向分类，详细情况将留待第六章论述。

1. 原生性宗教

过去，学界对国内少数民族自发生成的宗教信仰，一般都习惯称为"原始宗教"。显然，"原始宗教"这一术语的来源是根据经典进化论对非西方社会的一种解读，认为非西方人类社会不同的生活现实代表了人类早期的"原始"时代。这明显具有单线进化论的歧视性成分。本研究在导论中已经阐明，我们将力求摒弃单线进化的文化观，因此也尽量避免使用诸如"原始"、"原始宗教"、"原始信仰"一类的术语。

一般来说，宗教信仰形态根据其生发的情况可以归类为原生性宗教和创生性宗教。原生性宗教是指初级社会形态下自发生成并延续下来的宗教，通常所说的"原始宗教"应该属于原生性宗教的范畴；创生性宗教通常都具有明确的创教人，像佛教、基督教、伊斯兰教等就是，故也可称为人为宗教。目前，学界已有不少学者提出以"原生性宗教"的概念来代替常用的"原始宗教"概念。"他们之所以提出'原生性宗教'的概念，而不用一般人所说的'原始宗教'概念，主要是认为'原生性宗教'这一概念更为准确：首先，原生性宗教不是创生的，而是自发产生的，它在历史中或许有非常著名的大巫师，但却没有明确的创教人。其次，人们通常所理解的原始宗教往往在时间上属于史前时代，而原生性传统宗教却可从史前时代延续到近现代。再次，原生性宗教不仅仅是表现于文献、考古发现的'化石'，还是一种在社会生活各方面发挥作用的活态宗教。最后，一般所说的原始宗教大都存在于无文字社会，而原生性宗教不仅从史前社会延续到文明时代，而且许多民族的原生性宗教还具有成文的经典。"①

在本研究中，我们将始终使用"原生性宗教"或"原生性信仰"代替

---

① 　孟慧英：《再论原始宗教》，《民族研究》2008年第2期。

常用的"原始宗教"或"原始信仰"的说法，这除了更强调云南人口较少民族的自发宗教信仰中所具有的跨时代、被传承和经受变化的特点之外，还着意要避免"原始宗教"术语中所蕴含的歧视成分。原生性宗教信仰是民族原生性的最早的信仰形态。盛行原生性宗教的民族人群都相信万物有灵，在社会生产生活的许多方面都要进行祭祀活动，其宗教神职人员，如祭师、巫师等，往往享有很高的荣誉和威信。

可以说，在云南人口较少民族中几乎每一个民族都天然地具有原生性宗教的信仰，即使是那些早已经改信了其他人为宗教的民族，在其民族成员的信仰中依然不乏原生性宗教的因子，常常会在其价值观念、致思方式、情感倾向，甚至信仰行为方面自然或不自然地表现出来。反过来也同样，有的民族原生性信仰也受到了本民族或周边其他民族信仰的人为宗教的影响，在民族原生性宗教中又染上了人为宗教的色彩，如普米族的韩规教就比较典型。然而，这种复杂的文化交融情况很难在分类中表达出来，一般都把已经信仰了其他人为宗教的民族或群体排除在信仰原生性宗教的民族之外。

如果把信仰了人为宗教的民族人群排开，按常规的划分标准看，在云南人口较少民族中还整体保持信仰原生性宗教信仰的民族就只有基诺族了。另外独龙族、普米族的大部分人群，阿昌族梁河聚居区的部分人群，以及怒族的一部分人群中都还保持着民族原生性宗教的信仰。

2. 佛教

汉传佛教、藏传佛教和南传上座部佛教[①]是佛教中的三种主要形态，每一种都有云南人口较少民族的人群信奉。

信奉汉传佛教的人群不大，主要是居住在保山市施甸、昌宁等县的布朗族人群，以及阿昌族户撒居住区的一部分人群。户撒阿昌族的这部分人在崇奉汉传佛教的同时，有些人也信仰南传上座部佛教或道教，他们的信仰本身就是多元的。

信奉藏传佛教的人群主要是居住在宁蒗、中甸、维西等地的普米族和居住在贡山地区的怒族，这两部分人群的居住地紧邻藏区，受藏文化的影响较深。尤其是普米族，其民族固有的原生性宗教（韩规教）也深受藏传佛教和本教的影响，普米族巫师常使用藏文，常在祭礼活动中用普米语转读藏经典，称他们的祖师为"益史顿巴"，这是本教祖师"丹巴喜饶"的转音。就是说，藏传佛教除了有一些自己的信众外，还广泛地影响了这两部分民族人群。

信奉南传上座部佛教的主要是德昂族和布朗族，以及户撒阿昌族的大部

---

① 南传佛教即指"南传上座部佛教"，本书有些章节简称为"南传佛教"。

分人群。德昂族和布朗族可以说是全民信教，户撒阿昌族也是以信仰南传上座部佛教为主，兼信其他宗教。这些民族人群一般都与傣族交往较多，历史上就深受傣族文化的影响。

3. 道教

在云南人口较少民族中信仰道教的人群最少，主要是居住在陇川县户撒乡朗光村委会一带的阿昌族人，当地建有道观皇阁寺，内有道士看管，并有弟子跟随师傅学习。不过，皇阁寺中还同时供奉着玉皇、王母和释迦牟尼，寺旁还耸立着南传上座部佛教的白塔。信仰道教的阿昌族人也往往同时崇信佛教，他们将佛、道视为一体。

4. 天主教和基督教

19 世纪末 20 世纪初，西方传教士纷纷进入云南少数民族地区传教，一些人口较少民族也受其影响而信仰了天主教或基督教①。云南人口较少民族中信仰天主教的人群主要是贡山地区怒族阿龙支系的部分人群，人数不太多，在 1500 人左右。比较而言，基督教在云南人口较少民族中的影响更大，不仅信教群众多，而且涉及的地域广。居住在怒江流域各怒族居住区中几乎都能看到基督教堂的尖顶，仅福贡县不到两万人的怒族中，就有 70% 以上的人信仰基督教；在贡山与信仰天主教杂居的怒族人也有 1000 余人信仰了基督教。② 20 世纪 40 年代，基督教开始传入独龙江地区，在独龙族中发展教徒，据 2000 年统计，独龙江乡信教人数已有 600 余人，分布在 300 多户人家。现在独龙江乡的不少村寨都设立了礼拜堂或教堂。此外，居住在澜沧县文东乡旧苦寨和墨江县景星乡挖么一带的布朗族在历史上曾经信仰基督教，但"文革"之后却没有重新建立教堂。

（六）跨界人口分布类型

云南的人口较少民族有一特点，大多数人口都居住在云南边疆国境线附近，因而云南的 7 个人口较少民族中就有 5 个属于跨界民族。它们是：独龙族、德昂族、怒族、阿昌族、布朗族。就是说，这 7 个民族中除了基诺族和普米族之外，其他都是跨界民族。

由于国内至今对跨界民族的研究，特别是境外部分的研究还很不够，大多数调查研究都还只局限在国内，加之境外情况的复杂性，也导致了我们对跨界民族中境外部分的许多情况尚未很好把握，包括人口数字在内，都还不

---

① 根据云南各地群众的称呼习惯，本研究中的"基督教"专指基督教的新教。

② 编委会：《中国人口较少民族经济和社会发展调查报告》，民族出版社 2007 年版，第 478 页。

能说得很准确。比如跨境居住在中国和缅甸的德昂族，许多介绍德昂族的文字中，说到境外德昂族的人口数都各说不一，差异甚大，基本上都是根据很早以前的资料抄来抄去。

尽管如此，根据现有的资料，我们还是可以将云南这五个人口较少的跨界民族，根据人口在国内外的分布情况大致可划分为人口主体在外和国内外人口相当的两种类型。就是说，这五个民族的人口主体都不在国内。而像德昂族的人口主体大部分在境外就很典型（参见附录）。

（七）生产生计方式类型

由于半个多世纪的发展，云南 7 个人口较少的民族在社会经济方面都有了长足的发展，各民族目前所呈现出来的生产生计方式已经与中华人民共和国成立初期的形态大不相同了。而且，随着改革开放以来多元化的发展，每一个民族的经济生活更加丰富多彩，很难用一种形态将其全部囊括。我们只能就大体而言，将其划分为如下类型：

1. 种植为主型

农耕种植是云南人口较少民族大多数人群的主要生产方式。独龙族、德昂族、基诺族、布朗族都基本上是依靠山地种植来维持基本生活的。过去这些民族都以刀耕火种的方式进行轮歇地的种植，近年来，随着人口的增长以及森林权属关系的调整，许多民族都逐渐改变了轮歇耕作的生产方式，大多数已经改为固定耕地种植了，只有少数人群还保留着轮歇地。到 21 世纪初，还保留轮歇地较多的是独龙族，在独龙江乡有固定耕地 4930 亩（水田 427亩）①，轮歇地、火山地却有 8000 余亩。而今，即使还保留轮歇耕作的民族人群，也多由于土地的限制而缩短了土地轮歇使用的时间，如基诺族传统上要将土地划分为 12 片或 13 片，按 12 年或 13 年为周期进行轮歇，目前在现有的少量轮歇地上只能进行 5 年或更短的轮歇周期了。

实际上固定耕地种植的情况也有所不同，具体而言，可分为水田种植和旱地种植，粮食种植和经济作物种植等类型，一般来说，而今多数民族都兼而有之，很少有哪个民族人群是以单一种类的种植来维持生计的。例如，德昂族聚居的芒市三台山乡，2001 年末共有耕地 22324 亩，其中旱地占82.6%，水田 3885 亩，占全乡耕地的 17.4%；另外，用于经济作物种植的有茶地 1762 亩，甘蔗地 20563 亩，果园 1690 亩。其中，仅甘蔗收入就占到

①　编委会：《中国人口较少民族经济和社会发展调查报告》，民族出版社 2007 年版，第 503 页。

了人均纯收入的75%左右①。

2. 农牧混合型

即农耕种植与饲养放牧相结合的生产类型。属于这一类型的云南人口较少民族有普米族和怒族。其中，普米族尤为典型。

历史上普米族就是一个游牧民族，后来定居滇西北以后，逐渐向农耕过渡，成为一个半农半牧的民族。他们从相邻的汉族、白族、纳西族等民族那里学习先进的农耕技术的同时，还充分利用当地丰富的土地资源发展畜牧生产，保持了传统产业优势。普米族人通过农业种植，粮食自给，解决了吃粮的问题，通过畜牧业则获得了经济收入，并满足他们从物质到精神多方面的需求。目前，多数农户都饲养牲畜，多则上百，少的也有几十头。

长期以来，怒江两岸的怒族人习惯于刀耕火种的生计方式，经济的自给自足性很强，近年来由于耕地的限制，其生产生计方式已逐渐向山地耕作与畜牧混合过渡。种植业方面，以种植玉米、麦类、青稞和土豆等为主；畜牧业方面，以饲养猪、马、山羊、黄牛为主；另外，还开展以采集菌类、蜂蜡、董棕、黄连、时鲜果蔬，以及季节性的狩猎和溪河渔捞活动，作为生计补充。这样，通过农耕生产以获得主要的食物来源，通过畜牧业而得到经济收入，同时以采集、渔猎而得到重要的副食补充。

3. 农工商结合型

在云南人口较少民族中，几乎各民族人群中都有一些人为满足生产生活的需要而进行手工业活动，如打铁、编织、酿酒、纺织、做木活等，但基本上是以满足民族内部的需要而进行的个别人的活动，很少有以一种群体性的行为同时进行农工商活动，并形成商品远销外地。真正能以农工商相结合的方式获得生计的人群，只有户撒阿昌族可以算为这一类。

600多年前，明朝屯边的士兵把铁器制作的技术传授给了阿昌族，户撒阿昌族一向善于制作刀具，有些村寨家家户户都有打铁工场，手工业较为发达。"阿昌刀"早已名扬遐迩，深受滇缅边境各民族所喜爱，是必备的生产工具。目前，在户撒阿昌族村寨还形成了一定的专业分工，有的村寨专门打制农具，有的村寨专门打制刀具，甚至还更细致地划分出制作农用刀和工艺刀的不同专业村寨，以及制作刀壳刀柄的不同工场。另外，户撒还有一些阿昌族村寨或人群中则以制作银器、刺绣、编织等手工业生产活动为生计，他们生产的各种款式的手镯、银链、银扣、银耳环等造型美观，深受人们的喜爱，远销缅甸。

① 王铁志：《德昂族经济发展与社会变迁》，民族出版社2007年版，第119—126页。

由于户撒阿昌族的手工业较为发达，自然也产生一批将生产产品外销出去的商人，因此户撒阿昌族中也有不少人以行商为生。从而使户撒阿昌族形成了农工商相结合的生产生计类型。

当然，在户撒以打制和经营刀具为生的人也只是一部分村寨中的部分人群，多数阿昌族人还是以农业生产为主。由于户撒农业生产条件十分优越，气候温润，土地肥沃，很适合农作物的生长，而且人均耕地面积较多，因此种植业一直是当地阿昌族的主导产业。户撒阿昌族除了种植粮食外，还以种植烟草、甘蔗、茶叶等经济作物而闻名于滇西。

以上从自然、社会和历史等多方面反映出的多种不同类型，已可初步看出云南人口较少民族所具有的多样性特点。现概括以上所述情况制作一览表如表1－4所示。

表1－4　　　　　　　云南人口较少民族类型的基本情况

民族	2010年云南省人口数（人）	地理方位分布（主要分布地区）	自然环境形态类型	居住集散类型	民族语言系属	宗教信仰	是否属于跨界民族以及境内人口分布	生产生计类型
独龙族	6355	滇西北	河谷与峡谷地区	连片聚族而居	汉藏语系藏缅语族景颇语支	民族原生性宗教、基督教	是，主体在内	种植为主
德昂族	20188	滇西、滇西南	山区和半山区	大分散小聚居	南亚语系的孟高棉语族佤德昂语支	南传上座部佛教	是，主体在外	种植为主
基诺族	22763	滇西南	山区和半山区	连片聚族而居	汉藏语系藏缅语族彝语支	民族原生性宗教	否	种植为主
怒族	31823	滇西北	河谷与峡谷地区	大分散小聚居	汉藏语系藏缅语族景颇语支和彝语支	民族原生性宗教、基督教、藏传佛教、天主教	是，主体在内	农牧混合
阿昌族	38070	滇西	坝区、山区和半山区	分块聚族而居	汉藏语系藏缅语族缅语支（或彝语支）	民族原生性宗教、佛教、道教	是，境内外相当	农工商结合
普米族	42057	滇西北	山区和半山区	分块聚族而居	汉藏语系藏缅语族羌语支	民族原生性宗教（韩规教）	否	农牧混合
布朗族	116584	滇西南	山区和半山区	大分散小聚居	南亚语系的孟高棉语族佤德昂语支	南传上座部佛教	是，主体在内	种植为主

二　云南人口较少民族的特点

（一）人口与地缘特点

1. 全部都是云南特有民族

云南省是全国少数民族最多的省份，全省 25 个人口在 5000 人以上的少数民族中，有 15 个民族是云南省特有的少数民族，其中 7 个属于人口较少民族。换言之，云南省的 7 个人口较少民族全部都是云南省特有的少数民族。

且以第五次全国人口普查的全国和云南省人口统计数据对比即可清楚地看出（见表 1 -5）。

表 1 -5　　　　　　　　　云南人口较少民族人口数据　　　　　　　单位：人

民族	全国人口数	云南省人口数
独龙族	7426	5884
德昂族	17935	17804
基诺族	20899	20685
怒族	28759	27738
阿昌族	33936	33519
普米族	33600	32923
布朗族	91882	90388

由此可见，7 个云南人口较少民族的人口主体都在云南，它们都是云南省特有的少数民族。

2. 人口少而分散，主要居住在交通不便的山区和半山区

截至 2010 年 11 月，云南 7 个人口较少民族总人口共有 27.78 万人，仅占全省总人口的 0.60%，但是却分布在怒江、德宏、西双版纳、临沧、保山、丽江、迪庆、思茅、大理等 9 个州市的 31 个县、市、区中，所分布的跨度从滇西南到滇西，再到滇西北，几乎覆盖了半个云南省的土地面积。在如此广阔的地域中，显然就形成各居住区的分散状态，每个居住点的人口都不会太多。

云南人口较少民族居住的村寨绝大多数位于山区或半山区。布朗族生活的布朗山，基诺族生活的基诺山，德昂族生活的三台山，普米族聚居的滇西北山区，都是典型的山区，阿昌族居住的梁河、芒市一带也多是山区和半山

区，而独龙族、怒族居住在碧罗雪山、高黎贡山、担当力卡山三山与澜沧江、怒江、独龙江三江相间的河谷地区，其实也处在山区和半山区之中（这与前节的"自然环境形态"分类视角不同，并不矛盾）。这些民族几乎都与山林有缘，可称为山地民族。不过，这些民族的多数人群既不在最低的坝子，也很少居住在最高的山上，往往处于山地的中间。

过去，云南人口较少民族居住的山区和半山区几乎都没有便利的交通，有的村寨至今还不通公路，即是通了公路的村委会，也有不少只是晴通雨阻的土路。交通不便，制约了群众的外部交往，各民族人群更多的是在对山地自然环境的适应中形成了自身特有的生产生活方式，模塑出了适应特殊山地生存环境的民族文化。

3. 聚居于云南边境一线，多为跨界民族

除了普米族居住在滇川交界的滇西北之外，其他6个云南人口较少民族的主体几乎都分布在中国和缅甸交界的边境一线，其中独龙族、德昂族、怒族、阿昌族、布朗族5个民族都是跨界民族，与境外同一民族相邻而居。作为跨界民族，对其进行文化研究时，不能不考虑到境内外同一民族的文化互动和相互影响。我们最近在布朗族聚居的勐海县西定乡章朗村调查就发现，由于居住在边境附近，与境外同族的关系密切，寨中每年到缅甸或泰国打工的人数远远大于到国内内地打工的人数。

目前，学术界尚未将普米族和基诺族作为跨界民族看待，但由于我们对境外民族研究的深入不够，境外是否有与这两个民族同一的民族人群分布？具体情况如何？这些问题都还有待进一步探讨①。

4. 普遍大杂居与高度小聚居并存

总体来看，云南民族分布的特点是大杂居、小聚居。无论从省或州市，还是从县区范围看，几乎都呈现出多民族大杂居的民族分布格局，只有到了以乡镇或村为单位的范围，才出现单一民族聚居的形态。这种现象与云南山地环境和多民族分布的格局相关，也同历史上许多民族按氏族家支聚居的情况密不可分。

一方面，与其他人口较多的民族不同，云南人口较少民族的聚居特点主要是以自然村落为单位，其聚居的范围较小。同一民族聚居的自然村多是三五成片，与其他民族的村寨星点交错。在人口较少民族的村寨内部通常聚居程度较高，同一民族住在一个村寨或一个较小的地域范围内，相互之间多具

---

① 有普米族学者认为，缅甸北部发现有普米族人分布，普米族有跨国现象。参见胡文明主编《普米族研究文集》，云南民族出版社2002年版，第4页。

有亲缘关系。

另一方面，由于人口少，云南人口较少民族的杂居现象更为突出，即使是一些自治性的人口较少民族乡镇，其所辖的村寨中也往往夹杂了其他民族的聚居村寨，如中国德昂族最大聚居区的芒市三台山乡，德昂族村寨往往与景颇、傈僳和汉族村寨错落相邻，全乡德昂族人口只占全乡总人口的一半略强。根据省政府 2002 年扶持人口较少民族时的统计，云南 7 个人口较少民族主要居住的 175 个村委会中，共有人口 31 余万，其中人口较少民族 17.06万人，仅占这些村委会总人口的 55%。就是说，从村委会的范围看，云南人口较少民族基本上是与其他民族杂居的。除了这 175 个村委会之外，另还有约 25% 的人口较少民族人口分布在另外大约 500 个自然村中，其杂居的程度可想而知。然而从自然村的范围看，人口较少民族的村寨却往往由单一民族高度聚居着。

另外，还需要注意到在一些云南人口较少民族居住区也有较特殊的情况，如景洪市基诺山基诺族乡和贡山县独龙江独龙族乡，基诺族和独龙族人口分别占了全乡总人口的 97% 左右。从一个乡镇范围看单一民族的聚居程度是相当高的，这在众多的云南民族乡镇中并不多见。尤其独龙江乡由于十分独特的地理环境，在独龙族聚居区内及周边附近几乎没有其他民族的村落相杂，这在云南民族中更是绝无仅有的一种"小聚居"状态。

一方面是民族通常形态的"大杂居"，另一方面却存在高度的"小聚居"，这就是云南人口较少民族的分布特点。这种普遍大杂居与高度小聚居的特点无疑会对人口较少民族文化的形成和流变造成影响。普遍大杂居便于文化交流，但也易形成相对强势的文化对弱势文化的较大影响和冲击；高度小聚居有利于增强民族凝聚力，有利于民族文化传统的保护与传承，同时又会在一定程度上减缓文化涵化的速度。

5. 与多个民族相邻共处，关系复杂

云南人口较少民族在普遍大杂居的居住格局中，几乎都与多个民族相邻或混居，民族之间相依相存，民族关系错综复杂。

从表 1-6 中即可看出每一个云南人口较少民族都是与多个民族混居共处或相邻而居。

表 1-6　　　　　　　云南人口较少民族中混居或相邻民族情况

民族	与之混居共处或相邻的民族
独龙族	怒族、傈僳族、藏族
德昂族	景颇族、傈僳族、傣族、彝族、佤族、阿昌族、汉族

续表

民族	与之混居共处或相邻的民族
基诺族	傣族、哈尼族、彝族、汉族
怒族	傈僳族、白族、独龙族、藏族
阿昌族	傣族、景颇族、傈僳族、德昂族、回族、汉族
普米族	白族、纳西族、傈僳族、彝族、藏族、回族、汉族
布朗族	傣族、哈尼族、拉祜族、彝族、佤族、苗族、汉族

多个民族在同一地域范围内世世代代共同生活，相依互存，其民族文化也在不断交流与交融之中。与每一个云南人口较少民族相邻或混居的民族中，至少有一个以上民族在当地处于多方面的强势，其文化的势能也往往较强，并对人口较少民族造成较大的影响。

6. 多居住在自然保护区内或附近，担负着维护生态的重任

近年来，云南的不少山地已经被划为国家和省级的自然保护区，因而许多云南人口较少民族居住的山区和半山区都已经划入自然保护区的范围。自从1980年建立了云南省第一批自然保护区开始，到2003年底云南全省已有国家、省和市县各级自然保护区186个，其中国家级17个，省级40余个。云南人口较少民族的居住地大多都在保护区内或毗邻于保护区，如独龙族居住的独龙江流域是高黎贡山国家级自然保护区的重要组成部分；基诺族居住的基诺山属于西双版纳国家级自然保护区。其他几个民族都有人群在自然保护区内或附近居住。

居住或曾经居住保护区内及其周边的民族，担负着维护生态的重任。一些山林在成为保护区之前若干世纪，民族人群就祖祖辈辈在其中生息劳作。山地特有的自然环境锻铸了山地民族的生存方式，模塑出了与之相适应的民族文化。一些地方被划归为保护区后，对当地居民的影响很大，有的要求限期搬迁，有的要求退耕还林，有的要求改变传统的生计方式，多数地方都禁猎并收缴了枪械……原来居住在自然保护区的民族人群一般都能积极响应国家的号召，改变许多传统的生产生活方式来配合自然保护区的建设，如改轮歇地种植为固定耕地种植，改变传统的狩猎和采集习惯等。于是，许多与轮歇地种植和狩猎相关的文化传统就成了无皮可附的毛发。

7. 居住于民族自治地方，而往往又不是自治主体民族

目前，我国的民族区域自治形成了三个层次：第一层次是相当于省级的自治区；第二层次是相当于地区级的自治州；第三层次是相当于县级的自治县。在此之外还有民族区域自治的补充形式——民族乡。云南人口较少民

没有第一层次和第二层次的自治地方，只有县和乡一级的自治区域，具体列表如表1-7所示。

表1-7　　　　　　　云南人口较少民族区域自治一览表　　　　单位：个

民族	与该民族相关的自治地方	县域数	乡镇数
独龙族	贡山独龙族怒族自治县	1	0
德昂族	芒市三台山德昂族乡、镇康县军赛佤族拉祜族傈僳族德昂族乡	0	2
基诺族	景洪市基诺山基诺族乡	0	1
怒族	贡山独龙族怒族自治县、福贡县匹河怒族乡	1	1
阿昌族	陇川县户撒阿昌族乡、梁河县九保阿昌族乡、梁河县曩宋阿昌族乡	0	3
普米族	兰坪白族普米族自治县、宁蒗县翠玉傈僳族普米族乡	1	1
布朗族①	双江拉祜族佤族布朗族傣族自治县、勐海县布朗山布朗族乡、勐海县西定哈尼族布朗族乡、施甸县摆榔彝族布朗族乡、施甸县木老元布朗族彝族乡、云县忙怀彝族布朗族乡、耿马县芒洪拉祜族布朗族乡	1	6

从表1-7统计可见，与云南人口较少民族相关的民族乡镇共有14个，其中单一民族和多民族的乡镇各占一半，都是7个；与4个云南人口较少民族相关的自治县共有3个，除了贡山县是由独龙族和怒族两个人口较少民族共同自治外，其他两个县都是由一个人口较少民族与其他民族联合自治；没有人口较少民族进入州以上的自治区域。在人口较少民族分布较多的怒江州、德宏州、西双版纳州都是由一个或两个人口较多的民族为自治主体。

据统计，云南全省有人口较少民族世居村寨的县市共有31个，而上面涉及人口较少民族自治的县市和乡镇仅有14个，说明有相当一部分人口较少民族没有居住在本民族自治的县乡之内。由于云南人口较少民族人口较少，居住分散，所以即使是在一些民族自治县或民族乡，本民族的人口比例一般都不大。如独龙族和怒族自治的贡山县，独龙族的人口仅占全县总人口的15%，怒族只占18.5%；在镇康县军赛佤族拉祜族傈僳族德昂族乡，2007年全乡共有人口12538人，德昂族只有506人，所占比例仅4%。

就是说，相当一部分人口较少民族居住在民族的自治地方，但往往又不是自治的主体民族，因而缺少必要的话语权。这是我们在扶持人口较少民族时需要特别注意的一个民族特点。

---

① 云南省原有布朗族民族乡9个，后并为6个。原有的9个民族乡是：勐海县布朗山布朗族乡、勐海县巴达布朗族哈尼族乡、勐海县勐岗哈尼族布朗族乡、勐海县勐满拉祜族哈尼族布朗族乡、施甸县摆榔彝族布朗族乡、施甸县木老元布朗族彝族乡、云县茂兰彝族布朗族乡、云县忙怀彝族布朗族乡、耿马县芒洪拉祜族布朗族乡。

（二）社会进程与历史特点

1. "同源异流"与"异源同流"并存，起源久远，民族形成略晚

斯大林在《马克思主义与语言学问题》中，根据部落、部族到民族形成的历史轨迹，将民族共同体的形成概括为"同源异流"和"异源同流"两种模式。纵观云南人口较少民族的形成历史，也同样逃不脱这两种模式。从"同源异流"的角度看，一些人口较少民族相互之间，或者是个别人口较少民族与其他民族之间有着共同的源流，如独龙族、怒族和基诺族之间，以及这些民族与傈僳族、景颇族等民族之间，其远古先民都被认为是我国古代氐羌部落集团的一部分；尤其独龙族和贡山怒族（阿龙人），在语言和生活习惯上都还具有许多共性，应该是很晚近才开始同源异流分化的。又如德昂族、布朗族这两个民族，以及二者与佤族之间，其祖先都可追溯到操孟高棉语的古代百濮系统的部落集团。直到元明时期，史书记载中还将德昂族和布朗族同归为"朴子蛮"、"蒲蛮"或"蒲人"，说明当时处于"同源"，还没有分为"异流"，各自作为单一民族出现的时间并不久远。另外从"异源同流"的角度看，一些云南人口较少民族又是在融入了其他部落或部族而形成独立的民族共同体，如现在怒族的四个支系中，有的语言差异甚大，显然在古代就是从多个部族中融合而来的，另外怒族中的一部分却因长期与独龙族共处，又逐渐演化为独龙族的一部分了。

总之，云南人口较少民族作为独立的民族共同体，是在多部落、多部族的长期交往过程中不断相互渗透、相互吸纳，相互分化，而形成了目前"你中有我，我中有你"的格局。其实，这些人口较少民族真正被作为一个独立的民族对待，基本上都是在中华人民共和国建政后进行大规模民族识别的事，其中有些民族分支被归为某一民族则是通过民族识别后，而得到民族认同和行政批准的。应该说，之所以形成云南人口较少民族今天这样的格局，其时间并不长久。

2. 各民族群体社会历史进程不平衡

根据传统马克思主义社会发展历史阶段的划分，云南 7 个人口较少民族处于不同的历史进程中。一般认为，20 世纪 50 年代以前，独龙、怒、布朗、基诺、德昂等五个民族尚处于原始公社末期向阶级社会过渡的阶段；普米族则呈现地区差异，居住在兰坪、丽江、永胜一带的已经处于封建地主经济阶段，宁蒗的普米族则处在封建领主经济阶段；户撒地区的阿昌族则处于土司统治下的封建领主经济，地主经济有了一定程度的发展，并且由于手工业的带动，民族内部出现了商品交换和初级市场。

在上述总体性划分的各阶段中，实际上各民族的进程还是有所不同的。例如，独龙族的社会形态总体还处于父系大家庭公社解体期的阶段，由家族公社的公有制向着个体家庭私有制过渡。反映在作为生产资料的土地上，则出现家族成员集体耕种、家族成员几户合伙耕种和家庭成员个体耕种等三种形态，即"公有共耕"、"私有自耕"和"私有伙耕"，其中"私有伙耕"是独龙族由原始土地公有制向私有制过渡的一种形式；独龙江地区共有 15 个氏族，下面又分出 54 个家庭，在实行氏族外婚制的同时，还保留着对偶婚、妻姊妹婚、转房婚等习俗。基诺族处于原始社会末期向阶级社会过渡的阶段，土地以村社共有为主，同时还保留着氏族或父系大家庭公有、个体家庭私人占有两种形式。反映在居住形态上就出现三、四代人的大家庭成员共同居住在一个长方形的大竹楼内，同时又由各个小家庭独立劳动和消费的情况；土地使用上则由氏族共同占有，然后分配到各个小家庭使用，各自耕作和收获。

另外，即使是在一个民族中，由于居住地域的不同，其社会进程也不一样，同样出现发展很不平衡的状况。如怒族，在新中国成立前夕，分布在兰坪、维西一带的已经进入封建社会，而居住在贡山、福贡地区的还保留着较多的原始公社的残余，社会分工不明显，商品交换还处于以物易物为主的阶段。

总之，由于不同的历史进程，不同的自然条件和生产方式，致使不同民族群体的社会形态呈现多样性的特征。

3. 历史起点较低，社会发育不足

以社会发展阶段论的观点看，直到中华人民共和国成立之前，云南人口较少民族的大部分社会发育程度都比较低，大多都还停留在原始社会末期向阶级社会转变过程中，基本上都未能摆脱原始社会残余的影响，甚至被认为是原始社会的"活化石"。它们在社会组织和政治结构等方面都还或多或少保留着原始公有制的某些特点。一方面，社会组织保留着浓厚的以血缘为纽带的氏族部落组织形式，同时正在向以地缘为纽带的村社组织过渡；另一方面，民族内部阶级分化不明显，没有以血缘尊卑相区别的世袭等级制，尚未形成完全脱离农业劳动的专业政治统治者，更没有产生专业的政权机构、军队、警察和监狱等。

20 世纪 50 年代以后，这些民族进入了社会主义社会，在政治上实现了跨越式地跳跃，但由于多种因素的制约，社会生产力发展却难以实现跨越。党的十一届三中全会以后，党和国家的工作中心转向经济建设，发展生产力是我们整个国家以及边疆民族地区的根本任务。多数云南人口较少民族由传统的、自给自足的原始山地农业以及狭隘封闭的区域性经济，向商品化、规模化的现代农业和全开放的市场经济发展，取得了不小成效，可谓是又一次在尝试新的跨越。

4. 在阶级社会中处于被统治地位

虽然云南人口较少民族大多在中华人民共和国成立之前都还处在原始公社阶级分化不明显的时期，或是正向阶级社会过渡的阶段，但是从更大的社会环境看，它们却是处于一个由异族统治的阶级社会中。如德昂族、基诺族和布朗族都是在人口较多的异族土司的统治下，推行着封建领主经济及其政治管理体制，怒族和独龙族则在其他更强势的民族统治者的管理下，实行类似奴隶制的残酷统治。普米族和阿昌族也同样是在其他民族的统治下，被迫接受地主经济和封建领主经济的剥削。

据清代余庆远《维西见闻录》中记载：1730 年起，独龙族人每年按期以黄蜡 30 斤、麻布 15 丈、山驴皮 20 张为贡礼，向维西康普土千总纳贡。后来康普土千总把独龙江上游地区转赠给西藏某喇嘛寺，由喇嘛寺通过察瓦龙土司向独龙人征收"超度"费。与此同时，菖蒲桶（今贡山县）喇嘛寺的统治势力也已伸入独龙江地区，以征收"香火钱粮"为名，每年又向独龙族人民增派苛税，而同期内康普土千总每年仍照例收取"俫贡"，凡无力缴纳者，强掠为奴。另外，怒江地区的傈僳族奴隶主也经常越过高黎贡山，以纳贡为名，对独龙族人进行无理盘剥，迫其交纳"人骨钱"、"人骨税"等，甚至大肆掠夺独龙人来充当奴隶。可见当时整个怒江和独龙江地区的人口较少民族是在一个复杂的阶级社会中，受到其他民族上层的统治、奴役、压迫和剥削。

因此，在观察人口较少民族与其他民族之间的历史关系时，不能不注意到他们这种被统治的地位，这种地位使其发展受到限制，并形成恶性循环，在其民族文化和民族心理上打上了深深的烙印。

应该说，云南人口较少民族与其他民族间的民族关系具有两重性。一方面，广大人口较少民族群众之间及与其他民族人民群众之间的关系是友好、亲近、团结、互助的，各民族在长期的历史发展过程中结下了兄弟般的友谊，形成谁也离不开谁的紧密关系。另一方面，其他民族统治阶级不仅压迫剥削本民族劳动群众，而且也残酷地压榨其他民族，尤其对人口较少、发展滞后的民族。这是造成云南人口较少民族长期发展缓慢的一个重要原因，也是人口较少民族群众对外族具有排斥性和自我封闭的重要原因。因此，只有消除产生民族压迫、民族歧视的阶级根源，才能构建和谐的新型民族关系。

5. 多数都是"直过民族",经历过"民主补课"的震荡

云南人口较少民族的社会发育程度较低,20 世纪中叶以后,它们多数是由原始社会末期直接过渡到社会主义阶段的,被称为"直过民族"。"直过民族"特指一部分处于原始社会末期,或已经进入了阶级社会,但阶级分化不明显,土地占有不集中,生产力发展水平低下,保留着大量原始氏族公社残余的族群,在中华人民共和国成立后,实行特殊的"直接过渡"政策,不经过民族改革运动,跨越几个社会历史阶段,直接过渡到社会主义的少数民族。在云南实行"直接过渡"的民族包括独龙、德昂、基诺、怒、布朗 5 个人口较少民族,另外还有景颇、傈僳、佤,以及部分拉祜、哈尼、瑶族,共约 66 万人。"直过区"指的是在"直过民族"居住的特定区域采取特殊的"直接过渡"方式,即不进行土地改革,以"团结、生产、进步"为长期的工作方针,使之直接地但却是逐步地过渡到社会主义,实现了历史性的跨越。这个特定区域涉及现在 8 个州(市),24 个县。①

当时的政策不是对所有"直过民族"一刀切,而是实行分类指导。如对德昂族就分为两个部分进行了民族改革:一个部分是居住在坝区傣族土司、领主经济地区,即居住在保山市、镇康县和德宏州坝区的德昂族,实行的是"和平协商土地改革"的政策;另一部分是居住在山区,即居住在德宏州芒市、瑞丽、盈江、陇川、梁河等县市的德昂族,实行的是"直接向社会主义过渡"的政策。②

从 1955 年开始,党和政府在云南"直过区"推行一系列"直过政策"后,许多"直过民族"彻底改变了原有的社会制度和生活方式,实现了生产关系、政治制度、生产力水平和社会事业的跨越式发展。这是一种以生产关系的变革为基础,帮助边疆后进民族地区建立社会主义公有制的跨越式发展的尝试。

可惜到了 1958 年,在"大跃进"运动的冲击下,"直过区"的发展遭受了严重的挫折。从实际出发的思想路线和特殊的政策措施遭到批判,许多"左"的做法被直接搬到"直过区","直过区"也掀起人民公社化运动,在偏远的村寨也办起了公共食堂,让尚不知工业为何物的民族群众去参与大炼钢、铁、铜,还在一些"直过民族"中搞了民主补课,重新划分阶级成分,批斗地富、土司和山官头人,追缴土地、耕畜、武器和浮财。造成一次很大的思想混乱和生产混乱,引起了边疆社会的急剧动荡,搞得人心惶惶,

① 程玄等:《云南"直过民族"社会发展与现代化》,云南人民出版社 2002 年版,第 3 页。
② 王铁志:《德昂族经济发展与社会变迁》,民族出版社 2007 年版,第 53 页。

造成边民大量外流。我们在三台山德昂族村寨调查时，好几位老人都讲起当时全家连夜奔逃境外的经历。这一次震荡对民族群众的心理造成了长远的影响。

（三）生产生活与经济特点

1. 多种生产活动并存，对自然界的依赖性较强

从社会生产发展的规律看，人类生产活动大体是以采集、渔猎、畜牧业、农业和手工业的顺序出现的，这种历时性的生产形态，在相当一段时期内却成为云南人口较少民族共时性的生产活动。从上节生产生计方式类型即可看出，目前云南人口较少民族还同时存在着以种植为主、农牧混合和农工商结合等多种生产活动方式，同时有不少民族群众还常常通过采集和渔猎来作为生计的补充。云南人口较少民族居住的山林有着丰富的动植物资源，这就使采集和渔猎成为长期以来人们谋生的重要手段。在 21 世纪初国家对人口较少民族进行大规模扶持之前，独龙、怒、基诺、布朗等民族每年都有若干个月要靠采集度日。有人统计，独龙族的大多数人家中，采集的食物占其总食物的 25% 以上。只是近年来随着自然保护区的建设、山林权属改革、退耕还林等多种政策的实施，人们进行采集和渔猎的条件大受限制；同时由于以种植为主的生产进步，采集和渔猎对生计补充的必要性也降低了。

总的来说，云南人口较少民族人口虽然不多，但其生产活动却多样并存。不过，除了一部分手工业之外，云南人口较少民族的生产活动几乎都对自然和地理环境具有较强的依赖性。一般来说，自然对社会生产的发展具有重要的影响，生产力水平越低，人们对周围自然和地理环境的依赖程度越大。人们在依赖于自然的同时，特定的自然环境也会深刻地影响着特定人群的文化形态。

2. 贫困面大，脱贫的任务重

直到 20 世纪末，国家开始大规模扶持人口较少民族发展之前，绝大多数云南人口较少民族群众都处于贫困线之下。许多民族群众过着"半年糠菜半年粮"的生活。与云南其他民族比较，总体上云南人口较少民族的生产力发展滞后，民族群众的人均口粮和经济收入都处于较低的水平，许多人长期处于贫困状态。即使与其他民族处在同样的环境条件下，云南人口较少民族的生活水平通常都要差一些。且以芒市三台山德昂族乡楚冬瓜村委会 4 个德昂族村民小组和三个汉族村民小组 2003 年人均收入情况作一对比（见表 1 - 8）。

表 1－8　　芒市三台山德昂族乡楚冬瓜村委会各村民小组贫困状况对照

村民小组	民族	总户数（户）	人口总数（人）	人均年收入（元）	贫困程度①
楚冬瓜一组	德昂	53	238	546	绝对贫困
楚冬瓜二组	德昂	48	216	536	绝对贫困
楚冬瓜三组	德昂	83	371	569	绝对贫困
早外组	德昂	34	176	739	相对贫困
早内组	汉族	42	173	1334	基本脱贫
兴隆寨	汉族	45	206	819	相对贫困
毕家寨	汉族	47	218	849	相对贫困

　　1999 年 9 月召开的中央民族工作会议提出：要加大对全国人口在 10 万人以下的 22 个少数民族的扶持，把他们的脱贫发展作为国家民委"兴边富民行动"的重要内容来进行调查研究。随即云南省民委组织了对云南 7 个人口较少民族的调研：2001 年，7 个民族人均纯收入 678 元，人均生产粮食 359 公斤，仅为全省平均数的 46% 和 82%，按国家当时确定的温饱标准计，尚有 50% 的人口处于绝对贫困状态。其中，布朗族、德昂族、普米族、独龙族中的贫困人口占本民族人口的 65%—70%。②

　　进入 21 世纪以来，中央和地方政府对扶持人口较少民族经济社会的发展给予了高度的重视，并投入了大量人力、物力和财力开展帮扶工作。经过近十年的努力，大多数云南人口较少民族群众的生活和生存条件都有了不小的改善，一些人的收入已经接近全省农户收入的平均水平。但却不能说是已经完成了脱贫的任务，如独龙江地区独龙族群众的人均收入至今还在 1000 元以下，还远低于国家规定的贫困线。云南人口较少民族又大多居住在偏远山区或边境一线，生活方式与现代生产不适应，社会发育程度和生产力水平较低，群众积累较少，增收困难。

　　应该说，云南人口较少民族的脱贫致富还任重道远。长期以来，由于集中精力忙于解决云南人口较少民族的基本物质生活问题，而在一定程度上忽视了人口较少民族社会建设与文化保护方面的工作（详见本研究第六章）。

　　3. 劳动生产率较低，生产工具简单，产业结构单一

　　在过去漫长的岁月中，云南人口较少民族大多处于劳动生产率较低的水

---

　　①　当时国家根据人均年收入所制定的贫困标准是：625 元以下为绝对贫困，626—865 元为相对贫困，866 元以上为基本脱贫或脱贫。

　　②　格桑顿珠、纳麒主编：《云南民族地区发展报告》，云南大学出版社 2004 年版，第 358 页。

平上，他们使用的生产工具一般都与其生产力相适应，十分简陋的竹、木、石生产工具在其生产过程中占据主要地位。独龙族的木锄"戈拉"、怒族的木锄"时而魁"，多数刀耕火种民族使用的点播棒，还有些民族使用的石锛、石斧、石镰等，都是其生产力水平的反映。近年来，这些原始的劳动工具虽然已经少见了，但并未发生本质的飞跃。锄耕农业、手工作业，人力加畜力，依然还是多数地区农业生产的主要方式，劳动生产率仍然较低。一般来说，农业机械化是农业生产的根本出路，但是在云南人口较少民族居住的大多数地区，由于受山地自然环境条件等方面的制约，还很少有能真正达到农业机械化的水准。这是在现有产业中制约其生产进步的一个重要方面。

云南人口较少民族的生产形态虽然有多种多样，但其产业结构大多都是比较单一的。一般都是以农业种植为主，兼有一定的经济作物种植，在农牧混合型的普米族和怒族中，除了农和牧之外也很少再有其他改善生活和增加收入的来源。各民族基本上都是以传统的土地利用方式在维持着生计，整体来看，其耕作方式粗放，但近年来的退耕还林还草、天保工程等政策的实施，却使各人口较少民族居住区的耕地开发几乎都到了极限。在手工业方面，除了阿昌族有形成产业的传统手工业外，其他多数人群只有简单的编织和酿酒等家庭手工业，尚未形成产业。如果不在产业结构上进行调整，获得更多生计的来源，将难以提高民族群众的生活水平。

4. 早期分配和交换的遗风还影响着人们的观念和行为

多数云南人口较少民族直到中华人民共和国建立前还处于原始公有制向私有制演变的过程中，由早期的分配和交换关系所形成的一些观念和行为仍在人们的生产和生活中产生着一定的影响。在分配关系上，缺少资产概念，习惯于共同占有，共同消费，互助互帮，平均分配，有时平均得要按个、按粒数来分；即使不是共同生产的成果，也要讲究"见者有份"，如打到猎物，采集到好东西，都要共享。在交换关系上，基本上没有商品意识，半个世纪前，不少云南人口较少民族中都还普遍存在物物交换、等价物交换之类的方式，如在独龙族中曾有与访亲问友相结合的物物交换形式——"布嫩牟"。即访问者带去自己的产品，然后带回被访问者的产品，既交了朋友又获得了各自所需的产品，至于是否等价交换则不太看重。

这种早期的分配和交换的方式，至今还或多或少地在人们头脑中产生着一定的影响。这种影响显然具有两重性。一方面，它与商品生产和市场经济相冲突，可能成为一种制约现代经济发展的制约因素，如在土地承包家庭责任制刚推行的时候，就有一些人口较少民族人群想不通；另一方面，它在产品分配和商品交换中强调以友谊为前提，更看重人与人之间的和谐关系。这无疑为当今和谐社会建设奠定了一个很好的基础。至今在许多民族人群中还存在着大家共同抚养孤病老人和孤儿的风俗，村寨里某一家盖新房时全村寨人都会来无偿帮助。

（四）社会与文化特点

1. 有口头语言而无文字

从历史上看，云南7个人口较少民族都属于无文字民族，每个民族都有自己的口头语言，而且还有多种民族支系语言或方言并存，但是都缺少本民族广泛使用的记录文字，其民族记忆主要依靠口耳相传的方式而代代传承。有的民族群体直到20世纪50年代还以刻木结绳的方式记录事情和传递信息。但几乎每个民族的传说当中都有一些关于自己民族文字丢失的故事，诸如天神赐给各民族文字的时候，自己的文字或是写在牛皮上，人们肚子饿时被烧吃了，或是被背在大孔的竹篾背篓中过河时被漏掉了……这类传说其实反映了人们对文字的期盼和渴望。

如果说，文字是民族文化发展到一定历史阶段的产物，那么说明人口较少民族的文化还都处于某种前文字的阶段上，这正好证明了多样性的民族文化在历史发展进程中的共时性存在。如果说文字代表着一种文化势能的话，人口较少民族的文化与有文字民族比较还处于弱势的地位。

然而，时至今日随着民族文化意识的觉醒，加上政府推动及其他方面的帮助，有部分人口较少民族中的部分人群已经突破了无民族文字的历史，特别是一些跨境的人口较少民族，境外同族创立了文字，对境内产生了不可忽视的影响（详见第三章）。

下面就几个民族的有关记载及我们实地调查到的一些民族自创文字的情况略加以说明。

（1）独龙族。20世纪50年代初，与独龙族跨境而居的缅甸日旺人在西方传教士的帮助下曾创制了"日旺文"。该文字主要使用在宗教方面，用于翻译圣经，在教徒中推广使用，并传入我国独龙族中，有少数信徒掌握。20世纪70年代末80年代初，在云南省少数民族语文指导工作委员会的支持下，我国独龙族在日旺文的基础上，结合我国独龙族使用的语言实际，以独龙江方言为基础方言，创制了一套独龙语拼音方案，经过多次办培训班推广，已有少数独龙族人掌握了这套民族语言文字。但至今普及的程度不高，真正能够熟练读写的估计不会超过20人。

（2）怒族。2008年3月，我们在福贡县怒族聚居的木古甲村调查得知，该村一位怒族人从小移居缅甸，在国外受到过较高的教育（据说是博士），他根据怒族阿怒支系语言的特点，创立了一套怒族语言的拼音方案，他不仅在境外怒族中推广，也多次回到木古甲村来传授，还将他编印的《怒族语言教本》向受训者散发。目前，境内怒族虽还未能普遍掌握这套文字，但相关的怒族人都认为自己民族有了语言文字。

（3）德昂族。1972年8月，缅甸德昂（崩龙）族文学与文化委员会组织创制了德昂文字。目前全缅甸的德昂知识分子大多都已掌握了这种文字，并开发了电脑软件，出版了书籍。这套文字已经传播到了云南德宏、临沧等地的德昂族中。尤其是在中国德昂族的汝买支系中推广得较多，仅居住在陇川的德昂族人就有上百人学会并使用这套文字，他们还引进了缅甸开发的软件，可以在电脑中广泛运用。在其他地区德昂族佛寺中的住持佛爷或大和尚多数都懂得这套文字。目前这套缅甸新创的德昂族文字还不能说已经在中国德昂族当中得到了普及，然而却可以说是得到了中国德昂族人的普遍认同。应给予更多的关注。

此外，还需要说明的是一种引入其他民族文字的情况。这种情况在各人口较少民族人群中都不同程度地存在着。例如，普米族的韩规教的经典一般用藏文书写普米语，从而使文字的音和义与藏文有别，故称为韩规文。同样的情况，像德昂族、阿昌族和布朗族这三个信仰南传佛教的民族，都有一些人学会并使用傣文（芭利文文字），尤其是较高级的宗教神职人员，他们也有人使用芭利文字母来拼读本民族的语言，除了用于宗教信仰活动方面外，有时也用于其他非宗教的活动。再如近代以来掌握并使用汉语和汉字的人日渐多了，在生产生活中有了更广泛的运用。这种引入其他文字的情况对民族文化的影响显然也是不可忽略的。

2. 兼语现象普遍，多数人能讲两种以上的语言

云南人口较少民族多与其他民族杂居共处，在长期的共同劳作生活中，他们需要与其他民族交往沟通。在多民族的交往中，民族的语言文化往往会出现这样的一种趋势：文化处于强势的民族很少去学其他弱势民族的语言，而文化处于弱势的民族则需要掌握其他强势民族的语言。的确，从多数人口较少民族人士的身上也可看出这种情况的普遍性。在许多人口较少民族人群中，他们除了在民族内部使用本民族的语言外，还往往要学会一种或多种相邻民族的语言，进行族际的交流。在田野调查中常听到这些民族人士说他们自己有几个舌头，意思就是有多种语言能力。有的人除了自己民族语言外，还能够掌握五六种其他民族的语言。可以说，云南人口较少民族中普遍具有兼语的现象，兼语现象是云南人口较少民族社会文化的一个特点。例如，怒江地区的怒族一般都会讲傈僳语和白族勒墨语，兰坪普米族通常都会讲白语

和傈僳语，三台山的德昂族多数都会讲傣语、景颇语，基诺山的基诺族多会讲傣语和哈尼语……长期以来，傣语、傈僳语、白语等一些地方性主体民族的语言往往成为当地多民族交流的"普通话"；近年来，汉语更是成为这些地区民族交流的通用语言，并有逐渐取代其他"普通话"的趋势。云南一些人口较少民族有的也与汉族村社相邻杂居，人们早就学会了汉语，但即使不与汉族相邻，近年来掌握汉语的人群也在迅速增加，这与汉语的国语地位和教育的普及有关，至今在各民族的青年人中已经很少有人根本不懂汉语了。随着近年来汉语的普及，一些人口较少民族掌握其他民族语言的能力正在下降。近年来，在不少地方汉语已经成为民族之间交流的主要用语。

3. 民族群众受教育的程度普遍偏低

云南人口较少民族在跨越式地发展进程中，民族传统社会与现代社会所遭遇到的碰撞与震荡，将集中反映在人口素质的问题上，其人口素质是否适应现代社会的发展需要，其中一个重要的指标就是教育。以现代教育的标准衡量，云南人口较少民族都面临着一个同样的问题：学校教育发展滞后，民族群众受教育的程度普遍偏低，文盲率较高。这是一个长期存在的问题，且从第四次全国人口普查的排序情况看（见表1-9）。

表1-9 云南人口较少民族的文盲率及排序

文盲率（%）	德昂族	布朗族	怒族	独龙族	普米族	阿昌族	基诺族
	61.68	59.79	55.20	53.64	51.26	45.26	35.37
在全国22个人口较少民族中的排序	5	6	7	8	9	10	11

在全国22个人口较少民族中，按照文盲率从高到低的排序，云南的7个人口较少民族分别排在从第5位到第11位的序列。在前面的仅有门巴族、珞巴族、保安族和撒拉族4个，其他11个民族都排在云南人口较少民族的后面。

以上只是普查中获得的统计数字，包括了该民族中的干部和在城市生活的人群及后代。实际上，如果将统计范围限定在人口较少民族的农村人口当中，其文盲率就要高得多。如2000年国家民委组织编写的《中国人口较少民族经济和社会发展调查报告》中就有这样的反映：独龙族仍有89%的农村人口是文盲；德昂族青壮年劳动力中文盲达80%；怒族中有55.07%的男性、66.32%的女性为文盲人口。①

---

① 编委会：《中国人口较少民族经济和社会发展调查报告》，民族出版社2007年版，第409、473、499页。

在第五次和第六次全国人口普查中，全国和云南省的文盲率都有不少降低，云南人口较少民族的文盲率也有所下降。但下降的幅度并不乐观，据云南省民族事务委员会 2007 年提供的数据，云南 7 个人口较少民族的平均受教育年限只有 5.2 年，文盲率最高的达 33.07%，[①] 而在第五次和第六次全国人口普查中云南省人口的文盲率分别是 11.39% 和 6.03%。

4. 保留着浓厚的原生性信仰的文化色彩

比较而言，云南人口较少民族的信仰和思维方式中还保留着较多的原生性信仰崇拜的成分。至今，云南人口较少民族中有一半以上的人群还是信仰民族原生性的宗教，即通常所说的原始宗教，这种原生性信仰的基础是万物有灵，并由此生发出了对多种鬼神的崇拜与敬畏，当这种原生性信仰在民族人群的心理、思维和行为中发生作用的时候，它往往泛化为一种人类早期的文化色彩，深刻地影响着人们生产和生活的方方面面。

实际上，在云南人口较少民族中即使是那些已经信仰了其他人为宗教的人群，仍然保留着不少民族原生性信仰的文化痕迹。例如德昂族、布朗族在信仰南传佛教的同时，依然崇奉着本民族原生性的鬼神，依然保留着对大青树和"谷娘"的祭祀活动；一些已经信仰了基督教的怒族人群，甚至还保留着氏族的图腾崇拜。也就是说，民族早期的文化色彩不仅仅只是一部分云南人口较少民族中的特殊存在，而是绝大多数民族人群的普遍存在。可以说是云南人口较少民族社会文化中的一个突出特点。

这种特点在人们社会生活中的表现是多方面的，比如，许多传统的禁忌还支配着人们的行为，许多早期的传统的习惯和道德规范仍调整和规范着人们之间的各种关系。

5. 民族性格中的双重性

民族性格是民族共同心理素质的一种表现。民族的生存环境和历史际遇对于民族性格的形成具有重大的意义。由于人口较少民族在某些特定的政治环境、经济环境、文化环境和历史际遇中具有相同或相似之处，从而锻造出了云南人口较少民族某些相似的民族性格，其突出的表现就是存在着双重取向的特点。

一方面表现出强烈的民族自尊、自强的意向。由于人口少，在民族杂居的大环境中处于弱势，他们表现出了更强烈的生存意志和自尊自强的意识。无论多么艰苦的环境，无论多么沉重的压力，显示出顽强的生存能力和环境适应能力，显示出民族内部强大的内聚力。

---

① http：//www.yndaily.com，云南日报网，2010 年 6 月 9 日下载。

另一方面又存在着某种自卑、自傲的复合民族性格。当遭受着强大的外部的社会压力控制的时候，尤其是在长期的异民族的强权统治下，面对强大的政治、经济和文化的强行控制，当外部强势的文化与本民族弱势的传统文化相碰撞的时候，这些弱小的民族群体也往往会显露出自卑趋向。他们感到自己民族事事不如人，社会交往中或是逆来顺受，唯唯诺诺，或是躲而避之，缺乏争取胜利的信心与勇气。同时，长期囿于一隅，世面见得少，不知天外有天，什么都认为自己的好，产生"夜郎自大"和盲目排外的心理，或是一种非理性的逆反心理，往往不愿意接受新事物，盲目地排斥有益的文化要素。

可以说，人口较少民族性格的正值取向是其民族共同体得以存在和发展的一个基本动因，而其负值取向则是制约其社会发展和民族进步的一个重要原因。

6. 民风淳朴，社会稳定

当我们从城镇走入云南人口较少民族居住区，给人一种强烈的感受，就是民风淳朴，社会稳定。在那些地方，你一般不必担心会发生偷盗和抢劫，也很少看见打架斗殴之类的事件。即使有这类事件发生也很少是人口较少民族所为。有些偏远的人口较少民族居住区，至今还保留着夜不闭户、路不拾遗的社会风气。在布朗族等一些山区的民族村寨，我们还常看到村民们都习惯把粮食放在房外的仓库里，他们从来不担心会丢失。在独龙江地区，我们还看到独龙族人远行时还将部分粮食挂在路边树上，以备归来食用，他人绝不会随便去拿取。在田野调查中，我们常关注到人口较少民族的社会治安情况，但很少有村民将它作为一个紧迫的问题来反映。如在勐海县布朗族聚居的章朗村，村里的调解员几乎无事可做，村民中有什么纠纷一般都是自己化解，很少需要调解员或村领导出面解决，有人甚至觉得没有设立调解员的必要。在德宏州、临沧市、西双版纳州等地有一些属于毒品泛滥的重灾区，居住在其中的人口较少民族吸毒贩毒的人口比例通常都少于当地的人口平均比例。这种现象是很值得去深入探讨的。

云南人口较少民族地区之所以还能保留着这样淳朴的民风和社会的安定，这显然与人口较少民族崇尚和谐、遵循传统道德规范有关。在人们的观念中，人际的和谐和道德规范高于物质的东西，一个人的名誉如同生命一样重要：即使物资短缺，挨饿受冻也不能做非法的事情；不能被人看不起，更不能被神灵所鄙视；不少人相信有冥冥之中的神灵在监视着自己的一举一动。在许多人的心目中，传统的道德规范和民族的习惯法仍然对其行为具有制约和支配的作用。

7. 传统文化受冲击较大，正在快速流失之中

当前，云南人口较少民族的经济正处于快速发展时期，各民族社会也正在转型之中，多样性的云南人口较少民族传统文化受到了前所未有的冲击，正处于快速流失之中，其流失的速率和程度超过了其他人口较多的民族。曾经对基诺族的识别作出过贡献并长期对该民族进行跟踪研究的民族学家杜玉亭先生一再感叹：一些最能体现基诺族文化的瑰宝，正在现代发展中逐步流失。他说："基诺族的长老制，成年礼和由成年礼开始的人生自然等级结构，传统的上新房和过年仪式，以及刀耕火种山地农业的传统生产和仪式方式等，从1958年起就一去难返了。10余年以来，一些与基诺族基本特点和形象有关的传统文化，一些10余年'文化大革命'中未曾丧失的传统，也在逐渐消失。"多年前他曾预言：如果没有有力的措施加以保护，基诺族"民族传统服装有可能在10年左右消失；民族口碑文史及其风俗传承机制，有可能在20年内消失；民族传统歌舞有可能在20年内消失；作为民族传统文化载体且是民族特征之一的语言，有可能在30年内消失。"[①]

人口较少民族由于民族群体的人口少，文化势能相对较弱，与其他民族杂居容易受当地主体民族的影响，加之对外来文化冲击的抗力也有限，在来自经济、社会、政治等多方面的转型牵引下，以及外来文化的冲击和碰撞下，人口较少民族的传统文化流失严重已经成为一种普遍现象。

当然，细察不同民族人群的文化流失情况则各有不同。一般来说，处于交通便利地区的经济社会发展较快的人群往往要比居住在偏僻闭塞地区、经济社会发展相对滞后的人群，其文化流失得更快，更严重。不过，也不能一概而论，其中还有民族性格和民族人群对自身文化价值认知的因素在起作用。我们将在后面逐步展开探讨。

---

① 转引自白珍、张世均《谁是民族文化传承的主要承担者——解析当前基诺族民族文化传承困境与措施》，《中国民族杂志》2009年第12期。

第 二 章

云南人口较少民族文化多样性与和谐社会

《中共中央关于深化文化体制改革推动社会主义文化大发展大繁荣若干重大问题的决定》指出："文化是民族的血脉，是人民的精神家园。在我国五千多年文明发展历程中，各族人民紧密团结、自强不息，共同创造出源远流长、博大精深的中华文化，为中华民族发展壮大提供了强大精神力量，为人类文明进步作出了不可磨灭的重大贡献。"[①] 中国是一个多民族的国家，由 56 个民族构成的中华民族，在文化上呈现了多元一体的特征，而这多元之间的价值追求则是"和而不同"。"和而不同"一语出自孔子的《论语·子路》。原话为："君子和而不同，小人同而不和。"何晏《论语集解》中对这句话的解释是："君子心和然其所见各异，故曰不同；小人所嗜好者同，然各争利，故曰不和。"虽然这是针对个人心性方面的解释，但却说明"和而不同"是一种很高的境界，其中已经触及了和谐与多样性的关系问题。"不同"来自多样性，在多样性基础上的和谐才是我们所倡导的；换言之，和谐社会的理念首先来自承认社会文化的多样性。这将是我们探讨民族文化多样性保护与社会和谐发展所坚持的一个观察坐标和理想指向。然而，对于人口较少民族文化多样性的保护与和谐设社会的推进并非易事。

一 云南人口较少民族文化多样性的差异呈现

联合国教科文组织（UNESCO）和世界文化与发展委员会（WCCD）在《文化多样性与人类全面发展——世界文化与发展委员会报告》中特别引用了克洛德·列维－施特劳斯的话说："衡量一种文化对世界文明的真正贡献，不能只看它独立发明了多少东西，更要看它与其他文化的差异性。对于其他文化的尊敬与心存谢意，只能建立在对其他文化的差异性的理解上……

[①] 《人民日报》2011 年 10 月 26 日。

实际上文明只能在所有文化的同生共在和多样性中生存。"① 这是颇有见地的看法。民族文化的多样性就表现在民族文化的差异上，多样性的文化差异以及文化之间的相互理解奠定了文明的根基。

在具有众多民族的云南，文化多样性的存在本身就是不争的事实，谁都难以否认。同样，以文化差异的视角去看云南人口较少民族的文化，首先，我们要肯定这是不同于其他任何文化的一种独特的文化。它不同于汉族的文化，也不同于与他们相邻的其他民族，如傣族、景颇族、纳西族、傈僳族等的文化，每个人口较少民族的文化都呈现了一种独特性。因其独特，而与世界上的任何文化有了差异，这种差异使得云南人口较少民族的每一种文化都成为了世界多样性文化的一个组成部分。

其次，我们也不难发现云南 7 个人口较少民族的文化本身就是一个充满多样性差异的集合。就在这 7 个民族之间，以及同一民族内部也都存在着诸多的差异，正是由于这些民族在分布地域、生存环境、生计方式、历史源流、语言系属、宗教信仰和社会组织等多方面的差异，使得其民族文化呈现出了一种多样化的状态。其实，这种内部的差异也可以同时证明云南人口较少民族文化的独特性和在世界文化多样性中的特有价值。

我们至少可以从以下几方面来观察云南人口较少民族文化差异的存在：

一是不同民族在同一事象上的差异。最明显的就表现在民族服饰方面，服饰是最直观的民族差异的显现，如果云南人口较少民族中每个支系每个地域的不同人群都有一个代表穿戴出自己的民族服装站在一起，那将是何等的蔚为大观。在民族语言上，不仅云南 7 个人口较少民族之间，各有不同的民族语言，而且在同一个民族的不同支系或不同的居住地域中，也往往有不同的方言。本研究通过调查和梳理，就将云南人口较少民族的语言大致划分为 23 种（见第三章）。再如，几乎每个民族都有祭祀活动，这可以说是一种相同的文化事象，而每一个民族在不同的祭祀活动中的祭祀对象、祭祀方式、祭祀内容、祭祀愿望都各有差异。一个祭祀活动本身就成了千差万别的文化事象。如果我们将这些民族的文化划分成生产性文化、生活性文化、规范性文化、交流性文化、观念性文化等多种类型来看待②，那么在每一类型中，

---

① 联合国教科文组织（UNESCO）、世界文化与发展委员会（WCCD）编写：《文化多样性与人类全面发展——世界文化与发展委员会报告》，张玉国译，广东人民出版社 2006 年版，第 7—8 页。

② 参见拙著《优秀民族文化的继承和发展》，云南人民出版社 1996 年版。书中即从生产性文化、生活性文化、观念性文化、规范性文化和交流性文化等方面探讨了民族文化的多样性与传承发展问题。

云南人口较少民族的文化都有许多说不完的差异。

二是同一民族不同群体的差异。民族是长期的历史中基于语言、信仰、共同地域环境和历史记忆等许多共性因素和成员认同而形成的，经过国家的识别认定后，现在我们所说的7个云南人口较少民族已经大致定格。至于民族之下的次级群体，则可以从历史和文化形态去划分出不同的支系，或从居住地域去分别不同的人群，实际上这些不同群体的异同关系是十分复杂的。如国内的德昂族内部可以划分为7个支系，而从语言上划分至少有四种差异较大的方言，外族人又常常以其妇女的服饰将其分为红、黑、花、白四种。而这四种以服饰表征的人群又不能完全与其语言对应，如保山的德昂族和梁河的德昂族，其服饰几乎完全一样，但两群人所讲的语言却完全不一样，而居住在镇康的德昂族与保山德昂族在服饰上差异很大，语言上却又基本一致。再看德昂族的腰箍，腰箍可谓是德昂族妇女共有的一个突出的标志。而今在云南少数民族中，只有德昂族妇女戴腰箍，不管哪一个支系都有这一习惯，但是不同支系的腰箍却不一样：红德昂多采用竹篾来制作，花德昂采用草藤来制作，而黑德昂则采用银子或其他金属来打制；再从德昂族妇女发饰的细节看，传统上大多数支系的德昂族妇女都要把头发剃光，或者只剩下头顶上的一小束，据说是为了表示对佛的虔诚，从而形成了这些民族人群一种独特的审美心理。然而居住在瑞丽陇川一带的黑德昂，同样笃信佛教，其妇女却无剃发的习惯，她们把头发梳成发髻，上面缠上头帕，又显示出了另一种的独特和美丽。

三是同一群体不同地域的差异。从地域来说，云南人口较少民族中只有独龙族和基诺族可算得是聚族连片而居，就是说民族成员还基本上居住在共同的地域环境中，其他5个人口较少民族则是呈现一种大分散小聚居的状态，事实上地域的差异已经造成了不同的群体。不同的民族地域群体在适应不同的自然环境和社会环境，谋求生存发展的同时，也在不断地调整着自己的文化。因而同一民族不同地域群体的差异就出现了。比如，同一个阿昌族，居住在户撒和梁河不同地域就明显分成了两个不同的群体。户撒的阿昌族居住在坝区，相对较好的土地、水利条件，便利的交通使之发展出了农工商混合型的生存方式，而且还有深受周围傣族和其他民族文化的影响，信仰以南传佛教为主的多种宗教；梁河的阿昌族多居山区和半山区，一直在山地农耕中谋生，受傣文化的影响的程度就比户撒阿昌族小多了。因而，民族原生性的宗教信仰则在一直传承着。

四是同一地域不同群体的差异。云南人口较少民族总体呈现大分散、小聚居的居住状态。大分散造成的文化差异如前所述，其实也是不言而喻的。

而就是在小聚居中也常常表现出许多差异。如居住在三台山的德昂族就有红、花、黑三种，在服饰、语言和风俗习惯等方面都有差异，而在芒市茶叶箐同一村寨居住的德昂族，竟然有两个支系，说两种语言，穿两种服装，生活方式也各有差异。如果深究起来，即使是居住在同一地域的同一民族支系的群体，往往由于很小的一点自然分隔，也常常会造成诸多差异。如同样居住在基诺山的基诺族，在不同的村寨中就往往有不同的特点。曾对基诺山有过深入调研的郑晓云先生说："基诺族的村寨由于散居在茫茫的森林中，并且交通不便，所以各村寨也有自己的一些文化特点。在语言方面，虽然说基诺山区不算大，但是不同的村寨都有一些方言的差别。另一个明显的差别反映在服装上，基诺族各个村寨的服装上的图案都是不同的。再如基诺人随身的背包上的图案各个村寨就是不同的，它不仅是重要的装饰与实用物品，也是一个村寨的标志之一，各村寨从图案上就可以看出是哪一个村寨。在居住形式上，不同的村寨也是不同的，如亚诺寨的主要居住形式是几十人共居的长房，而在其他的村寨，居住形式则是单门独户的小家庭，也有一部分大家庭。在婚姻方面，基诺人在过去结婚以前要经历同居阶段，有的村寨的人们的同居关系较为随意，一个人可以同时与几个人同居，但是在有的村寨在这个阶段性关系相对要严格一些。此外在生产劳动、节日、政治等方面各个村寨也都是有差异的。"[1] 可见，有些民族的文化群体甚至可以村寨为单位来划分。

总之，云南人口较少民族的文化本身就呈现了多元的特点。如同生物多样性是自然进化的结果那样，文化多元和文化多样性是不同民族群体适应不同环境的产物，也是各民族文化多线演进、长期发展的结果，更是当今世界文化赖以繁荣的根基。每种文化都代表一整套独特不可取代的价值。

二　云南人口较少民族文化多样性探源

文化多样性是人类社会的基本特征，民族文化多样性的存在是多民族社会的必然反映，因此多样性文化的共存共容具有客观的历史必然性。2005年10月20日，第33届联合国教科文组织大会通过的《保护文化内容和艺术表现形式多样性国际公约》中，从文化本身的特殊性和它在人类历史发展中所起的特殊作用出发，提出了一系列有关人类文化的基本理念，其中确

---

[1]　郑晓云：《最后的长房——基诺族父系大家庭与文化变迁》，云南大学出版社2005年版，第7页。

认："文化多样性是人类的一项基本特征"，"文化多样性创造了一个多彩的世界"。

既然云南人口较少民族的文化本身就是多元的，明显具有多样性的特点，每一种文化又构成了世界多样性文化的一个组成部分，那么这种多样性的来源何在呢？为了阐述云南人口较少民族文化多样性的来源，我们将从多个角度去考察探索。

（一）多样的文化源流

云南人口较少民族中，虽然每一个民族的人口都不多，但除了独龙族和基诺族的内部组成相对单纯些外，其他每个民族都是由多个分支支系构成的，追溯这些民族支系的历史源流，我们会发现许多错综复杂的现象。就是说，许多民族人群的构成，从源头上就呈现了多样性的情况。例如，怒族的四个支系，其来源就很不一样，且不说居住在澜沧江边的若柔人与怒江的其他三个怒族支系文化上相差甚远，就是同样居住在怒江匹河一带的怒苏人与上游百十公里外的阿怒和阿龙人就很难用民族语言沟通。民族内部也都认为，他们之间历史来源并不一致。当然，四个民族支系之间的历史关系亲疏不一，阿龙和阿怒相对较接近，若柔与其他三个支系交流较少，差异最大。这些从语言的沟通情况就能表现出来。怒族的构成典型地呈现出了异源合流的情况。

再如构成德昂族的三个支系中布列、梁、汝买，即红德昂、花德昂和黑德昂，其服饰不同，语言也不尽相同，只能部分相通。它们都是从秦汉的濮人部落、唐宋以来的金齿部落分化出来的，应该属于同源的民族，但在不断的迁徙过程中逐渐形成了不同的支系。这些支系在语言、信仰、服饰和习俗方面都出现了差异：同是讲孟高棉语，却在词汇使用和发音方面出现不一样，同是信仰南传佛教，但却有教派的不同。南传佛教中的润、摆庄、多列和左底各种教派在德昂族中都有信众。这显然属于同源异流的现象。但奇怪的是在历史上不断的迁徙中，曾经是同一支系的人分开了，一些不同支系的人又聚居或相邻在一起，又出现了源流交错的情况。

可见，文化源流的多样性主要来自民族源流的多样性，所谓同源异流、异源合流，乃至源流交错的情况在云南人口较少民族中普遍存在。各民族在历史进程中其民族群体分化和融合的历史机遇也是多样的。这种源远流长而又多种多样的源流关系奠定了民族文化的多样性，从而形成了你中有我，我中有你的复杂的文化关系。一般来说，源流的分化与交汇是一种历史的自然过程，往往与民族成员的认同有关，当然也不排除一定的国家行为。如最近将克木人、莽人归属于布朗族就是这样的例子。

最近，我们在调查了西双版纳勐海县的布朗山之后，又走进了景洪市昆格人的村寨，我们十分惊奇地发现呈现在眼前的是与其他布朗族很不相同的两种文化形态。昆格人也称"空格人"，以前为未识别民族，在 2000 年人口普查时开始划归为布朗族，2006 年换二代身份证后，每个昆格人有了布朗族的身份证。但是考察昆格人族源与一般布朗族显然不同。

昆格人现居住在景洪市勐养镇昆格村委会，共有 8 个自然村，人口大约 1500 人。他们自己传说祖先来自"纳阔里"的地方（传说是昆明或思茅），跟着大部队迁徙，来到这一带，因为有人生孩子，耽搁了，再去追大部队，追到澜沧江边，见芭蕉叶已经长长了，只好留了下来，因此"昆格"在傣语中具有"剩下"之意。昆格人的风俗文化也自成一格。他们信仰原生性宗教，"鬼"和"神"还是一个词。昆格人对葬礼十分重视，不给外人窥视。就连外族来上门的姑爷，也不给上坟山。更为特殊的是昆格人对寨主的选举方式，要通过称衣服来选寨主（详见第五章"布朗族的宗教信仰"部分）。

（二）多样的社会经济形态

过去，我们常以经济形态特征作为基本依据来界定一个民族所处的历史阶段。一般认为直到中华人民共和国成立之前，云南人口较少民族大多数都处于原始社会晚期到奴隶社会早期的阶段。其特征是：阶级分化不明显，社会分工不明显，生产工具较为简陋，普遍还使用着竹、木、石工具等原始工具，社会生产力水平十分低下；农业生产方式多为刀耕火种，广种薄收；原始的狩猎和采集仍是生活的重要补充，尚未出现大规模的商品生产，简单的物物交换比较流行。在生产资料占有方式上，表现为大量的土地、荒山、森林为氏族公社或家族公社公有，盛行共耕伙种、平均分配等原始公有制原则。

然而，当我们深入到每个民族中考察的时候就会发现，每个民族群体的情况却各有不同，不是一种经济形态模式可以完全套用或涵盖得了的，到中华人民共和国成立的时候，在所谓原始经济形态的大帽子下，其实存在许多相异的情况。比如，怒族、独龙族土地占有形态，既有公有共耕、伙有共耕、家族共同伙有、氏族公有、家族和村寨公有等形式，又有家庭自耕的方式，个体私有制已经出现。即便原有的公有形态也发生某些质的变异。再从交换方面看，许多云南人口较少民族地区都突破了简单的物物交换，许多地方已经开辟了集市贸易，各民族都有农户成为经营小商贩。处在历史上的

"西南丝绸之路"要道上的德昂族很早就接触了商品经济，致使当时滇西人都认为"德昂族有钱，银子多"；就连居住在偏远的怒江地区的怒族中也出现了一些倒腾黄连、贝母、生漆、漆油、黄蜡、麻布、生猪、兽皮等当地特产的小商贩。前面我们将7个云南人口较少民族的生产生计方式划分为种植、农牧和农工商结合等三种类型，这只是就一个民族整体而言，其实在历史上的具体人群中，却有许多例外的情况。如德昂人的手工业在历史上有过相当的水平，早就有自己的银匠、铁匠、木匠、石匠。至今仍保留的一些古代建筑遗址，充分反映了德昂族手工业发展的水平。据说，德昂族的石匠、木匠、银匠、煮硝、制火药及编织竹器的水平，连傣族都望尘莫及①。

　　应该说，在历史发展的长河中，云南人口较少民族在社会经济形态呈现出了多元多样的形态。如果从共时性的角度看，这种多样性的社会现象，本身就是民族生存方式多元化的一种体现，应该说是社会发展的一种正常状态，而如果从我们曾经习惯的社会发展的历时性眼光看，把它说成是民族社会经济发展不平衡的表现，或者说是常态的变异也未尝不可。民族经济社会发展的多样性并非一种模式所能涵盖。

（三）多样的自然环境

　　从前面对云南7个人口较少民族的自然环境形态分类就可以看出，这些民族成员所分布的自然环境有山地、有河谷、有平坝，再从地图上看，云南人口较少民族的分布几乎涵盖了云南省一半的土地面积，从东经97°31′39″到103°以上②，其纬度则几乎与云南省的跨径相当，在北纬21°8′32″—29°15′8″之间。在这个经纬区域中，其海拔高度从6740米最高点的梅里雪山卡瓦格博峰到不足一百米的红河出境处，其间山川纵横，地貌起伏多样、地形复杂，高差悬殊，自然生态环境的垂直变化异常明显，气候和生物区系都呈现明显的过渡色彩和多样性特点。多样性的地理环境决定了民族文化的多样性。明朝钱古训在《百夷传》中曾说："里路险远，山川阻修，风殊俗异，此乃天造地设也。"③

　　民族生存的条件首先是自然给予的，其次才是人自己所创造的，尤其是

---

① 程玄等：《云南"直过民族"社会发展与现代化》，云南人民出版社2002年版，第124页。

② 2009年国家民委将莽人确定归为布朗族之后，云南人口较少民族的分布区的经度向东拓展了1.5°以上。

③ 钱古训撰，江应樑校注：《百夷传校注》，云南人民出版社1980年版，第128页。

在社会生产力水平不高的民族群体受地理环境的影响更大①。马克思在《资本论》中也说过："不同的公社在各自的自然环境中，找到不同的生产资料和不同的生活资料，因此，它们的生产方式、生活方式和产品也就各不相同。"② 世代居住在这样广阔的地理范围内、自然生态多样化环境中的云南人口较少民族各群体，他们在应对不同的自然环境，在与大自然进行赖以生存发展的物质交流过程中，加上漫长的岁月的模塑，其文化形态不呈现丰富的多样性才是奇怪的。

在云南民族地区常有"隔架山不同腔，隔条江不同俗"的说法，更何况是在如此宽广的空间地域里分布着的众多民族群体呢。比较滇西北的普米族的农牧混合和滇西南的布朗族、基诺族的山地农耕，其差异十分明显，不仅生产生活方式、民族习俗相去甚远，就是民族性格也有显著区别。即使是大致相邻不远的布朗山和基诺山，二者在地理上相差不到一个经纬度，地貌形态相差不多、生态环境也相差不大，但布朗山比基诺山的海拔略高。布朗山乡政府驻地勐昂海拔为 1220 米，基诺山乡政府驻地的海拔为 860 米。不同的海拔形成了不同的气候温度，近年来在开发热区经济就显示出了明显的不同。比如橡胶种植就只能在基诺山的一些地方施行。由于基诺山比布朗山更适合热区经济作物种植，基诺族的产业结构发生了更快的变化，基诺族群众收入迅速提高，加之交通条件改善，外来文化纷纷涌入，基诺族传统文化受到的冲击也远远大于布朗山，因此基诺族文化处于急剧的变迁中。二者在文化上的差异越来越大。

（四）多样的社会环境

除了自然地理环境的因素之外，社会环境的差异也是造成云南人口较少民族文化多样性的一个重要原因。从民族群体的角度看社会环境，所包括的内容较多，如当地的社会组织和统治方式、民族内部及外部的居住格局、与外界的交通状况及交往的关系、与周边相邻的民族经济交往、文化互动及影响，等等。其实，社会环境与自然环境是紧密联系着的，并在一定程度上受到自然环境的制约。美国人类学家斯图尔德认为，文化之间的差异是由社会和自然环境相互影响的特殊适应过程引起的，越是简单的和早期的人类社会，受环境的影响就越是直接。

---

① 普列汉诺夫关于人类社会与自然环境相互作用的理论对此有过详尽的论述，见普列汉诺夫《尼·加·车尔尼雪夫斯基》等论著。

② 《马克思恩格斯全集》第 23 卷，人民出版社 1965 年版，第 390 页。

总体来说，云南人口较少民族大多居住在远离城镇的山区，山高林密、水阻堑深，交通不便，与外界沟通困难，其社会环境相对封闭。在长期封闭的环境中，社会家庭组织、交换分配方式、宗教信仰、道德观念、民族习俗等方面，都显示出受这种环境影响的印记。然而，具体到一个人口较少民族的居住区，它们所处的社会环境就表现出了各自不同的差异。比如，户撒的阿昌族与梁河阿昌族所生活的社会环境大相径庭。户撒阿昌族生活在坝区，交通便利，与外族交往方便，商贸往来较多，历史上受到外来戍边和屯垦军队的影响，学会了手工业生产和经商活动，同时还受相邻傣族的影响较多，最终放弃了原生性的民族信仰而改信南传佛教。梁河阿昌族所处的山地自然环境决定了人们对外交往的困难，其社会环境更为封闭，受外界影响就比户撒阿昌族小，因而能够更多地保留下了民族原生性的信仰和习俗。

比较怒江的怒族和独龙江的独龙族，其社会环境的差异也十分明显。怒江是一个多民族聚居区，怒族人群大杂居在傈僳族和白族人群之中，交往频繁，受其统治，经济上相互依存，相邻民族文化的影响很难避免；而独龙江偏僻艰险的自然环境造就了相对闭塞的社会环境，过去就连土司的统治也常常鞭长莫及，因而使得独龙族人能够保存更多民族原生的文化形态，因而被描述为"太古之民"。

（五）多样的社会组织

从历史上看，云南人口较少民族的社会组织也明显地表现出了许多不同的形态。不少民族群体，既保留了浓厚的以血缘为纽带的母系氏族公社的残余，同时又出现了以父权主导或地缘关系为纽带的农村公社。有的民族群体是由家族长作为村社政治经济的领导人，有的民族是由民族选举的头人作为村社领导，有的却是二者并存，或分工负责，或胶着互动，再加上来自外族的强势政治统治，云南人口较少民族的社会组织又呈现了多种多样的形态，母权与父权、家族长与地缘领导、本族自治与异族的统治……这些不同因素以不同的比重呈现在不同民族群体的政治生活中，影响着民族社会和民族文化的方方面面。而今，在云南人口较少民族的多数社会群体中，我们都可以发现村寨氏族组织结构中往往具有血缘和地缘的双重特性；还常常透露出父系和母系血缘的家庭生活特征。

我们调查发现，即使在今天，云南人口较少民族中还存在着多种多样的社会组织。在许多村社中，除了在国家体制内的一些行政组织外，许多民族人群中都还有一些传统的或自发的社会组织，还在村社的社会生活中发挥着或多或少的作用。例如，勐海布朗族村寨中传统上延续着一套政教合一的管理组织，通过传承与选举相结合，产生管理村寨的龙巴头"焦曼"、管理山林的龙巴头"焦刚"、管理佛寺的"安章"，以及男女青年组织的头领。现在，这些组织在多数村寨照样存在，"头领"们照样被以传统的方式产生出来，但由于现在有了村民委员会、村民小组等组织，村社中的许多事务都由村支书、村委会主任、村民小组长来管理，原先传统组织的头领们更多地偏向宗教民俗事务方面。地方政府也对传统组织与村委会交叉的权力作了限定，如允许他们出面组织和主持一些仪式活动，诸如婚礼、搬新房、丧葬、宗教活动等，而限制他们涉足生产生活等方面的公共管理领域的权力。在我们调查中，实际上，这些传统组织还是常常配合着村委会领导，取到了补充和协调的作用。同样，基诺族传统的卓巴在基诺山的一些村寨还在发挥着影响力，到了特懋克节他们就成了中心人物。

考察各民族群体的传统组织，我们不难发现这些组织从组织结构到组织功能的多样性，他们在民族群众中发挥的实际作用和心理影响作用也是多种多样的。而今，虽然在有些村社已经找不到民族传统的组织了，但是其影响有可能还会存在。我们在梁河德昂族村寨调查就发现，村民们曾自发地成立了一个"德昂族老年互助基金协会"，采取大家投股集资的方式，借资帮助在紧要关头钱粮无着、生活无法安排的困难群众。访谈中，会长赵家祥说："德昂族历来就有帮贫助困的传统，也有过这样的组织，解放前村寨头人就曾发起成立过德昂族农民积谷帮贫的组织，现在我们就是承续德昂族传统搞起来的。"由于这类组织具有传统的惯性，又满足了群众的需要，所以很快就发展起来。2004 年先在二古城老寨一个村寨挂牌成立，两三年以后就扩大到了梁河、盈江两个县的所有五个德昂族村寨，以及县城的德昂族干部当中，只要有能力的德昂族人几乎都集了资，这些资金也确实为不少贫困的人解决了问题。

（六）　多样的婚姻家庭形态

从婚姻家庭形态方面考察，我们会发现人类婚姻纵向发展的历史轨迹在云南人口较少民族的横向类比中都能找到历史的或现实的证迹，十分丰富多彩。20 世纪以后，云南人口较少民族大多都进入了一夫一妻制的婚姻阶段，但许多人类早期婚姻家庭形态的残余依然存在。就说母权与父权的不同关系在婚姻家庭中的不同表现吧。一方面，母权制已经或正在被父权制所取代，在阶级社会中占主导地位的一夫一妻制的家庭形式已经在云南人口较少民族中普遍建立。万历《云南通志卷四·顺宁府》曾记载："境内男耕女织，渐习文字，其夷名蒲蛮。"景泰《云南图经志略》就有记载："婚娶不杂，唯求其同类而已，其聘礼用牛马，贫富有差。"说明居住在保山、临沧一带的布朗族，早在元代以前就已经确立了父系氏族的社会。另一方面，母权的某些因素还深刻影响着社会生活的各个方面，表现在婚姻家庭中的血缘婚、对偶婚等母系制残余依然存在，母系氏族社会残余的特征在社会和家庭生活中随处可见，直到 20 世纪 80 年代，西双版纳布朗族还流行从妻而居的婚姻生活，即男子婚后要到女方家里住一段时间，甚至还保留母女联名和母女财产继承的传统。陇川德昂族晓屯先生告诉我们，在 20 世纪 50 年代前，陇川德昂族就实行男女双向继承制，家中的土地由女儿继承，其他财产则由儿子继承。

我们认为，历史上云南人口较少民族社会中的血缘纽带和地缘关系、婚姻家庭结构中的母系和父系因素呈现了多样并存、互补互渗的状态，这是民族生存方式多样化的表现，它影响着民族文化的多种走向和变化，不断地模塑着民族文化的多样性。

（七）多样的文化互动关系

文化多样性的一个重要来源是文化群体的交流与互动。文化的交流与互动，一方面使双方能够互通有无，形成文化的交融共生；另一方面又会强化差别的意识，导致文化的多样性。列维－施特劳斯说："人类从来不是孤独的，即便处在最边远地带，他们也还是以群居方式生活。因此，设想北美和南美文化约在一万年到两万五千年之间曾经与世界隔绝，这并非夸张，但它们依然是以或大或小的社会形式存在着，且来往极其密切。除了由于远离而造成的不同之外，还有由于靠近而具有的差异，这一点同样重要，例如，渴望与人形成对照，渴望有别于人，渴望作为自我存在。许多习俗的产生不是由于某种内部的需要或有利的偶然事件，而仅出于为了区别于那些相对邻近的社群的愿望。因此，人文的多样性不应当使我们对事物支离破碎地观察，也不应当把它看成支离破碎的。多样性与社群之间的孤立状态无关，而与使社群联合起来的关系有关。"① 这是人类学研究的一个深刻的发现。

尽管云南人口较少民族大多居住偏僻，但却没有一个民族人群是完全与世隔绝的，在一定范围内都是有多个民族群体与之相邻互动的。即使是像独龙族那样远居于独龙江的人群，他们也不是彻底与世隔绝的，从其神话传说就可看出他们与怒族、傈僳族、白族、藏族都有着历史的交往，独龙人认为

---

① 列维－施特劳斯：《种族与历史　种族与文化》，于秀英译，中国人民大学出版社 2006 年版，第 10 页。

怒族的阿怒人是他们祖先的兄弟；从以物易物到货币使用，他们都保持着与外界的物质交流；直到 20 世纪中叶他们还在叶枝土司的统治和管理下，虽然常有鞭长莫及的情况，但在关键时候（如发生重大纠纷）土司也不会袖手旁观，因此独龙族也不完全是"化外之民"。其他人口较少民族就更是与其他民族杂居共处，相依相伴走过了漫长的历史岁月。另外还有一个值得关注的方面，就是云南人口较少民族大多数群落似乎都有汉民族成分以各种不同的方式进入的现象。不管这些是否与汉族相邻，但在许多民族的创始神话中大多都可找到该民族与汉族的兄弟关系。梁河阿昌族老人为我们讲过一个故事，说孟获是阿昌族的首领，曾与孔明作战，被孔明俘虏，收为部将，所以现在河西乡还有孔明庙，阿昌族人常去祭献。传说阿昌族的房子是按孔明的帽子式样建造的，阿昌族种地的三犁三耙也是孔明教的。这从一个侧面说明，汉文化也是与云南人口较少民族文化互动的一个重要方面，汉文化很早就进入云南人口较少民族地区，加强了边疆地区与中心地带的联系和文化认同。

考察云南人口较少民族的社会和文化互动，同样也呈现出一种多样化的关系。首先从互动的对象看，不同族群、不同地域群落、不同信仰群落、不同经济群落、不同代际群落，甚至在不同国境的不同群落都可能建立文化互动的关系；其次从互动的方式看，民族的迁徙、群落的分化和组合、经济的交往、礼物的交换、节庆的共欢、友情的往还、婚姻的缔结等，都可能成为文化互动的契机和媒介；最后从互动的形态看，民族文化关系中的对峙、冲突、合作、趋同、共生等不同形态，都可能成为民族文化丰富多样的互动关系。

三　云南人口较少民族传统文化中的和谐指向

不仅云南人口较少民族文化多样性的存在，对于云南边疆的和谐稳定发挥了重要的作用，而且我们还可以从云南人口较少民族的文化内部去发掘出许多和谐的传统文化特质。尽管云南人口较少民族的群落众多，文化各异，但其传统文化中的和谐指向却有许多共性。

在云南人口较少民族的认知系统中，和谐占据了一个重要的地位。在处理人与自然（天人）的关系、人与神的关系、人与人的关系，个人与群体的关系时，和谐，都是人们追求的一个重要的目标指向。虽然人们对天人关系的认识还很少超越早期信仰观念中的朴素认知阶段，相信万物有灵，天人合一，天人相通，天人感应，天人同祸同福，但是其价值指向是很明确的，那就是要求得到天人关系的和谐。

当我们走进云南人口较少民族的人群中，遇到或调查到的有关这种天人、人神关系认识的事例可谓举不胜举。

在勐海县西定乡布朗族聚居的章朗村调查时，几乎每一位受调查的年长村民都向我们提到村中历史上发生的两次大火。至今村民们还记忆犹新：章朗村的周围山上有三片密密的原始栎树林，一直被村民认为是"鬼界"。村民们代代相传着一种根深蒂固的认识：不能在鬼界里采集、打猎、大小便，更不能砍伐。经过"文革"、"破四旧"的冲击，有的人消除了对"鬼界"的畏惧，于是在当时生产队领导的带动下，对"鬼界"的砍伐行动开始了。1972 年 12 月，全寨人出动去砍掉了一片"鬼界"的树林种庄稼，但不久后的 1973 年 1 月 3 日，村中一户孩子在家中烧包谷，引起了火灾，除了寨子边上的一户人家外，全村的房屋都被烧光了。同样的事又发生在三年后：1975 年 12 月，村中二队的社员又出动去砍伐了另一片鬼界，而到了 1976 年 1 月 3 日，由于一场山火又把二队 48 户人家全部烧光。说起来也奇怪，当时二队社员的住房是在山火的下方，其他两个队的住房在山火的上方，但当时的风势却偏偏往下吹，火烧了二队的全部房屋，而其他两个队的财产却丝毫无损。也许这两次火灾与砍伐"鬼界"的事只是偶然的巧合，但是村民们却将二者紧紧地联系在一起，因为在他们的认知体系中，天与人、人与神之间具有密切的联系和对应关系。所谓"获罪于天无所祷也"。

章朗村是至今都还较好保留着布朗族传统文化的村寨。上述事件之所以给当地村民留下极为深刻的记忆，除了它给章朗村造成了极大损失之外，更重要的是它被布朗族认为是天人感应关系的有力证明。村民一再用它来作为例证和对后代的警示，也说明了这种天人关系的观念是根深蒂固的。即使经过像"文革"那样以政令方式进行的"破旧立新"，也未能动摇人们头脑中的这种传统认识，甚至反而被一些偶然事件强化了固有的观念。即使是一些普通的事件，民族群众也都往往习惯于从上述认识出发来理解和解释其前因后果，乃至用以预测未来。

可以说，云南人口较少民族的宇宙观、世界观和自然生态观念都是以上述天人和人神关系的认识为基础而形成的，其指向都很明确，那就是要求得到天人关系的和谐。这样的价值指向同样适用于人们用来处理人际、代际和族际等多方面的关系。人们对个体与群体的关系认识是，个体是群体的一分子，其命运随群体命运而变化，其切身利益也与群体祸福息息相关。二者只有紧紧地结合在一起，才能形成大的合力，以维持生存与发展。关于这一点，到过章朗村的人都会有真切的感受：全村 240 多户，1000 余人，村民之间和村庄内外，竟然很少有纠纷和争吵。村长岩应动说："我活了 40 多年，还没有见过我们村与外寨闹过事。村中调解员的事情也很少，村民家庭内部闹矛盾，需要调解的一年就只一、二次；邻里之间，因土地纠纷，庄稼被牲口糟蹋之类的事几乎都是自己解决，很少来村里调解。"

2011 年 3 月，我们在陇川县户撒阿昌族乡调查，好多村民表示，阿昌族历来崇尚和睦，因此具有捐助公共事业的习惯，老祖宗捐的东西，如水井、道路、广目（塔）等，后代只要有能力的就要负责维护。我们到达腊撒新寨的时候，正遇上村中举行广目装塔顶的仪式。这广目就在村中的奘房旁边，为一户村民三代前的老祖宗所捐。广目的塔顶在"文革"中被敲掉了，至今这家人凑足了钱，又来负责将其修复。村长项老赛领我们看了村中通向小山的石板路，所有的石板都是村民各家捐赠的，并由各家负责维护，因此这条道路虽然历经许多年月，但依然完好。村民还告诉我们，新寨曾与同一村委会的曼旦村发生过山林土地的纠纷，但后来经调解，一边让一步，就完全解决了，至今两村人和好如初，往来密切。我们在新寨修复广目的集会中就见到了多位前来祝贺的曼旦村领导和长老。

这种和谐的指向表现在代际关系中，就成为了家庭乃至村社和睦的基础。在云南人口较少民族中，几乎都是长幼有序，都有尊老的传统。在火塘边围坐的时候，老人在上，小辈一定在下。有吃的东西都要先送给老人一份。路上相遇，小辈都要对长辈礼貌恭谦，要以"大爹"或"舅舅"相称。我们在章朗村看到，年轻人进佛寺赕佛还要不时地做一套衣服、鞋子给寨中老人，特别是给孤寡老人。在镇康德昂族中，至今还保留一种为老人献饭的习俗。每当欢庆泼水节的时候，年轻人都不会忘记把自己家做好的上等饭菜，送一份给村中年岁较高的老人，以表达自己尊老敬老的心愿。每逢节日来临，外出的人们都会回到父母身边，为父母洗手洗脚，以此表示感谢父母的养育之恩。对于村寨中丧失劳动能力的孤寡老人，当他们无力耕田种地时，亲戚或邻居一般都会主动伸出援助之手，无偿地为之播种和收割。

这种和谐的观念在民族内部，往往促成一定的组织机构和协调机制。如布朗族、德昂族的许多村寨都还保留着传统的青年组织，由大家选举出"伙子头"和"姑娘头"，协调村中青年人的各种事务。村中的男女青年进入青春期后，青年组织就会邀请这些青年人加入组织，在组织里获得青年人刚进入社会所需的一些知识以及社会化的实践，得到男女认识和接触的机会。在人们的意识里，也只有加入这组织的人才算成人，才有谈恋爱的资格。如果成员中有什么困难，组织里的人就会向他或她伸出援手。我们在勐海多个布朗族村寨调查发现，至今这些村寨的青年组织在协调村中青年男女之间、青年人与其他村民之间的和睦关系还发挥着不小的作用。它不仅促成了许多青年人的婚事，而且还经常组织青年人参加村中的义务劳动，配合村长和龙巴头开展多种公共事务，村中凡有婚丧嫁娶，或其他需要帮忙或协调的事都会有这些青年人的身影。

同样，除了青年人之外，在不同年龄层次的人群中，云南人口较少民族中也往往有相应的组织。最近，我们在梁河县德昂族聚居区调查发现，当地德昂族自古以来传承着帮贫助困的传统，七八十岁的老人们都还记得在他们很小的时候就曾在头人的带领下开展过民族内部的"积谷帮贫"活动。2003 年，首先由河西乡二古城老寨的老年村民发起，村民们自发地成立了"德昂族老年互助基金协会"。由村民自愿无息集资，建立互助基金，用于帮助那些在紧要关头急需钱粮的困难群众。凡属"急遇人亡，急病就医，天灾人祸，以及建房、婚事等"① 需要资金时，都能得到及时转借。在传统的和谐理念和崇善精神的感召下，协会一成立就得到德昂族群众的广泛支持，很快协会的规模就从一个自然村发展到了梁河、盈江两县中德昂族聚居的 5 个自然村，居住在县城中的德昂族干部和群众也纷纷报名入会。至今该协会已经为困难的民族群众转借了数万元资金，为近百名同胞纾解了困难。

大多数云南人口较少民族聚居的传统社区，一般都传承下来一些不成文的习惯法，对于偷盗、抢劫、奸淫、破坏公物等行为进行制裁和惩罚。有的习惯法规定得较细致，包括邻里口角、家庭纠纷、兄弟分家等都会提出解决的具体规定。通常这些习惯法都会是本着惩前毖后、治病救人、教育为主、以和为贵的态度。在民族群众的传统观念中，都认为偷抢之类的行为是极不道德的，一般民族习惯法也都有严厉处置的措施，但是只要做错事的人承认错误，改邪归正，大多的处理一般不会太严重。比如，一些德昂族村寨就规定，偷窃别人财物或粮食者，须将赃物全部退还。如果被偷物品已经被耗用而无力赔偿的，就要在领导或头人的主持下，用小片芭蕉叶或竹笋叶各包拇指大的茶叶和草烟三对置于供盘，分别呈送给头人和失主，当众承认错误并表示忏悔，发誓以后不再犯同类的错误。然后准备一些酒饭，小者一桌，大者数桌，请头人和失主等相关人员用餐，这样就可以不再追究赔偿。如果夫妻双方感情不和要离婚，也往往由村寨头人或有威望的长者出面调解，调解不成则根据具体情况来协商处理家庭财产和孩子的问题，一般是提出离婚的一方要给另一方更多的选择权。若遇兄弟分家，则请族长出面，把家庭中该

---

① 引自梁河、盈江德昂族老年互助基金协会《德昂族老年互助基金协会章程》，二古城村赵家祥提供。

分配的粮食、土地和房屋一一清点清楚，然后按照将要分家的各个小家庭成员人口多少来进行分配，与父母共同居住或承担赡养父母的一方往往要分得多一些，主屋也多半留给这一方。

如果属于过失性的错误，这些习惯法大多都以警示后人为主，人们通常也会给过失的当事者较多的原谅。比如我们调查过的澜沧县惠民乡的布朗族村寨，在历史上大多都因个别人的过失导致其他家庭或全村遭受火灾之殃的事件。灾祸之后，村民们往往都对肇事者给予宽恕。

由于这些约定俗成的民族传统习惯法大多都定位于和谐，以民族内部和外部的团结和谐为目标指向。民族习惯法虽然没有像国家法律那样有专门的执行机构，但是它却在长期的传承中形成了民族群众的一种共识，具有一定的权威性，通常由一些较有威信的长老、头人、领导和村民代表来监督执行，对于维护民族社会的秩序，促进社会的和谐，发挥着不小的作用。

再扩展到族际关系来看，几乎所有云南人口较少民族的神话传说中，都能找出多民族共祖共源、与相邻民族具有兄弟关系的内容。例如，基诺族就传说，在远古洪水泛滥之后，一个葫芦打开来，走出了基诺、哈尼、傣和汉四个民族的祖先，走到各自的居住地，傣族和哈尼族先到了山区，基诺族和汉族到了坝区，但傣族人精于种水稻，来与基诺族商量换地方，基诺族看山上有很多动物，有摘不完的野菜，就欣然答应了，最终各得其所。

基诺山乡巴亚村委会扎吕村民小组的卓巴白腊腰给我们讲过一个传说：地球洪水过后，二兄妹生了七个女儿，第七女最漂亮，一天变七次。后来她嫁给傣族召片领，为第十三妻。她有个贝壳的护身符，像螺丝一样扎在头发上。一天在澜沧江边洗澡被嫉妒者打碎，她就不会变了。女子有了身孕，回到基诺山，在巴坡寨生下了一个男孩。孩子长大当了基诺山的长老，所以基诺族与傣族很早就通婚了。在勐海调研时，我们也听到布朗族的故事说，布朗族与傣族过去是两兄弟，一个住山上，一个住坝子，所以各自在火塘烧火时，只在三脚架的两边加柴，留下一边是给兄弟来走访时烤火用的。布朗族传统上就与汉族通婚，传说布朗族过去不穿鞋子，是汉族人穿鞋子进入到荆棘丛中帮布朗族迎出了菩萨，所以布朗族人对汉族人特别尊敬，并特许与汉族通婚。

这种多民族同源共祖的观念，往往成为云南人口较少民族与其他民族和谐共处的思想基础。在我们调查过的民族人群中，几乎都有与其他民族"打老庚"的习惯，即是通过一定的方式结成特殊的兄弟或姊妹般的亲近关系，从而在生活生产中互帮互助，互通有无。我们调查就发现，好多居住在山区或半山区的人口较少民族很早以来就习惯与附近坝区的傣族、白族、纳西族、汉族等民族"打老庚",一直保持着密切的各种交往,致使山与坝之间形成互补的经济合作关系,甚至在民族习俗文化上也相互渗透。像这样种密切的交往,拉近了民族之间的亲密关系,有的还相互视为同类。如居住在滇西北山区的普米族人喜欢与居住在坝区的白族、汉族人"打老庚",根据年龄和性别的不同,男的交男老庚,女的交女老庚,其道德标准是相互尊重,讲信用。老庚之间平时常来常往,有事互相帮助,年节之际互相请客拜访,还交换一些各自的物资产品或特产。同样,三台山的德昂族人也常与山下遮放坝的傣族人打老庚,傣族人习惯称附近山上的德昂族人为"傣峦",意为山上的傣人。

在和谐精神的支配下,人们对待一些外部的或不如意的人和事,也往往采取宽容的态度去理解和处置。章朗村长岩应动告诉我们,他的爷爷曾是"焦刚"(村寨的宗教头人)在"文化大革命"中被斗得死去活来,最后他临死时对家人说:"原谅他们,不要记仇。"

我们在布朗族聚居的勐海西定乡龙捧寨调研时,正遇上一个四十多岁的独身男子因病去世,死者生前曾被送戒毒所戒过毒,出来之后孤身一人,患了精神病。寨中人对他丝毫没有任何的歧视,轮流看护并供养着他。他死后,寨中人纷纷捐款捐物为他举行葬礼,火葬所用的柴都是各家送来的,而且每家还要出一个人轮流到死者的住处为亡灵守护七个晚上。村民告诉我们,不久前龙捧村还收留过一个村外来的麻风病人,直到为他送终。

距离龙捧村不远的另一个布朗族村寨,我们访谈过一位大佛爷,他告诉我们自己当和尚时曾经还俗十多年,成了一个酒鬼,很逗人讨厌。后来他再度出家,戒掉了酒,悉心念佛,深研佛学,逐渐赢得了村民的原谅和尊重。现在,村民们谁也不会再计较他的那段往事了。对此他对村民们深为感激。在云南人口较少民族中,一般对待非婚生子女都不歧视,即使是一些对婚前性关系要求较严格的人群,曾经对当事的父母给予了严厉处罚,后来也不会对子女另眼看待。

可以说,和谐是云南人口较少民族一种深厚的传统特质,是人们普遍尊崇的一种价值指向。如果要细致划分,和谐在民族内部表现为认同和团结,在民族外部则表现为宽容。在一些民族主义观念看来,建立在内部认同基础上的民族群体在对内讲究团结的同时,很可能会对外采取排斥、冲突的态度。而云南人口较少民族深入人心的和谐精神则与此不同,是通过宽容来达到和谐的目的。过去,云南各个人口较少民族在对待其他民族的关系时还是有些差异的,比如布朗族与傣族、汉族就较为亲近,同哈尼族的关系就相对疏远一些,也很少与之打老庚或通婚。近年来,在青年人中这种情况正在发生变化，相互之间打老庚和通婚的人多起来了，老年人们也往往采取宽容的态度来对待。

这种对待差异的宽容，对待异端的宽容，其实就是对文化多样性的尊重。这些，也同样是云南人口较少民族的一笔宝贵的精神文化遗产。

在对云南人口较少民族的田野调查中，我们有一个强烈的感受，在民族传统文化保护得较好的村寨和人群中，他们内部和外部的社会环境一般都比较和谐。说明云南人口较少民族的传统文化中都具有和谐的文化特质，或者说云南人口较少民族的和谐文化是一笔宝贵的文化遗产，这是有利于民族内部和外部和谐社会建设的宝贵财富；同时也给我们一个启示，保护好这些民族的传统文化就是对文化多样性的维护，就是和谐社会建设的重要举措。

我们认为，衡量一种文化的健康与否，一个重要的指标就是：它是否具有增进文化拥有者内部和外部的和谐，当人们在处理人与自然、人与人、人与社会，以及自我的内心世界时，其文化能否提供和谐的指向与态度。能够得到肯定回答的，就应该是正常的、健康的文化，人们一定可以在其中发掘出和谐的观念、和谐的方式、和谐的机制，文化中的一些枝节和糟粕问题都是可以忽略、可以容忍、可以完善的。否则，一种与和谐相对立的文化，不管其外表怎样强悍，它终有一天要走向灭亡。第二次世界大战中，德国法西斯文化就是站在和谐的反面，虽然曾经嚣噪一时，但很快就随着法西斯的灭亡而烟消云散。

在与云南人口较少民族进行广泛而深入的接触以后，难免会有一个疑问，在与许多强大的异民族共生息的环境中，为什么人口较少民族能够千百年来代代传延？在审视了这些人口较少民族的文化之后，我们不能不说其中一个重要的原因是其文化之功。为什么人口较少民族的文化在若干强大的异文化的层层包围之下，在多种文化的夹缝之中，还能够独立地长期保留着自己的文化，而不被完全同化，也没有最终消亡，其重要的原因就是这些文化提供了一种和谐与宽容的功能，它让人口较少的民族群体能够以四两拨千斤的生存智慧，有效地处理各种民族内部和外部的关系，从而获得了生存的韧性。宽容与和谐的文化，造就了云南人口较少民族与其他各民族团结与和谐的关系。当然，由于人口较少民族人口少，在多种人群多种文化的夹缝中生存，显得势单力薄，在与当地其他强势人群发生利益冲突的时候，也往往通过自我克制和退让的方式来求得和谐。这样的事过去很多，我们在田野调研中也常碰到。例如，某个人口较少民族人群的田地在一条水沟的沟头，当地某强势民族群体的田地在同一水沟的沟尾，由于水流有限，到了田地最需要水的时候，沟尾的人往往把自己田地的进水口打宽，导致地处沟头的农田过水面积小，不能按节令进行耕种，影响了农作物的收成。这个人口较少民族人群在当地仅有一两个村寨，敢怒不敢言，只好以低价格把自己的土地租给其他民族耕种。这种以退让求和谐的方式并非都值得提倡，有关管理部门应该及时解决好类似的一些实际问题，协调好民族关系，但从人口较少民族群体的退让行为中也不难看出某些崇尚和谐的生存智慧。

总之，尽管云南人口较少民族文化各有不同特点，但其总体倾向都应该属于和谐文化的范畴。从思想观念上来说，和谐文化体现了人们对和谐社会的认同，对社会和谐目标的追求；从制度规范上来说，和谐文化体现了人们在和谐思想的引导下建立的一系列调整利益关系、化解社会矛盾的制度和机制。和谐文化是人们依附的精神家园，也是和谐社会具有凝聚力、向心力和感召力的源泉之一。对个体而言，和谐文化起着潜移默化的教育作用，影响着人们的思想和行为准则；对全社会而言，和谐文化具有明确的价值导向作用，内含着人们高度认同的共同价值观念。一个社会的和谐，在本质上体现为一种和谐的文化精神。因此，和谐文化以培育人们的和谐的思想观念和价值取向为目标，始终不渝地追求人与自然、人与社会、个体与群体的和谐。建构和谐社会需要和谐的文化，和谐文化是和谐社会的重要特征；没有和谐的文化，就没有和谐社会的根基，也没有和谐社会的发展方向。在一个社会的各群体中，有没有和谐的文化以及和谐文化在社会文化中所占的比重，可以作为衡量一个社会是否和谐以及和谐程度如何的重要尺度。

和谐是中国传统文化的核心理念与根本精神。从中国古代先贤提出的"以和为贵"思想，到科学发展观强调的"以人为本"精神，其中都渗透着中国文化传统的思想精华，这是构建和谐社会的历史依据和思想内核。云南人口较少民族文化的和谐指向与中国传统文化精神的一致性，正好显示了费孝通先生所言中国各民族文化中多元一体的特点。

因此，认真挖掘和总结云南人口较少民族的和谐文化，以及各种文化中的和谐因子，不仅对人口较少民族自身的发展具有意义，而且对于其他民族文化的发展也是具有借鉴作用的。弘扬各种民族文化的和谐特质，有助于维护国家的安定和世界的和平。任何一种具有和谐特质的民族文化都是人类和平不可缺少的共同财富，无论这种文化的拥有者人口多或少。只有让包括人口较少民族在内各民族的各种有益的传统文化得到正常的继承和弘扬，才能维护好中华民族文化乃至世界文化的多样性及其活力；同时，也只有维护和保持民族文化的多样性，才能构建一个真正的和谐社会。这就是"和而不同"的真谛所在。

四　保护云南人口较少民族文化对和谐社会建设的意义

随着科学技术的进步和交通通信的迅速发展，人类相互交往的空间不断扩大，交往的频度不断增加，不同文化形态的相互交流、对话和渗透的机会越来越多，在全球化语境中各民族文化之间的差异日益凸显。是将不同的文化引向对抗还是对话，是引向冲突还是在求同存异中和平共处？显然，对抗和冲突不是我们所需要的，和谐才是我们的追求。因此，我们要在和谐的目标下，维护民族文化的多样性，对包括弱势文化的各种不同的民族文化精神和文化现象进行廓清和梳理，挖掘出更深的文化内涵，相互学习借鉴，共同进步，实现和谐发展的愿景。我们认为，保护好云南人口较少民族的文化及其多样性，对于当前和谐社会的建设至少具有以下几方面重要的意义。

（一）有助于维护人与自然的和谐，呵护多民族赖以生存的自然生态

和谐社会建设的一个重要指标是人与自然的协调发展。云南是一个生物多样性和生态环境多样性十分突出的省份。在山河纵横的自然环境中，一个不大的区域内就呈现诸多地貌、海拔和气候的差异，这些自然的差异使云南形成了多样性的生态环境，在这样的环境中孕育形成了生物的多样性。而在生态环境多样性和生物多样性交互作用下形成的适应人类生存与发展的多样化环境。不同的民族人群在长期应对不同的生存环境，适应多样化的生态环境和开发利用多样化的生物资源以求得生存与发展的实践中，不断地调整着人与自然的关系，创造了与生态环境多样性和生物多样性相互适应、良性互动的民族文化多样性。在云南人口较少民族的文化中，有关处理天人关系的内容也具有许多珍贵独特的思想和行为方式。前面说过，云南人口较少民族大多都居住在保护区内或毗邻于保护区的地区，如基诺族居住的基诺山、独龙族居住的独龙江都属于国家级的自然保护区，其他民族也大多居住在保护区周边或国家天然林保护的重要区域。为什么云南人口较少民族的传统居住区会为国家留下那么多今天的自然保护区，一个重要的原因就是那里生态价值高，保护得较好，破坏较小。换句话说，云南人口较少民族为国家的自然生态保护是作出了重要贡献的。他们之所以能够这样，那是与其强调天人和谐的民族文化分不开的。这些民族群众以其文化特有的理性、智慧和创造力，对祖祖辈辈赖以生存的自然环境不断地进行文化调适，形成了一套有助于生态保护和生物多样性发展的文化体系。例如，在云南人口较少民族的习

惯法中，几乎每一个山地民族及其支系几乎都有保护山林、禁止滥砍滥伐的规定和禁忌。川滇一带的普米族很早以前就有习惯法条款明确规定："山上的树木禁砍伐。如砍一棵树罚栽 5 棵树，另罚酥里玛酒 1 坛、白酒 10 斤、青稞糌粑面 5 斤、茶叶 1 筒、酥油 3 斤、白绵羊 1 只、白公鸡 1 只，用以祭罐罐山"；"龙洞（潭）为龙王潜藏或之所，偷砍水龙潭处 1 棵树罚栽 5 棵，另罚羊奶 3 斤、黄酒 1 坛、白酒 5 斤、酥油 2 斤、茶叶 1 筒、荞泡花 1 升、鸡毛 2 两，用以请韩规（或达巴）念经祈祷。"① 虽然一些民族习惯法的具体条款和措施还有待现代的法制精神加以改造和提升，但是体现在其民族文化中的人与自然和谐相处的思想却是现代社会的和谐发展所不可缺少的。

（二）有助于维护多民族和谐共处的文化生态，推进和谐文化的建设

社会和谐来自社会文化生态的动态平衡。所谓动态平衡，首先要以文化的多元存在为前提。在多样性文化客观存在的社会系统中，每个民族的传统文化都具有无可替代的价值，每一种民族文化的存在都是其他类型民族文化的参照对象，这种参照的存在增加着不同文化类型之间的理解、互动和促进。没有多种类型的文化多样性存在，任何文化都会失去参照的对象，失去了自身文化发展的机制和动力。多种不同类型的文化存在是文化物种链条中必要的一环，它们彼此独立又相互关联，从而保持着文化生态的平衡，透射出了文化生态系统无尽的生命力和创造力。因此，任何一种民族文化不论强弱，都有平等存在、共同进步的权力和必要性，每一种文化都在为保持人类文化生态的总体平衡和人类社会的和谐文化建设贡献着力量，都在为人类的可持续发展提供着不竭的文化动力。我们所研究的云南人口较少民族本身就是一个文化多样性的存在，不仅每个民族都有自己的文化形态，在同一个民族中，不同支系、不同地域的不同人群也往往表现出不同的文化样式，这些都是有助于维护社会文化生态平衡、进行中国气派的和谐文化建设不可缺少的基本要素。再从文化内容看，云南人口较少民族的传统文化中都有许多促进人与自然、人与社会、人与人、人的内心与外部世界和谐互动的特质和智慧，这对于当前和谐文化的建设，对于保护当地的自然生态和社会文化生态都具有十分珍贵的价值。比如，在当前城市商业社会中时常可见人情冷漠、私欲膨胀、唯利是图、尔虞我诈现象的时候，人口较少民族传统中的以情为先、以义为重、守信诚实、尊老爱幼，以及"一家有肉大家吃，一家有酒

---

① 胡文明主编：《普米研究文集》，云南民族出版社 2002 年版，第 285—286 页。

大家喝，一家有事大家帮"的社会风气或许可以作为我们反思的参照。虽然这些源于早期社会的遗风和道德还有待于当今社会与时俱进地改造，但它毕竟可以成为一种和谐文化建设的"砖瓦"。

（三）有助于维护边疆的和谐稳定，密切境内外跨界民族的关系

自 20 世纪 80 年代末 90 年代初以来，中国与东南亚国家的关系进入了历史上较好的时期，各国政府都先后制定了一系列扩大沿边开放并促进与周边国家共同发展的政策。中国政府适时地提出了面向东南亚开放的方针，将封闭的边境变为开放的前沿，积极扩大了与周边国家的经贸合作；周边国家也相应地加快了边境地区的开放步伐和经济建设，使中国西南与周边国家的跨界民族地区出现了互相促进、共同繁荣的局面。

云南 7 个人口较少民族中就有 6 个民族聚居在边境一带，其中有 5 个属于跨界民族，而且还有像德昂族那样人口主体在境外的跨界民族。改革开放以来，国境线在境内外跨界民族的眼里已经不成其为交往的障碍，境内外同一的跨界民族人群一般都具有文化的一致性，具有较多亲缘、地缘、业缘等方面的联系，他们语言相通，信仰一致，在国境两边自由出入，物质上互通有无，感情方面相存相依。遇到重大的节庆活动或宗教盛典，国境线两边的民族群众常常聚集在一起，共庆互贺，在相互熟悉的民族文化氛围中享受着同胞情谊的欢欣；遇到困难，国境另一边的同族人也往往会想方设法地伸出援助之手；如有机缘，国境两边的民族群众还常常缔结着亲情关系，有些人口较少民族至今还普遍奉行着族内通婚的传统习惯，而中国一侧的本民族青年人数有限，因此不少婚龄人群就只好到境外去挑选对象……总之，云南人口较少民族的文化在维护边疆的稳定、安宁与和谐发挥着不可忽视的作用，保护其文化多样性对于边疆的长治久安、睦邻安邦，建设和谐的边疆具有深远的意义。

（四）有助于推进文明进程中的人性进步，张扬崇善精神

考察人类文明发展进程不可回避两个重要的指标，一是社会的发展，一是人性的发展。社会的发展包括政治、经济、文化、伦理道德等多方面的进步；人性的发展体现在人的各种能力、感情、思想的发展，内心生活的发展，人的尊严感、幸福感、自由感、道德感和社会责任感的增强，人生价值实现的可能性增大，以及人际互动状态的改善，等等。总之，要在人的全面发展中体现并张扬更多崇善的精神。

在相当的时期内，我们往往比较重视前者而忽视后者，出现了许多社会道德滑坡的问题，而这些社会问题有不少是由人性问题所引发和催化的。因此，对于一个文明社会来说，社会和人性的进步二者缺一不可，它们相辅相成，相互依存。社会的发展为人的全面发展提供必要的外部条件，人性的发展是社会发展的基础和内在动力。"哪个地方人的外部条件扩展了、活跃了、改善了；哪个地方人的内在天性显得光彩夺目、雄伟壮丽，只要看待这两个标志，虽然社会状况还很不完善，人类就大声鼓掌宣告文明的到来。"① 社会的发展与人性的发展，很难划分孰轻孰重，可以说是互为前提，互为指标。只有社会的进步真正有利于人性的发展，人性的发展真正有利于社会的进步，人类的文明才可以说真正得到了推进，和谐社会才透射出美好的光辉。一个正常的文明进程与和谐社会的推进应该是社会与人性进步的同时兼顾。

以社会和人性这两个指标来观察云南人口较少民族的传统文化，它们对人类的文明进程是作出了贡献的，尤其是在人性发展方面，任何异质文化都可以从中得到启发和借鉴。比如这些民族普遍推崇的团结协作精神、厚德精神、崇善精神和质朴作风都是闪耀着人性的光辉，值得任何一个崇尚和谐的社会去借鉴、提倡的。

五　在云南人口较少民族中和谐执政的正反案例

云南人口较少民族由于每个民族的人口都较少，他们远离国家政治经济中心，与其他民族杂居共处，广泛分布，加之社会发展的滞后和经济进步的缓慢，相对于国家和地区的主体民族来说，其文化势能相对较弱，受国家或区域主体民族强势文化的影响较深，因而国家的政策趋向对民族社会的发展走向具有重要的作用。在民族群众眼里，执政者就是国家和政府的代表和代言人。政府的形象和政策的趋向常常是通过执政者的举止言行映入民族群众的眼帘和脑海。于是，执政者的执政水平、执政态度和方式方法往往直接影响了民族群众对政府的态度和对国家政策的认识，甚至还会影响到他们对民族关系的理解和对民族自身文化的价值认知。执政者能否和谐执政对人口较少民族的和谐文化及和谐社会建设至关重要。中华人民共和国成立以来，云南人口较少民族地区就发生过很多正反案例。

我们在镇康县南伞镇德昂族和汉族杂居的白岩村实地调查以及历史文献中发现，白岩村在中华人民共和国成立以来的发展过程中，既尝到过来自和

---

① 　[法]基佐著：《欧洲文明史》，程洪逵、沅芷译，商务印书馆 2010 年版，第 12 页。

谐执政的甜头，也吃够了来自所谓"以阶级斗争为纲"的暴力执政的苦头。

在 1958 年以前，当地的驻军部队和县乡政府领导，曾经十分尊重当地的民族风俗习惯，与民族群众打成一片，还利用参与民族宗教活动的机会，联系群众，宣传党的民族政策，加强民族团结，为稳定边疆做工作。当时任彭木山区区长的李福章同志就曾深情地回忆 1957 年冬他在白岩村参加做大贡的情况：

　　这次做大贡，是以白岩村佛教组织和群众的名誉邀请的，邀请的集体和个人中，我记得的有：

　　境外是果敢的官保寨、昔娥、太宝山、忙旧、黑河、木瓜寨、老街、杨柳寨、大新寨等村寨，最远的是锡泊大山，这是个德昂族聚居的村子。其中，民族上层人士、佛爷、长老、和尚、伙头共 24 人，其他有部分商人和不信教群众。我记得的伙头有两人，一个是官保寨的德昂族王小伙头；一个是昔娥傣族金老铁。

　　邀请的军政单位和人员有：

　　"7633" 部队团部、尖山营部、南伞连队、南伞侦察站、电影队。人员有团部何政委（记不清名）、政治部主任李华、营长李存高、连长郭全文、教导员邹民钺、侦察站站长李元庭、卫生队医助陈希汝、电影队负责人肖学仁等。

　　县政府领导有副县长张奎义和张天恩，县人委会委员上层人士王二、朱新奇、尹正堂、罕学细。

　　区人民政府领导有区委副书记郭正联、区长李福章、区委委员高云民、杨永达，字本尧。

　　南伞乡的领导有乡长沙荣兴、副乡长孟老大。

　　据统计约有 3200 多人参加做大贡。

　　活动日程：

　　第一天，主要是接待和送贡品。首先由白岩缅寺的长老、和尚和白岩村村长带着教徒和群众到缅寺大门外敲锣打鼓，鸣枪迎接。来做大贡的村寨大多数由佛爷、长老、伙头带队。欢迎仪式上，各村寨先在大门外排队，等排好队伍，主人才开始鸣枪。枪声、锣鼓声此起彼落，接着握手问好，很讲究礼节。我们县区乡和军队人员到场时，欢迎仪式达到了高潮。

　　然后是送贡礼。送礼前，一些群众以为我们不懂进缅寺的规矩，在佛殿门口站着，准备看我们出洋相，当我们把鞋袜脱在殿门口时，他们互相赞口说:"他们懂呢!"一下子殿门口脱得一大堆鞋子。进入缅寺,先来的一些人早已跪在殿里,给佛爷磕头,虔诚地听和尚念经,佛案上摆满了贡品。我们虽没有磕头、下跪,但尊重少数民族的风俗习惯,把准备好的用红纸包着的写有"民族大团结"、"宗教信仰自由"等字样的芭蕉、茶叶、草烟、红糖等礼品贡上,然后在殿里走了一圈,快要走出殿门时,他们把米花、包谷花、剪碎的彩纸撒给我们,向我们表示祝福。

第二天,开庆祝大会。会议由我主持。第一是张奎义副县长代表县政府讲话,他讲的主要内容:一是向大会表示祝贺;二是讲党的民族、宗教和对敌斗争政策。第二是何政委讲话,他讲的大概意思是向大会表示祝贺、党的爱国统一战线政策及人民解放军是保卫边疆,保护人民,维护社会生产生活秩序……第三是张天恩副县长用他的亲身经历和体会讲了爱国统一战线政策。第四是王老锦代表白岩的群众向来自各地的宾客和党政军领导表示欢迎和感谢!

会后到最后一天,我们党、政、军干部又分别找民族上层人士、伙头、佛爷、长老、和尚、群众举行小型座谈会,进行个别接见,进一步开展工作。座谈中给我印象较深的有这样几个人:

官保寨的王小伙头说:"中国共产党不信教,但保护和尊重信教的政策是好的,你们当干部的都和我们一齐做大贡,吃饭时不分职务高低和老百姓一起吃,人家造谣说缅甸的边民进来不得,这次我们来了这么多,还得到你们的热情欢迎和接待,共产党的政策我信得过。"

昔娥的金老铁说:"你们的部队是保卫边疆,保护人民的,不仅保护中国的百姓,我们缅甸商人来南伞做生意也感到安全。"

每天晚上,用部队的电影机组织电影晚会,放映开始,佛殿正在念经的和尚和听念经的人也跑出来看电影。放映结束,会打歌的打歌,会跳摆的跳摆,有的青年男女却利用这个机会谈情说爱,整个白岩坝都沉浸在欢乐吉祥的气氛中。

吃饭时,按照民族习惯,佛爷、民族上层人士、伙头、长老、和尚和我们去的干部在佛殿里,其他人则在外边龙竹笆铺在地上拉长桌,总之是先宾后主,先外后内,先长后幼的礼节。人虽多,但安排得井然有序,有条有理。①

---

① 李福章口述,李应整理:《白岩做大贡回顾》,载《镇康文史资料选辑》第三辑,1993年1月。

从民族团结的愿望出发，采取和谐的方式，尊重民族的传统文化和风俗习惯，整个民族地区处于和谐发展的氛围中，民族群众安居乐业，对党和政府充满了信任。但是事隔一年之后的 1958 年，当地政府和驻军在极"左"思潮的指导下，一反过去和谐执政的做法，以强制和暴力的方式对待民族群众，其结果就不一样了。

根据早期的地方史志《南伞公社史志》记载，镇康县南伞镇德昂族聚居的白岩村当年就发生过举寨外迁的情况，事情的原委是：

> 那时……绝大多数人筋疲力尽……一些体力消乏的人和病人不能出工，把他们当作反对大跃进论者，编入"四害"进行教养，……造成人心惶恐。……一九五八年彭木山区政府召开民族上层头人会议，叫下白岩寨并非地主富农，又非民族头人而只在崩龙族群众中有威信的董老大、曹六塔等二人参加会议。到会后，看到与民族头人坐在一起，就疑惑不解，而私离会议回家。……掌握会议的人，在盛怒之下，要南伞派出所配同部队押送二人回彭木山开会。……董老大见人持枪而来，惊恐逃跑，部队排长见状，……就持五零式冲锋枪对准其背扫射，派出所来人唯恐其不死，又于死者身上补了数枪……因此当晚下白岩 37 户，硝厂沟 46 户（全系崩龙族）拔寨而起，连夜逃往缅甸。城子 60 多户傣族群众，也有一半多人家，相继逃亡境外。①

这是白岩村德昂族历史上发生的一件骇人听闻的事件。当时的执政者不顾民族群众的意愿，对党的政策（姑且不论当时的政策是否正确）也不作深入细致的解释、引导，而是以武断的、强迫的方式来对待边疆少数民族群众，这肯定会极大地挫伤少数民族群众的积极性，破坏党的边疆民族政策的贯彻执行。而作为边界上的跨界民族，他们只好以迁居境外来表示自己的强烈不满和对抗。当时边境附近的许多人口较少民族都不同程度地受到了冲击，出现了不少民族群众举家甚至举寨外迁的情况，作为跨界民族的德昂族在这方面表现得比较典型。如陇川县勐约乡有一个叫广雷的德昂族村寨，1958 年举寨外迁到缅甸北部建立了一个村寨，沿用了原来的寨名；原潞西县东山乡有个德昂族寨子也于 1958 年底村民举寨迁到境外，直到后来政策有所改变，做了大量工作后才又纷纷迁回。

对比上述 1957 年和 1958 年发生在白岩的两件事，简直判若两个世界，

---

① 转引自王敬骝《镇康县南伞地名调查》，载《民族调查研究》1984 年第 2 期。

使人有天地之别的感觉。说明 1957 年以前，当地军政人员是能够灵活运用党的政策，充分尊重民族风习，不仅使干群和军民关系融洽无间，而且还发展了两国边民的友好关系，向境外的民族群众显示了我国社会主义制度的优越性。

然而，时隔一年之后，由于指导思想的错误和政策的失误，以及个别人滥用权力，错误地处理了民族事务，深深地伤害了边疆民族群众的心。上述暴力执政事件的发生，致使白岩一带长期处于停滞不前的局面。当地的德昂族居民差不多是举寨而逃，在境外的德昂族群众中也造成了极坏的影响。后来白岩迁来一批新的德昂族人居住，他们依然心有余悸，生产积极性不高，加之受当时各种条件的限制，政策捆得较死，商品经济不发达，经济结构单一，科技落后，劳动者素质较低等多种原因，长期以来人们的温饱问题没有解决。

直到党的十一届三中全会以后，和谐发展的民族政策又回到了民族群众中，白岩村的德昂族群众才又得到了大踏步发展的机会。白岩村的情况可以说是云南人口较少民族曲折发展历程的一个缩影，民族社会的进退起伏与国家的民族政策和执政方式线性相关，凡是推行和谐的政策理念，以和谐的方式执政，民族社会就会得到正常的发展，民族群众就会安居乐业，报以幸福的微笑；反之民族社会就会倒退，民族群众就会遭殃，纷纷向境外逃亡。

从以上正反事例中，我们可以得到一个深刻的启示：对于民族地区的和谐社会建设必须强调和谐执政的理念。两千多年前孔子提出的"为政以和"的思想依然具有现实意义。

和谐执政就是要认真贯彻落实《少数民族区域自治法》，认真执行党的民族政策，使每一个民族不论大小都能得到充分的尊重，充分尊重民族传统，充分尊重民族意愿，充分发挥民族群众的主观能动性和创造力，让各民族群众和谐相处，获得自由发展的空间，让民族文化得到很好的保护和正常的发展。在对待像云南人口较少民族这样的文化弱势群体问题上，我们认为和谐执政的理念尤为重要。

再回到云南人口较少民族的文化本身来说，现实中云南人口较少民族文化传承和保护的总体状况仍然令人担忧。下面我们将通过更多的调查实证材料，从民族语言、非物质文化遗产和宗教信仰等方面分别探讨云南人口较少民族文化多样性及其和谐社会建设的现状和问题。

第 三 章

云南人口较少民族语言的多样性及其危机

在 20 世纪 40 年代就开始致力于云南民族语言调查和研究的著名语言学家罗常培先生在《语言学在云南》一文中曾经深有同感地引用了英国殖民官员戴维斯（H. R. Davies）的话："在阿萨姆与云南东部边界的地方和这个区域以南的印度支那许多国家，据我所闻，在世界任何部分几乎没有像那样分歧的语言和方言。"① 的确，云南人口较少民族就是处在这么一个语言文化纷繁复杂的区域，而云南人口较少民族的语言本身就是这一地区文化多样性的一种具体体现。

一　有关民族语言现状的评估

20 世纪后期，随着世界各国对文化多样性认识的不断深化和文化保护意识的不断提高，各国有识之士及相关组织开始关注起了一个世界性的普遍问题——许多弱势族群的语言正急剧走向消亡。美国著名的语言学杂志《语言》（*Languages*）在 1992 年第 1 期发表了一组有关濒危语言的文章，其中克劳斯的《处于危机中的世界语言》中有一句预言被广为传诵："下一个世纪将目睹 90% 人类语言的死亡或灭绝。"在同年举行的第 15 届世界语言学家大会上，"濒危语言问题"成为大会的两大主题之一。从此，掀开了研究濒危语言的全球性热潮。

学术界估计，20 世纪 70 年代，全世界还使用着 8000 多种语言，可是到 21 世纪初就消失了 2000 多种，而现存的 6000 余种语言中，处于弱势的少数民族语言大多也将失去它自身的功能，有人估计不久将消亡大半。在中国，如果算上那些尚未进行系统调查研究的语言，现存 130 余种语言，目前这些语言近一半处于活力下降的衰退状态，有几十种语言处于濒危状态。保

---

① 罗常培：《语言学在云南》，载《语言与文化》，语文出版社 1989 年版，第 162 页。

护和抢救濒危的民族语言成了当今文化多样性保护中的一个重中之重的问题。

（一）濒危语言评估的依据和指标

濒危语言（endangered languages），简单地说，就是指濒临灭绝的语言。要讨论一种语言是否处于濒危状态，首先涉及对语言状态的分类和评估指标的问题。

国外对濒危语言进行调查研究较早的是美国。20 世纪 50 年代末，美国语言学家华莱士·L. 查夫（Wallacel L. Chafe）对北美印第安文化的衰亡现状进行了有史以来的首次调查。他从语言人口入手，以语言人口的多寡和他们的年龄大小来调查和分析这些语言的生存状态；到了 20 世纪 80 年代末90 年代初，美国土著语言协会主席米歇尔·克劳斯博士对北美印第安语的现状作了一次更为深入翔实的普查，他把被调查的 155 种印第安语言分成 4个等级：A. 包括儿童在内的各代人都说的语言；B. 只有父母辈所说的语言；C. 只有祖父母辈所说的语言；D. 只有老人，一般在 70 岁以上的老人、每门语言不超过 10 个人所说的语言。在这 4 个等级中，可以列入 A 级的只有 20 种，其他都列在后三级中，属于濒危语言，若不加以保护，迟早都要衰亡。①

1992 年，美国语言学家克劳斯提出了语言健康状态分类体系。该体系将语言状态分为四类：灭绝、垂危、濒危和安全。判定指标主要有：从父母到孩子的代际传递，语言人口和官方状态，其中又以有没有孩子学习这种语言最为重要。就这方面看，灭绝的语言是已经没有人讲了的语言；垂危的语言是已经没有孩子学习的语言；濒危的语言是现在还有孩子学，但如果以目前的状况继续下去，到 21 世纪就没有孩子学了。联合国教科文组织（UNESCO）的《濒危语言红皮书》又将以上指标细化到更容易操作和使用的程度，即把语言分为以下七种②：

已经灭绝的语言：已没有人使用的语言；
可能灭绝的语言：已没有可靠的信息证明还有人讲这种语言；
接近灭绝的语言：最多只有 10 个人讲这种语言，而且全是老人；

---

① 蔡永良：《语言、教育、同化——美国印第安语言政策研究》，中国社会科学出版社 2003 年版，第 282—284 页。

② 刘海涛：《国外濒危语言研究概述》，《长江学术》2006 年第 3 期。

严重濒危的语言：虽然还有不少人讲，但其中已没有孩子；

濒危语言：有一些孩子在说，但数量呈递减态势；

潜在的濒危语言：有许多孩子在讲，但没有官方地位；

非濒危语言：具有安全的代际语言传递。

进入 21 世纪后，濒危语言问题得到了国际社会的广泛关注。2000 年 2 月在德国科隆召开的濒危语言学会议上，与会者提出将语言按现状分为以下 7 种：①安全的语言：前景非常乐观，群体的所有成员包括儿童都在学习使用的语言；②稳定但受到威胁的语言：群体内所有成员包括儿童都在学习使用的、但是总人数很少的语言；③受到侵蚀的语言：群体内部的一部分成员已经转用了其他语言，而另一部分成员包括儿童仍在学习使用的语言；④濒临危险的语言：所有的使用者都在 20 岁以上，而群体内部的儿童都已不再学习使用的语言；⑤严重危险的语言：所有的使用者都在 40 岁以上，而群体内部的儿童和年轻人都已不再学习使用的语言；⑥濒临灭绝的语言：只有少数的 70 岁以上的老人还在使用，而群体内几乎所有其他的成员都已放弃使用的语言；⑦灭绝的语言：失去了所有使用者的语言。①

2003 年 3 月 10—12 日，联合国教科文组织在巴黎总部举行濒危语言国际专家会议，来自四十多个国家的六十多位正式代表以及各濒危语言基金组织的代表、重大语言学机构的代表（如世界语言学家大会常设委员会主席、世界少数民族语文研究院的代表、日本环太平洋地区濒危语言项目的负责人、联合国教科文组织濒危语言专家组的代表、联合国教科文组织濒危语言情报交流中心的负责人、部分国家的联合国教科文组织的负责人）等近百人出席了会议。会议期间，联合国教科文组织关于濒危语言问题专家组对濒危语言的认定及活力的鉴定，提出了 9 条参考指标：一是代际间的语言传承；二是语言使用者的绝对数量；三是语言使用者占总人口的比例；四是现存语言使用范围的发展趋势；五是语言对新领域和媒体的反应；六是语言教育与读写材料；七是政府和机构的语言态度和语言政策（包括语言的官方地位和使用）；八是该语言族群成员对母语的态度；九是语言记录材料的数量与质量。其中前六项用以评估语言活力和语言濒危状况，第七、八两项用以评估语言态度，最后一项用以评估语言记录的紧迫性。综合使用以上九项指标，可以描述一种语言的总体社会使用状况。

---

① 呼格吉勒图：《全球化时代人口较少民族语言的濒危问题》，《内蒙古大学学报》（哲学社会科学版）2008 年第 6 期。

根据以上参考指标，联合国教科文组织专家组的文件将语言的活力从高到低排为6个级次：①充满活力；②有活力或仍然比较活跃；③活力降低，显露濒危特征；④活力不足，走向濒危；⑤活力很差，已经濒危；⑥无活力，失去交际功能或已经死亡。上述评价指标也基本上得到了国内语言学界的认同，也有学者根据中国少数民族语言的使用和分布情况，又从三个方面提出补充语言活力测试的依据。一是语言的分布状况，聚居、杂居还是散居；二是语言的内部差异程度，差异大的语言，活力就会降低；三是国境内外的分布状况。此外，交通状况是否发达、社区开发程度等也是影响语言活力的参考因素，也应该考虑在内。①

与语言活力的排序相应，对语言的危险程度也有一个评估参考。多数学者都认为，代际语言传承是评估语言濒危状况最重要、最易操作的指标。据此对语言的危险程度也可分为六个级次：①安全，但受威胁；②不安全；③确有危险；④很危险；⑤极度危险；⑥灭绝或濒于灭绝。其中，第③到第⑤的三项即应属于濒危语言或临近濒危的语言。②

按照联合国教科文组织的解释，"确有危险"是指该语言大多由父辈及更上代人使用，即儿童在家庭中很少将其作为母语学习，该语言使用者多为父辈。在这种情况下，父母可能仍对子女使用该语言，但典型的情况是，子女一般并不用该语言作答。

"很危险"是指该语言大多由祖父母辈及更上代人使用，父母辈也许还能听懂，但典型的情形是，他们对子女很少使用该语言。

"极度危险"是指该语言的使用者多为祖辈或曾祖辈人，且很少用于日常交流，甚至老辈人通常也只能记忆该语言的一部分，已经很少有人能用该语言交谈。

目前国内已有一些学者提出自己的分类指标和体系，但一般都参照或采用了上述指标。有学者将语言使用者年龄的因素纳入评价指标，以"说某种语言的人口多少或者使用者的年龄段是否在40岁以下"的标准来进行判定。③进入21世纪后，戴庆厦等语言学者提出了一套动态、量化的"综合指标体系"。该体系由核心指标和参考指标组成：核心指标包括"丧失母语

① 孙宏开：《中国少数民族语言活力排序研究》，《广西民族大学学报》（哲学社会科学版）2006年第5期。

② 王远新：《加强人口较少民族语言的调查及弱势和濒危语言的保护》，《新疆师范大学学报》（哲学社会科学版）2008年第1期。

③ 高庆华：《中国濒危语言保护的现状与对策》，《西南科技大学学报》（哲学社会科学版）2008年第3期。

人口的数量比例"、"母语使用者年龄段的分布比例"和"母语能力的大小"三者。依据该体系，濒危语言应该符合以下三个标准：①一个民族中 80%以上的人已转用了第二语言，且转用第二语言的人数呈上升趋势；②这个民族的语言只有中年人或年纪较大的人使用，具体地说只在 40 岁以上年龄段的人中使用；③母语使用者只具有母语听的能力，没有说的能力。①

国内学者也不乏运用以上指标来调查和评估中国少数民族语言的濒危状况，并对其语言的活力状况进行了初步的排序。例如，2004 年 11 月由民族出版社出版的《中国濒危语言个案研究》一书，就是国内第一部对中国濒危语言个案研究的专著。书中着重对满、赫哲、土家、仡佬、仙岛等五种濒危语言进行个案研究。书中通过对语言的使用人口、使用功能、使用范围、使用频率等相关因素的分析，根据量化的多项综合指标体系为依据认为这些少数民族语言应界定为濒危语言。可惜该书只是个案研究，除了仙岛语之外，未能涉及云南人口较少民族及其他更多西南少数民族的语言。

（二）有关中国少数民族语言的活力排序和濒危状况归类

目前，国内语言学界已经有一些学者致力于对中国少数民族语言活力和濒危问题的研究，曾见有较深入的个案调查报告问世，也有人根据长期的调查及各类相关资料做过少数民族语言活力的排序。

由孙宏开主编的《中国新发现语言丛书》中，黄行的《中国少数民族语言活力研究》一书，根据当时掌握的研究成果对我国各种少数民族语言的活力值作了如下分类：

第一组相当于汉语活力值的 56%—71%，包括维吾尔、蒙古、藏、哈萨克、朝鲜 5 种语言。这些语言的使用人口都在百万以上，都有通用的传统文字，都有较大的使用本民族语言的民族聚居区（前 3 种语言有省级的自治地方，后两种语言有地级的自治地方），在行政、立法、司法、教育、出版、传媒、文艺、宗教、经济、信息等社会领域中都有较高程度的使用。50 多年来，语言文字的规范化、标准化水平也有明显的提高。语言的使用范围和使用程度保持稳定的态势。

第二组相当于汉语活力值的 14%—35%，包括柯尔克孜、傣、锡伯、彝、壮、景颇、载瓦、傈僳、苗、拉祜、布依、佤、纳西、侗、哈尼 15 种语言。这些语言的使用人口相差很大，从十万以上到超过千万不等。但普遍

---

① 戴庆厦、邓佑玲：《濒危语言研究中定性定位问题的初步思考》，《中央民族大学学报》2002 年第 2 期。

缺乏全民族通用的口头共同语，文字一般只适用于一定的方言区。操这些语言的少数民族中，选择使用全国通用的汉语文的人越来越多；少数民族人群中兼通本民族语言和汉语的双语人比例也越来越高，一般都达到本民族人口的一半或一半以上。

第三组相当于汉语活力值的 1/10 或更低，其中使用人口达到百万以上的语言有 3 个（白、勉、黎），十几万到四十几万的有 8 个（土族、达斡尔、水、仫佬、羌、布努、东乡、土家），一万以上十万以下的有 14 个（鄂温克、阿昌、嘉绒、撒拉、独龙、毛南、普米、塔吉克、德昂、拉珈、布朗、怒苏、保安、基诺）。其余语言，使用人口从几百到几千不等。这一组语言的少数民族，除满族历史上使用过满文（现在已经不用），土族于 20世纪 80 年代初期在一个方言区内一度试行过新创制的文字方案外，都没有本民族文字，普遍使用汉文。没有或者不使用本民族文字，是影响这一组语言活力值偏低的一个重要原因。此外，使用这一组语言的少数民族一般都跟其他民族杂居，有的虽然有自己的聚居区，但却比较小。人口分布状况也是影响这一组语言活力值偏低的重要原因。这一组语言中，满、赫哲、畲等几种语言，使用人口已经不足 1000 人，而且已经高龄化，绝大多数人口已经放弃使用本民族语言，转用汉语了。此外，有些语言的使用人口主要分布在偏僻的山区，交通困难，语言社区比较封闭，操母语的单语人比例还相对较高。① 云南人口较少民族的语言基本上都归在这一类中，其活力程度是比较低的。

联合国教科文组织关于濒危语言问题专家组对濒危语言的认定及活力的鉴定的指标提出之后，我国学者根据相关指标将国内 130 多种少数民族语言分为六个级次进行活力排序：

一是充满活力的语言。主要表现为：使用母语的绝对人数很多，母语的代际传承不存在问题；有自治区或自治州一级的自治机构推动语言规划；有记录本民族语言的书面形式，而且有大量本民族文字的出版物；有母语广播；语言不仅在家庭、集市、学校中使用，而且也在政府机构和立法机构使用；本民族对保护母语的意识比较强烈；有大片的聚居区；虽然有方言差异，但是书面形式可以在不同方言区传播等。属于这种类型的语言有维吾尔、藏、朝鲜、蒙古、哈萨克、壮、彝等语言。

二是有活力的语言。主要表现为：仅仅掌握母语的单语人比例相对比较大；母语的代际传承目前不存在问题；使用母语的绝对人数比较多；有自治

---

① 黄行：《中国少数民族语言活力研究》，中央民族大学出版社 2000 年版，第 96—101 页。

州或自治县一级的自治机构推动语言规划；有记录本民族语言的书面形式，而且有一定数量本民族文字的出版物；有母语广播，但频率比较低，效果不理想；语言不仅在家庭、集市、学校中使用，有时候也在政府机构和立法机构使用；本民族有保护母语的意识；有较大片的聚居区；方言差别不大，或者虽然有方言差异，但是方言区有自己的书面形式；或者语言使用人口虽然不多，也没有书面形式，但是该语言分布地区较闭塞，与外界接触少，单语人的比例很高。属于这种类型的语言有傈僳、傣、苗、黎、哈尼、侗、水、布依、雅眉（达悟）、拉祜、锡伯等语言。

　　三是活力降低，已经显露濒危特征的语言。主要表现为：掌握母语的单语人比例已经比较少，大多数人使用双语或多语；部分地区母语的代际传承已经出现问题；使用母语的绝对人数正在减少；语言规划贯彻不力或无人管理；无记录本民族语言的书面形式，有的即使有，本民族文字出版物的数量也很少；没有本民族语言的广播，即使有，也流于形式；语言仅仅在家庭中使用，较少或没有在集市、学校中使用，更没有在政府机构和立法机构使用；本民族对保护母语的意识并不强烈，或者有这种意识，但是无可奈何；居住相对比较分散；方言差异比较大，方言间无法用母语交际。属于这种类型的语言有羌、达斡尔、纳西、嘉绒、塔吉克、景颇、载瓦、土家、仫佬、东乡、保安、布朗、白、撒拉、尔龚、临高、勉、阿美、毛南、德昂、独龙等语言。

　　四是活力不足，已经走向濒危的语言。主要表现在以下几个方面：掌握母语的单语人比例已经很少或者没有，大多数人使用双语或多语；母语的代际传承已经出现问题，相当大比例的人或地区仅仅中老年使用母语；使用母语的绝对人数正在大量减少；语言规划无人管理；基本上没有记录本民族语言的书面形式；没有本民族语言的广播；母语仅仅在家庭或村寨中使用，很少或没有在集市、学校中使用，更没有在政府机构和立法机构使用；本民族对保护母语的意识并不强烈，或者有这种意识，但是无可奈何；居住比较分散，被强势语言所包围；方言差异比较大，方言间无法用母语交际。属于这种类型的语言比较多，大体有：仡佬、普米、基诺、怒苏、门巴、义都、仓洛、京、浪速、勒期、拉乌戎、格曼、达让、裕固、鄂伦春、乌孜别克、尔苏、纳木义、木雅、贵琼、史兴、扎巴、却隅、村、回辉、标、拉基、仡佬、布赓、俄罗斯、户、炯奈、拉珈、布努、巴哼、博嘎尔、鲁凯、邹、布农、卑南、排湾、克木、巴那、堂朗、莽、卡卓、鄂温克、柯尔克孜、茶洞、桑孔、毕苏、莫、佯僙、白马、末昂、阿昌等语言。

　　五是活力很差，属于濒危语言。主要表现为：已经没有掌握母语的单语人，都使用双语或多语，往往第二语言比母语好；母语的代际传承十分严重，仅仅中老年使用母语，中青年已经改用其他语言；使用母语的绝对人数已经很少；语言规划无人管理；没有记录本民族语言的书面形式；没有本民族语言的广播；母语仅仅在家庭中使用，没有在集市、学校中使用，更没有在政府机构和立法机构使用；本民族基本上没有保护母语的意识，或者有这种意识，但是无可奈何；居住相对比较分散，被强势语言所包围；方言差异比较大，方言间无法用母语交际；母语结构已经退化，口头文学已经没有人会讲，词汇量急剧减少。属于这种类型的语言有阿侬、赫哲、塔塔尔、畲、普标、俫、康加、柔若、图瓦、仙岛、波拉、葛玛兰、泰耶、赛德克、克蔑、赛夏、布兴、苏龙、崩汝等语言。

六是无活力，已经没有交际功能的语言。主要表现为：没有掌握母语的单语人，绝大多数人已经转用其他语言；母语已经无人使用，仅仅保存在个别老年人的记忆里或者文献里；只有个别人知道母语，但是已经没有人再来用他作为交流和交际思想的工具。属于这种类型的语言有满、木佬、哈卡斯、羿、卡那卡那富、沙阿鲁阿、巴则海、邵等语言。[1]

按照以上研究分类，云南人口较少民族的语言都可归入第三到第五类之中。归于第三类的有布朗语、德昂语和独龙语；属于第四类的是普米、基诺、阿昌以及怒族支系的怒苏、布朗族支系的克木、莽等语言；划入第五类的是怒族的阿侬语和若柔语。也就是说，云南人口较少民族的语言最好的情况是"活力降低，已经显露濒危特征"一类，多数是属于"活力不足，已经走向濒危"一类，还有少量已经被判为"活力很差，属濒危语言"一类。

二　云南人口较少民族语言生存的现状

云南人口较少民族语言的生存状况到底如何？迄今，我国还没有对云南人口较少民族的语言使用和生存情况进行过系统全面的普查，还拿不出一个真实而令人信服的数据。

目前，国内经常引用的相关数据主要来自1995年加拿大魁北克拉瓦尔大学出版的、由加拿大学者麦克康奈尔主编、谭克让编辑的《世界的书面语：使用程度和使用方式概况》第4卷（中国部分）第1、2册一书。书中

---

① 孙宏开：《中国少数民族语言活力排序研究》，《广西民族大学学报》（哲学社会科学版）2006年第5期。

所公布的中国各少数民族语言使用人口比例数据中，包含云南7个人口较少民族的数据如表3－1所示。

表3－1 云南省7个人口较少民族语言使用情况

民族	使用本民族单语人数（人）	占人口总数的百分比	使用双语人数（人）	占人口总数的百分比	转用其他语言的人数（人）	占人口总数的百分比
独龙	3984	85.99	649	14.01	0	0
德昂	7132	58.00	4591	37.33	574	4.67
基诺	5836	48.79	6126	51.21	0	0
怒族	6971	30.45	4525	19.76	11400	49.79
阿昌	10060	49.23	7516	36.78	2857	12.98
普米	6749	27.85	10289	42.45	7200	29.70
布朗	36106	61.75	17215	29.44	5152	8.81

以上数据的来源语焉不详，并非作者实地调查所得，估计是由多种来源汇集而成，其真实性和可靠程度还需要进一步核实。但退一步说，即使这些数据都真实可靠，也只能反映1995年以前的情况，到今天已经过去了17年。对于一些云南人口较少民族来说，其语言使用情况在最近的十多二十年中的变化是十分惊人的。不过，在我国相关统计资料缺乏的情况下，以上数据就成为一些相关论著普遍引用和转引的难得证据①。

为了对云南人口较少民族语言生存的危险程度有一个更确切的反映，我们暂时撇开上述现成的数据，将云南7个人口较少民族的语言，以支系或区域的不同，划分为23种方语或支系语言，通过力所能及的实地调查（由于各方面的条件所限，我们不可能对云南人口较少民族语言使用的情况进行全面的调查统计，也不可能完全覆盖相关的语言人口和地区，但我们还是力求结合"点"和"面"的调查，尽量反映出各种语言的总体情况，并对语言人口数也进行大致的估算），以代际传承问题为重要指标，对每一种语言的危险程度进行一个参考性的评估。

（一）独龙族语言

独龙语属汉藏语系藏缅语族，语支归属目前尚无定论，著名语言学家罗

---

① 我们见到引用本数据的著作如：《德昂族经济发展与社会变迁》，民族出版社2007年3月版，第485页；《中国少数民族双语研究：历史与现实》，中央民族大学出版社1995年版；《云南民族教育改革与发展研究》，云南民族出版社2005年版；《2007—2008年云南民族地区发展报告》，云南大学出版社2008年版；《布朗族文化史》，云南民族出版社2001年版。

常培先生主张划为藏语支。孙宏开先生以为：在同语族中，独龙语和景颇语、僜语、珞巴语等语言比较接近，可以划为一个语支。有语言学家认为，根据他们生活的地域以及语言的内部特点，可将独龙语分为两种方言，即南部的独龙江方言和北部的怒江方言①。不同的地方主要表现在：怒江方言中有许多从藏语借来的词，而在独龙江方言则很少使用藏语借词。由于两种方言差异不大，两个方言区的人彼此可以相互沟通，这里我们还是作为一种语言来讨论。

在中国使用独龙语的人口有 6000 余人，但在缅甸北部使用这同一语言的人超过中国的使用人数。生活在独龙江地区的独龙族深受高黎贡山的阻隔，交通不便，人们很少与外界接触，语言环境较为单一，形成独特的民族语言区域，多数人至今还以单语为主，受外界语言影响较小。

独龙族历史上无文字。直到中华人民共和国成立时还常见以刻木结绳的方式记录事情和传递信息。20 世纪 50 年代初，缅甸日旺人白吉斗·蒂其枯和外国传教士莫尔斯创制了一种以日旺氏族的话为语音基础的拉丁文拼音文字，命名为"日旺文"。日旺文主要为宗教所用，用于翻译圣经，在教徒中推广使用。缅甸的独龙族几乎都信基督教，大多都能掌握日旺文。目前，日旺文也用于当地民族的日常生活和普及教育，出版了一些读物和课本。日旺文与我国独龙族通行的独龙语还有一定的区别，不能够完全拼写独龙语的所有音，因此在我国独龙族中并没有推广开来，只有少数信教人士掌握此文字。

20 世纪 70 年代，在贡山县文化馆工作的独龙族木里门·约翰曾学过日旺文，他根据独龙江方言的特点草拟了一套独龙族文字的方案，受到了贡山县领导和独龙族干部群众的支持。1983 年，云南省少数民族语文指导工作委员会派龙乘云同志协助约翰创制独龙文字的工作。他们在日旺文的基础上，结合我国独龙族使用的语言实际，以独龙江方言为基础方言，以孔当村公所一带的话为标准语音，提出了一套独龙语拼音方案，经与独龙族干部一道反复研究修改后，于 1983 年 12 月正式提交云南省民语委第二次全委（扩

①　孙宏开先生把独龙语划为两个方言，即独龙语的独龙江方言和独龙语怒江方言；也有学者分为北部的孔当话和南部的巴坡话两种。一般来说，孔当村以上的北部方言与贡山县丙中洛的怒江方言较接近，孔当村以下的南部方言与分布在缅甸西北部恩梅开江流域的独龙族支系格能、日旺等人使用的独龙语相近。虽然孔当话和巴坡话听起来有点差别，但相互通话不困难。另据李爱新《独龙族的语言文字》（载 1999 年德宏民族出版社出版《独龙族》一书，第 41 页）介绍：在两千个常用语比较中，孔当话和巴坡话同源词占 82% 左右。我们认为这只是独龙语内部土语的差别，可视为一种语言。

大）会议上讨论通过，同意试行。从 1984 年起，这套方案先后在县城的独龙族干部、教师及其家属中，以及在独龙江乡孔当村公所、马库、孟顶和双拉乡小茶腊村的独龙族群众中进行短期培训，并在昆明举办了一期独龙语拼音方案师资培训班。① 通过这些培训班，独龙族中有了一些掌握本民族语言文字的人。但是据独龙族学者李金明先生估计，真正能够熟练读写此文字的人至今未超过 20 人。

独龙语由于使用者长期处于封闭状态，受外界影响小，语言发展变化较为缓慢，其语音、语法、词汇特点有较大的稳固性，被语言学界公认为是汉藏语系藏缅语族中保留早期面貌较多的一种语言。至今，虽然使用这种语言的人口不多，但它还是独龙江地区独龙族人主要使用的交际工具。其语言生存状态可以列入"安全，但受威胁"这一类型。具体情况表现如下：

"安全"的表现是：在村寨、家庭、集市等独龙族聚居的地方，民族内部都普遍使用本民族语；语言的传承也基本正常，母语学习始自婴幼儿人群；在乡、村级学校，从小学一年级至三年级也要用本民族语进行辅助教学，刚入学的小学生多数都不会说汉语，老师必须使用双语教学；居住在独龙江聚居区的独龙族人多数只懂本民族语言，普遍使用单语，只有少数高小以上文化程度的人对外可以用汉语进行交际，还有一小部分人可以用傈僳语对外进行交际；民间艺人唱民歌或讲故事时使用的语言也是本民族语；在宗教活动中也主要使用本民族语，只有少数人将独龙语和傈僳语兼用；在民族内部，村委会干部多数还主要使用本民族语开会或布置工作；其他民族到独龙族地区居住一般也要学习独龙语，方能更好地进行交流。

受威胁的主要表现是：兼语的情况已经普遍出现，一般在村级机关工作、开会时，除了使用本民族语言还常兼用汉语、傈僳语；一部分已迁居在外的独龙族，除了在民族内部使用本民族语言外，绝大多数时候都已经转而使用汉语、傈僳语或其他民族的语言；贡山县虽为独龙族、怒族自治县，但在县城，汉语和傈僳语却是当地各族之间的共同交际语言。总体来看，独龙语属于语言规划贯彻不力或无人管理，虽然有本民族语言的书面形式，但是掌握本民族文字的人数太少，而且主要是独龙族的文化人和基督教的教职人员；民族语的出版物数量很少，其民族语言的广播也往往流于形式；随着独龙江地区对外交通的日益方便和交流的不断增多，独龙族人使用兼语的人口比例在不断增加，语言族群成员对母语并无有意识的保护态度。

---

① 政协怒江州委员会文史资料委员会编：《独龙族》，德宏民族出版社 1999 年版，第 48—49 页。

总之，由于独龙江地区的独龙族人目前的居住状况还不会很快改变，可以预计在相当一段时间内独龙语还基本上是安全的，但却明显受到威胁，显示出了语言活力降低的态势。

（二）怒族语言

与怒族的四大支系相对应，其语言也可分为四种，即贡山县怒族使用的阿龙语，福贡县县城附近怒族使用的阿侬（阿怒）① 语，福贡县南部匹河一带，即原碧江县境内的怒族所使用的怒苏语，以及兰坪县怒族使用的若柔语。由于怒族的族源复杂，山河阻隔、历史上交通不便等诸多原因，各地怒族之间沟通交流甚少，致使各支系间的语言差异较大，几乎不能相通。比较而言，阿龙语与阿侬语较为接近，怒苏语和若柔语之间相同的成分又多些，而操阿侬语和怒苏语的人群同处一县，相距不算远，但却不能用民族言语沟通。

根据我们的调查和有关语言学者的研究结论，在怒族的这四大分支语言中，目前生存状况最危险的是阿侬语和若柔语。

1. 阿侬语

阿侬语的使用者为怒族阿怒支系，主要分布在福贡县上帕镇、鹿马登乡，比较集中居住的是上帕镇木古甲、抗西等自然村。属于阿侬母语的人口应有 9000—10000 人。他们大部分与傈僳族杂居，多数人已经转用傈僳语或汉语，使用本民族母语的人口在逐年减少。

最近，笔者曾到阿怒人最大的聚居村寨木古甲调查，发现村中能讲母语的人一般在 40 岁以上，30 岁以下的人多数能听不能讲。在一般家庭中，父母对孩子多数讲傈僳话，少数还讲母语，而孩子对父母则基本讲傈僳话。例如，木古甲教堂的传道员开面笑 69 岁，大儿子 48 岁，小儿子 26 岁，大儿子还能讲一部分母语，小儿子则已经不会讲了。

我们还发现，木古甲的怒族语言保存的情况几乎与海拔高度成正比，住在山上的人相对封闭，主要在民族内部交流，使用母语的机会就比山下多些；山下的人与外族的交往多，使用民族语言的环境也就逐渐减弱，到了山下怒江边的洼底村，中年以下的人都已经不会讲母语了。我们还了解到，有一位祖籍为木古甲的美国语言学博士，曾在缅甸根据阿侬语的特点创立了一

---

① 居住在福贡县上帕镇、鹿马登乡一带的怒族，自称"阿怒"，也有写作"阿侬"的，尤其是一些语言学者一般都采用"阿侬"一词。为了行文方便，本文将根据情况让两种写法并行，而在涉及语言问题时也尽量统一使用"阿侬"一词。

套拼音字母，共 30 个声母，10 个韵母。他一直在缅甸怒族中推广，也经常回木古甲宣传和传授。木古甲的许多村民都有他编的教本，在木古甲的个别自然村有一半以上的人懂得这一套文字。这对木古甲村母语的保护起了一定作用。

在怒族阿怒人散居的村寨，情况就更不乐观，距离木古甲不远的腊乌、古泉等村寨，怒族与傈僳族杂居，村中的怒族人连母语都听不懂了。再如施底村委会共有 315 户，1288 人，傈僳族占了 60% 以上，其他是怒族和白族勒墨人，怒族仅占 18% 左右，有 200 余人，全部都不会讲怒族话了。

1942 年西南联大教授罗常培先生曾经深入到怒江地区调查过怒族的语言，引起了他的学生及一些语言学者对怒族语言的关注，其中孙宏开先生就曾经多次深入实地调查阿侬语的语言内部结构及其濒危情况，分别撰写了《阿侬语概况》、《阿侬语研究》、《记阿侬语，对一个逐渐衰亡语言的跟踪观察》等论著。为我们提供了较好的研究例证。

孙宏开等学者于 1960 年 9 月第一次调查阿侬语的时候，当时还有 800 多人使用母语，到 1983 年 4 至 5 月再次实地调查的时候，使用阿侬语的人数只有 500 人左右了，到 1995 年 10 月，再次实地调查时，能够使用阿侬语进行交际的实际人数仅有 410 人了，而到 1999 年 1 月最后一次实地调查时，一批以前调查时访问的老人已经去世，阿侬语的使用人口已经不足 400 人。孙宏开说："我第一次调查阿侬语时，已经了解到阿侬人中的大部分已经转用傈僳语，少数人使用汉语和白语，这些人转用其他语言已经不是中华人民共和国成立以后的事情。那时的阿侬人总人口为 4300 人左右，按使用母语人口 800 人计算，母语使用人口比例为 18.6%。1994 年当地人口统计阿侬人为 7200 人，母语使用人口为 400 人，比例为 5.56%。虽然绝对使用人口与 1960 年比仅仅下降了一半，但百分比却下降了 70% 左右。"[1] 经过抽样分析，即使是使用阿侬语的核心地区，阿怒人的第二语言的能力已经远远超过了对母语的掌握。"但实际上，在日常生活中，他们中的大部分人，特别是木古甲以外的几个自然村里有使用母语能力的阿侬人，平时已经很少使用母语了。"[2]

显然，无论从语言的代际传承，还是从使用语言人口的数量和比例看，阿侬语都应该属于"极度危险"的濒危语言。

---

① 孙宏开：《记阿侬语，对一个逐渐衰亡语言的跟踪观察》，《中国语文》1999 年第 5 期。
② 同上。

2. 若柔语

若柔语的情况也同样。若柔语是居住在怒江傈僳族自治州兰坪白族普米族自治县中澜沧江流域的怒族若柔人使用的母语。若柔人主要居住在兰坪县兔峨乡，另外在该县的营盘、金顶等乡镇也有部分人口分布。兔峨乡的果力村委会、兔峨村委会、江末村委会是该县怒族若柔人的最大聚居地。据我们2008年实地调查，目前使用若柔语的人群主要集中在以上三个村委会中的果力、碧鸡兰、吾沘江、江末这四个若柔人比较集中的村寨中。例如，果力村中，共有71户，386人，怒族若柔人占了总人口的95%以上，所以若柔语在这个村民小组中保留得算是较好的，一般怒族人都能讲母语，同时也能讲汉语、傈僳语、白语和拉玛语①。除了果力小组外，果力村委会的其他村民小组大约只有30%的怒族人还多少懂一些若柔话，一般是60岁以上的人能讲，40—50岁的人能听，再年轻的人就基本不能讲也不能听了。分布在兰坪县营盘、金顶等乡镇的怒族若柔人能讲母语的人就更是凤毛麟角。

据果力村的怒族人介绍，在泸水县鲁掌镇有一个怒族村民小组是从澜沧江边搬迁过去的，村中也还有一些人能讲若柔语，但是人口很少，周围也没有保留母语的环境，估计也在急速消亡之中。

在2008年的调查中，我们还就若柔语两年前已经被列入了省级非物质文化遗产一事询问当地怒族人和兰坪县的文化管理干部，当地怒族人反映他们并不知道这个消息，而兰坪文化部门的人则说若柔语被列入省级非物质文化遗产不是他们申报的，所以也不太关心。直到2011年初，我们再次通过电话询问果力村村民，得到的回答依然如故。

若柔语显然也属于"很危险"的濒危语言，正在急剧消失中。

比起阿侬语和若柔语来，怒苏语和阿龙语的情况略好一些，但也难以乐观。

3. 怒苏语

怒苏语主要在福贡县匹河乡一带的怒族怒苏支系中使用，使用人口为11000—12000人，在语音上不同的村寨人群之间略有差别。据我们最近在老姆登、知子罗等怒族村寨调查，村中怒族人基本上还能掌握本民族母语，并在民族内部使用。在村寨生长的孩子一般都还是先学会母语，才在与外族的交往中逐渐学会汉语、傈僳语及其他民族的语言。大体来看，怒苏语的传承情况基本正常。

---

① "白语"指流行于兰坪县一带的白族语言，"拉玛语"指居住在澜沧江中游一带白族拉玛人的语言。

但是，已经显露出民族语言不稳定的迹象，比如除了老姆登之外，其他多数怒族村寨的祭祀活动都使用白族勒墨人的语言，一般很少使用本民族母语了。近年来，基督教在当地怒族村寨中迅速传播，许多怒族村民都入了教。由于当地的圣经是用傈僳语印刷的，教堂里讲道、唱诗等也都使用傈僳语，即使在怒族文化根基比较深厚的老姆登村，在基督教堂里讲道也使用了双语，甚至三语，怒苏语也只是偶尔被使用。总之，各地怒苏人使用兼语的情况越来越多，甚至渗透进了家庭之中；加之怒苏语没有文字配合，许多人掌握第二语言的水平超过了母语。由此看来，怒苏语在短期内是稳定的，但长期来看却不容乐观，应该列为"不安全"一类。

4. 阿龙语

阿龙语主要是在贡山县怒江地区各乡镇的怒族聚居区使用，另外丙中洛双拉村委会小查腊聚居的独龙族也使用这种语言。其实，阿龙语与独龙语在孔当村公所北部以上语言（怒江方言）的差异比阿龙语与怒族其他支系语言内部的差异要小得多。学术界一般也认为，怒族阿龙人与独龙族同源，而且分化的时间还不长；在两个人群的传说故事里也都说到他们源于同一祖先。有人比较过两种语言的词汇相同率在40%—60%，基本上可以相通[①]。孙宏开等语言学家曾提出："贡山独龙语和怒族使用的语言基本上是一致的，可以认为是一种语言。"[②] 由于前面在讨论独龙族语言时我们已经将独龙族内部的两种方言作为一种语言看待了，这里我们仅将阿龙语作为贡山怒江地区居住的怒族和少量独龙族所使用的语言来考察。

比起独龙族的语言来，阿龙语的情况就要危险一些。据当地怒族人估计，至今贡山怒族的人口共计约7000人，而真正掌握并使用阿龙语的人不会超过4000人，许多散居或杂居在其他民族中的怒族人基本上都已经转用汉语、傈僳语或其他民族的语言了。即使还在使用阿龙语的人群中，绝大多数都具有兼语的能力，一般都会两种以上的语言，在民族外部的交流中都是使用汉语或当地其他民族的强势语言。而且，阿龙语没有书面语言，没有语言保护的规划，语言保护问题基本上还处于放任自流的情况。因此，应将阿龙语列为"不安全"一类。我们认为，它的情况比怒苏语还更加危险，只是由于阿龙语与独龙族语言相近，使得它的使用范围扩大了，有利于开展保

---

① 据《贡山独龙族怒族自治县概况》（云南民族出版社1986年版）认为两种语言语音和词汇相同的占60%；又据《怒族简史》根据459个词的比较，其中语音词义全同的词约占40%，词义相同语音相近的约占33.3%，其余约有26%的不同的词，但都有显著的对应规律。

② 多吉、孙宏开：《独龙语的基本特点和方言土语概况》，《独龙族社会历史调查》，云南民族出版社1985年版，第177页。

护。但还是应该引起足够的警惕。

(三) 德昂族语言

中国德昂族的民族支系划分较为复杂，在民族内部一般分为 7 个支系，但从德昂族妇女的服饰上划分，可大致分为三种，即通常所称呼的红德昂、花德昂和黑德昂三种①，过去国内学界有关德昂族支系的语言划分也多与此相应，分为三大方言，即红德昂的布列方言，以及黑德昂的汝买、绕可方言、花德昂的梁方言。然而，经我们田野调查，并与各地德昂族文化人讨论认为，这样的划分过于粗略，实际上所谓花德昂方言应该分为两种：一种是分布在盈江、梁河和芒市三台山楚冬瓜等地德昂族梁（赖弄）② 支系使用的方言，另一种是分布在镇康、耿马、永德、保山等县市德昂族绕竞支系使用的方言。尽管这两个方言区妇女服饰都相差不大（有"大花"和"小花"之分），都被称为花德昂，但所使用的语言却差异甚大，相互很难沟通，所分布的地区也相隔较远，20 世纪 90 年代之前几乎没有交往。德昂族内部是不会轻易将这两个支系混淆的。这样，德昂族的方言就应该划分为 4 类，即布列方言、汝买（含绕可）方言、绕竞方言和梁方言。各语言支系的人口总数至今没有正式的统计，根据我们调查：布列方言是国内德昂族使用人数最多的方言，约占德昂族总人口的 42.5%，使用区域主要分布在芒市一带的多数德昂族居住区；汝买方言的主要使用区是在瑞丽、陇川等县市的汝买支系及芒市的遮放、旱外、茶叶箐等绕可支系中，人数约占国内德昂族总人口的 17.5%；使用绕竞方言的德昂族人口约占德昂族总人口的 28.5%；使用梁方言的德昂族人口最少，约占德昂族总人口的 11.5%。

四种方言之间的差异主要表现在语音和词汇上，语法方面则相差不大。布列与梁这两种方言较接近，相处一段时间后就能通话；绕竞方言和汝买方言都与其他方言有较大的差异，相互之间不易沟通。

德昂族语言的划分主要与民族支系相关，有时在地域上却出现很奇特的现象：有的两寨为邻，但语言难于沟通；有的虽然相隔很远，语言却可以互通；有的同一个小地方却有几种支系的语言并存。例如，同样位于芒市三台山的楚冬瓜、旱外和勐丹三个村的人，所讲的德昂语就各不同，因为他们分

---

① 实际上还有"白德昂"，由于人数较少，很少被提及。

② 梁河、盈江一带的德昂族自称为"赖弄"，其实与芒市三台山楚冬瓜自称"梁"的德昂族人群为同一支系。参见赵家祥《德昂族历史文化研究》，德宏民族出版社 2008 年版。该书作者系梁河"赖弄"德昂族。

属梁、绕可和布列三个语言支系，他们要学习对方的语言方能交流无碍；同居芒市勐嘎镇香菜塘村的德昂族，相连着的上下寨就分别使用两种不同的德昂族方言，一边是梁方言，一边是绕竟方言。20多年前，在德昂族的一次集会中，笔者曾目睹从临沧和梁河远道来的德昂族代表，能够分别与这个寨子的同胞毫无障碍地问答如流，他们自己都深感意外，致使每个在场的德昂族人都激动得流下了眼泪。

虽然中国的德昂族居住比较分散，人口较少，但据我们在德昂族的大多数聚居地调查发现，德昂族的四种民族方言的使用状况都有一个共同的特点：在德昂族聚居的传统村寨中，掌握本民族语言的人数与民族人口数基本相等，除了少数几个已经转用其他民族语的德昂族村寨外，其他村寨一般都有95%以上的本民族人掌握本民族的母语；民族语言在民族内部使用频率较高，而且还比较注重民族母语的传承。

即使是一个被其他民族重重包围的文化孤岛似的德昂族村寨，哪怕只有百十号人，德昂族人都习惯于在家庭中、在民族内部使用本民族语言来进行交流。我们在德昂族人群中调查的时候，就常常遇到这样的现象：当我们同时采访几个德昂族人的时候，这几个人都会讲汉语和德昂语，当他们一对一回答我们的问题时，都讲汉语，而当他们之间互相讲话或讨论问题时，不管这问题是不是与我们的调查内容有关，他们都会很快转用民族语言去交流，其实他们并无有意识地要向我们保密什么东西，只是遵循着民族内部的交流习惯而已。在德昂族聚居的村寨，孩子们上学之前接触的主要是民族的母语，多数人是在上学以后才开始学习汉语，或是在与其他民族有了交往以后才开始学习傣语、景颇语等当地较强势的其他少数民族语言。

虽然德昂族保持民族语言的情况总体来说相对要好些，但其实多数人还必须使用兼语，真正的单语人群已经很小。过去，信仰南传佛教的德昂族人深受傣族文化的影响，由于德昂族没有自己传统的民族文字，各教派的经书均以傣文流传，德昂族的佛爷、和尚和阿章（还俗佛爷）大多都掌握了傣文，傣语也说得很好，自然也影响了信教的群众。10年前云南大学师生对芒市三台山德昂族乡勐丹村委会调查的情况是：当地德昂族大多能讲汉话，只是有的讲得较流利，有的则不太流利，大部分中老年人能听说傣语，少部分能听说景颇语。一般情况下，老年人中，部分男子汉话讲得较流利，傣语也能听说；而妇女的汉话讲得不太好，甚至有的不会讲，但能听讲傣话。三四十岁的中青年，上过学的汉话较流利，而没上过学的，汉语就讲得不大顺畅。青少年中，凡上过学或已在上学的，都能听说汉语。有少部分也能听讲傣语。① 2011 年 3 月，我们再次到三台山多处德昂族居住区调查，其情况还基本上没有大的变化。

德昂族语言之所以能够在民族内部正常的传承，我们认为，一是与德昂族村寨相对封闭的环境有关。大多数生活在村寨的德昂族人基本上还处于自给自足的状态，至今外出工作的人还不太多；二是德昂族民族性格比较内向，多数人不大愿意主动与外族人交往，至今德昂族各聚居点中族际通婚的情况都还很少；三是德昂族大多居住在边境一带，与境外同一民族的交往较频繁，在一定程度上弥补了国内语言人口较少的问题；四是有较强的民族内聚意识和语言保护意识。笔者曾有意调查过德昂族人的语言态度，一位德昂族人曾反问："不会讲德昂族话，还能算德昂族吗？"不难看出，他们是将民族语言作为民族的标志来看待的。保山市的德昂族退休干部姚自生在说起德昂族语言时情不自禁流露出一种民族的自豪感。他说："民族语言受汉语影响总是难免的，在我们地区，傈僳族讲 4 句民族话就要带一句汉话，傣族讲 6 句民族话要带一句汉话，我们德昂族讲 9 句民族话才带一句汉话。我们德昂话有着顽强的生命力。"

然而，在我们实地调查中，在不同的德昂族村寨中，对本民族语言的态度和使用情况还是有所不同的，如在陇川县和芒市遮放镇的有些德昂族村寨，德昂族人掌握本民族语言的能力还不如对其他民族语言的掌握，他们经常使用的是傣语和汉语，本民族语言反退居到第二或第三的地位。一些年轻人连本民族母语都已经难以听懂，甚至有人称自己为傣族，住房和穿着都傣族化了。好在这样的情况目前在德昂族中还属于少数。

比较云南人口较少民族的各种语言的生存状况，德昂族的布列和绕竟两种分支语言的保护和传承情况从乐观的方面看都可以划归为"安全，但受威胁"一类；汝买语由于使用转语的人数相对较多，梁语由于使用的人口较少，都应归为"不安全"一类。

总体来说，由于德昂族的每一种分支语言使用的人口都较小，不安全的因素也就相应增加，而且纵向比较，每种语言的活力也正在降低，依然存在着不可忽视的危险。主要表现在：

一是德昂族的人口太分散，形成一个个语言的孤岛，随着社会经济的发展，对外交往的拓展，"孤岛"内部对民族语言的坚守越来越困难，有个别人群已经逐渐放弃了母语的使用，尤其是在与当地主体民族杂居的村寨，如

---

① 汤芝兰等主编：《云南民族村寨调查——德昂族》，云南大学出版社 2001 年 4 月版，第 137 页。

芒市遮放镇的芒棒、贺焕、拱撒等德昂族村寨就是这样。据实地调查，隶属于弄坎村委会的芒棒和贺焕两个德昂族村寨共有德昂族约 180 户，770 人，属于汝买支系，至今还会说母语的不足 80 人，年龄都在 55 岁以上，村中 45—55 岁的中年人大多还能听得懂一些德昂语，但能说的人就很难找得出来了，再年轻的连听得懂母语的人都难找。在日常生活中，村民们几乎完全用傣语或汉语交流，即使是不知情的当地人也很难从他们的语言和服饰上分辨得出他们是德昂族。就是说在德昂族少数地区母语的传承已经出现了断代的问题。

二是掌握母语的单语人数比例已经越来越少，大多数人使用双语或多语。如居住在陇川户弄村委会的德昂族几乎百分之百地会讲汉语和傣语，汉语和傣语是当地跨民族交流的通行语，另外还有约 3% 的人会讲景颇语，1% 的人会讲缅语。

三是各地的德昂族语言仅仅在家庭中或民族内部使用，较少或没有在集市、学校中使用，更没有在政府机构和立法机构使用；由于长期以来德昂族一直保持不与外族通婚的习惯，族内通婚有助于保持民族语言在民族内部的正常使用，但随着观念的改变、传统习惯的打破，族际通婚和交往范围正在不断扩大，对民族语言的冲击将会越来越大。

四是中国德昂族没有本民族语言的广播；至今无论是政府有关部门还是民族内部都没有对民族语言保护的规划。

五是德昂族四个分支语言之间的差异比较大，各支系间难以用母语交际，因而造成了讲每一种语言的人群都很小，降低了民族语言的使用效能。

比较德昂族四种方言的情况看：布列语人口相对多些，而且有一个人口相对集中的地方——三台山，语言安全情况相对好些；梁语的语言人口较少，居住也较为分散，除了梁河和盈江外，还有一些单独的村寨人群杂居在其他民族和德昂族的其他支系中，而且这一支系与境外同语言民族的交往较少，其语言安全上潜伏的危机较大；汝买语、绕竟语在国内使用的人口都不多，但是，这两种语言的人群与境外同语族人群的交往较多，来往频繁，多少可以部分弥补国内语言人口少带来的一些问题。总之，德昂族的几个语言支系都存在人口少、分布较散，因而语言保护的难度大。这是不可忽视的问题。

近年来，德昂族语言还出现了一个特殊的情况，那就是缅甸德昂文字的创制对中国同族产生了深远的影响。

过去，德昂族一直被认为是一个有语言而无文字的民族。在德昂族自己的传说当中也有不少关于自己民族文字丢失的故事，反映出了这个民族对文字的期盼和渴望。

1972 年 8 月，缅甸德昂（崩龙）族文学与文化委员会在缅甸南散正式成立的同时，趁缅甸各地不同支系的德昂族代表人物聚首之际，在本民族上层人士的积极倡导支持下，23 位德高望重的德昂族僧侣和知识分子，依照德昂语的特点及语法结构，吸收全缅甸德昂族六个主要支系的语言，用巴利文与缅甸语文字的声母与韵母组合，创制了德昂文字。

这套文字不难学，只要会讲德昂语言，很容易自学，若会缅文或傣文者更简单。30 多年来，缅甸德昂（崩龙）族文学与文化委员会一直致力于德昂文字的推广和使用。缅甸德昂（崩龙）族各支系也很快达成共识，全族人都要统一使用此文字。目前全缅甸的德昂知识分子大都已掌握了这种文字，并开发出了电脑运用软件。学者们已经运用这套新创文字编制出版了多种书籍；一些艺术家还用它创作了流行歌曲，并搬上了舞台。与此同时，德昂文字创立被最后确定的 8 月 30 日，这一天成为全缅甸德昂（崩龙）族的一个盛大节日，每年都要举行隆重庆典。

据我们在国内德昂族居住区调查，这套文字创制不久，从 20 世纪 70 年代中后期开始，就有中国德昂族僧侣和少数群众到缅甸南坎等地学习这套文字，并将其传播到了德宏、临沧等地区。目前，这套文字在中国德昂族的汝买支系中推广得较多，仅居住在陇川的德昂族人就有上百人学会并使用这套文字，他们还引进了缅甸开发的软件，可以在电脑中广泛运用。在其他地区德昂族佛寺中的住持佛爷或大和尚多数都懂得这套文字。他们或是去缅甸学习过，或是在缅甸德昂族人的帮助下自学而成，也有的本身就是来自缅甸的德昂族僧侣。

目前这套缅甸新创的德昂族文字还不能说已经在中国德昂族当中得到了普及，然而却可以说是得到了中国德昂族人的普遍认同，在调查中多数人都为自己民族有了统一的文字而高兴，甚至有一些民族的上层人士还表示打算学习掌握这套文字，将来向自己的同胞普及。显然，这套文字在国内的推广将会有益于德昂族语言的保护，同时也将对德昂族多种语言的整合和多支系之间的交流带来便利，但也可能会出现一些难以预料的问题，需要给予更多的重视。

（四）基诺族语言

基诺族语言可分为基诺、补远两个方言区，两个方言区的词汇差异比较明显，语音、语法也有一些差别，彼此通话有一定困难。在云南基诺族中，大部分人口使用基诺方言区的方言，流行于以景洪市基诺山乡为主的基诺族聚居区。补远方言流行在景洪市勐旺乡的基诺族社区，在这个方言区内，各基诺族村寨使用的语言在语音上略有差别，但都能通话。

1. 基诺方言

据我们 2008 年在基诺山乡的调查，即使是基诺族主体使用的基诺方言也已经明显出现了危险的信号。

首先是使用转语的人不断增多，而且转语的现象已经在民族村寨内部蔓延。例如，基诺族人口比较集中的巴卡村委会共有 8 个基诺族寨子，而目前只有巴卡老寨、巴卡新寨和巴卡小寨三个寨子还正常使用本民族语言，另外 5 个寨子已经基本上不讲基诺族话了；在洛特村委会的 7 个基诺族自然村寨中也有 3 个村寨放弃了本民族的母语；另外在茄玛村委会也有一些村寨出现了同样的情况。在这些村寨中，基诺族人虽然还有不少人会听会说基诺语，但许多民族群众已经不习惯使用民族语言了。有不少人甚至在家庭内部，都习惯使用汉语或傣语进行交流。这样民族语言传承的问题就逐渐显露出来。一位在当地成长起来的基诺族干部告诉我们："像我这样二三十岁的人，一般都能听得懂基诺族话，但是却不习惯讲了。"所以有学者说："目前在基诺族的青少年当中，已难得听到基诺话，'母语'变成了父母的语言。"①

其次是在基诺族内部保护民族母语的意识不到位，兼语和转语逐渐出现普遍化倾向。基诺山毗邻傣族地区，基诺族历史上与傣族、汉族等其他民族交往较多，尤其是近几十年来，基诺族与外界的经济交往频繁，基诺族人一般都能够掌握傣语和汉语，有的甚至还能使用三四种其他民族语言讲话。大多数人能够做到"近汉说汉话，近傣说傣话"。基诺族在长期的发展过程中与傣族、汉族交往频繁，不同程度地吸收了傣族和汉族的词汇，邻近傣族地区村寨还兼用傣语。如巴卡与小勐仑的傣族接近；巴来与小勐匡的傣族接近；巴洒、巴秀、回振、回鲁与傣族聚居区勐罕毗邻；札吕、札果靠近小勐养的傣族居住区。这些地方的基诺族群众会讲傣语的人数很多。过去，傣语是基诺族的第二语言，但近年来，掌握汉语的基诺族人口比例越来越大，傣语的使用则逐渐减少。据 20 世纪 90 年代的调查：巴卡新寨 193 人，全是基诺族，会说汉语的 128 人，不会汉语的仅 65 人，其中 37 人是学龄前儿童，除去少儿，不会汉语的只 23 人，会汉语的人数占 85%。以白腊周一家为例："全家 6 口人，除女主人车纽外，全部会讲汉语。"② 到而今，基诺族中

---

① 尹绍亭：《我们不是要"刀耕火种万岁"》，《今日民族》2006 年 6 月。

② 景洪市政协文史资料委员会编：《景洪文史资料之三·基诺族》，成都科技大学出版社 1994 年版，第 92 页。

掌握汉语的人口比例更高，使用汉语更加普遍。

在另一个基诺族聚居的亚诺寨，我们了解到这样的现象：一般老人带的孩子从小就会讲基诺族话，而无老人带的孩子多数只会讲汉语，要等长大了再来学讲基诺族话。现在村里 80% 的基诺族孩子都是先学会汉话，而后再根据需要或兴趣来学习民族母语，有的人也就根本不愿意再学了。现在村寨里的多数家庭是中老年人之间还用基诺语沟通，而长辈与年轻一代之间就有不少使用汉语对话了。曾经出外受过高等教育后又回到家乡发展的基诺族妇女资春兰说："现在村子里多数大人都觉得用汉话与孩子讲更好。他们认为下一辈学好汉语用处更大。"可见，在民族内部人们对语言的保护意识已经十分淡薄。

最后是基诺语本身被外来语言冲击比较严重。即使是一些目前还讲基诺语的村寨，村中小孩讲的基诺族语与老一辈讲的基诺语已经有了不小的区别。主要是基诺语大量的借用了外来词汇，影响了语言本身的稳定性。一位基诺族的文化干部告诉我们：现在年轻基诺族人讲的基诺话中有 2/3 的词汇借用了汉语或其他语言，30 多岁的人已经不知道许多民族传统的表达词汇了。即使是目前还正常使用民族语言交流的村寨，他们使用民族语言的范围也多局限在一般日常生活的交流。在几乎人人能讲基诺语的亚诺寨，我们看到村民开会和讨论问题一般还能坚持用基诺族语，但是当领导传达上级精神就只好转用汉语了。村支书沙腰说："有些政治方面的东西，不用汉语说不清楚。"

还需要指出的是，基诺族语言问题的恶化速度是十分惊人的。从 1994 年当地州市编印的《景洪文史资料之三·基诺族》一书来看，当时人们似乎对基诺语的传承持乐观态度，书中认为："基诺语作为本民族的一个重要特征，不仅不会消失，而且还将随着社会的进步，继续得到发展。"[①] 然而，仅仅过了不到二十年，基诺语的生存问题就不能不让人忧虑。无怪，长期研究基诺族的老专家杜玉亭曾经痛心地预言：30 年后这个民族的语言将会彻底消失。

2. 补远方言

流行于景洪市勐旺乡补远山一带基诺族人群中使用的补远方言在当地又称"本话"。补远方言有 30 个声母，可分为单辅音声母和腭化辅音声母两类。

---

① 景洪市政协文史资料委员会编：《景洪文史资料之三·基诺族》，成都科技大学出版社 1994 年版，第 94 页。

据我们 2010 年 7 月调查，补远方言的生存状况也像基诺方言一样呈现一种奇怪的现象。勐旺乡有两个基诺族人聚居的村委会，一个是补远村委会，另一个是大平掌村委会。在补远村委会 2000 多名基诺族人中，几乎人人都能讲基诺语的补远方言，孩子们一开始学讲话基本上还是学习民族母语。在这里民族语言的传承基本上是正常的。但是一旦超出家庭和民族内部的范围，超出了日常生活的表达，如在各种会议及其他政治生活中，人们就很自然地使用汉语。

而在大平掌村委会的 7 个自然村中，有 3 个是基诺族聚居的村寨，另外再加上勐旺村委会的白花林等基诺族聚居的村寨，基诺族人口加起来也将近 2000，但是他们几乎都已经不再讲基诺话了。即使在家庭中、在民族内部，人们的交流都全部转用了汉语。民族语言的传承在这些人群中可以说已经终止。大平掌基诺族母语丧失使得讲补远方言的基诺族语言人口减少了将近一半，同时也给这一种民族语言的生存敲响了危险的警钟。

补远村委会与大平掌村委会地理上毗邻相连，为什么却会出现如此强烈的反差？据当地政府网站"数字乡村"介绍："大平掌村委会主要是以基诺族为主的一个民族集居地，由于周边接触的都为汉族，经过岁月的洗礼，渐渐汉化了，丢失了它原有的风俗和语言，最终保持下来的只有老一辈们穿着他们古老的服饰。"

这样的解释固然也有一定道理，然而补远村委会的基诺族同样也与汉族和其他民族有很多的接触啊，他们为什么还保留着原有的民族语言呢？看来这是一个需要多方面深入研究的问题。我们在大平掌调查发现，许多丧失民族母语的基诺族人，似乎并无惋惜。语言主体对自己民族语言的价值认识也许这正是问题根源的一个重要方面。在民族人群的心目中，民族语言一旦失去了它应有的价值，它的消亡也就是迟早的事。

鉴于基诺语中的两种方言的使用人口和人口比例正在不断减少，我们认为基诺方言至少应归为"不安全"一类，而补远方言已经出现生存的危机，应该列入"确有危险"一类。

（五）阿昌族语言

云南的阿昌族有两大聚居区，一是陇川县的户撒乡，当地阿昌族人自称傣撒；二是梁河县的曩宋乡和九保乡一带，当地阿昌族人自称昌撒。由于这两个聚居区流行的阿昌族语言差异较大，因此我们可将阿昌族语言主要划分为傣撒语和昌撒语两种方言。另外还有一部分阿昌族人分布在芒市江东乡和保山地区腾冲县的新华乡和龙陵县的芒达一带，也有人提出要再划分出阿昌族语的潞西（芒市）方言区。但由于芒市的阿昌族是从腾冲、梁河一带迁去的，而且时间还不算太长，其语言也与昌撒语相差不大，因此我们仍将其归为昌撒语的方言区。昌撒语与傣撒语之间的差别主要表现在语音和词汇上，语法上的差别不大。词汇中非同源词高达30%—50%，因而彼此间通话有困难。

此外，据戴庆厦等国内一些语言学家的调查，在云南省德宏州盈江县的中缅边界附近还有一个阿昌族居住的村寨，人口不到100人，自称仙岛人，使用着一种独特的语言，既不同于昌撒语，也不同于傣撒语，因而叫做"仙岛语"。

据我们考察，阿昌族三种语言的活力和生存状况不尽相同。

1. 傣撒语

情况相对较好的是傣撒语。居住在陇川县户撒乡一带的阿昌族人口比较集中，聚居程度较高，至今在民族内部基本上都还保留着使用民族语言交流的习惯，阿昌族孩子一般到了上学后才开始学汉语和其他民族语言，语言的代际传承属于正常。而且，由于阿昌族在户撒处于相对强势地位，居住在户撒的其他民族也有不少人学会了阿昌族语言，我们调查的曼旦村新寨与一傈僳族村寨相邻，傈僳族人中有一半以上的人会讲阿昌话。不过从户撒总体的情况看，阿昌族毕竟是人口较少民族，他们对民族语言的使用大多还局限在家庭和民族内部，超出了民族的范围主要还是使用兼语。因此，当地的阿昌族一般都兼会傣语或汉语。过去，居住在户撒和腊撒的阿昌族受傣族土司统治，与周边傣族人接触较多，深受傣文化的影响，一般阿昌族人都会听说傣语，对傣语的使用比较频繁。至今四五十岁以上的中老年人也多数是傣语比汉语好，他们传唱山歌、进行宗教祭祀、念吉利语都大量使用傣语。但是，当今中青年一代对汉语的使用频率就远远高于傣语，很多年轻人已经听不懂傣语了。改革开放以后，随着学校教育的发展，汉语教育的普及，以及广播、电视和收录机、影碟机的大量进入，市场经济的不断活跃，户撒阿昌族在兼语的使用方面出现明显的变化，汉语代替傣语逐渐成为了当地的主要交际工具。在这种变化的同时，阿昌族傣撒母语使用的范围也越来越窄，这种被兼语冲击的情况是需要引起注意的问题。不过，从本民族使用傣撒语的人口比例和代际传承的情况看，我们仍可将傣撒语划分为"安全，但受威胁"一类。

2. 昌撒语

相比傣撒语而言，流行于梁河、芒市等地区阿昌族中的昌撒语就要危险得多。

　　昌撒语最大的问题是使用人群正在迅速减少，代际传承出现了危机。最近我们在梁河调查，发现许多当地文化干部和阿昌族有识之士都在为昌撒语的传承问题忧心忡忡，都认为昌撒语已经处于濒危的境地，抢救阿昌族母语的问题迫在眉睫。我们 2007 年在县民宗局协助召开的调研座谈会①上了解到：全县近 13000 名阿昌族人中，不会讲阿昌话的人已经达 60% 以上，目前阿昌族的口头语言已经汉化了，与傣族相邻则傣语化。在坝区的多数村寨中 50 岁以下的男人和 35 岁以下的妇女都不会讲母语，特别是梁河河西乡的阿昌族人，除了嫁过去的人外，几乎都没有人会讲阿昌族母语了。目前，只有在偏远的村寨中还可以见到老少都能讲母语的情况。

　　虽然我们无力对梁河每一个阿昌族村寨进行详细的数据统计，但参照十年前当地阿昌族人士提供的一份调查报告看，调研座谈会上提出 60% 以上的梁河阿昌族人不会讲阿昌语的估计应该是有所根据的。这份题为《阿昌族传统文化开发与保护的调查报告》写道：

　　　　从占全国阿昌族总人口的 38% 以上的梁河县来看，本民族语言使用的情况为：全县阿昌族主要聚居在 6 个乡（镇），13 个村委会，55 个自然村，共有 2396 户，11980 人。其中在日常生活中使用本民族语言的有关璋、弄丘、弄别、横路、芒展、丙界、勐科等 19 个自然村，约 4800 多人，占总人数的 40%。与其他民族杂居，长期使用汉语，对本民族语言呈半懂状态的有那乱、永和、勐来、别董、帕街、弯中、墩次、沙坡等 21 个自然村，约 3900 多人，点总人数的 33%。彻底使用汉语，对本民族语言一点不通的有孙家寨、大芒丙、印盒山、大水平、那林、马脖子等 15 个自然村，约 3200 多人，点总人数的 27%。

　　　　芒展是阿昌族聚居自然村，全村总人口 343 人，75 户人家，其他民族 6 人。日常使用阿昌语的占 99%，通汉语的占 87%，不会讲汉语的占 13%，而这 13% 又主要是未入学的适龄儿童。

　　　　那乱离县城 5 公里，是阿昌族、汉族杂居自然村，全村 83 户，其中汉族有 10 户，共计 325 人。日常生活通用汉语，懂阿昌语的约占全村总人数的 15%，这 15% 主要是嫁入该村的妇女及部分家庭的老人。②

---

　　①　在座谈会上介绍情况的有梁河县民宗局、文化局和党校干部赵兴光、宋春云、赵家福、孙家林、陈杰、杨绍林等。另外，德宏州卫生学校的阿昌族教师赵家福接受我们的调查采访，也提供了大致相同的情况。在此谨表谢忱。

　　②　曹明强：《阿昌族传统文化开发与保护的调查报告》，载《阿昌族文化论坛》，云南民族出版社 2003 年版，第 5—6 页。

就是说，十年前调查时，"长期使用汉语，对本民族语言呈半懂状态的"和"对本民族语言一点不通的"两部分人口加起来就已经占了梁河阿昌族的60%。现在看来，认为是还能讲民族话的那40%的人群当中，可能还包括了相当一些"呈半懂状态"的人口。因为种种迹象表明，梁河阿昌族语言走向濒危的速度是很快的。我们不妨对比1981年8月梁河县文教局组织"阿昌族语言工作调查组"的调查结果来看：

　　　　调查组对关璋、横路、丙盖、勐科等14个村寨作了重点调查，采访了80多位老人，收集到3740条词汇。调查组了解到，在梁河县452个自然村中，有161个村寨居住着不同比例的阿昌族，其中45个村寨为阿昌族聚居地。（当时，梁河县阿昌族主要聚居地为45个自然村。20世纪80—90年代，马脖子村的部分农户搬迁到那峦坝子，新建永联村。至今，县内阿昌族聚居在46个自然村）。在调查范围内有阿昌族11800多人（当时梁河县内有阿昌族8200多人），其中11000多人仍然把本民族语言作为日常交际的工具，而有800多人忘记了阿昌语。①

当时使用阿昌语的人口还占93%以上，但是相隔仅20年，使用阿昌语的民族语言人口就已急剧减少。按此语言消失的速率看，对60%阿昌族人不会民族母语的估计恐怕还有些保守。

梁河属于中国阿昌族的两大聚居区之一，其母语濒危的状态尚且如此严重，在阿昌族散居的地区，其民族语言生存情况就更不容乐观。据介绍，云龙县、腾冲县的阿昌族都已经转用汉语汉文，通晓民族语言的人已属凤毛麟角。

再从阿昌昌撒语的内部结构看，也已经受到了汉语等外来语的强烈冲击，许多阿昌古语词正在渐渐失传。正像上述调查指出的："随着社会的发展，汉语词汇已大量汇入阿昌族语言中，同时由于阿昌语语言使用环境有限，所以近几年已逐步形成阿昌族语言汉语化的趋势。"② 因此，阿昌族有识之士也在呼吁：要抢救和保护阿昌古语词。

鉴于上述情况，我们将阿昌昌撒语划入"很危险"的一类。

---

　　① 中国人民政治协商会议梁河县委员会编：《梁河阿昌族今昔》，云南民族出版社2003年2月版，第91页。

　　② 曹明强：《阿昌族传统文化开发与保护的调查报告》，载《阿昌族文化论坛》，云南民族出版社2003年6月版，第6页。

3. 仙岛语

仙岛语的使用人群主要为居住在云南省盈江县中缅边境线中国一侧姐冒乡芒缅村委会的仙岛寨和芒线村委会的芒俄寨中的阿昌族人。据 2002 年 12 月统计共有 76 人。这一族群 20 世纪 80 年代以前一直以族群未定人群对待，后来根据其地理分布以及语言特征，将其划入阿昌族。语言学家调查认为，仙岛语与陇川县户撒阿昌族的傣撒语具有渊源关系，地理上相距也不太远。

根据戴庆厦等语言学者的研究，芒俄寨仙岛人的语言已基本失去了交际功能，估计再过一代或两代就会销声匿迹；仙岛寨的仙岛人虽还使用仙岛语，但年轻的一代已出现语言转用趋势，使用人数正在不断减少，很可能会被景颇语或汉语所取代，难以阻挡。

> 从年龄上看，仙岛语在 40 岁以上的人听说都没问题，30—39 岁的人只会听不会说，30 岁以下的不会听也不会说，都已转用了汉语。从熟练程度看，属于熟练型的只有一位 72 岁的老人，能熟练使用仙岛语。40 岁以上的，多为半熟练型，虽能应付日常交际，但已不熟练。30—40 岁的，只略懂一些，听比说好；30 岁以下的既不会听也不会说。从双语能力上看，所有仙岛人都是兼用汉语的双语人，有少数既使用汉语，又兼用傣语或是景颇语，成为三语人。从使用范围上看，仙岛语只在两户家庭而且仅在部分老年人中使用，其他都已转用汉语。使用仙岛语的两户：一户是 72 岁的老太太余腊萍与她的 40 岁的儿子之间使用；另一户是 60 岁的杨腊光和 55 岁的妻子之间使用。从语言观念上，他们都认为仙岛语没什么用，不说汉语不行，而且都积极学习汉语。①

研究者认为，仙岛语的消失是十分急促的，在语言濒危中属于"语言濒危急促型"。仙岛人仅经过 44 年的时间，就已经基本完成了语言转用的过程。它消亡的轨迹是：单语母语→语言影响（受傣语、汉语、景颇语的影响）→语言兼用（兼用傣语、汉语、景颇语等）→语言转用（转用汉语、景颇语）。目前，只有极少数人在特定场合中使用着仙岛语。

显然，仙岛语属于典型的"极度濒危"到即将"灭绝"的民族语言。不过，我们得庆幸有学者关注并调查研究了仙岛语，使这种即将消失的民族语言能被记录，并让外界知晓。近年来，云南民族学院少数民族语言文学系同美国"世界少数民族语文研究院"合作，筹建了"云南少数民族语言数

---

① 戴庆厦、王朝晖：《仙岛语的语源及其濒危趋势》，《民族语文》2003 年第 3 期。

据库"（A Database of Minority Languages in Yunnan），基本完整地收集到仙岛语的"活"资料。①

（六）普米族语言

普米族的语言一般可分为南北两种方言。南部方言分布在云南省兰坪县、维西县、永胜县、丽江县，以及宁蒗县新营盘乡以南的普米族居住区；北部方言流行于宁蒗县翠玉乡和永宁乡的普米族中，以及四川省木里、盐源和九龙等县的一些藏族人群中。两种方言之间的差异主要表现在词汇和声调方面。由于受地缘环境的关系，北部方言长期受藏文化的渗透和影响，借用藏语词汇较多；南部方言则受汉族、纳西族、白族、彝族等多种民族文化的影响，借用汉语词汇较多。据学者比较，两种方言还保留着59%的同源词，但彼此间通话还是有一定困难②。其实，由于普米族居住的区域较分散，各聚居区与之相邻和交往的民族不尽相同，各县区的普米族语言所受的影响也不一样，因而造成了普米族语言的多样性特点，尤其是南方方言的内部土语较为复杂。

1. 北方方言

使用北方方言的宁蒗永宁普米族集中居住在永宁乡和翠玉乡的江边河谷和偏远山区，约7500人，该地区与四川省木里、盐源和九龙等县的近3万人（与民族划分有关，这些人群现在是藏族）同属一个大的语言区。目前聚居在翠依乡和永宁乡的普米族几乎都能熟练掌握本族语言，在家庭和村寨中都使用普米语进行交流，其语言的代际传承基本正常，孩子们首先学会民族母语，到入学后方才逐渐掌握兼语。从语言使用者的态度来看，这一聚居区的普米族人要比南方方言区的同族人更自信。有学者曾经这样描述："在兰坪县河西乡普米族家庭中如有不懂普米语的客人在场，一般使用汉语，偶尔使用普米语时也要别人用汉语翻译；而在宁蒗县永宁区的普米族以及木里县使用普米语的藏族家庭中不管有无不懂普米语的客人在场都使用普米语。"③

普米族的北方方言还与韩规教的传播有关。韩规教有丰富系统的经典，除了一部分是世代师徒相传的口诵经外，还有不少书写成文的经典流传。这

①　陈锡周：《云南少数民族语言数据库》，《云南民族学院学报》（哲学社会科学版）2003年第1期。

②　政协兰坪白族普米族自治县委员会编：《普米族》，德宏民族出版社1997年版，第288页。

③　陆少尊：《普米语概况》，《普米研究文集》，云南民族出版社2002年版，第69—70页。

些经典一般用藏文书写，但韩规却用普米语拼读，从而使文字的音和义与藏文有别，故称为韩规文。就是说，普米族的巫师韩规使用藏文文字，但是却又在其中进行了具有民族特点的改造。

然而，由于该语言区民族杂居的情况较为复杂，有彝族、藏族、纳西族、傈僳族、汉族、摩梭人等，相互之间交往密切，通婚已经普遍。普米族人都兼会多个民族的语言，一般都会两三种，不少人会四五种，普米族人自己戏称"有多个舌头"。普米族人除了在民族内部使用本民族语言进行日常交流外，一般在村委会开会，就往往要兼用杂居民族的语言，如彝语或摩梭语等，在乡和县上开会，就只有使用汉语。普米语在本民族中的使用范围其实是很窄的，加之近年来信仰民族宗教韩归教的人群在缩小，多数普米族人信仰藏传佛教，深受藏文化的影响，也包括了语言的影响。这些势必会对民族语言的使用造成一定的冲击。因此，普米族语言的北方方言的生存状况短期来看总体是安全的，但存在着一定的威胁和危险。

2. 南方方言

比较而言，普米族的南方方言就显示出更多不安全和活力不足的现象。

2008 年我们实地调查了兰坪县河西和通甸两个普米族聚居的乡镇，竟然发现两种截然不同的情况。河西乡的箐花村委会，普米族的聚居程度比较高，共有 396 户人家，1632 人，普米族占了 1400 人左右。在村寨中，不但所有普米族都使用本民族语言，而且外迁来的傈僳族和彝族人也都在家庭内外使用普米族语，这些人家的孩子甚至不会讲本民族的语言了。在介绍当中，村委会主任杨周泽开玩笑地说："这些人家再过几年就要变成普米族了。"

在兰坪县河西乡，普米族人口集中居住在箐花、大羊、三界、玉狮和联合五个村委会，同时又紧挨着通甸乡德胜和河边两个普米族聚居的村委会，这些普米族村寨坐落在拉巴山一带，连成一片。山背后是丽江县石鼓乡普米族聚居地丽苴和鲁甸，以及维西县的拖支普米，三县交界处共有 7000 多普米人居住，是最南端普米族语言文化习俗较完整的地区，也是普米族南方方言保存得最好的一个小聚居区。这里普米族村寨相连，家庭内部、村寨之间都使用普米语，少年儿童从小便在家里学会普米语。小学启蒙阶段，一般也采用汉语和普米语双语教学。

然而，除了这一片普米族的聚居区，普米族的语言生存状况就出现了巨大的反差：兰坪县通甸镇周围本来也是又一个普米族的聚居区，龙塘村有总人口 1304 人，有普米族、彝族、傈僳族和白族，其中普米族 986 人，也占了全村的大多数。但现在能听能讲普米话的人一般都在 18 岁以上，18 岁以下的普米族人只能听懂普米话，但不会讲。在家庭里，这些孩子都习惯使用转语与家人交流，形成长辈讲普米话，小辈讲白族话或汉语的局面。对此，一位热衷于推动普米族文化保护传习的外来学者陈哲先生曾申请了国际基金的项目，在村中举办了普米话传承的学习班，集中了100多个15岁以下的普米族孩子，每周上一次普米语言的课程，而且还帮助村民在村规民约当中加进了一条：孩子在家里一定要讲普米话，不然就罚款50元，由传习小组负责检查。

同样在通甸镇，同是普米族聚居的弩弓村委会，普米族语言生存的情况就更令人担忧。由云南省民族事务委员会专门组织的普米族经济和社会发展问题调查组就曾在调查报告中反映："全村有普米族1400多人，绝大多数30岁以下的年轻人已不会讲普米语，有的村民小组甚至连60多岁的老人都不会讲普米语。"①

该调查报告还进一步指出，"文革"期间，由于执行极"左"路线，在一些普米族地区曾经出现过强制性的不准讲本民族语言的现象，以及对本民族文化和宗教人士的打击迫害，致使民族语言和许多优秀的民族文化都受到了强烈的冲击。造成了从20世纪中叶以后普米语就逐步濒危的情况。据一份调查报告提供的1986年的实地调查情况看，在普米族南方方言地区，已经存在大量"普米族使用汉语或其他民族语言为主，本族语言为辅"的情况。文中按四个双语使用区进行抽样分析：

（1）普米、汉双语使用区，以汉语为主。包括兰坪县拉井和金顶两个镇以及永胜县境内普米族，在这些地区的普米族均与汉族杂居，都通汉语。除了40岁以上的人还会使用普米语外，其余的人大都不会讲普米语了。根据1986年在兰坪县拉井镇三村对23户135人的抽样调查，普米族全部掌握汉语，会讲普米语的只有44人，占33%左右，不会讲普米语的91人，占67%。属于这种类型的普米族约2800人，占普米族总人口的11.55%左右。

（2）普米、白双语使用区，以白语为主。即兰坪县通甸乡和维西县维登区。这些地区的普米族与白族交错杂居，他们都通白语，在家庭里有时还讲普米语，在村里与白族来往时用·白语交际。根据1986年在兰坪县通甸乡桥头村对21户110人的抽样调查，熟练掌握白语的104

①　云南省民委调研组：《云南普米族经济和社会发展调查报告》，载胡文明主编《普米研究文集》，云南民族出版社2002年1月版，第183页。

人，占 94.54%，略懂白语的 6 人，占 5.54%。在普米族 110 人中，会讲普米语的 70 人，占 63.63%，不会讲普米语的 40 人，占 36.37%，属于这种类型的普米族约有 2600 人，占普米族总人口的 10.3% 左右。

（3）普米、纳西双语使用区，以纳西语为主。包括丽江县鲁甸和石鼓两个乡以及中甸县三坝区（散居），这些地区的普米族长期以来与纳西族杂居，其语言受纳西语影响很大。除了 50 岁以上的老人还会讲普米语外，50 岁以下的人，特别是青少年都不会讲普米语了，他们在日常生活中都使用纳西语。根据 1986 年在丽江县石鼓乡五村对 22 户 122 人的抽样调查，全部会讲纳西语，不会讲普米语的 97 人，占 79.5%。属于这种类型的普米族大约 2200 人，占普米族总人口的 9.10%。

（4）普米、彝双语使用区，以彝语为主。居住在宁蒗县新营盘区新营盘乡的普米族约有 1800 人，长期杂居在彝族之中。现在 50 岁以上的人还会讲普米语，但其中掺杂许多彝语成分。50 岁以下的人都不会讲普米语，只会讲彝语了。不论在家庭或村寨中都使用彝语交际。①

根据当时研究者实地调研和抽样统计的结果，对普米族语言的南方方言在兰坪、丽江、维西三个主要县的总体使用情况，归纳出表 3 - 2。

表 3 - 2　　　　　　　　　　普米语使用情况一览表

所在县份	民族人口 （1992 年）（人）	使用普米语人数 （人）	占总人数的比例 （%）
兰坪	9482	6170	65
丽江	752	200	26.6
维西	1081	114	10.5

资料来源：陆少尊：《普米语概况》，载《普米研究文集》，云南民族出版社 2002 年版，第 67 页。

由此看来，普米族的南方方言在 20 多年前就已经出现了不小的危险，而今情况非但没有好转，而且还有所恶化。现在，在普米族杂居地区，民族语言已经基本消失，在丽江和维西的多数普米族居住区已经很难找到通晓普米语言的人了。在兰坪县除了以河西、通甸二乡为主的普米族聚居程度较高的村寨外，其他多数普米族社区都基本转用了汉语或其他民族的语

---

① 陆少尊：《普米语概况》，载《普米研究文集》，云南民族出版社 2002 年版，第 68—69 页。

言。比如，石登乡的回龙、庄河两村，金顶镇的金龙、南坪、干竹河、拉井镇的长涧、桃树和拉登等地与白族、傈僳族杂居的普米族全部转用傈僳语和白族语。这些地方除了个别普米族老人还能讲一些不完整的普米语外，大多数人都不知道本民族的语言为何物。更有甚者，如石登乡的普米族虽然在亲属称谓、起居习惯、风俗服饰等方面还保留着一些普米族的特点，但由于完全转用傈僳语，长期以来许多人一直以为自己是傈僳族。即使是在一些还使用民族语言的普米族聚居区，有的还出现了很奇怪的兼语现象：一些儿童是先掌握当地另外一种民族的语言或汉语，后来才逐步学习本民族母语，呈现出"逆向"双语习得的特点；有些村社的部分家庭内部日常生活几乎全讲汉语，而在族内的社会活动则使用本民族语言，出现特殊的语言兼用现象。

根据普米族南方方言区这些语言现象，以及大面积民族母语丧失或濒危的状况，我们认为普米族的南方方言应列入"确有危险"一类。

（七）布朗族语言

由于地域分布和民族分支的关系，布朗族的语言没有形成统一的共同语，方言土语较多，因而显得较为复杂。按大类型划分，通常可将布朗族主体人群使用的语言分为布朗语与阿尔佤语两大方言。这两种方言在语音、词汇的差别较大，相互通话存在着障碍。此外，再将最近正式划入布朗族的克木人、莽人、昆格人的语言也分别作为布朗族的语言分支来看待，于是在这里就有多种布朗族语言需要加以讨论。

1. 布朗语

布朗语的使用人群主要在云南省西双版纳傣族自治州勐海县的布朗山布朗族乡、巴达乡、西定乡、勐岗乡、打洛镇和景洪市大勐龙乡等地的布朗族，使用人口约4万人。这是云南布朗族最大的聚居区，与傣族、哈尼族等民族交错杂居，历史上深受傣文化的影响，傣语为当地族际之间交流的语言，布朗族人绝大多数都会讲傣语，因而布朗语较多地吸收了傣语借词。近年来越来越多的布朗族人学会了汉语，汉语的使用日益频繁和广泛。

总体来看，布朗语的生存状况还属正常，布朗族仍以本民族语作为主要交际工具，有关研究数据显示使用本民族语言的人口占总人口的90%以上，还具有相当的活力。根据《布朗族文化史》的描述，布朗族中民族语与兼语使用的情况如下：

（1）在家庭内部，老年人之间、中年人之间、青少年之间、老年与青年之间皆讲布朗语。（2）在村寨内，群众之间讲布朗语；开群众大会、干部开会和农村广播时，说布朗语，偶尔讲汉语；唱民歌时多用傣语，唱情歌和儿歌时则用布朗语。（3）在集市、公共场所，本民族群众之间讲布朗语，不同方言或土语区群众之间、本民族与其他民族之间讲汉语或傣语；乡镇宣传广播和在医院里讲汉语。（4）在县城内，商店里、市场上讲布朗语或汉语或傣语，广播时、诉讼时讲汉语。（5）在村小学，老师上课用汉语，并用布朗语进行解释，即以本族语为辅助工具进行汉语教学，但仅限于初小，所以，母语教学在布朗族地区比较薄弱；下课时，老师与同学之间讲布朗语或汉语，本族老师之间、学生之间讲布朗语。（6）在乡镇中学，上课时讲汉语；下课时老师与同学之间讲布朗语或汉语，本族老师之间、学生之间讲布朗语。（7）在政府机关内，本民族干部之间（日常生活及谈论工作）讲布朗语，不同民族之间讲汉语；开会时讲布朗语或汉语。（8）在宗教活动中，念经时用西双版纳傣语，讲经时用傣语或布朗语；祷告时，在佛寺内用傣语，若进行原始宗教活动则用布朗语。[①]

据我们最近对勐海县西定乡和布朗山乡的实地调研，上述情况也还基本保持着，但也不能说当地布朗族语言就十分安全，没有威胁。例如，我们调查过的一个名叫龙捧的从坝区搬迁上山的布朗族村寨，现在全村 494 人中，会讲布朗语言的人不上十个，基本上都是因婚姻从其他布朗族寨子迁入的人。村子里的布朗族过去在坝子里居住，深受傣族影响，就已经放弃了自己民族的语言。可见，在其他强势民族文化的重重包围下，处于弱势的少小民族的语言存在威胁总是难免的。

2. 阿尔瓦语

阿尔佤语主要流行于西双版纳傣族自治州勐海县的勐满乡、普洱市的澜沧县、临沧市的双江、耿马、永德等县、保山市的施甸、昌宁等县市的布朗族人群中。这种方言分布地区的布朗族人口应有 5 万余人，但实际会讲这种民族语言的人口已经不足 1/3。阿尔佤方言区内的布朗族分散在滇西和滇西南的多个县市中，长期与汉族及其他民族杂居，受汉语影响较大，普遍使用汉语，部分地区兼用傣语，对自己民族语言的使用反而很少，因而多数人已经不会讲本民族母语了。

---

① 　赵瑛：《布朗族文化史》，云南民族出版社 2001 年 5 月版，第 129—130 页。书中没有将布朗语和阿佤尔语作具体区分，但从所描述的情况来看，我们认为更贴切于布朗语的情况。

据我们 2010 年对保山市施甸县木老元布朗族彝族乡的调查，目前能讲民族母语的人都在 20 岁以上，20 岁以下的人一般只能听，却不会讲，即使会讲也只能讲一两句，很少有人能用民族母语进行正常的对话。他们在家庭和在社交中一样，都完全使用汉语。我们调查的木老元、大地、哈寨三个村委会都是布朗族比较集中的，到 2008 年末，木老元村委会共有 1237 人，其中布朗族有 1083 人；大地村委会共有 1967 人，其中布朗族有 930 人；哈寨村委会约 1400 人，布朗族占了 95% 以上。在布朗族高度聚居的这些村寨，其民族语言的生存状况尚且如此，那些布朗族散居的地方，其危险程度可想而知。不过，最近几年当地党政部门已经意识到了问题的严重性，开始宣传动员，推动布朗族家庭使用民族语言，学校也在低年级学生中教授布朗族语言。

在临沧市云县、凤庆县等地，情况就更糟糕，当地布朗族全都转用了汉语，几乎已无人会讲布朗语，民族母语实际上已经在这些民族人群中消亡。云县忙怀彝族布朗族乡共有布朗族近 4000 人，是布朗族人口比较集中的地方，而今除了个别八九十岁的老人还会记得一些本民族的语言外，中青年人甚至连布朗阿尔瓦语的概念都没有。近年来乡政府曾经请了双江的布朗族老师来办了两次本民族的语言学习班，学员多为乡村干部，学了只言片语，但却没有人真正学会民族母语。

比较而言，几年前我们调查过的临沧市双江县、普洱市澜沧县惠民乡芒景、芒洪等布朗族村寨，情况要好一些，这些地方的布朗族老少都还保留着使用母语的习惯，语言的传承还属正常。据估计，在阿佤尔语流行的布朗族地区，不会讲布朗族话的本民族人口占了 2/3 以上。

再从布朗族阿尔佤语本身借词的情况来看，语言中大量借用了汉语和傣语词汇。该语言从傣语中借词较早，甚至一些汉语词汇都是通过傣语转借来的，而现代借词基本上都是直接从汉语借入，尤其以新词术语居多。这些外来借词对阿佤尔语的影响较大，一些借词的音位已进入了阿尔佤语音系统之中。从以上情况看，阿尔瓦语应该划入"确有危险"的类型。

3. 克木语

克木语是分布在我国云南省西双版纳州勐腊县和景洪县克木人聚居区使用的一种语言。严格地说，中国境内的克木语可以分为三种方言：一是景洪市嘎洒镇克木人居住区使用的克木语，可称为景洪克木语；二是勐腊县的磨憨、勐腊、勐满、勐捧 4 个乡镇中的 10 个村寨（原为 9 个村寨，其中有一个村寨分为两个，故有 10 个）中使用的克木语，可称为勐腊克木语；三是分布在勐腊县尚勇镇曼庄村委会的南欠村和勐伴镇回落村委会的卡咪村中，被克木人内部称为"克敏"支系所使用的语言,可称为克敏语。三种方言中语法相近,但词汇相差较大,相互难以通话。其中勐腊克木语与景洪克木语的差别主要是地域分隔造成的,而克敏语与前两种语言的区别则主要是由于民族支系的不同所致,所以差别更大,一般来说克敏语的人能听懂部分克木语,而说克木语的人则很难听懂克敏语。克敏人是20世纪40年代为躲避战乱从老挝迁入中国的,在民族内部普遍流传着克木和克敏人原是两兄弟,后来闹了矛盾而分开了的传说。相比而言,在中国境内勐腊克木语使用的人口最多,有近2000人;而使用景洪克木语的人数仅为1000余人,使用克敏语的人口则更少,只有400人左右。

据我们2010年8月的调查,除了个别的村寨外,在克木人聚居的村寨中,克木语的三种方言基本上处于正常的传承状态,孩子们出生以后首先学会的语言就是民族母语;在一般情况下,人们在村寨内部和家庭中都能使用民族语言进行交流,即使嫁入和上门来的外族人,一般也逐渐学会民族语言进行内部交流;虽然中国的克木人口较少,但是克木人的聚居区靠近老挝,境外有使用同一语言的较大群体,从而与境外同一民族的交往也支持着中国克木语言的保护和传承。

在所有克木人聚居的村寨中,民族语言传承出现问题的是勐腊县尚勇镇曼庄村委会的东洋村。2010年8月我们调研时,该村共有142位克木人,能讲好克木语的人都在40岁以上,40岁以下的人已很少会讲克木语,习惯使用傣语表达。原因是1982年该村克木人与傣族并村,两个民族合居在一个大村子里,克木人深受傣族文化的影响,在很短的时间内就转用了傣语。1986年以后,村中的克木人又搬出该村独立建寨,与傣族人分开了,但却沿袭了使用傣语的习惯,直到最近在国家扶持人口较少民族和保护民族文化的呼声中,以及与境外同族人交流的需要,东洋村的克木人才又逐渐意识到了保护和传承民族母语的重要性,有的年轻人开始学习本民族语言,但至今掌握程度还很有限,不过十来岁的孩子掌握母语的情况要普遍好于三四十岁的中年人。

除了本民族语言外,中国境内的克木人几乎都掌握了一两种兼语。20世纪50年代前克木人部分使用傣语,之后大多学会了汉语。由于克木人居住分散,孩子们从小就与其他民族有较多的接触,小学中一般都使用汉语和傣语进行教学,因而大多数克木人都掌握了汉语和傣语。特别是景洪克木人已经全部信仰南传佛教,佛教使用的傣文对他们的影响很大,凡当过和尚的男子都能识傣文。克木人的成年男女一般都能讲流利的傣语,克木人的数词只有1—3,从4起直到百、千、万等数词都来自傣语。近年来,随着克木人对外交往的扩大，使用汉语的机会日益增多，克木语中借用汉语的词汇也在大量增加。

国际语言学界从 20 世纪 60 年代就开始把克木语作为南亚语系中的一个语支进行研究，美国学者针对老挝克木语进行研究，曾先后出版了《克木语方言之语音研究》、《克木语音位学与形态学》等著作；从 20 世纪 80 年代开始，中国学者也陆续发表了一批有关国内克木语研究的论著。如：王敬骝《克木语调查报告》，李道勇《中国的孟高棉语族概略》、《中国克木语的一些语言特征》，颜其香《克木语形态构词法浅说》，颜其香和周植志《中国孟高棉语族语言与南亚语系》，陈国庆《克木语概况》和《克木语研究》等等，这些论著有力地推进了对克木语的研究和保护。

总体来看，以上所述克木语中的三种方言使用和传承状态都还属于正常，只是由于每一种语言使用的人数较少，受到其他民族语言的影响较大，应列入"不安全"的类型。

4. 莽语

莽语是居住在滇南的莽人使用的语言。有关专家认为，莽人可能是中国古代"百濮"族群的后裔，语言属于南亚语系孟高棉语族的一支。虽然在中国境内的莽人人口很少，但由于莽人居住在中越边境一线，属于跨界民族，与境外同一民族有着密切的交往。据长期对莽人跟踪研究的专家杨六金调查，在越南有 3000 多人使用同一种语言。

目前，中国境内的莽人共有 681 人，几乎无一例外地都会讲本民族的语言，多数人兼会汉语，少数人兼会哈尼族语或苗族语，在村寨和家庭内部人们都用本民族语言进行交流，孩子出生首先学会的也是本民族的母语，暂时并未出现语言传承的危险。杨六金认为，十年内莽人的语言还不会出现退化的危险，因为目前中国境内莽人的社会环境还相对封闭，莽人的语言文化暂时受外界的冲击还不算很大。到现在为止中国境内的莽人还没有出现过一例与外族通婚的情况。但从长远来看，这样小的语言群体，其语言的生存状况肯定是不安全的。

5. 昆格语

昆格语是居住在云南西双版纳景洪市勐养镇山区昆格人使用的语言。昆格人也称空格人，是一个较小的族群，过去一直未定族称，2000 年第五次人口普查时方划为布朗族。中国境内的昆格人口总数大约有 1700 人。昆格语属于南亚语系孟高棉语族中的一种。其语法与布朗族、佤族、德昂族等孟高棉语族语言的语法大体相近，其词汇中至今还有部分与布朗语和佤语相同的成分。如"牛肉"、"碗"、"筷子"等词汇就与临沧一带佤语的词汇相同，而像"眼睛"、"嘴巴"等词汇又与附近大渡岗乡一带的布朗语的称呼一致，还有相当一些词汇只是音调有些变化而已。

村民们听说境外有与他们讲同一种语言、穿相同服饰的人群，但并无交往。好在国内这些村寨相距都不是很远，同族群人之间的来往和交流都比较密切。几乎所有昆格人都会讲母语，从家庭到村寨再到族群内部一直都保持使用母语交流的习惯。调查中，我们不止一次听到村民表示：如果丢了自己的民族语言就是忘本。看来昆格人保护民族母语的意识还是较强的，这也许就是昆格语能在这样一个较小的人群中正常传承的一个重要原因。

昆格人周围居住着傣、汉和基诺等民族，他们与傣族的关系较为密切，深受傣文化的影响，50岁以上的昆格人基本都会讲傣族话，而附近的傣族人也有一些会讲昆格语。另外因通婚而进入村寨居住的外族人一般也都能学会昆格语。近几十年来，汉文化对他们的影响远远超过了傣族文化，50岁以下的人几乎都能讲汉语，只是掌握语言的程度各有高低而已。据村委会主任岩香估计，现在昆格人的男女老少当中大约有2/3的人会讲汉语。调查中我们问岩香："在你看来掌握汉语和掌握昆格语哪一种更重要？"他的回答是："汉语更重要。"

从我们实地调查的情况看，岩香的回答在昆格人当中也是有代表性的。虽然目前他们不乏保护母语的意识，人人都能讲母语，但在许多家庭中似乎都很重视培养下一代的汉语能力。有些家庭，长辈们为了教孩子学汉语，也不时改用汉语交流。村中小学校的学前班也专门安排了昆格人老师使用双语教学，强化孩子们的汉语能力。

由于昆格人的聚居区地处偏远，目前还相对封闭，传统文化的氛围还比较浓厚，因此昆格语还能够正常的传承。然而，从现实经济社会发展的情况看，昆格人社区的封闭正在被打破，外来文化的冲击也将会日益猛烈，昆格语的安全问题也将会受到威胁。

三 云南人口较少民族语言濒危的程度和问题特点

根据上面对云南7个人口较少民族23种语言生存状况和危险程度的调查分析，对照联合国教科文组织和专家提出的关于语言危险程度六个级次的分类及其划分指标，我们对云南人口较少民族23种语言制成如下的评估表（见表3-3）。

表 3－3　　　　　　　**云南人口较少民族语言濒危情况评估**　　　　　　单位：人

语言种类	所属民族人群	使用人群住地	状况评估						应使用人口数（估计概数）	实际使用人口数（估计概数）
			安全，但受威胁	不安全	确有危险	很危险	极度危险	灭绝或濒于灭绝		
独龙语	独龙族	贡山县独龙江地区	√						6000	5000
阿侬（怒）语	怒族	福贡					√		9500	400
若柔语	怒族	兰坪				√			3500	1500
怒苏语	怒族	福贡匹河		√					11500	9000
阿龙语	贡山怒族、独龙族	贡山县怒江地区		√					7000	4000
布列语	德昂族	芒市大部分德昂族聚居区	√						8500	8000
汝买（绕可）语	德昂族	瑞丽、陇川、芒市个别村寨		√					3500	2500
绕竟语	德昂族	镇康、耿马、永德、保山		√					5700	5400
梁（赖弄）语	德昂族	盈江、梁河、芒市个别村寨		√					2300	2000
基诺语基诺方言	基诺族	景洪基诺山乡基诺族聚居区		√					17500	11000
基诺语补远方言	基诺族	景洪勐旺乡补远山一带			√				4500	2300
傣撒语（户撒方言）	阿昌族	陇川户撒	√						15000	13000
昌撒语（梁河方言）	阿昌族	梁河、芒市、保山等				√			22000	5500
仙岛语	阿昌族	盈江					√		76	4
普米语北部方言	普米族	宁蒗县翠玉乡、永宁乡、四川省木里、盐源、九龙	√						10000	9000
普米语南部方言	普米族	兰坪、丽江、维西、宁蒗县新营盘乡			√				30000	13000
布朗语	布朗族	勐海、景洪	√						45000	40000
阿佤尔语	布朗族	普洱、临沧、保山、勐海县勐满乡			√				55000	20000

续表

语言种类	所属民族人群	使用人群住地	状况评估						应使用人口数（估计概数）	实际使用人口数（估计概数）
			安全，但受威胁	不安全	确有危险	很危险	极度危险	灭绝或濒于灭绝		
景洪克木语	布朗族（克木人）	景洪		√					1060	1000
勐腊克木语	布朗族（克木人）	勐腊		√					2000	1900
克敏语	布朗族（克木人）	勐腊		√					400	400
莽语	布朗族（莽人）	金平		√					681	681
昆格语	布朗（昆格人）	景洪勐养	√						1700	1700

　　一般来说，"确有危险"以下级项即属于濒危语言或临近濒危的语言，而"安全，但受威胁"和"不安全"两个级项还属于濒危语言的范围之外。从以上表格以及我们对一些地区的实地调查和相关资料反映的情况来看，云南人口较少民族的语言呈现出这样的特点和问题：

（一）近一半人口放弃母语

　　有相当一部分云南人口较少民族人群已经放弃了本民族的母语。从表中我们估计的人口数字分析：应该使用民族语言的人口共计 262417 人，而实际使用或会讲本民族语言的人口只有 157285 人，仅占 59.9%，其中还包括一些虽然会讲母语但不在日常使用的人群。因此，我们估计有将近一半的云南人口较少民族已经放弃了本民族的语言而完全使用汉语或其他民族的语言作为他们的日常用语。

（二）三分之一语种进入濒危

　　从云南人口较少民族 23 种语言活力与安全状况评估的情况看，属于"安全，但受威胁"一类的有 7 种；属于"不安全"一类的有 9 种；属于"确有危险"一类的有 3 种；属于"很危险"一类的有 2 种；属于"极度危险"一类的有 1 种；属于"灭绝或濒于灭绝"一类的有 1 种。按照联合国教科文组织专家组的解释，"确有危险"以上级次的就属于濒危语言。这样，从我们的评估情况看，属于濒危语言的就有 7 种，占了 23 种语言中的 30%。这是一个需要引起高度警惕的比例数字。

（三）一半以上人口处于母语濒危状态

被划为"安全，但受威胁"这一级次的语言有 7 种，占了语言种类的 1/3，应该使用语言人口为 91900 人，占云南人口较少民族应该使用民族语言人口总数 262417 人的 35%；再加上被划为"不安全"一类的 9 种语言所应该使用的人口数 45941 人，总共也只有 137841 人，也仅只占云南人口较少民族语言人口的总数一半左右，如果再将其中放弃本民族母语的人数剔除，处于濒危线之外的云南人口较少民族的语言人口数为 114581 人，仅占语言人口总数的 43.7%，按照第六次全国人口普查数据，只占现有云南人口较少民族总人数 277840 人的 41.2%。[①] 由此可见，云南人口较少民族一半以上的人口都处于民族语言濒危的状态之中。

（四）语言的社会功能普遍弱化

除了上述语言濒危的问题之外，云南人口较少民族的语言普遍存在的一个显著问题是语言社会功能的萎缩和不断弱化。一些民族语言除了使用人口在迅速减少外，使用的地域也在不断缩小，几乎每一种人口较少民族的语言在多民族地域的社会应用中都处于弱势，有的甚至受到歧视，各种民族政策和语言政策得不到具体贯彻落实，致使一些民族人群自觉不自觉地忽略自己的母语，不得不采用双语或多语的混合使用，有的甚至放弃了自己的母语，转而采用单一的通用语或其他强势文化的语言。这是妨碍保护和发展人口较少民族语言文字的不可忽视的社会氛围和环境。

（五）语言濒危与使用人口数不直接相关

从处于"安全，但受威胁"和"不安全"两个级项的 16 种语言的人口情况看，语言人口上万的只有 4 种，其他 12 种的语言人口都在万人以下。就是说，在云南人口较少民族的 23 种语言中，活力程度和安全状况相对好一些的多数并不是那些语言人口相对较多的语种，反而是那些使用人口并不很多的小语种。这一点出乎我们原先的预料，同时也给我们一个启示：语言人口的数量与民族语言的安全程度并不存在必然的正比例关系，或者说语言的危险程度与使用该语言的人口数量并不呈直接相关关系，比如像阿昌族梁河地区的昌撒语，本来使用的人群并不小，但却在几十年中使用民族语言的

---

① 国家人口普查的数据中必然要包含一些特殊的非语言人口的统计，如非聚居地的少量散居者，或临时改换族称的人口等，因而与我们调查中估计的"语言人口"数据不可能重合。

人口就急剧下降；而有些语言的使用人口仅有几百人千把人，却能做到人人能讲，代代传承。看来民族语言能否正常传承不全在于语言人口的多少。当然，语言的传承是与民族的自觉意识和诸多的社会因素相关的，需要更进一步深入探讨。

（六）语言的安全程度与对外交流有关

对比表中各级别民族语言的外部语言环境情况，看来民族语言的安全程度与境内外或周边是否有同一语言的交流具有一定的关系。在划为"安全，但受威胁"的 7 种语言中属于跨境使用语言的比例明显高于"确有危险"以下级别的 7 种语言。后者的语言人群要么不属于跨界民族人群，要么很少与境外同族有交往；前者则除了普米语北部方言之外，有 6 种是跨境使用的语言，诸如操布列语、绕竞语、布朗语等的语言人群与境外同一语言人群在经济和文化方面的交往还相当频繁和密切；而操普米语北部方言的人群则与相邻的四川省的同一语言人群（藏族）保持着密切的联系。这种跨省或跨国的同一语言人群的交流显然还在心理上加强了民族自觉和自立的意识，有助于民族语言的保护和传承。

（七）外来强势文化冲击着民族语言文化生态

民族语言的保护和传承与民族人群的社会发展是一个需要彼此兼顾、相互协调的问题。从表中的情况不难看出，民族社会经济的发展促使着民族人群开发意识的提高和对外交流的不断扩大，在这种情况下，外来的强势文化对民族语言生态就形成了强大的冲击。诸如普米族的南部方言、阿昌族的昌撒语、布朗族的阿尔瓦语等，这些语言受到濒危威胁的同时也正是其语言人口处于社会发展和变革的重要时期。也就是说民族语言的保护与民族聚居区的开放程度具有一定的相关性。一般来说，开放程度较低，发展相对滞后，还处于封闭或半封闭状态的民族人群，其民族语言受冲击和威胁的危险程度就低一些，语言生态的情况就相对好些。如表中所列的独龙语、德昂族的 4 种支系语言、新近归属于布朗族的几种"人"的语言等，其主要使用的区域目前都还处于相对封闭的状态。当然，我们不能说为了保护民族语言就要让民族人群继续封闭下去，不能让其发展，但如何在减少牺牲语言生态为代价的前提下使之得到发展，却不能不作为民族社会发展中的一个重要问题加以研究。

（八）语言文化生态环境改变带来的保护难题

随着各民族开放程度的提高，民族活动的范围扩大了，各民族间的交往更加密切，使用兼语和转语的现象日益普遍，讲本民族语言的人口总体在下降。在一些经济相对发展较快的人口较少民族居住区，如普米族居住的金顶、拉井等地，一些家庭为了提高汉语水平，主动放弃母语用汉语与孩子交流。可以说民族语言的文化生态环境正在迅速改变，已经没有一个民族的语言安全不受到威胁。云南人口较少民族在新中国成立后短短的几十年内就基本实现了从单语到全民双语的转变，这对于民族社会的开放与发展来说是好事，但是对于民族文化多样性和语言文化生态的保护却是一个需要高度关注的难题。据我们初步估计，目前即使还在使用本民族语言的云南人口较少民族人群中，有85%以上的人口，除了使用本民族语之外，还普遍兼用汉语或其他民族语言。

（九）民族文字创立工作滞后

据介绍，云南省已经先后帮助世居云南的哈尼（两种）、傈僳、纳西、景颇（载瓦）、苗（两种）、壮、白、瑶、独龙等10个民族新创了12种民族文字或拼音方案；帮助彝、傣、拉祜、苗、景颇等5个民族改进、规范了7种民族文字。2011年5月云南省政府已将德宏傣文、景颇文、载瓦文、哈尼文、拉祜文、川滇黔苗文、佤文7种民族文字方案作为正式文字上报国务院审批。[①] 以上情况说明，新中国成立以来，云南省民语委在少数民族语言文字方面做了大量的工作，取得了成效，但是在上述新创和改进的民族文字中，除了独龙族文字之外，在其他云南人口较少民族中还是空缺。可见，对云南人口较少民族语言的研究和文字创立的工作滞后于其他民族。民族文字不仅是交际工具，还是民族语言和文化的"保险杆"。虽然人口较少民族可能因人口数量的局限，文字的交际功能不会太大，但它将有助于保护民族语言，提高民族群众对母语的认知和文化保护的自觉性。

四　民族语言之于多样性的文化生态及和谐社会的意义

联合国教科文组织和世界文化与发展委员会提交的《文化多样性与人类全面发展——世界文化与发展委员会报告》，在第七章"文化遗产与发展"的第一节"语言作为一种文化遗产"当中，一开始就引用了西西里诗人伊格纳泽尔·布蒂塔的一首诗《语言与方言》：

---

① 刘超报道：《我省将新增7种少数民族文字》，《春城晚报》2011年5月14日。

把一个民族套上锁链，

抢走他们的一切财物，

堵住他们的嘴，

他们仍然是自由的。

剥夺他们的工作权利，拿走他们的护照，

夺走他们的餐桌和床，

他们仍然是富有的。

当一个民族，

被剥夺了祖先传下来的语言文字，

他们便会从此一无所有，

从此失去财富和自由。①

就在同一书中，作者强调："每一种语言都反映出一种不同的世界观，代表一种不同的思维模式和文化模式。……语言的灭绝与动植物物种的灭绝一样，对人类来说都是一种资源的巨大损耗，因为每一种语言的背后都是一种独特的文化，反映了人类经验的独特性。"② 法国哲学家让·保罗·萨特也说过，语言是我们的"触角"和"眼镜"。虽然我们不能只按民族来划分语言，或是仅靠语言来划分民族，也不能把民族语言与民族文化画等号，但是语言是构成民族的最基本、最明显的特征。语言是各民族千百年来适应特定自然和社会环境而创造出来的宝贵文明成果，它作为重要的文化特质渗透在民族精神生活的方方面面，每一种语言都承载着一种独特的文化，反映着一个独具特色的知识体系，折射着语言使用者的认知特点，一种民族语言本身就是一部鲜活的民族发展演进的历史。一个民族的情感、意识、心理和历史记忆都需要依靠民族语言来搭建。所以，民族的语言在很大程度上奠定了民族文化的基础，构成了一个民族的重要文化标志，它是一个民族所具有的最丰厚的文化财富。

如果一个民族的语言消失了，民族文化的根基也就从根本上动摇了。面对像云南人口较少民族的语言这样处于濒危或受到濒危威胁的现实，保护民族语言的意义深远而重大。

---

① 联合国教科文组织和世界文化与发展委员会：《文化多样性与人类全面发展——世界文化与发展委员会报告》，张玉国译，广东人民出版社 2006 年版，第 113 页。

② 同上。

（一）维护文化多样性的意义

一个民族不论大小，一种语言不论使用的人口多少，民族群众要进行民族文化的保护和传承，发展本民族的优秀文化，都离不开民族语言。语言属于非物质文化遗产，一种民族语言的消失，就是人类精神财富的一大损失。虽然每一种语言本身都有特定人群的归属，但所有的语言都是人类知识宝库的共同财富。语言的多样性是构成世界文化多样性的基础，多样性语言的存在帮助人们获得了观察视角的多样性、认知活动的多样性、思维方式的多样性、交流手段的多样性。对于个人来说，多掌握一种语言就多一种交际能力，多一种文化体验，多一种观察事物的视角，多一种思考问题的方式。而就人类社会而言，多有一种语言就多了一种生存方式的载体，多了一种比较的对象，多了一种选择的可能。因此，任何语言的消失都是对文化多样性的严重挑战。目前，对全世界还在使用的语言尚无精确的调查和统计，据专家估计有5000—20000种，但在席卷世界的文化同质化浪潮下，只有少数"经济和文化方面强大而又带有侵略性的多数人的语言占据统治地位"，很多语言已经到了灭绝的边缘，在21世纪中，可能会有90%的语言消失。① 一种语言的消失对一个语言群体来说是巨大的灾难，对于人类来说，是文化多样性资源的巨大损失，甚至比生物物种的消亡对人类认知所造成的缺憾更大。语言多样性其实是文化的多样性，因此，抢救和保护濒危的民族语言，让更多少数民族语言文字保持活力，是维护文化多样性的重要途径，不仅是相关民族自己的事情，也是一个国家和整个国际社会的大事。联合国教科文组织的有关文化多样性的宣言和行动计划中，已经很明确地指出了语言的继承是这种多样性的一个重要组成部分，要求各成员国要通过保护各种民族语言来维护人类文化的多样性。

中国是一个多民族的国家。除了汉族之外，其他55个少数民族还使用着上百种语言，总体呈现多样化的特点。前面我们调查概括的云南7个人口较少民族就使用着23种不同的语言或方言，其多样化的特点十分突出。然而，正如费孝通先生所概括的"多元一体"的中国文化特点那样，长期以来，汉族与各少数民族在文化交流和互动中，我国的语言关系也构成一个多元一体的格局。在汉语成为全国性的交流语言的同时，少数民族语言在历史

---

① Figures and data provided by S. A. Worm in a paper entitled Endangered Languages of the World, prepared for the Commission, June 1995. 转自《文化多样性与人类全面发展——世界文化与发展委员会报告》，张玉国译，广东人民出版社2006年版，第112—113页。

变迁、使用人口、使用范围、语言功能、语言活力等方面各有不同，也呈现出多样化的局面。语言的多样化是文化多元的体现。当前，在像云南人口较少民族这样的弱势民族的语言普遍出现危机的情况下，保护民族语言对于民族文化多样性的维护尤其具有重要的意义。

（二）维护民族文化生态平衡的意义

世界上多种语言并存，这客观现实本身就是人类固有的一种人文生态环境。多种民族语言的存在不仅保持了人类语言文化多样性的本质特征，而且还维护着人类生存发展不可或缺的文化生态。尽管在全球经济一体化的进程中，交通和传媒的现代化速度加快，由于交际的需要少数几种强势语言的优势越来越明显，弱势语言逐渐走向衰微，但是必须认识到，语言不仅仅只是交际工具，更是文化传承的工具，它还是民族文化的表现形式和文化的组成部分，是民族的认同徽记和维持民族文化生态平衡的重要构件。一种语言消亡，通过该语言代代相传的文化和知识就将丧失，必然给一个民族带来心理上的沉重打击；一种语言衰微，民族文化生态就将会大大失衡。

保持民族文化生态平衡对于一个民族的生存发展十分重要，因此要挽救失衡的民族文化生态就应当首先挽救民族的语言。保持民族语言的生存活力对维护民族文化生态系统的正常运转意义重大。在语言学界曾经提出过一个"语言生态"的概念，以强调语言与整个社会文化环境的互动关系。我们认为一个民族的语言生态与文化生态相互对应，语言生态出了问题，其文化生态怎么也好不起来。语言濒危其实是文化的濒危，这已成为国际语言学界以及联合国教科文组织的共识，许多有识之士一直在呼吁和推动有关国家政府重视濒危语言问题，采取紧急措施来挽救和保护濒危语言，建立一个和谐的语言社会，以期保持人类语言生态和文化生态的平衡。

前面说过，云南人口较少民族与其他民族的居住格局主要呈现"大分散，小聚居"的形态，同一个民族由于地域的不同或支系的不同，往往就使用多种不同的方言，形成了"同一民族使用多种语（方）言"的情况；同时，多数人口较少民族群众在与其他民族长期共同生活和交往中，一般都掌握了周围其他民族的多种语言，人们在跨民族的交往中往往就出现了"不同民族使用同一种语言"的情况。这样，"同一民族使用多种语言"和"不同民族使用同一种语言"已经形成了一种相对平衡的语言文化生态。这种语言文化生态对于文化多样性的保护，尤其是处于弱势的人口较少民族语言文化的保护提供了客观的条件，同时也给人口较少民族与其他民族的平等交往、感情认同、和睦共处，奠定了良好的心理基础。如果在多民族的交往中，其中一些弱势的民族群体丢失了自己的民族语言，大家都只会讲某一个大民族的语言，原有的文化生态平衡就将打破，随着语言文化多样性的丧失，其他方面的多样性也将逐渐消失，最终甚至连民族群体本身也难以用一种平等的民族姿态去交往。在我们田野调查中，云南人口较少民族中有一些人群，就是从民族语言的流失开始，最后连族称都向当地某一个人口较多或文化势能较强的民族靠拢。如澜沧县原有相当的德昂族人群居住，现在却已踪迹难觅了。

因此，正如社会生态学家德鲁克所强调的：必须尊重语言，语言本身就是社会生态。它不仅是"交流"，也不仅是"信息"，语言是本质。语言是人类社会的纽带。语言创造了人类社会共同体。

（三）构建和谐社会的意义

从上面所述语言之于文化多样性和文化生态的意义中，我们其实已经触及语言之于和谐社会建设的重要性。语言创造了人类社会共同体，一个民族的语言是构建和谐的民族精神家园的指路标，它具有保持民族认同和维系民族情感的重要功能。在田野调查中，一些属于人口较少民族的受访者，常常会情不自禁地从自己民族的语言中生发出一种民族的认同感和自豪感。一位德昂族朋友告诉我们，他从民族语言中可以深深地感受到自己民族的悠久历史和祖先的聪明智慧；一位普米族朋友曾经深情地感谢自己的民族和生存环境给了他"多个舌头"（意即会讲多个民族的语言）；不止一个民族的人群曾向我们表示：用民族语言交谈，大家就像亲兄弟一样。的确，民族语言对于增强民族凝聚力的作用是不言而喻的。我们调查发现，在民族语言正常使用的民族人群中，个体对民族的认同感和民族群体对个体的凝聚力通常都比较强，人们对自己民族的语言都具有特殊的情感。一个民族不论人口多少，都要通过民族认同而获得凝聚力，凝聚力是维护民族内部和谐的重要力量，一旦失却了民族的凝聚力，距离民族的消亡也就不远了。

云南人口较少民族中大多都属于跨界民族，各自的民族语言往往成为境内外同一民族维系民族情感的纽带和交流的媒介。1998 年 8 月下旬，笔者曾与中国的一些德昂族同胞一起受邀赴缅甸参加纪念德昂文创立 26 周年的庆典。许多素不相识的两国德昂族同胞，一见面就可以用同样的语言畅通无碍地交流，使得双方不少人激动得流下了眼泪。也因为语言相通，又是同一个民族，一些人还很快结成了好朋友，从此保持着不断的往来，有的最后还结了连理亲家。的确，同一的民族语言使边疆地区跨界民族保持正常的交往，相互沟通无碍，有助于推动边疆的改革开放，有助于加强民族团结并维护边疆地区的稳定与和谐。

在一个多民族居住的区域环境中，多样性的民族语言也是民族社会的纽带。多样性的语言提供了不同语言和文化之间的平等接触、和谐对话而相得益彰的可能性。这种多样性的语言一般都会形成语言共生的特点。所谓语言共生，首先是指多样性语言文化的存在，其次是指在多样性中的相互包容，承认异己者的生存权利和存在价值；最后是各种多样性要素之间的良性互动，相互尊重与交流，兼容并包，不论强弱都可以在其中互利互惠。这种多民族语言共生的现象昭示着一种多元语言文化共存的理念，并在此基础上生发出了多元语言文化之间的联结关系，包括不同强弱族群之间如何相互尊重彼此的语言文化存在的空间和利益，相互尊重多样性语言文化的发展空间。从而为不同语言文化系统之间实现平等的文化交流互动，寻求优势互补，协调发展提供了必要的逻辑和心理指向。

多样化民族语言共生的事实就是对每个民族文化创造力的充分证明，也是对人类学单线进化理论的一种否定；它充分地证明了文化无高下、民族无优劣的原理——这是构筑民族社会和谐的一个重要原理。正如有语言学家指出的那样，只要有条件，任何语言都可能成为世界通用语言。于是，在多民族多语言的交往的环境中，一方面提高了各民族人群，特别是弱势人群的民族自信，还在民族心理和社会互动实践中奠定了平等与和谐的基础。它启示人们，只有在民族之间相互平等的基础上，才可能有和谐的对话和交往，民族不论大小应该一律平等，不光是政治地位的平等，还包括文化的平等。各种语言相互渗透交融，使各民族之间具有亲和力。

从国际范围看，政治是多极的，必须有多元的文化与之相应，多元的文化产生制衡的力量，制约着霸权主义的恶性膨胀。如同自然生态系统需要多样性来支持一样，和谐稳定的社会，也必然是多元文化共生的社会。民族语言的多样化存在正是保持多元文化的基础，也是建设和谐社会、构筑和谐世界的一股力量。

为了人类社会的团结和谐，我们要在多民族的居住地区提倡和谐的语言社会。所谓和谐的语言社会，"就是在一个多语言的社区内，所有成员除了使用母语外，还能够熟练地使用社区内所有成员的语言，而且自己母语的活力不会降低。这是一个理想的境界。语言学家们应该努力，政府官员们也应该努力，各民族的兄弟姐妹们也应该努力，所有社区的成员也应该努力"①。

----

① 孙宏开：《中国少数民族语言活力排序研究》，《广西民族大学学报》（哲学社会科学版）2006 年第 5 期。

五　美国印第安语言挽救运动的启示

怎样更好地保护民族语言，这是一个值得认真探索研究的问题。或许了解一些美国对待印第安语言的历史情况和半个多世纪以来所兴起的印第安语挽救运动将会对我们有所启发。

在欧洲人到达北美前，当地的印第安语有 300—500 种。在美国立国初期的相当一段时间里，白种人对印第安人采取打压的政策。他们把印第安人驱赶到了密西西比河以西狭小的保留地上，按白人的标准对印第安年轻一代进行"美国公民"的唯英语教育，旨在以白人的文化和语言来取代印第安人的传统文化和语言。唯英语教育培养了会说英语的新一代印第安人的同时，又在很大程度上中断了印第安语的传承，结果成了如美国学者亚当斯所批判的"毁灭印第安文明的教育"。20 世纪 30 年代以后，一些有识之士开始反思美国政府以往的语言政策，对印第安语言及文化的急剧衰亡深感忧虑，在他们的呼吁下，美国政府才开始重视印第安土著语言在教育中的作用，语言政策出现了开明的变化，逐步承认和允许印第安语的存在，但是这时印第安语已经消亡近半。

1968 美国国会通过了《双语教育法》，在印第安等少数民族居住区推行双语教育。双语教育是以承认像印第安语那样诸多少数民族语言的存在为前提的，比起唯英语教育的政策无疑是一大进步，客观上也为印第安人通过维护民族语言达到民族自治和自决提供了有利条件。然而也要看到，"双语教育政策是从文化休克这一角度批判和纠正以往的唯英语教育政策的，其目的是让印第安学生早期学习比较顺利，以后能够取得好的进步，因此政府的政策最终还是要让印第安学生'掌握英语'"。[①]

以后，随着印第安自决和自治运动的深入，人们看到印第安语言的急剧衰亡对于文化生存所构成的威胁，于是掀起了以保护和发展印第安传统文化为目的的语言挽救运动，站在印第安语言文化挽救运动的前沿的是 1944 年成立的"美国印第安全国委员会"，它的宗旨是通过组织各部落的力量，抵制和反抗美国政府以及美国社会对印第安人的同化，唤醒长期以来被欧洲殖民者以及美国白人社会所打击摧残的印第安人的民族自尊心与自豪感，重新确立印第安人的民族特质和民族地位。在各方面的努力下，美国主流社会开

---

① Reyhner，Ion（1993），American Indian Languye Policy and School Success. 转引自蔡永良《语言·教育·同化——美国印第安语言政策研究》，中国社会科学出版社 2003 年版，第 13 页。

始转变对印第安文化的偏见，认真关注起印第安语的命运。1990 年，美国国会通过了《美国土著语言法》（The Native American Language Act），布什总统于 10 月 30 日签字正式成为法律。该法承认印第安语的特殊地位，并以国家法律的形式加以保护。法案通过后，美国政府组织了一个特别行动小组，专门调查印第安语言文化的现状。1992 年美国政府又出台了《美国土著语言生存与繁衍保护拨款方案》（The Grant Program to Ensure Survival and Continuing Vitality of Native American Languages），具体规定了保护和复兴印第安语的资助内容和方式。2000—2001 年，参议院又先后两次接受和审议了《美国土著语言法修正案》（The Native Anerican Languages Act Amendments Act of 2000，2001）的提案，支持复兴印第安语的印第安学校以及教育项目。这些法律和政策的出台为印第安人挽救濒临灭亡的印第安语、保护印第安文化营建了一个有利的氛围，促使这一时期的印第安语挽救活动出现了高潮。

纵观美国印第安语言政策变化的全过程，可以看出，语言是美国政府同化印第安人以及印第安人抵制同化的一个焦点，从而证明了语言在保护民族文化中扮演的重要角色。人们在纠正着狭隘的"语言工具论"谬误的同时，不断地认识到了语言对人类社会的功能和作用。在 1992 年参议院的听证会上，美国联邦政府卫生和国民服务部印第安管理委员会副主任多米尼克·马斯特拉帕斯库瓦博士（Dominic Mastrapasqua）作为首席发言者在发言中研究证明：美国许多印第安部落社会经济情况凄凉萧瑟，直接原因是他们传统语言的消失和衰亡，并指出：语言的维护和复兴是一个社会获得活力最关键的措施。美国麻省理工学院语言学和哲学系著名语言学家、教授肯尼斯·黑尔（Kenneth Hale）在发言中指出：事实上，一门语言是一个大仓库，储藏着一种文化的知识财富和说这门语言的人民智力劳动所创造的全部产品……失去一门语言，毫无疑问，对印第安人而言是一个悲剧，但这也是一个全人类的悲剧。因此，挽救和保护美国土著语言的法案不仅对美国土著居民具有不可估量的重要意义，对美国社会具有同样的重要意义，而且对整个世界都有极为重要的积极意义。①

然而，挽救濒临灭亡的语言绝非轻而易举的事，而是一项需要全社会共

---

① Native American Languages Act of 1991：Hearing before the Selected Committee on Indian Affaires，United States，One Hundred Second Congress，Second Session on S. 2044 to Assist Native Americans in Assuring the Survival and Continuing Vitality of Their Languages，June 18，1992. Washington D. C.：U. S Government Printing Office，pp. 15 – 16. 转引自蔡永良《语言·教育·同化——美国印第安语言政策研究》，中国社会科学出版社 2003 年版，第 306—307 页。

同努力的综合工程。除了国家政权通过立法和相应的政策给予支持之外，美国挽救运动积极分子在实践行动中的努力也给我们诸多启示。

首先，要对语言的使用情况有比较准确的调查和估计，这是一项极其艰苦的工作。20世纪60年代初，人类语言学家查夫对印第安语总体使用情况进行了首次调查，1977年美国暑期语言研究所又在查夫调查的基础上作了进一步的调查，列出了60多种即将灭亡的北美印第安语言。然而这些数据还比较粗，并不能完全反映印第安语使用的实际情况。为了弥补这一缺陷，一些学者以及相关机构和团体采取了各个击破的方法，制定了一个项目，就调查一个地区一种或者几种语言使用情况。经过努力，美洲土著语言研究会主席米歇尔·克劳斯博士终于在1991年美国联邦政府的参议院听证会上明确地报告了美国境内现存155种印第安语言的状况，首次把印第安语衰亡的严峻形势展现在美国联邦政府最高决策层的面前，引起了社会的广泛关注。

其次，挽救印第安语必须唤起民族的认同和民族自觉意识的觉醒，只有大量的印第安人积极地投身于挽救运动，才能达到目的。许多从事挽救印第安语的历史学家、人类学家、语言学家以及教育工作者都具有这样一个共识：印第安语最悲惨的命运莫过于印第安人自己对它们的衰亡无动于衷和麻木不仁，挽救印第安语本质上是印第安人自己的事，如果没有印第安人自治和民族意识的觉醒和强化，任何外界的努力都是徒劳的。印第安语言文化活动家们将提高印第安人对母语的认识放在挽救运动的议事日程上，唤起印第安人对母语的热爱，激起他们挽救濒临灭亡的母语的紧迫感和责任感。他们利用有限的条件和资金，在为数不多的学校、社区、团体以及部落开展活动，发出呼吁，逐步扩大影响，取得了可观的成效。不少印第安人通过学习自己的母语获得了民族的自尊和自信。其中，学校教育依然发挥着重要的作用，特别是由印第安人建立和管理的印第安社区学校，对于如何办学，学什么，教什么都由印第安部落或社区决定。一些学校成功地开展了师资培训项目，解决了教育中的师资问题。许多印第安语言文化活动家以及部落首领相信："白人的学校把我们的语言夺走了，我们也能通过学校把它们夺回来。"在挽救运动中，也同时改变了美国白人社会对印第安人以及印第安文化的历史偏见。

再次，语言的生存和使用必须要营造一个相适应的氛围和环境。20世纪80年代后，随着挽救运动的深入，挽救者们认识到，印第安语言的保存和复兴光靠学校的努力是不够的。当时，除教学母语的印第安学校和少数印第安家庭之外，大多数印第安语几乎没有任何使用的环境和氛围，这对印第安语的生存构成了极大的威胁。于是，各种各样的挽救、保存和复兴印第安语的方案和实验在全国各地层出不穷，各级各类的学术研究机构和社会团体十分踊跃。挽救的形式也出现了多样化趋势，从通过媒体广告张扬土著语言的价值到浸泡式母语教育，从兴办土著语广播电视节目到发展土著语言出版事业，从通过传统的以老带幼的"师徒传承项目"到通过现代化高科技的多媒体语言教学手段，甚至通过电话教学土著语言的方式保存和挽救印第安语言，各种各样的方式和试验层出不穷。

美国印第安语言的挽救运动自 20 世纪 60 年代至今，经过半个多世纪，至少取得了以下成效。第一，培养和造就了大量会说印第安语的人和印第安语的传承者，让许多濒临灭绝的印第安语获得了重生的机会。第二，一定程度上改变了美国社会对印第安语的态度和看法。过去对印第安语充满偏见的美国白人社会也逐渐认识到，印第安语不仅是印第安民族及其文化赖以生存和发展的基础，而且是全体美国人民乃至世界人民的共同遗产。第三，许多印第安人对部落传统语言有了一个新的认识，他们不仅在很大程度上恢复了被寄宿学校唯英语教育所破坏的对印第安语的感情和信心，而且提高了对传统语言与文化生存的关系的认识，他们把挽救语言同挽救文化以及挽救整个印第安民族联系在一起。[①]

六　采取多种对策措施保护人口较少民族语言

中华人民共和国从成立之日起就明确我们是一个多民族的国家，伴随着民族政策的制定和落实，国家对民族语言的保护制定了法律并采取了不少措施。我国语言文字的基本政策载入了《中华人民共和国通用语言文字法》："各民族都有使用和发展自己的语言文字的自由。"国家鼓励各民族互相学习语言文字。各民族语言文字地位一律平等，在推广普通话，推行规范汉字的同时，国家还在民族地区大力提倡和推广双语教育，鼓励少数民族语言和文字的使用和发展。

作为中国民族种类最多的省份云南，党委和政府也一向重视对民族语言的保护。云南省人大九届常委会第 16 次会议于 2000 年 5 月 26 日通过了《云南省民族民间传统文化保护条例》，其中保护的民族民间传统文化内容的第一款就是：各少数民族的语言文字。云南省还成立了民族语言工作委员会，较早在民族地区推行双语教学，为云南省的十余个少数民族创立和改进

---

① 参见蔡永良《语言·教育·同化——美国印第安语言政策研究》，中国社会科学出版社2003 年版。

了民族文字。

多年来我国有不少民族工作者和语言学者深入许多民族地区进行了民族濒危语言的调查和研究，取得了一定成果。其中表现在：①20世纪50年代，开展了大规模的少数民族历史和语言的调查，为新中国的民族政策制定和少数民族研究奠定了基础；②出版了多种描写和研究濒危语言的著作，如20世纪80年代在国家民委的主持下出版了《中国少数民族语言简志丛书》，共57种；目前已出版10多部的《新发现语言丛书》，涉及30多种少数民族语言，其中多数为濒危语言；③开展了对我国少数民族语言活力状况的全面评估，如黄行的《中国少数民族语言活力研究》可为其代表；④促成政府对濒危语言研究提供课题基金资助，国家和地方政府或部门近年已将濒危语言研究列入科学研究规划内容；⑤促成政府实施濒危语言保护工程，在文化部和国家民委的领导下，自2004年起中国社会科学院民族与人类学研究所对赫哲语、满语开展实施抢救和保护工作。然而，我国的濒危语言研究主要还停留在一般的学术研究层次上，对濒危语言的调查和记录基本上没有突破惯常的语言研究框架，科学而完备的濒危语言研究程序和规范也还没有建立起来。①

我们要看到，有一些民族语言走向濒危的速度大大超过了我们保护和挽救的速度，尤其是人口较少民族语言的保护和使用情况就更不能令人乐观。从前述的调查研究不难看出，云南人口较少民族的语言已有不少处于濒危或接近濒危状态。这种语言濒危的危机，不仅仅体现这些民族语言衰微本身，还导致了相应民族语言和文化生态的失衡，如果不给予足够的重视并采取措施加以保护和抢救，一些云南人口较少民族的语言就会在不久的将来销声匿迹。一个民族语言的消亡，意味着其民族文化的衰落和丧失。抢救和保护云南人口较少民族的语言已经刻不容缓，这是摆在我们面前的一个不可推卸的历史使命和任务。

如何才能有效地保护好人口较少民族的语言文化，目前我们正在探索之中。因此，把美国对印第安语言挽救运动的教训和经验作为他山之石，或许可以帮助我们少走弯路，取得更大成效。中美两国的社会历史不同，民族关系不同，民族政策不同，中国人口较少民族语言文化与美国印第安语言文化所处的社会环境，所经历的历史际遇都不一样，但是也有一些相同和相似的地方。例如，两种文化都处于国家主流文化的边缘和外部，两种语言都是在强势语言文化的冲击下走向濒危，都亟须得到有效的保护。因此，从我们的

---

① 范俊军：《关于濒危语言研究的几点思考》，载《南京社会科学》2006年第4期。

国情和民族的实际情况出发，同时参考外部有益的经验和做法，就人口较少民族语言文化的保护提出以下建议。

（一）提高认识，突破"语言工具论"的局限

毋庸讳言，我们对民族语言的认识，一般都还停留在"工具论"的阶段，把语言作为交际、对话的工具，甚至只是作为教授和学习通用语言的工具，是一种在可能的条件下能利用就尽量利用的辅助性的工具。至今，还很少见到以保护民族语言为目的的宣传、倡导和行动。说到底，这里存在着一种站在汉文化或其他强势文化的角度来看待弱势的民族文化的视角偏差。如果不突破这种认识的局限，保护民族语言的真正价值就难以凸显。因此，要通过各种形式的宣传和普及，让各级干部和人民群众提高对民族语言价值达成一种共识：民族语言不仅仅是一种交际工具，它还是民族文化的载体，中华民族的共同文化遗产。要从民族团结和谐和民族文化保护的高度去抢救和保护民族语言；保护弱势的民族文化首先要从民族语言的保护开始。挽救任何濒危的语言都不是轻而易举的事，是一项需要全社会共同努力的综合工程，必须让人们充分地认识其重要意义。

（二）提高文化主体对民族母语的保护意识和保护能力

从美国挽救印第安语运动看，没有民族主体的自觉意识和行动，其他努力都是徒劳的。一种语言能否获得保护，能否健康发展，语言群体对待母语的态度非常重要。没有他们的积极参与，仅有语言学家的热情是不够的。联合国教科文组织和世界文化发展委员会编写的《文化多样性与人类全面发展——世界文化与发展委员会报告》中明确指出："在人类历史上，许多语种都消失了，这方面，靠政府法令是保护不了的，靠民俗学者的学术兴趣也于事无补，它们所能够依赖的，只有说这种语言的人本身。"[①] 语言学家克里斯特尔提出了拯救濒危语言的六条行动策略，其中每一条都是针对濒危语言的使用者而言的：一是濒危语言的使用者应该增强自身在强势社团中的声望；二是濒危语言的使用者应该增强自身的经济实力；三是濒危语言的使用者应该使用法律武器来争取自己的权益；四是濒危语言的使用者应该在教育体系中占有一席之地；五是濒危语言的使用者应该能够用自己的语言书写；

---

① 联合国教科文组织、世界文化与发展委员会编：《文化多样性与人类全面发展——世界文化与发展委员会报告》，张玉国译，广东人民出版社 2006 年版，第 113 页。

六是濒危语言的使用者应该加强电子技术的使用。① 为此，政府和社会各界所能做的就是帮助和协助民族群众，提高文化主体对母语的保护意识和保护能力。

（三）通过立法来保护民族语言

1954 年颁布的《中华人民共和国宪法》第 4 条、2000 年颁布的《中华人民共和国国家通用语言文字法》第 10 条以及 2001 年颁布的《中华人民共和国民族区域自治法》第 10 条均提及"少数民族享有使用本民族语言的权利"。这些法律条文对于少数民族使用和发展语言文字的权利作出了规定，提供了保障，也为少数民族语言文字法规或相关条例的诞生奠定了基础，同时也促使少数民族语言文字的使用和发展步入法制化的轨道。有语言学者指出："语言权利属于人权范畴，其基本内容包括使用母语的权利和使用母语接受教育的权利。"② 显然，保护好民族语言文字本身就是处理好汉语和少数民族语言文字使用和发展之间关系的一个重要方面，也是贯彻落实《国家通用语言文字法》的任务。而今面对民族语言濒危和快速走向濒危的现状，挽救和保护民族语言已经是一项需要全社会共同努力的综合工程，仅仅停留在过去那种以"双语教学"等单项措施来保护民族语言的方式已经远远不够了。应该通过立法来提供多方面的支持和保证，以动员和协调全社会的保护行动。1990 年美国国会通过的《美国土著语言法》对印第安语言的抢救和保护发挥了巨大的作用。根据我国国情，需要加快濒危语言的立法建设，建议尽早出台少数民族濒危语言保护法。目前可先从地方立法开始，比如在云南省先制定保护民族语言（特别是濒危语言）的地方法规，或是先在有人口较少民族的省区率先制定保护该省区人口较少民族语言的法规，经过实践完善后逐步形成国家法律。一些少数民族自治州和少数民族自治县也应该在自己的自治条例中，明确提出少数民族语言文化的保护问题。

（四）提升双语教育的层次，开展以母语学习为目的的教育培训

多年来，我们一直在一些民族地区倡导双语化教育，特别是在少数民族的初等教育、职业教育和业余教育中，强调要充分利用双语的工具，搞好双语教学。由于有许多以民族学生为主的乡村学校，学生们在上学之前大多只会民族语言，不可能直接用汉语进行教学，一般要到小学二三年级以后才逐

---

① 刘海涛：《国外濒危语言研究概述》，载《长江学术》2006 年第 3 期。
② 骆小所：《加强少数民族语言稳定性研究》，《楚雄师范学院学报》2006 年第 8 期。

渐过渡到单纯的汉语教学。因此双语教学成为了民族地区启蒙教育的工具，同时也是一种权宜之计的措施。虽然目前双语教育对民族语言的保护具有一定的作用，但更多的侧重点却是在让民族学生通过民族语言的桥梁，更好地理解汉语，尽快地掌握好通用语言。而且，据我们调查，在云南人口较少民族中能够正常开展双语教学的并不多，多数地区都是由于师资缺乏等方面的原因而难以兑现，特别是人口较少民族的双语教学更是难以正常开展。因此，应该在原有双语教育的基础上，调整原有的立足点，使之不仅能配合民族学生对汉语的学习，还要从保护民族语言的角度出发，让学生提高对民族语言的认识，更好地学习和传承母语。尤其对于濒危的民族语言，要立即从培训师资开始，举办以教授民族母语为目的的教育培训。从国外的经验来看，这是一条较为有效的途径。云南人口较少民族中已有一些民间的行动（如普米族文化保护项目），政府部门更不应缺位。在我们调查中，一些基层教育部门反映，人口较少民族语言的培训属于民族文化的问题，单靠教育部门无力顾及，因而还需要协调多部门来统筹安排。

（五）组织和加强调研力量，建立数据库

抢救和保护民族濒危语言，首先就要摸清民族语言的使用情况，获取第一手材料，进行科学的分析，才能提出有针对性的措施。鉴于目前在语言研究中存在理论研究较多，而真正能脚踏实地深入调查研究明显不足。需要发动和组织专业的力量，深入实际，对濒危的民族语言开展比较全面而准确的调查和评估，并在此基础上，建立计算机词汇语音的数据库；要采用多媒体技术录制中国少数民族语言音档，保存各少数民族语言的有声和形象资料；力争在一定期限内为每一种人口较少民族的语言都编辑出一部高质量的语言辞典或语言教材，最好还有语言描写的专著。在这方面，政府应该尽量提供组织和经费方面的保障。

（六）创制拼音字母，在民族群众中推广

从全国以及云南省有关民族文字创立和改进工作的情况看，过去对人口较少民族文字的研究和创立工作有所忽略，至今还处于滞后状态。建议有关部门加强对人口较少民族语言文字的研究力量，帮助人口较少民族尽快创立科学的拼音文字体系。要规划在一定时期内让每一种濒危语言都制定出一套拼音字母，并在民族群众中推广普及。这将有助于民族语言的传承，有助于提高民族群众对母语的价值认识，从而延缓濒危语言衰亡的速度。

（七）建立濒危语言文化的保护区

语言的生命力在于使用，一定语言的使用需要有使用的氛围和环境。民族语言是民族文化生态的一部分，也只有维护好语言的生态环境，才能有效地抢救和保护濒危的语言。因此，通过多种形式为语言使用者营造相应的氛围和环境，这是抢救语言濒危的一条有效途径。建议逐步在一些有条件的民族聚居区，建立"民族语言文化生态区"，通过营造并强化一定的民族母语使用的氛围和环境，并把语言的保护和文化的传承结合起来，为语言的生存提供合适的文化土壤，保护濒危语言文字的传人，扶持文化继承人，让年轻人获得"浸泡式"的母语熏陶和教育。比如在云南，就可以考虑在一些列入非物质文化遗产的"民族传统文化保护区"中，重点开展民族濒危语言抢救和保护的活动，并以此带动对其他民族文化和民族文化生态的保护。

第 四 章

云南人口较少民族非物质文化
遗产与文化多样性保护

  联合国教科文组织于 2003 年 10 月 17 日在巴黎举行的第三十二届大会上通过了《非物质文化遗产保护公约》，2004 年 8 月 28 日，我国全国人民代表大会常务委员会正式批准了这项公约，至此中国正式成为了联合国非物质文化遗产保护的缔约国。保护好国家范围内各民族的非物质文化遗产已经成为我们义不容辞的职责。2011 年 2 月 25 日，第十一届全国人大常委会第十九次会议还正式通过了《中华人民共和国非物质文化遗产法》，自 2011 年 6 月 1 日起正式施行。这表明我国的非物质文化遗产保护工作已经步入了法制化的轨道，使我国文化领域的法制建设和非物质文化遗产保护事业提高到一个崭新的水平。至今，我国学术界和各级政府文化主管部门已经全方位地展开了对非物质文化遗产保护的理论探索和实践活动，并取得了可观的成效。

  什么是非物质文化遗产？《非物质文化遗产保护公约》中有过明确的定义："指被各群体、团体、有时为个人视为其文化遗产的各种实践、表演、表现形式、知识和技能及其有关的工具、实物、工艺品和文化场所。各个群体和团体随着其所处环境、与自然界的相互关系和历史条件的变化不断使这种代代相传的非物质文化遗产得到创新，同时使他们自己具有一种认同感和历史感，从而促进了文化多样性和人类的创造力。"[1]《中华人民共和国非物质文化遗产法》"总则"第二条中也表明："本法所称非物质文化遗产，是指各族人民世代相传并视为其文化遗产组成部分的各种传统文化表现形式，以及与传统文化表现形式相关的实物和场所。包括：①传统口头文学以及作为其载体的语言；②传统美

---

  [1] 参见 http：//www.ihchina.cn/inc/detail.jsp? info_ id＝50，"中国非物质文化遗产网"。2011 年 3 月 6 日下载。

术、书法、音乐、舞蹈、戏剧、曲艺和杂技；③传统技艺、医药和历法；④传统礼仪、节庆等民俗；⑤传统体育和游艺；⑥其他非物质文化遗产。"

由此可见，非物质文化遗产的内涵和外延是明确的，保护好各种非物质文化遗产是促进人类文化多样性发展的一大举措。近年来，各级政府文化主管部门着力推动的一项非物质文化遗产保护的重点工作，就是经过广泛地资源普查，通过逐级申报，组织专家审批，分批次公布了国家、省区、州市和县共四级的非物质文化遗产保护名录，命名了相应级别的非物质文化遗产传承人，从而建立起了四级非物质文化遗产名录和传承人体系，有效地推动了非物质文化遗产的保护和抢救。

多年来，云南少数民族非物质文化遗产的流失甚为严重。云南省委和政府较早地重视了这一问题，在保护云南民族非物质文化遗产方面做了许多工作。2000 年，省委和省政府就在出台的《云南民族文化大省建设纲要》中将对民族民间文化的保护作为文化大省建设的重要内容之一，并于同年颁布了《云南省民族民间文化保护条例》，成为全国第一部对民族民间文化保护的地方性法规；2005 年 8 月，云南省人民政府办公厅印发了《贯彻国务院办公厅关于加强我国非物质文化遗产保护工作文件的实施意见的通知》，提出了实施意见。云南还作为文化部确定的全国民族民间文化保护工程综合试点省份，从 2003 年到 2005 年的近三年中，进行了全省民族文化资源普查工作。全省各级政府累计投入 1000 多万元普查工作经费，参与普查的人数达19103 人次，普查自然村寨 14834 个，访谈对象达 69187 人次。到 2010 年底为止，云南全省共公布了省级非物质文化遗产保护名录 114 项，州（市）级 3026 项，县（区、市）级 5416 项。与此同时还分别于 1999 年、2002年、2007 年和 2010 年，分四批命名了 824 名省级非物质文化遗产传承人，970 名州（市）级传承人，1893 名县（区、市）级传承人。在上述名录的基础上，通过申报和推荐，目前在文化部公布的三批非物质文化遗产名录中，云南省共有 91 项进入国家级名录，有 51 名传承人成为"国宝"级的非物质文化遗产传承人。[①]

在上述名录中，云南人口较少民族的非物质文化遗产到底呈现一个什么样的状况，存在一些什么问题？这将是我们调研的重点。

---

① 数据来源于云南省文化厅。

一　国家级保护名录中的云南人口
较少民族非物质文化遗产

国务院分别于2006年5月、2008年6月和2011年6月先后公布了三批《国家级非物质文化遗产名录》，共列入1218项非物质文化遗产保护项目，其中，由云南省申报或与云南相关的项目共有82项，属于云南人口较少民族的共有10项。具体见表4－1。

表4－1　国家级非物质文化遗产名录中云南省及云南人口较少民族的统计

单位：项

项目分类	第一批国家级名录			第二批国家级名录			第三批国家级名录		
	全国数①	云南省数	云南人口较少民族数	全国数	云南省数②	云南人口较少民族数	全国数	云南省数	云南人口较少民族数
民间文学	31	5	1	53	6	1	40	4	0
民间音乐（传统音乐）	72	3	0	67	4	1	16	2	0
民间舞蹈（传统舞蹈）	41	8	1	55	11	2	15	1	0
传统戏剧	92	2	0	46	4	0	19	1	0
曲艺	46	1	0	50	0	0	19	0	0
杂技与竞技（传统体育、游艺与杂技）	17	0	0	38	0	0	14	0	0
民间美术（传统美术）	51	2	0	45	2	0	13	0	0
传统手工技艺（传统技艺）	89	5	1	97	6	0	25	1	0
传统医药	9	0	0	8	0	0	4	2	0
民俗	70	8	2	51	3	1	25	1	0
总计	518	34	5	509	36	5	190	12	0

① 国家公布的项目有的包含多个不同地区和单位申报的子项目，如"格萨（斯）尔"一个项目中涵盖了西藏自治区、青海省、甘肃省、四川省、云南省、内蒙古自治区、新疆维吾尔自治区、中国社会科学院《格萨（斯）尔》公室等八个申报地区和单位，因此有少部分"全国数"与"云南省数"的项目不是在同一层次相对等的。

② 第二批公布的国家级名录中涉及云南省的36个项目，涉及41个省内的申报地区和单位，这是笔者从国家公布的项目中统计出的数据，与媒体报道的数字略有出入。

此外，2008 年 6 月，国务院在公布《第二批国家级非物质文化遗产名录》的同时，又公布了《第一批国家级非物质文化遗产扩展项目名录》147项，列入其中的云南省有 3 项；2011 年 6 月 10 日在公布《第三批国家级非物质文化遗产名录》的同时，还公布了 164 项"扩展项目"，其中涉及云南省的共 8 项。在两次公布和公示的扩展项目中，却没有一项属于云南人口较少民族的。

如果加上两次公布的扩展项目 311 项，所有被公布的国家级非物质文化遗产的项目共计有 1528 项，其中涉及云南省的 91 项，与云南人口较少民族相关的项目还是 10 项。云南人口较少民族的项目占了云南省总数的 11%，占了全国总数的 0.66%。从云南人口较少民族与全省或全国人口数量比例的角度看，进入名录的这个比例已经是比较高的了，但从民族数量的角度看，这个比例却是比较低的。国家公布的三个批次中属于云南人口较少民族的 10 项国家级非物质文化遗产列表如下（见表 4 - 2）。

表 4 - 2　　　云南人口较少民族的国家级非物质文化遗产保护名录

序号	项目名称	民族	申报地区	类别	公布批次
1	遮帕麻和遮咪麻	阿昌族	梁河县	民间文学	1
2	基诺大鼓舞	基诺族	景洪市	民间舞蹈（传统舞蹈）	1
3	户撒刀锻制技艺	阿昌族	陇川县	传统手工技艺	1
4	卡雀哇节	独龙族	贡山县	民俗	1
5	仙女节	怒族	贡山县	民俗	1
6	达古达楞格莱标	德昂族	德宏州	民间文学	2
7	布朗族民歌（布朗族弹唱）	布朗族	勐海县	民间音乐（传统音乐）	2
8	布朗族蜂桶鼓舞	布朗族	双江县	民间舞蹈（传统舞蹈）	2
9	普米族搓蹉	普米族	兰坪县	民间舞蹈（传统舞蹈）	2
10	德昂族浇花节	德昂族	德宏州	民俗	2

以上 10 项国家级的非物质文化遗产覆盖了云南 7 个人口较少民族，除阿昌、布朗和德昂三个民族有两项外，其他每个民族都有 1 项。显然，国家有关部门在遴选和评定时还是考虑到了民族的因素。

从所属分类的情况看，云南人口较少民族列入国家级非物质文化遗产的

10 个项目中仅有 5 个类别，其中民间文学两项，民间音乐 1 项，民间舞蹈 3 项，传统手工技艺 1 项，民俗 3 项。即是说，云南人口较少民族的非物质文化遗产在国家级名录的 10 个类别中有 5 个是空缺的，即：传统戏剧、曲艺、杂技与竞技、民间美术、传统医药。这 5 种类别中，云南人口较少民族可能在"竞技"和"传统医药"等方面有待深入发掘外，其他确是弱项。应该说，云南人口较少民族入选国家级名录的 10 个项目所分布的 5 个类别是具有代表性的，总体上反映了目前云南人口较少民族非物质文化遗产保护的重点范围。

比较上述云南人口较少民族非物质文化遗产入选的 5 个类别看，其中"民俗"类可算是比较综合的类型，涵盖面较广。的确，独龙族的卡雀哇节、怒族的仙女节和德昂族的浇花节等项目都有丰富的内涵，包括了民族的信仰、民族的历史传统、民族的群体活动等多种内容，因而必须作为综合性的民俗来保护。但由于它的综合性，又使得其边界模糊，难以突出保护重点，因而带来了操作上的一定难度。

与"民俗"的综合性相比，另外 4 个类别就显得单纯一些，在汉语中，文学、音乐、舞蹈和手工技艺，其定义的内涵和外延都是比较明确的。然而，就像早期汉民族曾经有过诗、歌、舞一体的时代那样，对于一些并未完全将诗、歌、舞明确分离的云南人口较少民族来说，将一些非物质文化遗产项目列入划分明确的类别中又难免带来人为分割的问题。比如，在对阿昌族古歌《遮帕麻和遮咪麻》的田野调查中，我们就深深地感觉到，它不完全是我们通常所理解的那种文学作品。虽然它也像一般文学作品那样通过语言来叙述和颂赞，但是它的背后却具有民族信仰的支撑，它被阿昌族奉为是一种民族精神的象征体系，是诠释历史和生活的"百科全书"，被认为是沟通人神之间的媒介，具有一种神性的力量得到民族的认同，因此它不是任何人任何时候都可以传唱的。必须由德高望重的神职人员"活袍"来传承，由"活袍"在特定的节庆祭会中来唱颂。在阿昌族窝罗节的重大庆典中，如果没有"活袍"出来唱《遮帕麻和遮咪麻》，人们就会觉得缺少了节日的深层意义。笔者就见到梁河阿昌族的"活袍"曹明宽唱颂之前要虔诚地祈祷请神，在唱颂过程中不时手舞足蹈，不时挥刀对空，进入一种迷狂的状态。

从审美的角度来说，作为固定文本的《遮帕麻和遮咪麻》是一种民间文学，但从民族信仰和民俗活动的角度看，作为活态的《遮帕麻和遮咪麻》却又是一种民俗的综合体。固然，国家和地方的保护名录不能不进行分类，而在目前保护名录的分类体系下，将《遮帕麻和遮咪麻》列入"民间文学"的保护类别固然无可厚非，但却需要提醒的是，再科学的分类都会有一定的局限，有可能导致不科学的后果。保护者在实施保护的时候，需要认识到这种局限性，把握好遗产项目的整体性和活态的特点，处理好轻重缓急的关系，方能进行科学合理的保护，否则有可能会出现人为分割非物质文化遗产的情况，甚至可能会在保护过程中捡了芝麻丢了西瓜。

二 省级名录与云南人口较少民族非物质文化遗产述评

2006 年 5 月 15 日，云南省人民政府正式公布了《云南省第一批非物质文化遗产保护名录》，共 11 大项，147 个项目（含列入国家级保护名录的 34 项）。云南省 147 项非物质文化遗产名录共包含有：濒危语言文字、口述文学、音乐、舞蹈、美术、戏剧、曲艺、工艺、习俗、传统文化保护区、民族民间传统文化之乡 11 大类。比较第一批云南省级与国家级公布的非物质文化遗产名录，二者在大类上略有不同，国家名录共有 10 个类别，而省级名录则有 11 个类别。主要是省级名录在国家级名录的 10 大类中减去了"传统医药"、"杂技与竞技"两类，而增加了"濒危民族语言文字"、"传统文化保护区"和"民族民间传统文化之乡" 3 个类型。

2010 年 6 月，云南省公布了第二批非物质文化遗产保护名录，共有 124 项非物质文化遗产入选其中，同时还公布了《云南省第一批非物质文化遗产名录》的扩展项目 9 项。此次云南省公布名录划分为 13 种类别。具体是：濒危民族语言文字、民间文学、传统音乐、传统舞蹈、传统戏剧、传统曲艺、传统体育与游艺、传统礼仪与节庆、传统美术、传统手工技艺、传统知识与实践、传统医药、民族传统文化保护区。

我们注意到，在云南省公布的两批非物质文化遗产保护名录中，第二批公布的项目类别与第一批相比略有调整：第一，把分类类型从第一批的 11 种，增加到了 13 种。增加了"传统体育与游艺"、"传统知识与实践"、"传统医药" 3 类，同时把"传统文化保护区"和"民族民间传统文化之乡"两类合并为"民族传统文化保护区"；第二，把"口述文学"改为"民间文学"，把"习俗"改称为"传统礼仪与节庆"，增强了针对性，缩小了涵盖面，并将服饰也包括其中；第三，在"音乐"、"舞蹈"、"美术"、"戏剧"、"曲艺"、"工艺"的名称前都加上了"传统"，强调了文化传承的特点，并与国家名录相对应；第四，在公布的第二批保护名录中特别注明了"责任单位"一项，有针对性地公开落实了保护责任。

我们认为，省级名录不完全按照国家名录的模式，而是从省情出发有所增减，并不断地摸索调整，体现了一种探索的精神和实事求是的作风。与国家名录比较，省级名录的类别减少了云南非物质文化遗产中的弱项，增加了云南非物质文化遗产抢救和保护中问题突出或需要特别加以关注的类别。如在省级名录中，"濒危语言文字"和"民族传统文化保护区"等类别的设立就是有创意、有针对性的，这是云南省在开展非物质文化遗产保护工作实践中，根据云南省民族文化资源的实际，在非物质文化遗产保护工作中的一个创举。

"濒危民族语言文字"作为一个大类，置于各类之首，说明我省政府部门能够吸纳学者的有益建议，抓住了问题的关键，认识到了民族语言濒危的现状，以及抢救和保护濒危民族语言文字对于保护民族非物质文化遗产的重要意义。"濒危民族语言文字"这一大类中虽未能更多地囊括云南少数民族中濒危或严重濒危的语言项目，但是它的设立却会起到警醒和带动作用，为保护民族语言文化奠定了一个重要的基础。然而，在省级名录中"濒危民族语言文字"这一大类中仅列出了傣绷文、独龙族语言、怒族"若柔"语言这三项，在第二批省级名录中仅列入了"金平傣文"一项。虽然人口较少民族的已经有"独龙族语言"和"怒族若柔语言"两项进入了名录，但与云南人口较少民族语言的险情还很不相称。从本研究第三章有关云南人口较少民族的语言险情可以看出，在现实中，濒危民族语言文字何止这两项，尤其是云南人口较少民族的语言文字约有 1/3 处于濒危的境地①，情况十分危险，对此还需要进一步提高警觉和认识，提高保护的针对性，扩大保护的范围，加大保护的力度。

从第一批省级目录分列"传统文化保护区"和"民族民间传统文化之乡"两大类别，到第二批省级目录中将二者合并为"民族传统文化保护区"的情况看，云南省文化部门还在不断地进行着保护思路的调整和保护方式的探索。这一类别的设立，明显地体现出了非物质文化遗产保护中以文化主体为主的整体保护、活态保护、本土保护的倡导意图，试图将民族非物质文化遗产的历史环境遗存、传承载体、精神内质，以及包括文化遗产、自然景观、建筑、可移动实物、传统风俗等具有特定价值和意义的文化因素，在不失却本真的前提下，保存在其所属社区及环境中，使之成为"活文化"。显然这是值得倡导的实事求是的科学态度，是坚持科学发展观的具体体现，相信它将在未来云南民族非物质文化遗产保护的实践中发挥较大的作用，并显现出前瞻性的意义。"民族传统文化保护区"这一保护类别的设立，还充分注意到了保护文化空间对于保护非物质文化遗产

---

① 详见第三章对云南人口较少民族语言的评估。

的重要意义，或者说是把民族文化的空间作为一种重要的非物质文化遗产来加以保护。的确，只有保护好承载非物质文化遗产的文化空间，非物质文化遗产方能得到正常地传承。

在第二批省级名录中还增加了第一批目录中没有的"传统体育与游艺"、"传统医药"、"传统知识与实践"3 类项目。其中，前两类是国家级名录中已经设立的类别，在我省非物质文化遗产中，这两类别的遗产并不少。据我们的调查，几乎云南的每个民族都有一些民族传统的竞技项目。诸如射箭、射弩、摔跤、骑马、踢毽、打陀螺、打磨秋等，已经是多个民族共有的竞技项目；另外还有一些是个别民族独有的传统体育与游艺，如我们调查的阿昌族七十二刀半的武术就濒于失传；芒市茶叶箐的德昂族素有习武风气，村中80%的男子都会打拳，如左拳、梅花拳等传统武术很值得深入挖掘。在"传统医药"这一大类中，云南各民族中确有不少值得认真调查、认真保护的项目。云南各民族民间都不乏传统医药的文化遗产，许多民间的单方、偏方有的已经失传了，有的正处于失传的境地，有的还一直在民间流传，有的通过保护还可以被光大为造福社会的产业。至于"传统知识与实践"一类是云南省单独设立的类别，显然有别于国家名录中的"传统手工技艺"，有意从更深层更隐性的知识系统方面去加以保护。这样的保护思路是值得称道的。不过，在第二批省级名录中把"习俗"类变为"传统礼仪与节庆"，将民族服饰置于这一类中，是否妥当尚值得讨论。

云南省公布的两批保护名录中，共有 31 项属于云南人口较少民族的非物质文化遗产保护项目（含已入选国家级名录）。见表 4 – 3。

表 4 – 3　　　　云南人口较少民族的省级非物质文化遗产保护名录

序号	项目名称	类别	民族	属地	责任单位①	公布批次
1	独龙族语言	濒危民族语言文字	独龙族	贡山县		1
2	若柔语言	濒危民族语言文字	怒族	怒江州		1
3	遮帕麻和遮咪麻	口述文学	阿昌族	梁河县		1
4	阿昌族民歌	音乐	阿昌族	梁河县		1
5	独龙族民歌	音乐	独龙族	贡山县		1
6	怒族民歌"哦得得"	音乐	怒族	福贡县		1
7	布朗族弹唱	音乐	布朗族	勐海县		1

① 第一批公布的名录中未见列出"责任单位"。

续表

序号	项目名称	类别	民族	属地	责任单位	公布批次
8	四弦舞乐	音乐	普米族	兰坪县		1
9	"蹬窝罗"舞	舞蹈	阿昌族	梁河县、龙陵县		1
10	大鼓舞	舞蹈	基诺族	景洪市		1
11	"搓蹉"舞	舞蹈	普米族	兰坪县		1
12	达比亚舞	舞蹈	怒族	福贡县		1
13	阿昌刀制作技艺	工艺	阿昌族	陇川县		1
14	独龙族卡雀哇节	习俗	独龙族	怒江州		1
15	怒族仙女节	习俗	怒族	怒江州		1
16	德昂族浇花节	习俗	怒族	芒市、梁河县		1
17	河西乡箐花村普米族传统文化保护区	传统文化保护区	普米族	兰坪县		1
18	丙中洛乡怒族传统文化保护区	传统文化保护区	怒族	贡山县		1
19	独龙江乡独龙族传统文化保护区	传统文化保护区	独龙族	贡山县		1
20	三台山乡德昂族传统文化保护区	传统文化保护区	德昂族	芒市		1
21	户撒乡新寨贺姐村阿昌族传统文化保护区	传统文化保护区	阿昌族	陇川县		1
22	木老元乡布朗族山歌之乡	民族民间传统文化之乡	布朗族	施甸县		1
23	水鼓舞	传统舞蹈	德昂族	瑞丽市	瑞丽市文化馆	2
24	布朗族服饰	传统礼仪与节庆	布朗族	施甸县	施甸县文化馆	2
25	德昂族服饰	传统礼仪与节庆	德昂族	镇康县	镇康县文化馆	2
26	阿露窝罗节	传统礼仪与节庆	阿昌族	梁河县	梁河县文化馆	2
27	特懋克节	传统礼仪与节庆	基诺族	西双版纳州	西双版纳州文化馆	2
28	布朗族传统纺织技艺	传统手工技艺	布朗族	双江县	双江县文化馆	2

序号	项目名称	类别	民族	属地	责任单位	公布批次
29	大南直布朗族传统文化保护区	民族传统文化保护区	布朗族	双江县	双江县文化馆	2
30	蛮旦寨阿昌族传统文化保护区	民族传统文化保护区	阿昌族	龙陵县	龙陵县文化馆	2
31	章朗布朗族传统文化保护区	民族传统文化保护区	布朗族	勐海县	勐海县文化馆	2

从上表看，在《云南省第一批非物质文化遗产保护名录》的 147 个项目中涉及云南人口较少民族的项目共有 16 项，其中，怒族 4 项，阿昌 4 项，独龙 3 项，普米族两项，德昂、基诺和布朗各一项；涉及人口较少民族居住地的保护区或民族民间传统文化之乡的共有 6 个，其中，独龙、德昂、怒、阿昌、普米和布朗都各有一地，基诺族为空缺。从第一批省级非物质文化遗产名录的类别情况分析，云南人口较少民族非物质文化遗产未能全覆盖所有的类别，11 个保护类别中只有 8 个类别有人口较少民族的保护项目，其中，在美术、戏剧、曲艺三类为空缺。

再从第二批省级非物质文化遗产名录看，所列 13 个类别中，只有在传统舞蹈、传统礼仪与节庆、传统手工技艺、民族传统文化保护区 4 个类别中有人口较少民族的保护项目，而在濒危民族语言文字、民间文学、传统音乐、传统舞蹈、传统戏剧、传统曲艺、传统体育与游艺、传统礼仪与节庆、传统美术、传统知识与实践、传统医药等九项中均为空缺。第二批省级名录中，新设立的"传统体育与游艺"、"传统医药"、"传统知识与实践" 3 个大类中，竟然一项有关云南人口较少民族的非物质文化遗产项目都没有被列入。实际上，不是人口较少民族没有这方面的非物质文化遗产，也不是其遗产的价值不高，而是对它们的发掘和认识还不够深入，甚至还存在着一定的盲点。

我们欣喜地看到，第一和第二批省级名录中所列的"传统文化保护区"和"民族民间传统文化之乡"共有 83 个，其中竟有 9 项属于人口较少民族的居住区。其中，属于布朗族的有 3 个，阿昌族两个，普米族、怒族、独龙族和德昂族各 1 个。7 个云南人口较少民族中只有基诺族一个也没有被列入。尽管到目前为止在我们的田野调研中还没有发现在这些保护区（乡）内有什么明显成效的保护动作，但为云南人口较少民族划定了一个文化保护区域，说明政府有关部门已经特别重视到了人口较少民族的文化空间及其传统文化的保护。我们相信将会有后续的行动不断跟进。需要提醒的是，在已经公布的两批省级名录中还缺少基诺族的传统文化保护区。按理说，景洪基诺山基诺族乡是典型的基诺族传统文化的集中区域，目前基诺族传统文化的急剧流失状况也像其他民族一样显示出了保护的迫切性，希望公布下一批保护名录时不会再漏掉基诺族的传统文化保护区。

　　总的来说，列入国家和省级非物质文化遗产保护范围的项目，还不够均衡。当然，我们并不赞成，不顾及文化遗产的实际情况，而单纯搞平衡，给予"照顾"的做法。但是，从我们所了解的情况来看，入选项目较多的民族并不等于该民族的文化就一定比其他民族丰富深厚，而所列项目较少或空缺的民族，其文化也未必就单薄稀少，其文化的价值未必就不高，其文化遗产抢救和保护的需要不迫切。

三　云南人口较少民族非物质文化遗产传承人与个案调研

　　人们已经充分认识到保护非物质文化遗产的关键在于人，有了非物质文化遗产的传承人，有了传承人对相关遗产的不断传承，非物质文化遗产方能传承不断，代代相继，保持住它的生命，而不至于消亡。《非物质文化遗产保护法》第二十九条规定：

　　　　国务院文化主管部门和省、自治区、直辖市人民政府文化主管部门对本级人民政府批准公布的非物质文化遗产代表性项目，可以认定代表性传承人。
　　　　非物质文化遗产代表性项目的代表性传承人应当符合下列条件：
　　　　（一）熟练掌握其传承的非物质文化遗产；
　　　　（二）在特定领域内具有代表性，并在一定区域内具有较大影响；
　　　　（三）积极开展传承活动。

　　建立各级非物质文化遗产名录和代表性传承人制度是近年来国内保护非物质文化遗产的重要措施。配合着国务院对"国家级非物质文化遗产名录"的公布，文化部也分别于2007年6月、2008年1月和2009年5月，分三个批次公布了"国家级非物质文化遗产项目代表性传承人"。

　　云南开展此项工作的时间较早，曾于1999年和2002年就先后两次命名过400多名"工艺美术大师"和"民族民间艺人"。后来，又在2003年到

2005 年的近三年中，进行了全省民族文化资源普查工作，全省 16 个州市都开展了对非物质文化遗产及其传承人的调查、登记、申报和命名工作，并向省文化厅推荐上报了大量非物质文化遗产项目和 735 名传承人①。

在此基础上，云南省文化厅和云南省民委以《云南省民族民间传统文化保护条例》为依据制定了传承人评选办法，经过云南省民族传统文化保护工程专家委员会的评审遴选，2007 年 6 月正式命名了 207 位省级非物质文化遗产传承人，2010 年 6 月又再次命名了 156 名省级非物质文化遗产传承人。

至 2010 年 6 月，云南全省共有经国家、省、市（州）和县四级文化行政部门和民族事务部门命名的"非物质文化遗产代表性传承人"3102 名。其中，国家级的 51 名，省级 363 名②。在这些公布的国家和省级传承人中，属于云南人口较少民族的传承人共有 26 名，其中，有 5 名为国家级，21 名为省级。具体见表 4 - 4。

表 4 - 4　云南人口较少民族中国家级和省级非物质文化遗产代表性传承人名单

序号	姓名	性别	民族	出生时间	传承项目	所在地区	命名级别	批次
1	曹明宽	男	阿昌	1943 年	阿昌族宗教祭仪、唱颂《遮帕麻和遮咪麻》	梁河县	国家	1
2	赛老项	男	阿昌	1961 年	户撒刀锻制技艺	陇川县户撒乡芒丙村委会新寨村	国家	1
3	李腊翁	男	德昂	1929 年	德昂族民歌、传唱《达古达楞格莱标》	芒市三台山乡帮外村	国家	3
4	岩瓦洛	男	布朗	1959 年	布朗族民歌（布朗族弹唱）	勐海县打洛镇曼沙村委会曼芽村	国家	3
5	俸继明	男	布朗	1955 年	布朗族蜂桶鼓舞	双江县邦丙乡大南直村	国家	3
6	白腊者	男	基诺	1936 年	基诺族习俗（特懋克节）	景洪市基诺山乡巴雅村	省级	3
7	杨根保	男	普米	1935 年	普米族习俗祭仪	兰坪县河西乡箐花村委会箐口村	省级	3

---

① 数据来源于云南省文化厅。

② 此处仅统计 2007 年以来云南省命名的"传承人"。按云南省命名的批次排序，2007 年为第 3 批，2010 年为第 4 批。

续表

序号	姓名	性别	民族	出生时间	传承项目	所在地区	命名级别	批次
8	康朗丙	男	布朗	1925 年	布朗族习俗祭仪	澜沧县惠民乡芒景村上寨	省级	3
9	山一波	男	怒	1933 年	土陶制作工艺	福贡县子里甲乡亚谷村委会加车村	省级	3
10	李文周	男	布朗	1942 年	乐器制作	施甸县摆榔乡大中村委会火石地村	省级	3
11	杨忠平	男	德昂	1957 年	乐器制作和演奏	梁河县河西乡勐来村委会二古城老寨	省级	3
12	丰秀兰	女	怒	1949 年	怒族民歌	贡山县捧当乡闪当村	省级	3
13	李自生	男	独龙	1961 年	独龙族民歌	贡山县独龙江乡迪政当村	省级	3
14	李贵明	女	布朗	1933 年	布朗族民歌	施甸县木老元乡木老元村委会下木老元村	省级	3
15	杨国栋	男	普米	1926 年	普米族民歌	兰坪县河西乡箐花村委会玉狮场村	省级	3
16	沙车	男	基诺	1932 年	基诺族民歌（弹唱）	景洪市基诺山乡巴朵村	省级	3
17	拉赛	男	怒	1927 年	怒族弹唱	福贡县匹河乡老姆登村	省级	3
18	何桂英	女	基诺	1968 年	基诺族歌舞	景洪市基诺山乡巴朵村	省级	3
19	岩坎应	男	布朗	1947 年	布朗族武术文化传承	勐海县打洛镇曼山村委会新曼芽村	省级	3
20	玉喃坎	女	布朗	1977 年	布朗族民歌（布朗族弹唱）	勐海县	省级	4
21	张飞	男	德昂	1976 年	德昂族水鼓舞	德宏州瑞丽市	省级	4
22	朱开富	男	布朗	1948 年	布朗族蜂桶鼓舞	临沧市双江县	省级	4
23	赵家忠	男	阿昌	1954 年	蹬窝罗	保山市龙陵县	省级	4
24	鲁明秀	女	布朗	1962 年	布朗族传统纺织技艺	临沧市双江县	省级	4
25	阿玉女	女	布朗	1965 年	布朗族服饰	保山市施甸县	省级	4
26	曹仙梅	女	德昂	1964 年	德昂族服饰	临沧市镇康县	省级	4

近两年来，国家和省级财政都下拨了经费，对省级以上的传承人给予一

定的生活补贴，以此鼓励他们带徒授艺，开展传承活动。那么，通过这一段时间对传承人的推动，实际效果怎么样？与之相应的保护项目是否真正加强了保护？具体还存在些什么问题？这是本研究想要知道的情况。由于受到诸多条件的限制，我们不可能对上述传承人及其保护项目进行一一实地调查，我们只能选取一些个案，采取访谈和不断跟进的方式，实地调查了德宏州和怒江州的阿昌族、德昂族和怒族三个民族中的 5 位国家和省级传承人，希望通过这些案例能对相关问题有一些更真切、更深入的认识。

　　案例 1：户撒刀锻制技艺及其传承人项老赛

　　我们曾于 2005 年 10 月、2006 年 12 月和 2011 年 3 月先后三次来到陇川县户撒乡调研。户撒阿昌刀早已闻名遐迩，当地人传说阿昌刀的制作技艺起源于明朝的兵器制造技术，当时阿昌族人为从内地来戍边的军队制作刀具，并使这一技艺在后来的生产实践中不断发扬光大。在户撒乡有好几个锻制刀具的专业村寨，这些村寨已经形成了一定的专业分工。如曼东村以打制小尖刀著名，来福村以打制长刀出名，曼来村以打制锯齿和镰刀闻名，曼旦新寨擅长打制背刀，曼派和户昔两个村则专门制作刀壳……而今由于销售渠道不畅，各村寨的刀具制作者也很少拘泥于自己的专业所长，只有根据市场的需要，顾客要什么刀就打什么刀，什么好卖就制作什么。

　　其实，在户撒的打刀人中，既有阿昌族人，也有汉族人。户撒的汉族人口约有 6000 人，阿昌族人约 1.2 万人。而今外界多宣传阿昌族和阿昌刀，因而凡是户撒打刀的都尽量往阿昌族的名义上靠。实际上，当地的汉族人打刀技术也很高明，汉族的妇女服饰也很有特点，也有点像阿昌族服饰，甚至外界发表的一些照片都用汉族服饰来代替阿昌族的服饰。显然，户撒的阿昌族与汉族是在长期的生产和生活实践中有过许多密切的文化交流，相互学习，方才获得今天闻名遐迩的阿昌刀打制技术。在户撒李芒呆村，我们访问了当地有名的打刀老人李德勇，据说他本是汉族，后来才改为了阿昌族。他曾经打过一把数百公斤的大刀在州里展出。他开办了户撒规模最大的"阿昌刀具厂"，年产值有 10 多万元。

　　在这些制作刀具的村寨，多数是以家庭为单位组成一定的专业作坊，以这一手工业的收入作为生活的主要来源，如阿昌族聚居的龙光村委会曼东大寨，有 147 户 780 余人，竟有 90% 的人以刀具制作为生；李芒呆村是汉族聚居的村寨，打刀几乎是全村人农业之外的又一职业。这些村寨几乎人人都掌握了锻制刀具的技艺，用当地村民的话说："是个男人都会打刀。"询问打刀者何处学得的技艺，都几乎无一例外地回答是家传的，多数人家都至少传了四五代。哪家的刀做得好，哪家擅长做什么，村民心中都有一杆秤。几乎每个村寨都有一两个人被公认为打刀能手。

锻制刀具的人家一般都不做刀壳，因此往往与制作刀壳的人家形成了固定的合作关系。如户早村委会户昔下寨的尹保员说他家专门制作刀壳已经有五代之久，现在他与户撒的多数刀具制作者都有合作，曾被评为陇川县非物质文化遗产的高级技师。

在"云南非物质文化遗产保护网"中对户撒阿昌刀有如下的介绍：

> 阿昌刀制作工艺流传于德宏傣族景颇族自治州陇川县户撒阿昌族乡。
>
> 阿昌刀也称户撒刀，因出自户撒乡而得名，与新疆维吾尔族的英吉萨刀、宁夏裕固族的保安刀并称为全国三大民族刀具。阿昌族先民很早就掌握了锻制和铸造铁器的要领，明代以来更吸收了汉族先进的生产技术，形成了独具特色的户撒刀工艺。《新纂云南通志》卷一四二载："户撒、腊撒两长官司、地所制之刀，铁质最为精炼，与木邦刀无二。"
>
> 户撒刀生产工具主要有炉盘、锤、钳、铲、砧、风箱、锋钢刮刀、木质冷却槽等。制作过程包括下料、制胚、打制刀样、修磨初加工、修饰刀叶、淬火、打磨抛光、制作刀柄刀鞘、制作背带、组装等10道工序，其中最关键的是淬火工艺。工匠们都有自己秘不外传的淬火方法，通过热处理使刀叶的硬度和韧性达到最佳状态，史书有"柔可绕指，吹发即断，刚可削铁"的记载。户撒刀均为家庭作坊手工生产，工艺技术只在本家族中传承，决不外传。户撒刀品种繁多，功能多样，现已有生产工具、生活用具、装饰性工艺品和佩刀、军刀、道具刀、健身用的体育器械刀等共120多种。最小的户撒刀只有4—5厘米长，最大的长4.06米，重达两吨，被誉为"天下第一大刀"。
>
> 户撒刀生产有专业化分工。在户撒乡，不同的寨子负责生产不同的产品，如曼东寨以生产小尖刀为主，芒旦寨、来福寨以生产长刀为主，曼来寨以生产镰刀、马掌为主，曼派寨、户昔寨则专门制作刀鞘。另外，户撒有名气的工匠都为自己的刀具产品编号，或把自己姓名中的一个字打在刀叶上，作为专门标志。户撒刀体现着佩刀民族的文化特征，既有鲜明的地方民族特色，又体现了边疆民族文化与中原汉文化的完美结合，如银鞘长刀的刀鞘和刀柄具有浓郁的民族风格，而刀叶上二龙戏珠、猛虎长啸、丹凤朝阳、十二生肖等图案又源于汉文化。阿昌刀除服务周边民族和邻近地区外，也远销西藏、青海等地和出口东南亚，为守

疆固邦和各民族经济文化的共同发展发挥了积极作用。近年受到用机械化批量加工的外来工艺性刀具业冲击，户撒刀被迫退守在生产生活用具及工艺馈赠品的狭小阵地上苦苦挣扎，在户撒乡打制阿昌刀的人越来越少，前景不容乐观。

2011年3月18日，我们来到陇川县户撒乡腊撒村委会新寨村见到了国家级非物质文化遗产传承人项老赛。项老赛所擅长的户撒刀锻制技艺也是在祖传的基础上经过他自己的不断摸索而提升的。他12岁就跟随父亲制作刀具，曾经对打刀到了痴迷的地步。他告诉我们："我从小就经常琢磨着怎么把刀打好。1982年的时候，当时一把刀能卖1.5元，最贵的卖到2.3元，我制作的一把刀却卖到了15元。"后来在当地举行的户撒刀制作比赛中，项老赛脱颖而出，特别是2006年官方举办的"刀王大赛"中，他一举夺魁而成为"刀王"，因而被当地人公认为户撒刀锻制技艺的杰出人物。后来，项老赛被评为国家级非物质文化遗产传承人可谓是众望所归。

目前，项老赛依然像户撒制作刀具的多数人家一样，以家庭为单位开办作坊，带着他的一个兄弟和4个儿子根据市场需要制作各种刀具，儿子就是他的徒弟和技艺传承人。项老赛被评为国家级非物质文化遗产传承人以后，一位福建老板主动来寻求合作，2010年9月他们合伙在昆明开办了一爿刀具专卖店，以国家级非物质文化遗产及其传人的名义做宣传，生意还不错。

项老赛不到20岁就担任新寨村的村小组长至今，该村共有村民32户，120多人。村中18岁以上的男人一般都会锻制刀具，但目前多数人都是出外去帮人打工，像项老赛这样开办家庭作坊的也仅有3家。探问出外者不自己开办作坊的原因，一是没有足够的资金，二是市场销路不好，不易开办。

项老赛也曾想在带动村民提升这一手工产业上有所作为，但却常常陷入困境。一方面是资金不足，贷款困难。由于制作户撒刀的资金回收比较慢，靠正常的贷款压力太大，村民们很少敢去问津，就是他自己要扩大生产规模也不敢去尝试。另一方面是由于刀具受到国家管制，户撒的工艺刀也被界定为管制刀具，因此生产的产品难以在德宏州以外的地方流通，无法打开销路，致使整个产业呈现萎缩的局面。

户撒刀锻制技艺被公布为国家级非物质文化遗产以后，对户撒阿昌族保持和传承这一技艺具有巨大的鼓励和推动作用。但随着户撒刀和项老赛的名气日增，大量假造伪劣的"项老赛户撒刀"也流于世，项老赛也不得不花费许多精力去打假。项老赛还请我们帮助反映，由于非物质文化遗产具有了品牌效应，近年来乡里也有一些根本不打刀的人来蹭"非物质文化遗产"

的油，甚至有个别原来只是经营刀具的商人竟然也被评为某一个级别的非物质文化遗产传承人，这在人们的心目中多多少少影响了非物质文化遗产的权威性和信誉度。

总之，由于受到产业发展的限制，户撒刀制作的技艺作为国家级的非物质文化遗产也只能在有限的范围内保持和传承，而且近年来受到外界用机械化批量加工刀具的生产方式冲击，户撒刀生产发展的空间越来越小，打制阿昌刀的人越来越少，现存的作坊也多在单打独斗中显得岌岌可危，前景堪忧。虽然从技艺传承的角度看，户撒刀锻制技艺这一非物质文化遗产的传承在可见的短期内并无断代之虞，但是从长远来看，却不能坐视不管。

类似户撒刀生产这种以家庭作坊传承技艺的形式在各民族中并不少见，需要政府部门切实地解决一些问题。比如，给予低息或无息贷款，减免税费等政策倾斜，通过政府的采购或博物馆的收藏、展示，解决流通和销路问题，甚至还可尝试建立非物质文化遗产园区，为各种小作坊搭建平台，提高传承人的社会地位，外拓市场。

案例2：阿昌族史诗《遮帕麻和遮咪麻》与传承人曹明宽

阿昌族史诗《遮帕麻和遮咪麻》在第一批公布的国家级非物质文化遗产名录中就榜上有名，分类为"民间文学"。不少网站都转载了有关该史诗的介绍：

> 阿昌族史诗《遮帕麻和遮咪麻》主要流传于德宏傣族景颇族自治州梁河县阿昌族群众中，以唱诗和口头白话两种主要形式流传至今。
>
> 天公遮帕麻和地母遮咪麻是阿昌族心目中的神话人物，不仅是人类的始祖、开天辟地的大神、补天治水的巨匠、杀妖降魔和保护众生的英雄，更是最受崇拜的至尊善神和护佑所有寻常人家的大家神，同时也是阿昌族祭祀活动的主掌之神。史诗中的魔王腊旬则是最大的恶神。
>
> 《遮帕麻和遮咪麻》讲述了阿昌族始祖遮帕麻和遮咪麻造天织地、创造人类，补天治水、智斗邪魔腊旬和重整天地的故事。史诗情节生动感人，性格鲜明，语言朴素清新。其中，天公地母滚磨盘烧柴火、水獭猫送信、桑姑尼惜别家乡以及遮咪麻领腊旬女儿上山拾鸡的情节，都描述得十分精彩，甚至连水獭猫、麻雀、苍蝇、老鼠等小动物也栩栩如生。遮帕麻作为救世主兼战神的形象与腊旬凶狂的狠毒本性对比鲜明，体现出善恶的对应。它不仅是一部创世纪史诗，而且形象地反映出人类从母权制向父权制的过渡。故事中的盐婆神话是古代西南民族关于盐的

神话中不多见的纪录。

《遮帕麻和遮咪麻》通过口头传承一代代延续下来，阿昌族人民称它为"我们历史的歌"。在丧葬仪式中有念诵《遮帕麻和遮咪麻》的习俗，请求为死者的魂灵引路，求家人清吉、屋舍平安。每年 3 月 20 日阿昌族的传统节日"阿露窝罗节"上，念诵《遮帕麻和遮咪麻》的章节已经成为固定的开场仪式。

自 1979 年来，对阿昌族民间文学的整理就已开始，云南人民出版社于 1983 年 1 月正式出版《遮帕麻和遮咪麻》单行本（全诗 40000字，1080 行）。目前，由于懂阿昌古语的人越来越少，能完整说唱史诗的"活袍"（祭司）由原来的 8 人锐减至 2 人，濒临消亡的危险。

笔者曾于 2005 年 10 月和 2011 年 3 月先后两次到梁河阿昌族居住区调研，都重点关注到了《遮帕麻和遮咪麻》在民族人群中的生存状况。我们在梁河县民宗局和文化局的帮助下召开了多次调研座谈会，尽可能地邀请了熟悉阿昌族文化、对保护阿昌族文化具有责任感的干部和村民参加，并深入访谈了阿昌族文化人赵家培、赵兴光、孙家林、杨绍林等人，还专程到曹明宽等"活袍"的家中拜访，现场观看和聆听他唱颂《遮帕麻和遮咪麻》。他们都一致认为《遮帕麻和遮咪麻》不是一般诗歌、故事、小说之类的文学作品，而是与阿昌族的生活和精神世界息息相关的一种表达形式。以前，凡是与阿昌族的生产生活活动相关的各种仪式都要唱颂《遮帕麻和遮咪麻》。安家起屋、婚礼、丧礼、大小节庆，等等，只要有特殊意义的日子，都要有人来唱颂《遮帕麻和遮咪麻》。特别是在阿昌族窝罗节的仪式上，必须要由德高望重的"活袍"（相当于祭师或经师）来唱颂，再加上古老的窝罗舞配合，仪式非常庄严。阿昌族人相信这是与神灵沟通的一种方式。因此，《遮帕麻和遮咪麻》可以说是阿昌族人生活的重要精神支柱之一。

阿昌族没有文字，《遮帕麻和遮咪麻》是一代代从远古时代传承下来的，主要是由阿昌族的"活袍"来唱颂和传承。阿昌族人普遍相信，《遮帕麻和遮咪麻》的传承有"阳传"和"阴传"两种方式。所谓阳传，即是通过人对人的教授和学习而获得；所谓阴传，却认为是根据神的旨意而传授的，被传授人往往是经过一场大病或酣睡之后就突然掌握了《遮帕麻和遮咪麻》。只有阳传才可以带徒传承，阴传是无法带徒弟教授的。一般来说，会不会唱颂《遮帕麻和遮咪麻》是能否被认定为"活袍"的一个重要条件，只有当他们在群众中唱颂《遮帕麻和遮咪麻》，得到群众的承认，同时还要认识阿昌族的鬼神，熟悉送鬼的程序，人们才会公认他为"活袍"。

阿昌族的"活袍"过去很多，几乎每个阿昌族聚居的村落一般至少都有一个"活袍"，但近年来这些"活袍"大多都老病谢世，而且由于20世纪中叶以来，特别是"文革"中对阿昌族文化的冲击，"活袍"原有的传承制度也丧失殆尽，致使多数"活袍"直到临终也无弟子授业。经过我们多方调查，目前在梁河阿昌族中被群众认定为"活袍"的还有5人在世，分别是：曹明宽、曹良文、梁其美、张恩富、赵安猛（家青）。这5人中，除后二人在50岁左右，其他都已经超过了65岁。平时，他们都各自居住在自己的村寨中，像阿昌族普通村民一样生活劳作，只是当群众有需要的时候才出去念经做法事，唱颂《遮帕麻和遮咪麻》。据阿昌族的文化人说：在这五位"活袍"中，能真正完整掌握《遮帕麻和遮咪麻》的不过两三个人而已。

在现存的5位"活袍"中，除了曹明宽是阴传的外，其他都是阳传的。人们普遍认为曹明宽是能较好掌握《遮帕麻和遮咪麻》的人。他曾多次主持梁河阿昌族的重大祭祀活动，在窝罗节中唱颂《遮帕麻和遮咪麻》，在群众中具有较高的威信。在县州省各级文化部门的推荐下，曹明宽被列入了第一批国家级非物质文化遗产代表性传承人名单。在有关非物质文化遗产的宣传网站和著作中常见有如下对曹明宽的介绍：

> 曹明宽，男，阿昌族，1943年出生，德宏傣族景颇族自治州梁河县九保乡勐科行政村小龙潭村民小组人。阿昌族宗教祭祀活动的主持者"活袍"之一。
>
> 阿昌族称主持祭祀活动的人为"活袍"，被视为阿昌族传统文化的重要守护人。曹明宽30岁开始主持各种宗教祭祀活动，能用阿昌族语、汉语、傣语、景颇语主持祭祀活动，主要是在丧葬时念经发送亡灵，驱神送鬼，祈求安康，每逢附近阿昌族村寨举行重大活动，都会前来邀请他帮助主持。
>
> 阿昌族宗教祭祀活动，念诵的是本民族创世神话史诗《遮帕麻和遮咪麻》，根据祭祀对象，念诵不同的段落。曹明宽多年来在阿昌族重大传统节日"阿露窝罗节"盛会上念诵《遮帕麻和遮咪麻》。在举行祈神、驱鬼、祭寨、祭谷魂等民俗活动时，唱诵《遮帕麻和遮咪麻》的"降妖除魔"段落；在百姓起房盖屋、娶亲嫁女的寻家谱仪式中，唱诵《遮帕麻和遮咪麻》的创世段落。他能完整唱诵本民族创世神话史诗，娴熟掌握本民族的各种祭祀程式、相关禁忌和习俗礼仪，在梁河县具有一定知名度，前来请他主持活动的阿昌族、景颇族、傣族群众很多。
>
> 2005年《遮帕麻和遮咪麻》被公布为第一批国家级非物质文化遗

产名录，作为《遮帕麻和遮咪麻》的重要传承人和传播者，曹明宽一直坚持在民间开展传承活动。①

2005 年 10 月 7 日，我们到了梁河县九保乡勐科村委会的小龙潭村，第一次见到曹明宽。曹明宽与小儿子共同生活，家境并不宽裕，日常仍像一般村民那样依靠农业生产劳动为生，不时受邀去主持祭仪或帮人送鬼，能获取少量的收入。在与他长时间的访谈之后，我们获得了除了上述介绍之外的一些情况。曹明宽向我们叙述了他的一段特殊经历：

> 我是完全阴传的"活袍"，我在 36 岁的时候病了一大场，就像被人用绳子拴着一样，动不得，处于半昏迷状态，后来到医院检查说是没有生病，村里人硬是用猎枪把我吓醒。后来有一天半夜，我在铺上睡着，好像见到一位老人走到我面前，他是大胡子，高高的个子，穿着阿昌族服装。他一句一句地教我念《遮帕麻和遮咪麻》，我醒来就不见了他。以后我每次要念《遮帕麻和遮咪麻》或是要做各种祭祀活动，都要烧香、祷告，请他来带我，帮助我。

我们对曹明宽的叙述颇有些疑惑，请他尝试念一段《遮帕麻和遮咪麻》，他说要念就要正儿八经地请这位老人。我们按曹明宽的要求，购买了一只鸡，准备了所需的物品。于是，他开始打扫供桌，清洗酒杯，斟满两杯酒置于供桌上，随即换上新衣服，用长条红布包裹好头，点上香，点上油灯，裁了 12 对称为黄钱的黄纸，铺在三脚架上。曹明宽解释说是给阴间的官员用，就像发好烟给人抽。然后，他开始杀鸡，边杀边向神台供拜，并将鸡血洒在黄钱上；再取出一把木扇、一把长刀、一把短刀和一大札雉尾，就开始念起来；旁边有家人不断地辅助他烧纸钱，煮饭炖鸡，并将煮好的饭和鸡肉端到供桌上。起先，他还可以向我们介绍一些情况，说是他要开始请神，向神说明理由。到这时他好像突然被换成了另一个人，不再与任何人说话，似乎根本不知道有旁人存在，进入了一种近乎癫狂的状态，不时地将短刀含在嘴里，不时将烧着火的纸钱拿到嘴边吞噬。他开始大声地念诵起《遮帕麻和遮咪麻》来，很远的地方都能听见。旁边的阿昌族人告诉我们，他是用阿昌语、傣语、景颇语和汉语交错着念诵，我们的确也能偶尔听到一

---

①   云南省文化厅编著：《云南省非物质文化遗产传承人名录》，云南大学出版社 2009 年版，第42 页。

些汉语的词句。

从我们与曹明宽的平时接触和对他的观察看，他是一个沉默寡言的人，属于憨厚老实一类人，并不善于言语，但此时他念诵《遮帕麻和遮咪麻》却滔滔不绝，一点儿都不打咯噔，与平时的他形如二人。他嘴上不停地念着，手中时或舞动着刀，时或摇动着木扇，时或挥动着犀尾……最后，他眼睛一闭，突然停住了声，整个身子倒在椅背上。一两分钟之后，像是忽然苏醒一样，双手半握拳举向空中，伸了个懒腰，方才开始与大家正常地讲话。他告诉我们，《遮帕麻和遮咪麻》共有 12 部，今天只念了开头和结尾的两个部分。

若不是亲眼所见，我们难以相信这些都是真实的情况，陪同我们前往拜访曹明宽的阿昌族文化人证实，他所唱颂的的确是《遮帕麻和遮咪麻》，与他们在其他"活袍"处听到的内容基本相同。

现在，曹明宽是梁河阿昌族中尚健在的几个屈指可数的"活袍"之一，不仅受到民间的青睐，也得到了政府部门的重视。曹明宽于 2007 年由云南省文化厅推荐，成为文化部首批命名的国家级非物质文化遗产项目代表性传承人，这次命名全国有 226 名传承人，其中云南省获批的仅有 12 名。

2011 年 3 月中旬，我们再次来到梁河县，与 5 年前大不一样的是，政府已经在九保乡的永保村建起了一座壮观的窝罗节广场，旁边还有座具有民族建筑特点的纪念宫，宫内陈列着《遮帕麻和遮咪麻》的全部汉译碑文，说明梁河县政府和上级有关部门在保护非物质文化遗产上已经花了不小的力气。本来我们计划是要参加 3 月 20 日九保乡举办的阿露窝罗节，希望能在庆典上看到曹明宽正式念诵《遮帕麻和遮咪麻》的场面。遗憾的是这次阿露窝罗节的庆典由于一周前发生的盈江地震而突然取消了。节前，我们见到曹明宽时，他正在窝罗节广场筹备着庆典的事。他告诉我们，他已经领到了政府发放的津贴，有领导要他收徒弟传承《遮帕麻和遮咪麻》，他说自己是阴传的"活袍"，怎么带得了徒弟呢。

这里我们不能深究"阴传活袍"的秘密，也无意渲染未知领域的神秘，却深感像曹明宽这样一向被阿昌族群众公认的"阴传活袍"带徒传承的为难。曾经担任过德宏州人大副主任的阿昌族领导赵家培告诉我们，他们一直在为传承国家级的非物质文化遗产《遮帕麻和遮咪麻》作努力，现在除了已经将《遮帕麻和遮咪麻》全部汉译文字雕刻在纪念宫中之外，还准备将它搬上舞台或拍成电视连续剧。但是我们依然担心，如果没有"活袍"的正常传承，以其他载体方式来保存，不管再怎么现代都很难称得上是"活态"的传承。

　　此外，各级政府公布的"保护名录"对类别的严格划分与文化本身不可分割的整体性之间的矛盾也在《遮帕麻和遮咪麻》保护中体现出来。如果只将《遮帕麻和遮咪麻》按照所划分的类别，作为"民间文学"来实施保护，比如出版、上舞台、荧屏、刻石勒碑，等等，可以说已经发挥了其文化的功能，但它本身所具有的信仰、民俗的意义怎样才能不被削弱，怎样才能得到有效的保护，则是一个避不开的难题。很早就有文化人类学家指出文化的不可分割性，部分的切割和变化可能会影响到文化的整个生态系统。

　　案例3：德昂族《达古达楞格莱标》与传承人李腊翁

　　《达古达楞格莱标》是德昂族创始史诗，曾经在德昂族多个居住区流传。诗中把茶叶奉为大地的开创者和万物的始祖，它用极富想象力和创造力的神话展开了德昂先民的历史生活画卷，用茶叶变人的奇思妙想阐释人类的起源，以及德昂族的多种民俗特点。德昂族具有悠久的种茶历史，一向被当地其他民族公认为"滇西最早的茶农"，这首创世史诗正是德昂族早期茶文化的历史积淀，同时也是德昂族先民世界观和宇宙观的集中反映。十多年前，笔者在撰写《德昂族文学简史》的时候就认为："作为德昂族神话史诗的代表作，《达古达楞格莱标》却不是随便说说的故事，它是民族心目中的历史，它是一条流经无数岁月的民族文化之河，它是民族生活行为的教科书，它是民族美学思想的集中体现。因此，它的价值是多方面的。"①

　　过去，德昂族人每当重大节庆和做大摆的时候，都要由德高望重的人（一般是宗教首领或还俗佛爷）来唱颂《达古达楞格莱标》，几乎成为了各地德昂族在进洼、出洼和泼水节等重要庆典中的一项不可或缺的仪式。由于《达古达楞格莱标》在德昂族人心目中具有神圣的地位，唱颂者必须具有相当的资历和威信，因此它不是一般人所能随便学习和掌握的。

　　《达古达楞格莱标》在第二批国家级非物质文化遗产保护名录中榜上有名，与《达古达楞格莱标》保护项目相关的传承人是李腊翁。李腊翁的名字出现在2010年6月"第三批国家级非物质文化遗产项目代表性传承人推荐名单"中，目前能找到有关李腊翁的信息还不多，在一般网站上有关李腊翁的情况是：

　　　　李腊翁（1929—），云南潞西人。著名的民间歌手。李腊翁出生在云南省潞西县三台山帮外村的一个农民家庭。他从小吃尽人间的酸甜苦

————————————

① 黄光成：《德昂族文学简史》，云南民族出版社2002年版，第62页。

辣：当过放牛娃，做过雇工，曾流浪到畹町、瑞丽一带谋生……苦难的生活赐予了他坚韧而又敏感的心灵。由于长期在各地乡村奔波。李腊翁不断地受到民族歌舞海洋的熏染。他不断地听，不断地用心品味，不断地消化吸收着许多歌舞的演唱技法。不久以后，李腊翁初步掌握了《雷弄》、《串》为代表的许多民间歌曲的演唱要领。他的歌明快悠扬，情意绵绵，感人至深，具有独特个人风格和韵味。到 1948 年，李腊翁已经是一个驰名德昂族地区的名歌手。李腊翁在演唱方法上长于创新。1962 年以后，他大胆地打破了德昂族传统的演唱习惯，把歌唱、器乐演奏有机地结合在一起。这就在无形之中有力地拓宽了德昂族民歌的表现空间，艺术感染力也得到了淋漓尽致的体现。他演唱《葫芦笙恋歌》时，幽雅深情的唱腔和深沉动人的葫芦笙独奏曲相互穿插，歌喉和器乐合奏出的情感催人泪下。确实不同凡响。1979 年，李腊翁前往北京参加了"全国少数民族民间歌手、民间诗人座谈会"。回到故乡后，他创作了《我在半路等你》、《你变菜、我变锅》和《德昂族情歌》等一系列洋溢着浓郁民族色彩的作品。其中的《你变菜，我变锅》后来还荣获"云南省少数民族文学创作奖"。①

2011 年 3 月 15 日，我们在芒市三台山帮外村访问了李腊翁，他虽然已经年过八旬，但身体还硬朗，精神很好，头脑清晰，对以前的事情记得清清楚楚，还能讲一些德昂族的神话和传说，只是汉语的表达不十分流畅。

李腊翁告诉我们，他年轻时候自学学会了傣文，他所讲唱的许多古歌和故事一是来自向老一辈歌手的学习，二是来自傣文文献。我们知道，历史上随着南传佛教的传播，傣文化对德昂族文化有较大的影响。德昂族人除学会了用傣文书写巴利语经典，用傣文写缅语经典外，后来还运用傣文符号来记录德昂族自己民族的文化。这种用傣文记录的德昂族书籍中，不仅有佛教经典，还有大量德昂族的神话史诗、故事传说。

李腊翁还说，他参考的傣文资料有的是德昂族特有的，有的是与傣族共享的。他认为德昂族文化和傣族文化有不少分不开的东西。做摆的时候，他念的经文都是傣文的，他自己编的诗歌是用德昂语唱的。他自己认为他最擅长的是民歌创作。过去他创作过大量鞭笞旧社会、歌颂新社会新生活以及爱情方面的诗歌，并多次获奖，被公认为歌手和"民族的代言人"。

李腊翁在德昂族中具有较高的威信，也可以说是目前在世的德昂族人中

---

① 参见 http：//www. northedu. com. cn/listshow/show. jsp？informationid，2011 年 4 月 6 日下载。

对德昂族文化掌握最多最丰富的人了，他自幼酷爱民歌，从年轻时候起就在德昂族群众中享有盛名。他善于利用各种机会学习老一辈德昂族歌手的演唱艺术，并对本民族的歌谣进行深入探索，不论在演唱，还是在创作方面都取得了很高的成就。2002 年 5 月，德宏州的 14 名民间艺人被省文化厅、省民委命名表彰，其中就有李腊翁，他被命名为云南省民族民间高级音乐师；2010 年李腊翁被公布为国家级非物质文化遗产代表性传承人。显然，李腊翁作为国家级德昂族民歌的传承人是当之无愧的，我们所接触到的德昂族群众都由衷地为他高兴。李腊翁告诉我们，芒市文化局的领导多次来要求他带徒弟，但他到现在还找不到合适的人选，他认为现在德昂族的年轻人中具有开放性思维、善于创作的人太少了。

　　笔者与李腊翁认识始于 1998 年。当时，我们曾经邀请他到保山参加了"中国德昂族自我发展研讨会"，记得当时曾经与他交谈过，他对德昂族古歌《达古达楞格莱标》的认识并不多，不过他的创作才华和诚实善良的为人却给我们留下了深刻的印象。

　　这次谈及国家非物质文化遗产的保护，他很高兴地告诉我们，2009 年领到了 3000 元，2010 年领到了 8000 元，他很感谢党和国家对他的关心和爱护。我们告诉他，国家公布他作为非物质文化遗产传承人的项目一是"德昂族民歌"，二是"达古达楞格莱标"。从他的意外的表情看，他是第一次听到这样的信息。显然，作为德昂族民歌的传承人他是当之无愧的。他毕竟是一个诚实的人，他说："对于《达古达楞格莱标》，好像讲的是人死后做鬼和轮回之类的事情，我了解得不完全，也没有唱过，估计傣文中有记录。"看来他果真是不太了解这一古歌。我们问他，德昂族中是否还有谁会唱这首古歌，他很肯定地说："没有了。"

　　的确，据我们在国内德昂族各居住区的调查，已经找不出一个人能够完整地全部唱颂《达古达楞格莱标》的人了。我们在调查中，凡所遇到的德昂族人，问及《达古达楞格莱标》，大多数都已经不大知晓这一古歌了，只有少数人还隐约听说过德昂族曾经有过这么一首著名的创始史诗，也有个别人是读了一些关于德昂族的书籍资料才知道的。我们在芒市三台山调查时，无论是以《达古达楞格莱标》的名称相问，还是通过内容提示的方式来启发，调查对象包括一些德昂族村民和乡村干部在内，问了各种年龄层的大约30 个人，绝大多数人都不知道德昂族有过这首古歌，只有 3 个人说对类似茶叶变人的故事略有听闻，但也说不具体，其中 15 年前曾任过三台山乡长的杨腊三先生认为这首古歌不是流传在三台山的，可能流传于临沧或是其他地方的德昂族中。后来我们又分别到梁河县和临沧市镇康德昂族聚居区调查，所问到的大多数村民仍然是摇头不知，而在县乡工作的个别德昂族干部则是通过看出版的汉文资料方才知道德昂族曾经有过这首著名的古歌。只有一向致力于德昂族文化保护的刘贵荣先生，他说他曾经听说过相关的故事传说，也看到过出版的相关材料，但目前临沧地区的德昂族中已经没有一个人能够完整地演唱或者讲述该作品了。

好在这首长诗在 30 多年前，曾经由芒市三台山的德昂族人赵腊林唱译，陈志鹏记录整理，发表于《山茶》杂志 1981 年第 2 期。据德昂族学者杨忠德先生反映，翻译成汉文发表的《达古达楞格莱标》大约占了德昂族原有演唱全文的 2/3，后半部分还没有完全翻译出来。可惜唱译者赵腊林已经于 1979 年就去世了。除了赵腊林之外，当时还能完整演唱《达古达楞格莱标》的德昂族人是梁河的李连成，他曾经在缅甸南坎出家，当到二佛爷以后还俗，可惜他也于 2007 年去世了。

从我们目前调查的情况看，德昂族的创始史诗《达古达楞格莱标》作为活态的口承文化在国内实际上已经失传。现在也只能从相关的文字材料看到作品的全貌了。据说，目前在缅甸的德昂族中还有能完整唱颂《达古达楞格莱标》的人，但具体的情况还有待赴境外进一步调查。

案例 4：德昂族丁琴传承人杨忠平

杨忠平是省级非物质文化遗产代表性传承人，他传承的项目为德昂族乐器丁琴的制作和演奏，在《云南省非物质文化遗产传承人名录》一书中对杨忠平的介绍如下：

> 杨忠平，男，德昂族，1957 年出生，德宏傣族景颇族自治州梁河县河西乡勐来村二古城老寨人。乐器制作和演奏艺人。
>
> 杨忠平熟谙德昂族的传统文化，对民间音乐、舞蹈、口头文学、民俗礼仪等十分熟悉，尤精于德昂族特有的乐器"丁琴"的制作和演奏。丁琴形似琵琶，古朴厚重，琴声清脆优美，德昂族青年谈情说爱时常演奏丁琴。他自幼受父亲杨德仙（已故，丁琴制作和演奏能手）的影响，传承了父亲的各种技能，不断进行改良，并把丁琴演奏推上舞台，在当地民众中普及。传统的丁琴存在音域窄、音量小、音列不规范等问题，杨忠平经过不断改良调试，将丁琴的 3 个音阶改良为 7 个，扩宽了音域，增加了音量，并在外观设计上也大胆地进行革新，使丁琴更具观赏性。
>
> 杨忠平娴熟的丁琴演奏技艺在德宏州远近闻名。2002 年 8 月，德

宏州举办首届歌舞乐大赛，他以一曲丁琴独奏《赛可调》（汉语意为"丁琴与树叶"，是德昂族世代传承的一首"串姑娘"曲调）荣获一等奖。上海东方电视台、中央音乐学院对他进行过采访报道，对其弘扬民族文化的追求给予了充分肯定。目前，杨忠平已收徒6人授艺，使德昂族的传统文化技艺得以传承。①

笔者第一次见到杨忠平是2005年9月在芒市德昂族更名20周年纪念的文艺晚会上，他上台演奏德昂族传统乐器丁琴，把整个晚会推向了高潮，博得了雷鸣般的掌声，被观众再次要求加演。后来我们又到了梁河二古城，在杨忠平的家里对他进行了访谈。他首先向我们展示了他制作的各种式样的丁琴和葫芦丝，然后随手拿起一把丁琴弹奏起来，同时在旁边树上摘一片树叶含在嘴里，边吹边弹，十分动听，在场的人无不为之动情，无不为他的才艺赞叹。

德昂族的丁琴不仅是一种艺术，更是一种文化，它承载着德昂族传统的文化。过去，丁琴与葫芦丝一样都是德昂族年轻人表达爱情的重要媒介，小伙子都要弹着丁琴或是吹着葫芦丝才能敲开姑娘家的门，与姑娘在火塘边用音乐倾诉爱情。但是现在年轻人谈恋爱的方式变了，会弹奏丁琴的人越来越少，会制作丁琴的人更是凤毛麟角，所能找得出的也只有杨忠平一人了。德昂族传统的丁琴音乐主要有两个调子，一是"梅港"调，是爱情的表达方式，主要是用来串姑娘的；二是"赛可"调，表达一种和谐的主题，来源可能与宗教有关，主要用来化解矛盾，祝福大家吉祥如意。

杨忠平出生在德昂族的音乐世家，从小就对丁琴和德昂族音乐痴迷，他从父亲那里继承了丁琴制作的技艺，并进行了改良，使丁琴的音域更广，适应性更强。他说："我一见到丁琴，不弹就心里难过。我爹弹丁琴弹得好，我大爹（伯父）也很有水平。'文革'时候，到处破'四旧'，连佛像都要砸，我第一件事就是把老人的丁琴藏起来，保护好。我太喜欢我们德昂族的丁琴了。"

后来他潜心钻研制作丁琴，把大量的时间和精力都花在上面，甚至耽误了不少农活。致使村里许多人都不能理解，妻子也因此离家出走，留下三个年幼的孩子和一个年迈的父亲，过得十分艰辛。更不幸的是，一场无情的大火不仅焚毁了他的家财，连他精心制作和保存下来的20多把丁琴也付之一

---

① 云南省文化厅编著：《云南省非物质文化遗产传承人名录》，云南大学出版社2009年版，第113页。

炬。他在痛心之余，依然执著地坚守着他的爱好和追求，他向亲友借钱买来材料又重新开始制作起丁琴来。他说："我就是放不下这桩事。就像我每天都要吃饭睡觉一样，每天我都要做琴和弹琴。"村内外的人只要是爱好丁琴的，他都来者不拒，免费教授，他还为村里的年轻人举办了丁琴学习班。先后有20多人来向他学过丁琴演奏。

但是，家中窘迫的经济状况却困扰着他，常常是琴弦断了没有钱买。当时国家扶持人口较少民族的行动刚刚起步，像多数德昂族村寨一样，二古城村的多数德昂族都还处于贫困之中，而从杨忠平家的住房和家中陈设看，他家的情况显然属于较为贫困的一类，令人心酸不已。

5年多以后的2011年3月19日，我们再次来到杨忠平居住的二古城老寨。最让人吃惊的是，此时二古城老寨已经完全变了样，一幢幢高大的砖瓦房鳞次栉比。据统计，全村80户人家已经有71户建盖了新房。而杨忠平家却还居住在当年的老房子里。我们在没有任何事先通知的情况再次来到杨忠平的家，杨忠平正在专心致志地制作着丁琴。我们的访谈自然集中在经济问题上。他告诉我们，近几年受到国家的扶持，德昂族群众的收入增长较快，加之建造新房可以得到政府的部分补贴，所以多数人家都建盖了新居。他自己由于丁琴的事耽搁了很多下地和打工的时间，收入也受到了影响。不过最近两年，领到了省级非物质文化遗产传承人津贴，也有了一点知名度，所制作的丁琴也卖出去了几把。尽管收入还不足以同其他多数村民相比，但情况还是比以前好多了。他家里正在备着料子，打算明后年申请盖新房。

目前，杨忠平已经带了好几个徒弟，多数都是向他学习丁琴音乐，很少有人愿意学丁琴制作的，因为制作丁琴费时费工费力，收入与付出不成正比。好在杨忠平最终还是收到了一个愿意向他学习丁琴制作技艺的徒弟，现在他已经基本上能够独立操作了。

的确，政府的资助在一定程度上减轻了一些贫困地区传承人的经济压力，但是怎样进一步吸引更多的年轻人心甘情愿地加入到传承人的队伍还是一项更紧迫的任务。

案例5：怒族村寨老姆登的非物质文化遗产传承人

怒江傈僳族自治州福贡县匹河怒族乡的老姆登是怒族怒苏支系聚居的一个大村庄，历史悠久，怒族传统的文化形态保留得相对完整，非物质文化遗产丰富，从云南省和怒江州公布的非物质文化遗产传承人名单看，村中竟有4位州级以上的民族民间传统文化传承人，其中，民间音乐传承人拉赛进入了省级名录。对此，2008年3月，我们专程赴该村进行了调研。

　　老姆登村位于福贡县匹河乡北部，在前往过去碧江县城知子罗的半路上。2008 年，全村共有人口 1113 人，怒族占了 85% 以上，傈僳族占了 14% 左右。近年来，两族人已经开始通婚，关系融洽。

　　我们进村首先找到了村委会的领导，问及是否知道村中有 4 位村民列入了省级和州级文化传承人保护名录的事，村领导的回答令我们十分惊奇，他们竟然根本就没有听说过这回事。他们只知道，两年前县文化局曾组织过人员来村中对这些人进行过细致的调查，后来就没有了回音。我们告知，此事州人民政府曾以"怒政发（2005）179 号"文件正式发布过，省里也在一年前公布了"非物质文化遗产代表性传承人"的名单，其中有村中的拉赛，后来许多报刊，包括《怒江报》都曾登载过这些名录。村领导们依然茫然，表示没有经过正式的传达和部署，所以还不知道。同样的问题，我们在一一访问每一个进入"名录"的文化传承人的时候，也都问过，得到的回答都是一样的不知道，甚至还引起了他们的一番惊奇。后来在对其他乡镇和村寨的调查中，我们发现这是一个普遍的问题。为此我们专门去县和州的有关部门了解过，得到的回答都是由于上面还没有具体的部署，更没有经费支持，所以还在等待着。

　　然而，现实中的民族民间文化正在急剧流失，保护非物质文化遗产时不我待。在老姆登村我们都有来到恨晚的遗憾。到 2008 年我们进村时，村中 4 位进入州级名录以上的文化传承人中，就有一位已经离开了人世，再也访问不到了。他叫根地荣，从小跟随其父学习接骨续筋，掌握不少祖传秘方，而且还经过自己长期的临床实践探索，有独到的创造发挥，救治过州内外的许多群众，被誉为"怒寨名医"，闻名四方。现在，虽然他的女儿也还在行医，部分传承了他的医疗技术和秘方，但还有许多东西被他带走了。

　　老姆登村的村长郁伍林是一位热爱民族文化，热心推广怒族文化的人，他带着我们一一走访了三位还健在的文化传承人，并充当了翻译。

　　擅长于主持民间祭祀活动的拉金是州级非物质文化遗产的代表性传承人。他从年轻时候就跟随岳父学习并参与做祭祀活动，掌握了怒族的全套祭祀、卜算、喊魂等活动的方法和程序，他还能一口气背诵出怒族三四十代以前的联名根谱。目前，他是全村唯一一个较为完整掌握怒族传统知识体系的人。村内外附近有叫魂、送鬼、献祭之类的事情一般都会来请他，他一年中要帮人做 10 次以上这样的活动，略有收入，可添补生活。然而，现在村民信基督教的人越来越多，来请他的人也就越来越少了。在访问中，他多次感叹，自己已经 85 岁，肚子里的东西（知识）难以再传承下去了。现在村里的年轻人都不大愿意学他的那一套。他的前妻早已去世，现在的妻子和儿女都信了基督教，还常常劝他也入教。他认为自己喝酒、抽烟戒不掉，因此一直没有向基督教靠拢。他还半开玩笑地说："要是入了教就不能做祭祀活动了，村民有需要也就难得请到人了。"的确，老姆登除了拉金，还没有第二个人能为人做怒族传统的祭祀活动。2011 年 4 月，从村长郁伍林处得知，拉金老人至今还有求必应地为村里人做事。好在他的身体还过得去，但毕竟是快 90 岁的老人了。

省级非物质文化遗产代表性传承人拉赛和州级传承人亚普玛是村中的一对怒族夫妻，他俩年轻时候以跳怒族达比亚舞而远近闻名。达比亚舞是在怒族乐器达比亚的伴奏下，边弹边跳，深受怒族群众喜爱。在云南省第一批公布的非物质文化遗产名录中达比亚舞已经名列其中。因此，拉金也成为了省级非物质文化遗产的代表性传承人。在有关的宣传资料中是这样介绍他的：

> 拉赛，男，怒族，1927 年出生，怒江傈僳族自治州福贡县匹河乡老姆登村人。音乐传承人。
>
> 拉赛从小就对怒族传统乐器"达比亚"充满好奇。有一次，他去县城买东西，路遇一个放牛的中年人在尽情地弹奏"达比亚"，他便上前讨教如何弹奏。闲谈中了解到此人是他的远亲，叫赛念，在赛念的应允下，他正式拜赛念为师学艺，很快成为弹奏"达比亚"的能手。
>
> 拉赛不仅会弹奏"达比亚"，而且会唱歌跳舞，经常组织村里的青年男女开展文艺活动。1979 年至今，他一直弹奏"达比亚"，现在虽然年岁已高，但只要一拿起"达比亚"，就情不自禁地边唱边跳，翩翩起舞。拉赛弹奏"达比亚"的技艺高超，正弹反弹都得心应手，他会弹奏的怒族歌曲有百余首，如《哦斗斗》、《鸡啄食舞》、《母鸡下蛋舞》、《木爬随》、《乌鸦喝水》、《江边鸭雀舞》、《斑鸠寻食舞》、《生产调》、《迁徙调》、《古战舞》等。他还会唱各种怒族调子，如《生产调》、《祭祀调》、《丧葬歌》等，是全村及周边村民公认的"达比亚"高手。拉赛还懂得各种怒族习俗，会讲多种怒族民间故事，村里的小孩子都喜欢跑到他家里来听他讲故事。
>
> 拉赛 26 岁后开始收徒授艺，曾带徒弟十多人，但他们大多已去世，传承面临困难。①

---

① 云南省文化厅编著：《云南省非物质文化遗产传承人名录》，云南大学出版社 2009 年版，第 175 页。

　　我们所访谈的村民都证实，拉赛和亚普玛二人年轻的时候都能歌善舞，但现在年纪大了，跳不动了，都以弹奏乐器为主。拉赛擅长弹奏怒族乐器达比亚，亚普玛擅长吹奏怒族的口弦（几味）和短笛（迪里图）。村长郁伍林告诉我们：全村能娴熟地弹奏这些怒族传统乐器的也就只有他们二人了；他俩的技艺是他所见到过的最高超者。

　　由于村中大多数人都信仰基督教，在教徒眼中看来，怒族的传统歌舞乐器是与信教有所冲突的，因此一般信教的人都不愿意学。采访中，二人都忍不住拿出各自的乐器演奏起来。拉赛的腿脚不好，只能坐在火塘边弹奏，亚普妮则边吹边跳，跳得十分动情。她悄悄告诉我们，他们好久没有这样弹奏和跳舞了。他们二人都已信了教，在教堂里是不能这样跳民族舞的，只能在家里悄悄搞。一旁的郁伍林村长，也忍不住起来跟着亚普妮学习跳起了怒族舞蹈。他表示自己对怒族的音乐文化很感兴趣，但却没有机会来好好地学。从"保护名录"看，拉赛2008年已经81岁了，不过他本人说他属羊，只有77岁；亚普妮也已70岁了。显然，在老姆登村真要传承怒族的音乐和舞蹈，已经是非常紧迫的了。

　　后来不断地通过电话联系，我们从郁伍林和其他村民处得知，大约在2010年初，拉赛获得了省级传承人的3000元津贴。按照上级带徒传承的要求，拉赛收了郁伍林为弟子，教他弹会了好多首怒族传统乐曲。由于郁伍林对弹奏达比亚原来就有一定基础，学起来也快，但可惜时间太短了，还有许多怒族传统音乐来不及传授，拉赛已经于2010年11月不幸离开了人世。

　　看来，非物质文化遗产的保护和抢救工作时不我待，已经十分紧迫，必须与时间赛跑。我们前一段的普查建立保护名录工作的确取得了很大成绩，但这只是保护工作的一个方面，真正的保护和抢救还不能仅仅停留在"名录"上，必须采取具体有力的措施，尽快落实到乡村基层。

四　云南人口较少民族非物质文化遗产的特点

　　由于人群数量、生存环境、社会文化变迁以及民族文化固有的一些特征等多方面的因素，云南人口较少民族非物质文化遗产与其他人口较多些的民族相比，具有一些自身的特点，虽然这些特点在非物质文化遗产保护中具有一定的共性，但它们在云南人口较少民族中的表现是比较突出的。

（一）文化共享的人群较小，保护和传承的难度大

　　据国家第六次人口普查数据显示，截至2010年底，云南7个人口较少

民族的人口数总共为 27.78 万人。不言而喻，这个人口数字占全省和全国人口总数的比例很小。由于人口基数小，但是每个民族所拥有的非物质文化遗产却并不少，这样，如果把这 7 个民族的所有非物质文化遗产加起来再除以人口数的话，那么每个民族成员所拥有的非物质文化遗产数量就应该是其他人口较多的民族所难以比拟的。这也就意味着一个问题，每一种非物质文化遗产在人口较少民族中拥有或共享人群都不可能大。例如，进入国家级非物质文化遗产保护名录的项目在云南人口较少民族中拥有或共享人数最多应该算是"布朗族民歌"了吧，可是即使所有的布朗族人都会唱会听的话，它所拥有的人群也不过 10 万人。何况这种属于布朗族的非物质文化遗产，并不是每一个布朗族人就能天然地拥有并分享。一种民族群体拥有的文化遗产是否能成为其中个体共享的形式，就要看具体的人是否具有最低程度理解它的能力，或者与其精神生活是否相关联。在当今相当的民族成员与本民族文化越来越疏离的情况下，可以说一种民族的非物质文化遗产能够涵盖本民族成员的数量必然大打折扣。从我们在勐海布朗族聚居区调查的情况看，当今许多布朗族青年都难以在本民族民歌中找到感觉，而是更青睐于外来的流行歌曲，估计起来，目前在勐海布朗族男女老少中能够理解和欣赏布朗族民歌的人最多只占本民族人口的一半，而从布朗族民歌在个人精神生活中具有一定关联的人群来估计，最多只能占本民族的 1/3。

我们以"布朗族民歌"举例是因为它可以算得是云南人口较少民族中受众最多的非物质文化遗产形式了。作为民歌来说，它是一种最大众化的文化形式，而作为民族来说，布朗族却是云南 7 个人口较少民族中人口数最多的民族。那么，如果一种非物质文化遗产形式在人口更少的民族或民族支系中，它的拥有者或受众就更小了，有许多非物质文化遗产甚至只能被个别人所拥有。比如阿昌族的史诗《遮帕麻和遮咪麻》，目前，在阿昌族中能部分演唱的仅有 5 人，而真正能全部唱完的人也只是个别了。至于像德昂族史诗《达古达楞格莱标》，目前不要说还能从头至尾演唱的人，就是能说出其大概内容的人都已经难以寻觅了。

由于云南人口较少民族对每一种非物质文化遗产共享的人群都很小，这样就带出了一个问题：非物质文化遗产在人口较少民族中的生命力较为脆弱，保护和传承的难度更大。

（二）缺少文字载体，主要靠口头和行为传承

严格地说，云南 7 个人口较少民族都属于有口头语言而无文字的民族。尽管独龙族曾经在数十年前创立了拼音文字，但至今能掌握和使用此文字的

人本来就不多，而且主要是在信仰基督教的人群中多用于宗教活动；德昂族也是在境外创立了文字，但在国内真正掌握此文字的人还很少，基本上还未对民族文化的保护起作用。没有文字，其民族文化传承的载体主要就靠口头语言和行为。这些民族的史诗、传说、故事、诗歌、民歌、曲艺等都是一代一代地依靠口头传承下来，他们的舞蹈、工艺美术、手工技艺、武术竞技、民俗活动都是依靠口口相传、手把手地教，才得以一代代地传承下来。

由于缺少文字的记载，许多非物质文化遗产的传承中就会出现较大的变异。如果传承的环节一旦出现问题，民族群众世世代代传承下来的非物质文化遗产就可能难以为继，出现断层、断代和断绝的危险。

（三）传承中的变异较大，消失的速率较快

由于云南人口较少民族对非物质文化遗产共享的人群小，文化势能较弱，而且还缺少文字载体的辅助，其非物质文化遗产通过口头和行为的传承，很容易出现较大的文化变异。在田野调查中，我们发现这种情况十分普遍。如前面提到的怒族怒苏人的如密期节日和阿怒人的鲜花节，都是由于一些偶然的情况或人为的需要而使节日发生了文化的变异，原有的节日内涵和信仰氛围已经大为减弱。这种变异通过历史纵向的比较是比较容易看清楚的，而在现实的横向方面，由于共享的人群小，可比较的参照较少，反而不容易看出。

说到人口较少民族的传统口述文学和民族语言等方面的非物质文化遗产，其消失的速率更是惊人。我们在田野调查中常常遗憾不已，一些代代相传的民族史诗、神话故事往往由于一两个老人的去世而踪迹难觅。前面在"民族语言"的章节中提到的梁河阿昌族语言，也就在 20 余年的时间内，使用民族语言人口急剧减少，现在已经有约 60% 的阿昌族人不会民族母语，其语言消失的速率十分惊人。

（四）非物质文化遗产中内部认同价值大于外部利用价值

从文化功能的角度来看非物质文化遗产，我们至少可以区分出两种价值，即内部认同的价值和外部利用的价值。当一种非物质文化遗产被一个特定的人群拥有的时候，它首先是在民族内部发挥着认同的功能，起到了调整自己的精神世界、密切人际关系、联系情感的作用，拉近了民族成员之间的距离，从而增强了民族凝聚力，促进了民族内部的和谐。同时，一个民族人群的非物质文化遗产除了这个群体自己享用之外，它还可以利用它来从外部获得更多的东西，一方面可以与更多人共享，扩大民族与外部的联系与交

往，协调族群关系；另一方面又能够得到消费的回报，特别是与现代的旅游和文化产业开发联系起来还能创造出经济效益，这就是它的利用价值。

目前，处于弱势的云南人口较少民族对周边其他民族的影响有限，而这些人口较少民族居住地区的旅游也还很少能够得到成功的开发，能像阿昌族户撒刀那样能形成商品的东西也还很少，因而云南人口较少民族的非物质文化遗产主要还停留在民族内部发挥着认同的作用，其外部利用的价值还有待挖掘和开发。例如，德昂族特有的水鼓"嘎奔档"在远古时代主要用于部族号令，以及祭天、祭地、祭神、祭谷魂等原生性宗教的祭祀活动，经过长期的文化积淀，现在德昂族人的心目中，已经是"远古回音"的再现，是民族的共同文化记忆。只要听到水鼓声，德昂同胞无论来自哪个村寨，无论属于哪个支系、哪个部落，都会激起对祖先的追溯，对民族的认同。人们会为同属一个族群而感到自豪，被视为神圣的缘分。水鼓之于德昂族已经成为民族文化认同的一种外化形式，它建立起了超越时空的民族情结，增强着社会的融合与团结。今天，德昂族的水鼓已经被公布为省级非物质文化遗产项目，常常出现在一些地域性的文化集会活动中，但它在民族内部的认同价值还是远远大于文化产业之类的外部利用价值。

（五）地域特征明显，传承环境改变较大，文化生态受到较大冲击

一般来说，非物质文化遗产是特定人群对特定自然和社会适应的产物，它们都具有明显的地域特征。云南人口较少民族非物质文化遗产共享的人群较小，这些人群居住的地域也多处偏远的边疆、山区，或是生存环境不一般的地区，远离国家主流文化区域，历史上主流文化对其辐射的力度有限，因而人口较少民族在应对各种自然和社会的历史进程中，所创造出来的各种非物质文化遗产都明显地打上了特定的地域特征，并且在与这一地域相适应的生存环境中代代相传。比如，基诺族的特懋克节就与山地农耕的生产活动及其信仰密切相关，折射着基诺族人应对特定自然的一种生存方式。

然而，近几十年来随着边疆和山区的开发，云南人口较少民族地区的不断发展，人们的生存环境已经发生了较大的改变，在历史上曾经产生非物质文化遗产的环境，以及与之相适应的各种社会关系和人与自然的关系都或多或少发生了一定的变化。仍以特懋克节为例：目前基诺族已经基本上放弃了刀耕火种的生产方式，甚至有的村寨为了让出保护区已经搬离了世代居住地，有的村寨已经没有了"卓巴"、"卓色"等传统组织的头人，年轻人对这些曾经管理村寨的"七老"以及"白腊泡"、"莫丕"等神职人员已经很

生疏。因而特懋克节的一些传统的祭祀活动也难以为继，要么简化了，要么干脆取消了；特懋克节中的打铁备耕也往往只能流于形式，甚至有的村寨索性连"形式"都不再搞了。再如，过去德昂族小伙子谈恋爱都要吹葫芦丝或弹丁琴。在德昂族传统观念中，琴弹得好、葫芦丝吹得好的男青年才是好小伙，不会弹不会吹是缺乏本事的表现，这种人是不受女方及其家人欢迎的。但是 20 世纪 80 年代以后，这种传统观念发生了变化。弹丁琴和吹葫芦丝串姑娘的传统逐渐消失，而今已几乎绝迹，年轻人普遍不会弹也不会吹了。于是，丁琴和葫芦丝传承的环境已经今非昔比。

从文化生态的角度看，所谓非物质文化遗产并非只是一种孤立的事项，而是与特定人群的生存环境和生存方式发生着千丝万缕联系的一个超有机整体，它是民族文化生态的构成部分。因此，从这个意义上说，非物质文化遗产传承的过程就是民族文化生态不断修复的过程。随着人口较少民族非物质文化遗产传承环境的改变，民族文化生态显然受到了较大的冲击。

五　非物质文化遗产对于文化多样性保护与和谐社会建设的意义

非物质文化遗产是不同民族在不同时空环境下创造并传承至今的人类财富，是各族人民世代相承、与群众生活密切相关的各种传统文化表现形式和文化空间，是各族人民在长期生产生活实践中创造的珍贵的、具有重要价值的文化资源。一个民族不论人口多与少，保护民族的非物质文化遗产都具有重要的价值和重大的意义。

第一，非物质文化遗产本身既具有文化多样性的特点和属性，同时它也是构成文化多样性的重要元素。一个民族不论人口多少，他们创造的每一项非物质文化遗产都是一种独一无二的文化事象，这些事象的集合就体现出了文化多样性的特性。前面我们所探讨过的云南人口较少民族的语言和其他非物质文化遗产不难看出，任何一个事象都是不可替代的。任何一种民族语言的消失，都会是世界语言宝库的一个损失；任何一部民族史诗的失传，都会让世界文学殿堂的色彩黯淡；任何一种民族乐器或音乐的流失，都会减弱人类交响乐的和音；任何一个民族节日的取消，都会让人们的欢乐减分……正是这些非物质文化遗产事象的独特性和不可替代性的存在构成了人类文化多样性的基本要素，各种非物质文化遗产的共时性存在集合成了人类文化的多样性。前面我们已经论述了文化多样性对于和谐社会的建设具有重要的意义。正是这种多样性成为了不同民族交流、革新和创作的源泉，成为了不同民族人群在平等基础上和谐共处的依据。从这个意义上讲，任何民族的非物质文化遗产都是人类文化多样性的体现，都是人类的共同遗产。

第二，非物质文化遗产体现了国家文化的软实力，无论从文化多样性保护还是从和谐社会建设的角度看，都是不可缺少的。无论民族人口的多与少，其非物质文化遗产的生存状况都与国家的文化软实力息息相关。文化软实力体现了综合国力和国际竞争力。正如党的十七大报告中所强调的："文化越来越成为民族凝聚力和创造力的重要源泉、越来越成为综合国力竞争的重要因素。"中国各民族的非物质文化遗产是中华民族智慧与文明的结晶，是历史发展的见证，又是连接民族情感的纽带和维系国家统一的基础。从世界的角度看，由中国各族人民共同创造的非物质文化遗产蕴含着的中华民族特有的精神价值、思维方式、情感方式和文化意识，是维护国家文化身份和文化主权的基本依据，也是世界文化多样性的体现，它承载着人类社会的文明，维护着世界文化生态的平衡。加强非物质文化遗产保护，不仅是国家和民族发展的需要，也是国际社会文明对话和人类社会可持续发展的必然要求。从这个意义上说，保护包括人口较少民族在内的非物质文化遗产是维护和提高国家文化软实力的一个重要部分。而今，各国都把提高国家文化软实力作为重要发展战略，都在千方百计壮大本国文化的整体实力和国际竞争力。一个国家、一个民族如果没有相当的文化软实力支撑，就难以实现国家内部和外部的和谐建设。

第三，各民族的非物质文化遗产是能体现民族价值精神的鲜活文化形态的代表，是该民族和谐文化的重要源流。联合国教科文组织的《保护非物质文化遗产公约》指出："非物质文化遗产是密切人与人之间的关系以及他们之间进行交流和了解的要素。"一个民族在文化传承过程中，总离不开一些能体现民族价值精神的鲜活文化形态来进行代代相传、儿孙相继的文化传递，一个民族的若干个体认同于民族群体的文化价值也离不开那些能体现民族价值精神的鲜活文化形态，非物质文化遗产往往就是这些能体现民族价值精神的鲜活文化形态的代表。因此，我们说非物质文化遗产本身就具有和谐的价值与作用，它富含丰厚的和谐基因，有的还有明确的和谐指向，能够形成民族的凝聚力和亲和力，为我们当今建设和谐文化，构建社会主义和谐社会提供基础性的保证，同时也为各民族和不同群体的和谐发展提供思想精神的启迪。前面提到进入国家和省级非物质文化遗产名录的云南人口较少民族的非物质文化遗产全部是每个民族祖祖辈辈传承下来的文化精粹，在这些非物质文化遗产中透露着民族的精神气质，散发着民族认同的感召力，对民族群众具有凝聚力量，因而也是民族和谐文化的具体反映。例如，阿昌族史诗

《遮帕麻和遮咪麻》、德昂族史诗《达古达楞格莱标》等这些非物质文化遗产中，涉及了不少关于天地起源、人类起源、人神交往、民族关系的内容，在我们今天看来虽然是一些神话般的故事，但是它们都有明确地指向，就是人与自然、人与人、民族与民族之间的和谐共处；它们反映的价值理念很明确，就是以和为贵；甚至它们在一定程度上还回答着那些人类长期自我拷问的哲学问题：我是谁？我从哪里来？它们显然还有助于调节人们的内心与外部世界的和谐关系。所以，每一部作为非物质文化遗产的民族史诗都可以说是一部和谐的百科全书，它们所倡导的就是和谐文化。保护这些民族的非物质文化遗产，就是传承和发扬民族传统中优秀的和谐文化特质，这是尊重民族文化自身发展规律的需要，更是当今建设和谐文化、构建社会主义和谐社会的内在要求。

第四，保护好各民族的非物质文化遗产顺应了构建和谐社会的时代要求，本身就是一种促进民族和谐的建设工作，必将有力地推进社会主义和谐社会的建设。非物质文化遗产的保护为多样性文化的相互交流、相互促进、和谐共生提供了基础和保证。就以云南人口较少民族的非物质文化遗产来看，每个民族的非物质文化遗产都有丰富的文化内涵，形式多样，各具民族特色，它们是民族和谐文化的组成部分，也是构建民族和谐社会不可缺少的要件。如果一个民族丧失了自己的文化遗产，就缺少了与其他民族进行文化交流的资本。试想，如果德昂族没有了自己民族的浇花节，每年只过傣族的泼水节，节日中没有自己民族的文化指向和文化价值，只是单纯地跟着其他民族同胞热闹一番，那是很难谈得上民族之间平等、和谐交流和相互学习的。同样，在怒江地区，当地傈僳族人口较多，文化处于强势地位，虽然不少怒族和独龙族人在傈僳族阔时节节期间，也会加入欢庆的队伍，但是怒族人不可能放弃自己的仙女节，独龙族也不能没有自己的卡雀哇节。因为这些都是树立民族自信、自尊、自强，建立平等的民族关系基础上，多民族和谐共处的社会环境不可缺少的要件之一。

不少实践证明，如果一个民族人群能够自觉地认同和保护那些标志自己民族文化身份的非物质文化遗产，在民族内部或一定的区域中往往会形成和谐共处、安定团结的社会局面，人们往往能够自觉地把大量精力投入到和谐文化与和谐社会建设当中去。然而，近年来由于经济全球化的冲击，以及多种内部和外部因素的影响，由于民族文化生态发生着巨大变化，这些人口较少民族的非物质文化遗产明显遭受到了不同程度的生存威胁，有的文化事象甚至濒临灭绝。这与我们建设和谐文化，构建社会主义和谐社会的主题是不相协调的。

六　云南人口较少民族非物质文化遗产保护中的问题与对策建议

云南是中国少数民族种类最多的省份，人口较少民族的比重在全国也是最大的，民族文化的丰富性和多样性极为突出，可谓是人类非物质文化遗产的重要宝库。近年来，云南省各级政府在这方面所做的工作也颇有成效。但对照云南保护名录中"濒危语言"和云南人口较少民族语言的实际情况，说明"保护名录"的建立还有许多细致的工作需要深入；同时对"保护名录"中各项目的保护措施的落实也是刻不容缓的。为了更好地贯彻落实《中华人民共和国非物质文化遗产法》，将下一步工作做得更好，还需要总结经验，找出问题，完善措施，真正保护好云南各民族宝贵的文化资源。

（一）强化保护意识，推动保护和传承主体的自觉行动

"知"是"行"的基础。要真正保护好非物质文化遗产，首先要有足够的保护意识。从近年来的云南人口较少民族非物质文化遗产保护实践来看，我们认为，无论是政府官员还是民间人士，无论是外来的推动者还是文化主体的民族群众，对于保护非物质文化遗产都还存在着认识不足的问题。

首先是对保护的深刻意义和紧迫性认识不足。2005 年 4 月，国务院办公厅印发的《关于加强我国非物质文化遗产保护工作的意见》曾指出："我国各族人民在长期生产生活实践中创造的丰富多彩的非物质文化遗产，是中华民族智慧与文明的结晶，是连接民族情感的纽带和维系国家统一的重要基础。保护和利用好非物质文化遗产，对落实科学发展观，实现经济社会的全面、协调和可持续发展具有重要意义。但随着全球化趋势的加强和现代化进程的加快，非物质文化遗产受到越来越大的冲击，加强我国非物质文化遗产的保护已经刻不容缓。"然而，从我们接触到的实际情况看，一些政府相关部门对这精神的领会还有差距，它们往往把保护非物质文化遗产作为上级下达的一项任务来执行，很少能把它作为一种使命来对待。基层普遍反映，领导认识还不到位是一个关键的问题。甚至有的领导干部对非物质文化遗产的保护采取应付的态度，对上级的精神和要求，只是跟着喊喊口号而已。

从 2005 年完成了上级下达的非物质文化遗产普查和申报任务以后，直到 2008 年国家级项目保护经费下拨之前，各有关职能部门大多处于等待状态。即使是现在，除了国家级项目和省级以上的传承人之外，一般被批准列入地方保护名录的文化事项，如果没有得到上级的拨款，也基本上都还没有

采取任何保护措施。因而在各级"保护名录"公布以后，许多民族民间的非物质文化遗产依然在流失，一些重要的文化事项还不能获得正常保护和传承。

其次是对保护对象的文化生态特点认识不足。应该看到，云南民族，特别是人口较少民族的非物质文化遗产有自身的特点和传承保护的规律。云南的非物质文化遗产大多都与少数民族群众的日常生活和生存状态紧密相连，甚至融为一体。联合国教科文组织《保护非物质文化遗产公约》中提出的非物质文化遗产主要涵盖的五方面内容，其中的每一种事项，在云南民族中都不是孤立存在的，例如民族中许多真正原生态的表演艺术，常常是与人们的信仰或民俗相依存，离不开群众的参与，难以单独地剥离出来。许多民族的非物质文化遗产保护需要从文化遗产产生的根源着手，否则舍本逐末是难以有效地保护好文化遗产的。比如基诺族的大鼓舞，并非只是一般的舞蹈。诚如基诺族谚语所说："神从水出，人从鼓出。"大鼓舞的根源在于表达对祖先的敬仰与崇拜。如果仅仅限于对青年一代教几个打鼓和跳舞的动作，要保护好这项非物质文化遗产是很难真正奏效的。

有的地方千方百计地把入选"名录"的非物质文化遗产作为旅游开发的招牌，随心所欲地加工改造一些原生态的民族文化，结果使民族文化失魂落魄，弄得不伦不类。殊不知，不是所有的非物质文化遗产都可以从文化生态环境中剥离出来，进行商业运作去赚钱的。非物质文化遗产保护的一个重要原则是保真性，一种文化事象一旦丢掉了自己本真的特色，也就丧失了存在的理由和价值。较早进行传统文化保护的西方国家曾提出一个口号："保护就是收益。"收益不等于急功近利地赚钱。"从根本价值观上来说，赚钱与保护历史文化二者并不是协调一致的。"① 这是值得我们深刻反思的问题。

在云南民族中，非物质文化遗产的类型特点、所分布的情况，以及在保护工作中所要求的轻重缓急也与内地不尽相同。例如，语言的抢救和保护问题，在幅员广阔的汉族聚居地，一般不是什么大的问题，而在一些无文字的人口较少民族人群中却成了重中之重的问题。民族语言既是非物质文化遗产的一部分，也是许多非物质文化遗产的载体和生存的土壤。如果不对像民族语言这样一些基础性的东西以及民族非物质文化遗产赖以生存的土壤和环境引起足够的重视，及时采取措施加以抢救和保护，那么民族文化的保护和传承将会出现致命的问题，对于多元一体的中华民族文化的多样性也将会受到

① 联合国教科文组织、世界文化与发展委员会编：《文化多样性与人类全面发展——世界文化与发展委员会报告》，张玉国译，广东人民出版社 2006 年版，第116页。

极大的冲击。

再次是对保护和传承主体的认识不足。在一些文化干部的意识里，以为政府公布了保护名录，名录里的责任单位是地区或政府机构，那么保护非物质文化遗产的主体就应该是政府部门和干部们了。因而有一些政府部门就将上面下拨的保护经费心安理得地留下来自己使用；甚至越权把非物质文化遗产随心所欲地割裂、改变，进行商业开发。殊不知，非物质文化遗产需要还原到一定的文化生态中方能存活，如果将它们孤立地剥离出来，光靠外部力量的推动是无济于事的。民族非物质文化遗产赖以生存的土壤就在民族群众中，他们是非物质文化遗产的拥有者，他们才是文化保护和传承的主体。理论界有一种观点将"保护主体"和"传承主体"分开，认为政府、其他保护机构、社会公众都是保护主体，非物质文化遗产的拥有者和持有者只是"传承主体"①。本研究不赞成此观点，认为创造、发展和实践非物质文化遗产的群体就是文化主体，同时也是保护主体，在这主体中具体持有非物质文化遗产的人群可视为传承主体。而政府和相关机构并不具有非物质文化遗产的实际拥有权，只能是非物质文化遗产保护的责任人。保护非物质文化遗产是一种社会事业，相关政府和机构对其进行保护是职责所在。

离开了拥有非物质文化遗产的主体——具体的民族人群，要讲所谓保护，那只能是空话一句。这就好比一个物品的拥有者，当他不喜欢、不看重这件物品的时候，他可以随手丢弃，而当他认为这件物品价值连城的时候，他一定会给予特别的呵护，精心护理。同样，当一个民族群体不能充分认识到自己民族文化的价值的时候，其民族文化遗产的命运可想而知。

保护的根本目的是为了促进人类的发展，促进民族社会的和谐，维护文化的多样性，而只有充分依靠文化主体，才能做到有效地保护。没有文化主体和传承主体的保护意识和传承行动，政府拨再多的经费也难以达到保护的目的。由于对保护和传承主体的认识普遍不足，有关非物质文化遗产的管理部门很少去做推动群众保护的工作，至今各民族群众基本上都还对本民族的非物质文化遗产保护处于半休眠状态。据我们在基层调查所知，虽然从2009 年开始，国家级和省级传承人基本上都开始领取了下拨来的津贴，但多数非物质文化遗产项目的保护经费都还未能落实到传承主体身上，多数民族人士都还不知道本民族的某项非物质文化遗产入选某级保护名录的情况，也不大清楚本民族非物质文化遗产传承人的评选结果，甚至一些老艺人直到与世长辞都还不知道自己已经入选了某级"名录"。

---

① 见李墨丝《非物质文化遗产保护国际法制研究》，法律出版社 2010 年版，第 164—1185 页。

　　最后是对保护工作的专门知识不足。非物质文化遗产可从文化人类学的角度定义，也可从艺术学等角度去定义。由于各级申报名录的主持单位是文化部门，从文化部一直到各县市的文化局，现在的各级非物质文化遗产保护名录申报工作，主要还是从艺术学和原有文化工作的角度来看待的。但要对非物质文化遗产进行整体性、活态性、原生性的保护，文化人类学的视角和思想观念却是不可缺少的。就是说，负责非物质文化遗产保护和管理的人员，除了原有的文化工作知识之外，还应该具有一定文化人类学的基本知识，否则就难以胜任。然而，目前从我们接触到的一些情况看，有些从事少数民族非物质文化遗产保护工作的党政人员，他们身上流露出来的对人类学基本知识的贫乏常常令人震惊，由于对社会文化认识的局限，以及缺少文化的敏感性，往往制约了他们的工作成效，甚至可能出现好心办坏事，名为保护实为毁坏文化的事情。因此，在各级非物质文化遗产保护工作中需要广泛地普及文化人类学的思想观念。

　　由于诸多认识上的不足，造成了对非物质文化遗产保护意识的淡化、保护行动迟缓、保护方法的单一、保护效果不尽如人意。甚至出现更令人担心的情况，一旦某些遗产申报成功，不仅没有科学地保护这些遗产，反而因认识上的局限或利益上的驱动而对它们过度的开发，使它们从活生生的民族群众的生活中剥离出来，进行阉割，使之因脱离生活而变异、萎缩，甚至最终成为展现给外来游客看的文化僵尸，从而加速了它们的破坏和消亡。从目前有些被列入各级名录的非物质文化遗产所显露出的类似苗头来看，这样的担心并非空穴来风，应该引起足够的警惕。

　　因此，当务之急是要强化担负遗产保护工作的党政干部对非物质文化遗产的保护意识。一方面要让他们从文化多样性和构建和谐社会的高度来认识，真正懂得文化是一个民族的灵魂和血脉。不仅要履行人类社会对文明遗产和世界文化多样性保护的责任，更要通过保护好非物质文化遗产来增强民族的自信心、自豪感、认同感和归属感，从而促进经济、社会、文化的全面协调发展，构建社会主义和谐社会。另一方面还要对他们进行更多的专业知识的培训，让他们懂得怎样通过文化主体的民族群众去科学地抢救和保护非物质文化遗产。

　　建议发挥学术队伍的作用，整合各方面的力量，建立专家指导、政府主导、社会广泛参与的保护机制。对各民族非物质文化遗产的保护工作是一项科学性要求极高而又十分紧迫的工作任务，要做好这项工作仅仅依靠行政职能部门是难以胜任的，需要充分调动和发挥专家学者的作用。应该明确规定，每一项政策措施的制定和重要的保护工程都必须要有社会科学家（以文化人类学、民族学、社会学为主）的参与调查、审查和评估。

抢救和保护非物质文化遗产最有效、最直接、最基础的力量在于各民族民众之中，应要求各级非物质文化遗产管理和保护部门深入到民族群众中，通过宣传、办班、示范等多种形式，广泛宣传和普及非物质文化遗产的知识和保护的意义，与非物质文化遗产的拥有人群一起探讨保护的途径和方法，让民族群众提高对本民族非物质文化遗产的价值认识，从而珍爱自己的民族文化，自觉地行动起来保护非物质文化遗产。只有文化主体的自觉行动，才能获得事半功倍的效果。正如联合国教科文组织和世界文化发展委员会所提出的："对于非物质形态文化遗产来说，更为迫切的任务是在该民族内部培训文化人类学方面的专业人员，使他们能够认识并解释本民族的历史文化价值。"[①]

（二）完善保护规划和措施，扭转重申报轻落实的局面

在对云南人口较少民族非物质文化遗产保护情况的调研中，我们发现普遍存在着重申报轻落实的情况。各级文化主管部门都希望本地区本部门能够多获得一些列入上级名录的项目，列入的越多越好，列入的级别越高越荣耀，这往往与其政绩挂钩，有的还可能有经济利益的驱动，希望上级能拨来更多的保护经费。然而，在具体落实保护措施对项目实施保护的时候却通常行动迟缓，与申报时的热情形成对照。我们最近在兰坪县兔峨乡怒族若柔人聚居区调查发现，当地人至今还不知道若柔语言已经在 5 年前就被列入省级非物质文化遗产的保护名录，甚至连县里的一些干部也不甚了解，因而也未曾见到相关的保护措施得到落实。在我们调查中类似的情况很普遍。被列入省级名录的"民族传统文化保护区"和"民族民间传统文化之乡"的民族群众，一般也不知道自己的居住地和民族人群得到了这个"名义"。

重申报轻保护落实，这是一个普遍的现象，即便是联合国教科文组织的"世界文化遗产保护名录"也存在着这种情况，已有不少学者指出了这一问题。究其原因可能是多方面的，但据我们在基层调研的反映，至少有两方面的问题是造成目前有关职能部门行动迟缓的理由。一方面是经费迟迟没有落实，上面该拨的没有按时到位，当地政府应配的也没有及时落实；另一方面是缺乏科学的保护规划，保护的措施不配套、不完善、不好操作，因而也难以落实。

---

①　联合国教科文组织、世界文化与发展委员会编：《文化多样性与人类全面发展——世界文化与发展委员会报告》，张玉国译，广东人民出版社 2006 年版，第 131 页。

据最近了解的情况是，国家项目的保护经费已经下拨，国家和省级传承人的津贴也都发放到手。另外，随着 2011 年 6 月 1 日《中华人民共和国非物质文化遗产法》的施行，按第六条规定："县级以上人民政府应当将非物质文化遗产保护、保存工作纳入本级国民经济和社会发展规划，并将保护、保存经费列入本级财政预算。"只要各级政府遵照执行，保护经费的问题应该会逐步落实。我们希望，各级政府对此能引起高度的重视，落实得越快越好。尤其是人口较少民族聚居区的政府部门，应该对人口较少民族非物质文化遗产濒危的现实和态势具有紧迫感，按照《中华人民共和国非物质文化遗产法》的精神，"对濒临消失的非物质文化遗产代表性项目予以重点保护。"同时，建议政府设立基金，对开展保护活动有经济困难的，可以申请县级以上政府资助。

为了科学而有序地开展工作，科学的规划和保护措施是不可缺少的。各县级以上政府公布第一批保护名录至今已经多年了，但不要说总体的保护规划，就是完善的单项或局部的保护规划也很少能见到，可见在这方面的工作是普遍滞后了。《中华人民共和国非物质文化遗产法》第二十五条规定："国务院文化主管部门应当组织制定保护规划，对国家级非物质文化遗产代表性项目予以保护。省、自治区、直辖市人民政府文化主管部门应当组织制定保护规划，对本级人民政府批准公布的地方非物质文化遗产代表性项目予以保护。"

由于各地和各民族的非物质文化遗产的情况不一样，估计很难制定出一份各地都完全适用的规划。一方面应当尽快制定全国或全省性具有实际指导意义的保护和抢救非物质文化遗产的总体规划，制定民族文化遗产保护的标准和规范，另一方面还要督促州县政府部门也要拿出本地区的保护规划来，而且要有可操作的保护措施配套。为了各级政府能够制定出科学的保护规划和措施，应该充分发挥专家学者的作用，给相关人员更多的指导、培训和帮助。尤其是在人口较少民族地区，要统筹规划人口较少民族文化遗产保护工作，开展人口较少民族文化遗产保护管理和专业人才的培养，支持人口较少民族文化遗产学术研究，等等。

　从更长远的方面看，还需要建立一套通过保护非物质文化遗产来支持和鼓励民间文化传承、维护民族文化生态的机制。从现在起就应该有所准备，比如，公开各种相关信息，使更多的公众和媒体介入，搭建让文化遗产的拥有者、专家学者与社会公众共同研讨的平台；出台鼓励民间传承和保护的可操作的政策措施；鼓励开展传艺、讲学以及艺术创作、学术研究等活动；鼓励、支持国内外的组织和个人依法开展非物质文化遗产保护方面的合作和交流活动；鼓励和支持社会资金参与非物质文化遗产保护，等等。

（三）处理好局部与整体关系，消除"名录"的负面影响

显然，从国家到县市级非物质文化遗产保护名录的公布是近年来我国文化保护的一项重大举措，它可以让人们对所公布的非物质文化遗产有更多的了解，可以通过保护措施的贯彻落实，集中相对有限的人力、物力对"名录"中的非物质文化遗产项目进行重点保护，可以通过宣传和示范引起各级政府和社会各界对保护非物质文化遗产的重视，可以通过对非物质文化遗产价值的肯定，引起社会的关注，从而与文化产业和旅游开发结合起来，获得收益，从而推动对非物质文化遗产的抢救和保护。总之，各级保护名录的建立和公布，其意义深远，积极的作用不言而喻。

然而，在肯定其正面影响的同时，我们也不能忽视负面的影响。其负面的影响主要来自对那些未能列入保护名录的各民族非物质文化遗产以及文化生态的冲击。我们得承认列入各级非物质文化遗产保护名录的项目毕竟是有限的。在地大物博、历史悠久、民族众多的中国，我们不可能像法国和日本那样，"大到教堂，小到汤匙，巨细无遗，全部登记造册"。而且，我们才刚开始探索建立保护名录，未能进入名录的文化遗产肯定比已列入名录的项目多得多。虽然从评判者的角度看，没有列入名录的项目价值不如列入者高，但不等于没有价值，也不等于不重要。

这可以从四方面来看，第一，在非物质文化遗产的申报和评审工作中，各级政府花费了大力气，下了大功夫，总体上是应该给予充分肯定的。但是也不能不排除一定的偶然性和随意性。由于申报和评选非物质文化遗产的程序主要是通过基层提出，层层上报的，上级部门组织评审。每一个环节都要求具备很强的专业性，而实际上不可能完全达到。难免存在着认识和工作方面的差异，其取舍标准也不可能完全一致；每一级的评审都可能出现专业知识和信息不足而难求公允的情况，也可能造成一些价值重大的非物质文化遗产漏列"名录"的情况。第二，中国各民族有价值的非物质文化遗产实在太多了，由于受到信息、认知以及工作条件等多方面的限制，不可能把所有具备相应价值的非物质文化遗产都列入名录，而且即使再大的"名录"也未必就能够详尽中国各地各民族的各种有价值的非物质文化遗产。第三，退一步来说，各级非物质文化遗产的申报和评定工作即使是在各种专业知识和信息都具备的前提之下，也还存在着一个最终评判标准和规范是否普遍适用各种特色文化，是否公允的问题。面对各民族的文化遗产，评判者不能没有一个标准和规范，而这个标准和规范难保不会带上了文化的"眼镜"，特别

是一些与文化主流差别较大的弱势的异质文化，在"文化眼镜"的观照下，难保不会出现价值的误判。第四，由于各种级别的非物质文化遗产名录的评选多少与地区的经济利益、官员的政绩表现不无千丝万缕的联系，甚至有的项目为了挤入名录，不乏动用"潜规则"，出现了像有专家形容的"打擂台"的现象，这也在一定程度上造成了评选结果可能失真的现象。

因此，我们认为所谓建立"名录"只能是一种代表性、示范性和引导性的保护工作，并不能代替对所有有价值文化遗产的保护。从民族的角度来说，一个民族被收入名录的非物质文化遗产项目也只是其民族文化的一部分，或者说只是民族文化生态中的一些构件而已，它们不能代替对民族文化生态的维护，和对民族文化的整体保护。

这里我们没有否定和贬低各级政府建立非物质文化遗产保护名录的意思。只是提醒人们和有关职能部门，需要有一个清醒的认识：民族的非物质文化遗产只是民族文化生态的一部分；建立名录固然必要，但客观上可能会造成对未列入名录的非物质文化遗产保护的松懈；如果把是否列入"名录"来作为其文化事项是否有价值或有多大价值的衡量标准，这样很容易造成误导；不要以为没有被列入某一级遗产名录的就没有价值，或者价值较低，就可以放松保护，任其自生自灭。在任何一个民族群体中，能够代代相传，满足着人们的精神需要的非物质文化遗产，都有其存在的理由，都有不可忽视的价值，都有保护传承的必要。如果没有清醒的认识，一味跟"名录"走，就有可能造成误导，掩盖住了文化遗产保护本身的目的。联合国教科文组织和世界文化发展委员会也曾提醒我们："那些没有列入保护范围的历史文化遗产则被彻底遗忘，日渐衰败。"[①]

我们在实地对民族文化传承人的调查中发现，被列入或是没有被列入"名录"的非物质文化遗产，在民族群众中都有可能出现保护责任松懈和自觉性下降的苗头。被列入"名录"的传承人在迟迟见不到保护措施落实、得不到经费的情况下表示：既然政府在名单中已经肯定了它，它是全人类共同的遗产，保护的责任就不完全在我们身上了；而政府"名录"中没有的项目传承人则往往感到灰心，觉得要想获得政府的支持希望渺茫，甚至还怀疑起自己所传承的文化是否具有传承的价值。

一方面，非物质文化遗产的保护有一个重要的原则，就是整体性原则。对此，我们呼吁一定要注意对非物质文化遗产的整体保护。进入任何

---

① 联合国教科文组织、世界文化与发展委员会编：《文化多样性与人类全面发展——世界文化与发展委员会报告》，张玉国译，广东人民出版社 2006 年版，第 117 页。

级别名录的非物质文化遗产事项，不管怎样有代表性，不管怎样重要，都只能是民族文化中一个有机整体中的局部，任何局部都不可能完全代替整体。任何非物质文化遗产都只是民族文化生态中的一个部件，倘若忽视了整体性的原则，"在'保护'实践中，只重代表性事项，轻视乃至割弃其他相关事项，也会造成不应有的损失"。[①] 因此对那些未能列入"名录"的非物质文化遗产的冲击不可轻视，对民族文化生态的保护不能放松。需要认真处理好整体与局部的关系，重视进行民族文化生态的整体保护，防止对非物质文化遗产从民族文化生态中的剥离和阉割，动摇了整个民族文化的根基。

另一方面，实行"名录"中的非物质文化遗产退出制度也是十分必要的。最近文化部表示，将建立非物质文化遗产国家级名录的退出制度，定期组织评估检查，对不再符合国家级名录标准的将予以除名，并追究相关责任。[②] 希望这一制度能够早日建立实施，并推广到地方的非物质文化遗产管理中。

无论如何，保护非物质文化遗产时不我待。政府部门建立名录固然重要，但手段不能代替目的，应该适时地将工作的重心转移到实际的抢救和保护中去。目前亟须组织力量重点抢救各民族濒于消失的有价值的非物质文化遗产。对那些濒危文化遗产的抢救和保护决不能拖延时日，必须以迅速而有效的行动贯彻"保护为主，抢救第一"的原则。

（四）处理好经济扶持与"非遗"保护的关系

进入 21 世纪后，各级政府十分重视对人口较少民族的扶持工作，中央政治局常委会和国务院把扶持人口较少民族发展工作列入年度工作要点，国务院通过了《扶持人口较少民族发展规划》，云南省委和政府也多次出台文件，采取特殊政策措施，集中一定财力物力，努力加快 7 个人口较少特有民族聚居地区的经济社会发展步伐。由于政策措施得力，目标明确，项目和经费层层落实，几年下来云南人口较少民族地区发生了巨大的变化。但由于扶持工作具有帮助人口较少民族脱贫发展的性质，各级政府的精力和经费都主要集中在基础设施和经济社会发展方面，民族文化的保护则相对较弱，在一定程度上形成了一手硬、一手软的局面；也在一定程度上造成民族文化的主体对自身民族文化的忽略，对自身文化价值的模糊，对文化保护注意力的分

① 贺学君：《关于非物质文化遗产保护的理论思考》，《江西社会科学》2005 年第 2 期。
② 《新京报》2011 年 2 月 27 日。

散。当然，我们不是说开发扶持工作不重要，而是说，需要对民族文化的保护工作引起更多的重视。

从云南的情况看，随着人口较少民族地区基础设施和社会环境的急剧变化，民族人群生活方式和思想观念也在快速变化，人口较少民族的文化生态也发生了较大的改变，人口较少民族在发展中面临着比其他民族更为严峻的两难选择，一方面渴求在经济上高速发展，另一方面又面临老祖宗留下来的文化传统还要不要的问题。于是，如何处理好人口较少民族扶持发展与独具特色的非物质文化遗产保护的关系就是摆在我们面前一个当务之急的重要问题。

有人认为，人口较少民族的主要问题是贫困，帮助他们脱贫致富，一旦改善了基础设施，生活水平提高，经济社会有了较大发展之后，其他问题就好办了。但不知他们是否想过：人口较少民族的传统文化也正随之变异和消亡。由于人口较少民族人口少，文化核心区范围小、存续本民族传统文化的自身能力较弱，社会的变迁对其传统文化的冲击是其他民族所难以比拟的，也是有史以来最强劲的，许多有价值的民族传统文化和非物质文化遗产已经在快速地消失之中。如果等到人口较少民族发展到一定程度以后，再来谈保护民族文化就晚了，必将后悔莫及。文化是不可逆的，消亡了的文化是不可能再生的。

因此，建议各级党委和政府及时调整人口较少民族扶持的策略和措施，要把人口较少民族文化和文化生态的保护作为扶持工作的一项重要内容，需要将非物质文化遗产的保护工作提升到各级政府层面的扶持工作范畴来重视。要像对待基础设施建设和扶贫工作那样，认真抓紧，抓好，落到实处。不能像过去一些地区所做的那样：党委和政府将非物质文化遗产保护的工作一手推给文化部门，计划好的经费也迟迟不能到位。

我们目前对于保护非物质文化遗产有一个误区，以为对文化遗产的保护属于文化厅局的工作，只要交给这些部门就可以万事大吉了。虽然说是文化厅局作为政府的职能部门，可以行使政府工作的部分职权，但由于条块分割的局限，很难有效地协调各相关部门和广泛动员社会的力量来开展保护工作。实际上非物质文化遗产的"文化"和文化部门主管的"文化"，这两个概念并不完全重合，在外延上前者比后者要大得多。按照联合国对非物质文化遗产的定义，有许多内容已经超出了文化管理部门的职能范畴。尤其是在人口较少民族中很多非物质文化遗产尚未从民族日常生活中剥离出来的情况下，有许多文化事象也已超出了个别职能部门的工作和视野范围，仅依凭一个职能部门之力，无论是在行政力度，还是在工作技术方面都是难以全部胜任的。必须要有党委和政府的综合统筹。

　　人口较少民族的非物质文化遗产是世界文明和文化多样性的宝贵财富，不能让经济扶持的主题掩盖了文化保护的历史使命。需要二者兼顾，共同推进。

第 五 章

云南人口较少民族多元宗教信仰与
和谐社会建设的文化生态

本研究在使用民族宗教的相关概念时，尽量避免某些带有歧视性或可能使人产生误会的词语，即使有些词语在民间和学界已惯用多时，本书也力求用其他更规范或我们认为更合适的提法来替代，如将用"原生性宗教"代替"原始宗教"，用"南传佛教"代替"小乘佛教"，等等。

一　云南人口较少民族宗教信仰与文化生态现状

从宗教信仰的角度来考察云南人口较少民族，同样呈现出了明显的多元、多样的形态。和而不同，可以说也是云南人口较少民族宗教信仰的一大特色。

（一）独龙族的宗教信仰

长期以来，独龙族信仰的一直是民族原生性宗教，民族原生性宗教在独龙族的文化生态和社会生活中占据着重要的地位。然而不能忽视的是，20世纪30年代基督教开始传入独龙江地区，独龙江下游的一部分独龙族人群开始信仰基督教，近30年来基督教逐渐向独龙江上游传播。虽然目前独龙江信仰基督教的人口不到当地独龙族总人口的15%，但是其发展的势头不小，在独龙族信仰的文化生态中增加了更多的变数。

独龙族信仰的民族原生性宗教基本上还处于自然崇拜和万物有灵的早期阶段，鬼与神的概念尚未明确区分。人们把天界的鬼神称为"格蒙"和"南木"，把住在地上的鬼神统称为"布兰"。"格蒙"是天上的最高神灵，它创造了人类，掌管着人类的生死祸福；"南木"是受"格蒙"派遣到人间司职的天界鬼灵，它通过巫师作中介，解除人间的痛苦或灾难，但也会残害于人。"布兰"是自然界中凶恶的精灵，对人畜危害极大，故得请巫师祭祀以安抚或将其驱逐。

灵魂观念是独龙族原生性信仰的核心。人们相信世间的任何事物都有灵魂。特别是有生命的人和动物一般都有两个灵魂。一个是维持着肌体生命的"卜拉",另一个是人和动物肌体死后出现的亡魂"阿细"。"卜拉"与所附着的人畜一致,身材、相貌、性情、智愚皆相同,人畜干什么它也干什么。"卜拉"死了,相应的人畜也就离世了;"卜拉"从人畜体内走失,人畜就会生病,就得请巫师"南木萨"通过招魂仪式来找回。人和动物死后出现的第二个灵魂"阿细"是住在另一个世界的灵魂。但是,一般人看不到"阿细",只有巫师才能看得到。独龙族认为,有的事物虽没有知觉和生命,但与人们的生产生活相联系,诸如太阳、月亮、星辰、云雾、雷电、冰雪、水土、草木及石头,因而它们也被视为是有灵魂的,因此也要请祭师和巫师来祭祀。

在独龙族的信仰生活中,祭师和巫师等神职人员具有重要的地位。独龙族中的巫师主要有"南木萨"和"乌"两种。"南木萨"是天界的"南木"与人间的联系人,其社会地位一般比"乌"高。"南木萨"宗教职能主要是驱鬼治病,营救人(畜)的灵魂"卜拉"、驱斩恶鬼、从事占卜和祭祀。"南木萨"以男性居多,独龙族视之为保护神的象征。独龙族认为,每一个氏族都需要有"南木萨"来保卫,否则就难以得到平安。"乌"是一种较古老的巫师,也可说是祭师。他不管天界的事,主要与地上的"布兰"打交道,并以主祭崖鬼为专职,因为居住在山崖、洞穴和丛林中的崖鬼"几布兰"是独龙族认为最凶恶最可怕的鬼。一年一度的年节"卡雀哇"是"乌"大显身手的时候。届时,由"乌"主持剽牛祭天或祭鬼,祈求来年的平安和丰收。"南木萨"和"乌"的传承主要在家族中进行,但并不一定由父子传承。

各家族和村寨中的"南木萨"和"乌"相互之间并没有统属关系。在每个独龙族村寨,他们都是独龙族宗教活动的中心人物,被独龙族人看作是人与鬼之间的中介人物,但他们都不是以宗教信仰职业为生的特殊阶层,他们仍需参加生产劳动,自食其力,也没有特殊的社会权力。"南木萨"和"乌"的传承没有一定的规范,一般都是自然形成的,只需在家族或村寨内部获得认可,无须举行正式的传袭仪式。每一个传统的父系家族一般都要有自己的"南木萨",他们一般都能有求必应地为家族内外的人使用巫术和宗教仪式治病;在独龙族村寨中,一般都有一个或多个"乌",他们常主持一些带有血腥的宗教巫术活动。现在,独龙族村民患了病往往先找巫师念咒施祭,如果治不好,也会去找乡村医生或送到乡或县的卫生院医治。

直到 20 世纪末以前，各独龙族村寨的"南木萨"和"乌"基本上都处于正常的传承状态。但近年来有少数村寨或家族神职人员的传承出现了问题，已经没有了"南木萨"。有的村寨和家族即使有不止一个"南木萨"和"乌"，但这些神职人员在独龙族人心目中的地位和威信也有所下降。且以独龙江北部的冷木当为例，在这个村寨的"卡尔乔"氏族中，进入 21 世纪的时候，竟然出现了三个"南木萨"和一个"乌"。从这个村寨中走出来的独龙族学者李金明先生，也属于"卡尔乔"氏族，生于 1964 年。他在其"民族家庭实录"的自述中写道：

> 本家庭成员以及相关的亲戚家庭成员中，巫师共有四个，三个"南木萨"，一个"乌"。"南木萨"中有一个就是我的亲二哥李金山，一个是我的表哥李自才，即我三舅"科全昆"的大儿子，一个是我的堂哥龙明清，他是我母亲的姐姐"科全江格里"和"曾义普细"夫妇所生的大儿子。另一个巫师即"乌"叫李元成，他是我大舅"科全普社"的第五个儿子。一个村里出现那么多的巫师。是前所未有的，村里的老人们都说，过去一个村子里最多只有一个巫师，本领也相当高明，现在不知道为什么搞巫师的人那么多，而且巫师们驱鬼治病的本领也不如以前了。人们认为，搞巫师的人越多，患病的人也就越多，人们胆战心惊无法安心地生活，还不敢说巫师们什么，怕得罪他们而加害于自己。有人生病了又不得不依靠他们驱鬼治病，村里的人处于一种相当恐惧的状态之中，人们渴望上级领导多派些医生来，希望在本村设立卫生医疗室，老百姓生病了就能够到卫生院求医。①

更有意思的是，李金明的二哥还出外当过兵，学过医，最后还是回到村寨里成为了"南木萨"：

> 二哥李金山，生于 1957 年 12 月，现年 38 岁，毕业于贡山县一中高中部。1975 年 7 月高中毕业后，于 1976 年 4 月应征入伍，此后一直在昆明军区 43 医院内伤科当卫生员，1980 年 7 月退伍回家乡当赤脚医生。1982 年以后贷款经商，至 1985 年还清贷款及利息。1992 年以后当了巫师。当我问他为何要当巫师时，二哥犹豫了一下回答说："1991 年

---

① 李金明：《高山峡谷独龙家——独龙族》，云南人民出版社、云南大学出版社 2003 年版，第 88—89 页。

以前，熊当村的巫师熊当格员告诉人们说'李金山就是南木萨（巫师）。'"加上他本人也曾见过一些奇怪的、一般人看不到的东西，或许是鬼魂吧，于是，他就这样成了一名南木萨（巫师）。村里人也承认他是个南木萨（巫师），独龙人认为：鬼来找你或者传来话，叫你成为一名巫师（即南木萨），假如你不理会，就会招来灾祸。在这种观念的支配下，我二哥就当上了"南木萨"。①

最近，我们再度问及李金明先生，他告诉我们，他二哥李金山已经于2006年在一次偶然事故中坠崖身亡。村里的另一个"南木萨"龙明清也意外去世了。这些意外的出现，在当地独龙族眼里看来，其信仰的生态似乎又回归了常态。现在冷木当村的"南木萨"只剩李自才一人。李自才在成为"南木萨"之前是该社的社长，而且还是中共党员。他认为自己是被天上的"南木"看中了，附在身上，所以不得不当"南木萨"。平时他像以前一样与家人一起劳动，但凡村寨里有驱斩恶鬼、占卜祭祀，为人消灾治病、保命延寿的事情，都由他承担，据说还很忙。

冷木当村地处独龙江以北，从该村的情况可以看出，目前独龙江以北地区独龙族人在民族原生性宗教信仰方面基本上还保持着传统的状态。目前独龙江交通还相对闭塞，经济发展缓慢，医疗和教育水平也不高，因此社会发展对传统信仰的冲击还不算很大。

相对而言，独龙江地区基督教的传播却对民族原生性宗教产生更大的影响。20世纪40年代，基督教开始传入独龙江，先在南部地区站住了脚跟，但当时独龙江北部孔目以上地区属于西藏察瓦龙土司插手管辖范围，土司不允许辖区内独龙族群众信基督教，因此基督教只在独龙江南部的马库一带传播，传播的范围有限，发展速度也不快。据统计，到了20世纪50年代以前，约有教徒200人。但到了1955年，信教人数就猛增到70余户602人，占当时独龙族总人口的26%。在后来的各种政治运动中，独龙江基督教的宗教活动被迫停止了。直到1984年后，随着党的宗教政策的落实，基督教在独龙江得到了较快的发展，其传教活动逐渐沿独龙江北上。据2000年统计，全乡信教人数已有600余人，分布在300多户人家。现在独龙江乡的多数村寨都设立了礼拜堂，其中也不乏完整规模的教堂。信教群众每逢星期三、星期六、星期日，都要到礼拜堂诵经祈祷。相对而言，基督教在独龙族

① 李金明：《高山峡谷独龙家——独龙族》，云南人民出版社、云南大学出版社2003年版，第6—7页。

青年当中具有较大的吸引力，据一些信教的青年人反映，教会中有一群人，大家在一起好玩。

基督教传入独龙江，在一定程度上改变了独龙族信教群众的生活习惯，许多人戒掉了烟酒嗜好，有病不再请"南木萨"，不再杀牲祭鬼；一些人学习并掌握了独龙族"日旺"文，用来诵读《圣经》；青年教徒们在教会内物色婚恋对象，打破了独龙族传统上比较稳定的氏族性环状婚姻制度。不过总体来看，在独龙江地区基督教与独龙族的原生性宗教基本上是和平共处的。一些受了洗的教徒照样参加村中"卡雀哇"传统节日的集体祭祀；每逢八月的"咱白"节和十二月的圣诞节到来，一些不信教的独龙族青年也去"凑热闹"。近年来，基督教在独龙江的影响正在日益扩大，其传播和发展的速度都超过了以往任何时候。

基督教在独龙族中的传播，一方面给独龙族人，特别是年轻人在信仰方面提供了多一种的选择，为独龙族信仰的文化生态注入了多样性的要素；另一方面，也正在挑战独龙族原生性宗教信仰的统治地位，正在慢慢打破长期保持稳定状态的独龙族文化生态。

（二）德昂族的宗教信仰

德昂族在云南 7 个人口较少民族中居住最为分散，分布在九个县市之中，但每一个地方的德昂族都几无例外地笃信南传佛教。从现存的一些史籍文献看，德昂族在很长时间里一直以本民族原生性宗教为基本信仰，元以前处于"不知节序，不奉佛教，唯信巫鬼"的信仰状态。大约在元明之际，德昂族强盛的势力被不断削弱，但尚未大批迁徙分散，在土司势力的统治下，与傣族及其他民族同居共处，深受其文化影响而逐渐信仰了南传佛教。德昂族人认为信奉南传佛教会得到幸福，善者可以升天堂，恶者下地狱。

德昂族所信奉的南传佛教教派各有不同。国内南传佛教中的"润"、"摆庄"、"多列"和"左抵"四个主要的教派都分别有德昂族人信奉。如瑞丽芒棒、畹町一带的德昂族多信仰"润"派；保山潞江坝、三台山的早外、马脖子等村寨的德昂族信仰"摆庄"派；临沧市镇康县南伞、军赛等乡镇的德昂族主要信仰"左抵"派；居住在芒市三台山邦外、楚东瓜、勐丹、南虎、冷水沟，瑞丽雷门、贺南毛，以及梁河、盈江、等地的德昂族则信仰"多列"派。更让人惊异的是，在德昂族的同一居住区人群中，所信仰的教派却常有不同，如芒市茶叶箐一个村中就有 3 座奘房，分属多列、摆庄、左底三个不同的教派，并都各有信众。德昂族宗教信仰中的这种复杂的现象，并非以居住地域和支系的划分就能说清其原因，其中还有许多历史上偶然的复杂因素。

比较来看，德昂族中信仰"多列"派的人数最多，芒市三台山现有奘房的14个村寨中，有11座奘房是属于"多列"派的。"多列"和"左抵"两个教派的教规都十分严格，禁忌甚多，严禁杀生，家中也不得饲养畜禽。信徒们认为，哪怕是鸟兽鱼虫，也像人一样，都有一条生命，任何生命都不能轻视，残害任何生命都是有罪的，即使有鸟兽危害庄稼也不能猎杀，人被蚊虫叮咬也只能扇风吹气把它们赶走。近年来，信仰"多列"和"左抵"的德昂族人已经打破了许多禁忌和戒律，普遍饲养猪、鸡等畜禽，也为庄稼打农药，与"润"、"摆庄"等教派出现趋同的趋势。

各种派别的活动通常都以佛寺为中心展开，几乎每一个德昂族聚居的村寨都有一个佛寺，当地人称为奘房。德昂族的奘房建筑与傣族相似，但也有本民族的特色。其中最突出的要数水心奘，这是以水沟环绕的地方，水中养有鱼及螺蛳。意思是以水洗心革面，荡涤心灵的尘垢，反省自身行为。每年从"进洼"到"出洼"三个多月中，佛爷都要独自在水心奘中悉心念《转心经》，任何人不得进入打扰。在多数德昂族奘房中，先生们平时用傣语所念的《曼嘎拉》、《平安经》、《引路经》等佛经基本上与周边的傣族相同。

德昂族信仰南传佛教以后，本民族的原生性宗教信仰并未因此而绝迹。在日常生活的许多方面，特别是祭祀活动中，本民族原生信仰的形态仍得到一定程度的保留，比如人们在进奘房拜佛做摆的同时，也还要定期或不定期地举行祭寨神、祭谷娘、祭房神、驱鬼等传统性的祭祀活动。有的地方在做完佛教的"大供"之后，还要举行驱鬼仪式。如在镇康、耿马等德昂族聚居区，往往要找两个人化妆成面目狰狞的驱鬼魔王，从佛寺中冲到村民家中，用长矛刺墙壁，并向屋顶抛洒沙子，口里喊着"那更亚木"（意思是"打死恶鬼"），待认为已经将魔鬼驱除之后，又回到佛寺中，听佛爷念经，方才结束仪式。走进德昂族村寨我们会发现几乎每个德昂族村寨都有寨桩，一根木柱树立在近似多层塔状的沙堆上，三台山德昂族叫做"乌曼"，梁河德昂族称为"扎地"，它代表着本寨的祖先，德昂族群众视之为寨子的保护神。村民们遇有婚丧嫁娶和节庆等各种大事都要前去祭祀。

在德昂族人观念和行为中时时流露出早期信仰的痕迹。德昂族的传说中毫不隐晦地认为佛祖并非是最大最至高无上的神灵，来自本民族信仰的谷娘被说成是比佛祖还更具神通的神祇。我们在实地调研中，好几位不同村寨的老人都分别给我们讲过佛祖与谷娘比本领的故事。故事说，在一次做大摆的时候，佛祖和谷娘都认为自己本领比对方大，争执不下，结果谷娘一气之下飞走了，做大摆的人没了饭吃，大家都不来做摆，这下佛祖着了急，只好亲自飞到天边去请谷娘，向谷娘当面道歉，承认谷娘的本领比他大，谷娘才原谅了他。他背着谷娘飞到做大摆处，高声喊："谷娘回来了，有饭吃了，快来做大摆。"从此以后，德昂族人不仅拜佛，也要祭祀谷娘。

类似这样的早期神话还常常在诠释民族生活行为中起着相当的作用。德昂族的信仰文化表面看似单纯的佛教信仰，实际上却是南传佛教和民族早期信仰的文化影响同时并存，交融互补，构成了一种多样复合的文化生态。比如，"一些寺庙里的先生也扮演巫师的角色，在念经拜佛的同时也给群众相面打卦、拴线驱鬼，同时也给一些中草药。可能是心灵慰藉和中草药的共同作用，有些病也能看好。现在青年人很少信鬼，但是一些老年人在请医生看病的同时，也请先生拴线驱鬼"。①

半个多世纪以来，德昂族人与全国人民一样，在经历了多种政治运动之后，迎来了改革开放的时机，在改善生产和生活的同时，人们对佛教信仰的态度和方式也在发生着变化。

首先是一些束缚人们生产发展和生活改善的佛教戒律已经被逐渐抛弃。比如信仰"多列"和"左抵"教派的人，过去严格禁止杀牲，而且见杀不吃，闻声不吃，为了不杀牲，也不允许饲养牲畜家禽，往往只养一只公鸡报晓。而今随着民族社会的发展进步，在德昂族村寨很少再有人家会以违背教规而拒绝饲养家禽和牲畜，有的村寨甚至把饲养业作为脱贫致富的一个产业来推进。经过长期的磨合和交融，加之近年民族社会的变迁，实际上德昂族所信奉的南传佛教中四个教派的差异已经缩小，教徒们头脑中的派别观念也逐渐淡化。改革开放初期，曾有德昂族多列派的人在瑞丽市场上杀猪卖猪肉，曾引来族人的声讨。现在，大家觉得是很正常的事了。"现在，各教派的群众和睦相处，有的随住持长老的更替也改换教派，也有一个村寨同时存在两个教派的。"②

其次是佛教信仰的空间在缩小，一些信徒对佛的虔诚程度在下降。过去，几乎每一个德昂族村寨都有一座奘房，经过"文化大革命"，几乎所有村寨的佛寺都被摧毁殆尽。进入新时期以后，有不少村寨由村民集资投工恢复重建了佛寺，但是多数村寨的佛寺都不再有专职的僧侣。其原因一方面是村寨难以承受住持和尚或佛爷们的经济负担，另一方面是难以找到合适的人选。比如陇川德昂族居住的七个村寨，共有七座奘房，只有户弄村委会芒棒村的奘房从缅甸聘请了和尚住持；在整个芒市德昂族村寨中的 22 座奘房中

---

① 王铁志：《德昂族经济发展与社会变迁》，民族出版社 2007 年版，第 450 页。
② 同上书，第 454 页。

仅有楚冬瓜等 5 座奘房有佛爷或和尚住持；镇康县德昂族聚居的 9 个村寨中各有 1 座奘房，但只有 5 座奘房有佛爷或和尚常驻，其中 3 座奘房的住持佛爷都是从境外请来的。那些没有僧侣的佛寺一般都由村寨中不脱产的"贺露"① 管理，平时锁着，有活动的时候方才打开，若村寨举办重大活动则要到外面去请和尚。

　　以前，像其他信仰南传佛教的民族一样，男孩子成年之前都要被送到奘房中"出家"一段时间，认为这是男孩子"成人"过程中的必然经历，现在这种现象在德昂族中几乎完全消失了。这也是造成而今德昂族佛教神职人员十分缺乏的一个重要原因；同时这种变化也明显加剧了信仰上的代际差异。现在，德昂族年轻一代对宗教活动都不太感兴趣，中年以下的人几乎不进奘房，拜佛的人主要是老年人和中年以上的妇女。这显然造成了德昂族宗教传承的危机和文化生态的不平衡。"建国后，尤其是'文革'中极'左'思潮对当地民族传统文化，特别是对佛教教育及其信徒、和尚、庙房的冲击不仅使许多宝贵的民族历史文化遗产毁于一旦，而且还从根本上否定了传统的评价系统存在的合理性（合法性）。随着社会发展的进一步一体化，又使其在其他文化尤其是汉文化所体现的评价系统的斗争中日益边缘化……在调查访谈中我们发现，对本民族的历史文化及风俗习惯已很少有人能完整的知道了，大多数当地德昂族村民已'不会讲了'，'知其然而不知其所以然'的情况在老年人中也十分普遍，年轻一代包括很多中年人甚至大多连'知其然'都很难做到了。一般懂得最多的只有奘房先生。"②

　　另外，还需要强调的是，德昂族属于人口主体在外的跨界民族，一向与境外同族人的交往比较频繁，近年来国内的宗教政策放宽以后，境内外同族人在宗教信仰方面的联系越来越密切，来自境外的宗教影响越来越大。这是一个值得关注的动向。国内其他跨界民族也有同样的问题，但在德昂族中表现得尤为典型。对此我们在调研中给予了更多地注意（详见附录相关部分）。

（三）基诺族的宗教信仰

　　基诺族信仰的是本民族传统的原生性宗教，万物有灵论和多神崇拜是其

---

　　① "贺露"为傣语，指兼职性地主持村寨佛教事务、管理佛寺，而非正式出家的人士。德昂语的称呼因支系和地域不同，或称"来庄"、"安长"（还俗佛爷）或"布占"（懂傣文的先生），等等。

　　② 汤芝兰、李韬：《云南民族村寨调查：德昂族——潞西三台山乡勐丹村》，云南大学出版社 2001 年版，第 32 页。

宗教信仰的基础。基诺族信仰的神灵甚多，各种神灵都有自己的职能，人间的大小事情，都有专门的神灵来管理。在基诺族宗教信仰中祖先崇拜占有突出的地位。其中重要的祖先神是阿嫫腰白、阿妣欧和丕嫫。阿嫫腰白是基诺族神话中的女始祖，她创造了天地万物，给人类带来了光明和智慧，帮助人类治服了灾害；阿妣欧也是基诺族神话中的祖先，她牺牲了自己让人类从葫芦中出来，基诺人自认为是阿妣欧的后代；丕嫫是司生育的女神，她一批批地造人，造好后用炭在人的额头和手心画上纹络，以决定一个人的命名。过去基诺族每年都要举行"喏嫫洛"来祭祀阿嫫腰白；吃新米时要祭祀阿妣欧，凡举行仪式时都要对她表示敬意，在唱歌前也要呼唤"欧"的名字；基诺族人婚后往往要举行祭仪向丕嫫讨要孩子。

　　基诺族所崇拜的神灵许多都是从祖先崇拜演化出来的。"家内崇拜的家神是死去的父系祖先，寨内崇拜的寨神是死去的父系长老。死去的祖先居住的世界叫'生杰左米'，那里是拟人式的世界，在人们的传统观念中，'生杰左米'的世界比人间村寨的生活还要美好。在祖先崇拜之外，还有自然崇拜，凡人们看到的宇宙和动植物都有鬼魂，此外，还有种种恶鬼，一切崇拜对象皆称为'乃'，无神、鬼、仙之分。人们的病灾都与鬼有关，所以要杀牲祭鬼，普通的杀牲是鸡，中等的杀牲是猪，最高的祭祀仪式的杀牲对象是牛。"①

　　人们认为神灵具有非凡的神通，能够预知各种事情的结果。人们只有按照神灵的意志行事，遵循神灵的意念和安排才能成功。但是在人与神之间的沟通需要有特别的媒介，民族中的祭师"白腊泡"和巫师"莫丕"就是这样的中介人物，或者说是人神之间的使者。他们被认为是神灵的宠儿，因而深受族人的敬爱，族人通过他们与神灵打交道，相信能够避凶化吉。他们主持村社中的各种占卜和祭祀活动，被认为代表着全体成员利益和愿望；他们对各种卜兆的解释总是具有权威性，深受当事人的信赖。他们主持的各种活动都有很大的号召力。由于各村寨的情况有所不同，"白腊泡"和"莫丕"的职司也有所不同，根据基诺族研究专家杜玉亭在巴亚寨的调查，"白腊泡"的职司主要是：

　　一是用米为问卜者卜卦，或用贝占卜（贝卜被认为是非同常人的占卜术）；二是为个体家庭的婴儿举行命名式；三是在播种结束锄草前主持祭谷神、雷神仪式；四是猎手打得麂子以上野兽，在竹楼上开剥前，由白腊泡进行祭兽神仪式；五是白腊泡上任仪式时，进行蒙贝壳的巫术（蒙贝被认为

---

① 杜玉亭：《基诺族文学简史》，云南民族出版社1996年版，第19—20页。

是白腊泡的高级法术）。

　　莫丕的主要职司是：一是为村民招魂医病（不少莫丕懂一点草药医方）；二是为山地或房屋遭雷打的人家祭雷神；三是为上新房的男家长举行一系列上新房祭祀仪式；四是送葬后在死者家内举行人鬼分离的仪式；五是充当婚礼时人与鬼之间的证婚人并致词；六是在白腊泡就任仪式时致祭词；七是为莫丕就任仪式致祭词；八是主持村寨集体祭雷神、谷神时的祭祀。①

　　长期以来，基诺族各村寨都实行寨老制，卓巴和卓色即是两个最重要的寨老，有的村寨的寨老多达五位或七位，故有"五老"或"七老"之称。卓巴和卓色是村寨中的首席寨老和第二寨老，他们要从村寨中最古老的两个氏族中产生，唯一的条件就是年龄最长。谁当了卓巴以后，就要将象征村社的神物——木鼓安放在家中供奉。基诺族认为木鼓专管鼓神"色巴"，没有木鼓，"色巴"就会出来乱跑，吓死人。供奉好木鼓，能够保佑全村寨的安宁和人丁兴旺，年年丰获。所以村民们要定期给大鼓敬酒。有的村寨有两个木鼓，分出"公"、"母"。"公"的供奉在卓巴家，"母"的供奉在卓色家中。

　　以卓巴为代表的寨老们的职责除了安排村寨中生产生活的重大事务之外，还涉及许多宗教信仰方面的活动。例如，要经常代表全寨人向鬼神祈求生产、生活诸方面的事情，要主持和安排全寨性的祭祀活动，如农耕祭祀、狩猎祭祀、祖先祭祀等；在特懋克节等重大的节日活动中，要敲响存放在家中特有的大鼓，请村人来家中喝酒，带人到铁匠房祭献，在备耕仪式中念经，以及举行一系列的祭祀活动。

　　以上这些基诺族宗教信仰方面的历史情况和特点主要来源于基诺族村民的口述和有关研究资料，它反映的是基诺族过去长期存在的一种普遍现象。但是，自从1958年以后，基诺山经过"补划阶级"、"民族补课"以后，大多数村寨取消了祭师、巫师和长老制，基诺族宗教信仰的传统秩序被打破，有的村寨甚至把最重要的神器——木鼓拿去公共食堂当做甑子蒸饭。后来基诺族被认定为我国单一的少数民族之后，经过拨乱反正，有些村寨是在政府及民族上层人士的推动下逐渐恢复起"卓巴文化"来的。近年来，基诺族社会生活和生存环境都发生了较大的变化，上述基诺族的信仰情况有的还在一些村寨继续着，有的已经发生了变化。

　　2008年8月，我们实地调查了基诺山乡巴亚村委会的巴坡寨和札吕寨、新司土村委会的亚诺寨、巴卡村委会的巴卡小寨。从这些村寨神职人员和宗

---

①　杜玉亭：《基诺族文学简史》，云南民族出版社1996年版，第20页。

教活动的情况也反映出基诺族的宗教信仰形态正在急剧变化之中。

最近金孔雀集团投资在巴坡村委会的巴坡村建设了一个以基诺族文化为基础的旅游景点，名为基诺山寨，已有相当的规模，请了30多位当地村民穿戴着基诺族服饰在园中展演，村民们有了一定的收入。至今整个基诺山各村寨都已经不再过祭祀始祖的传统节日"喏嫫洛"了，但在景区为了推动旅游还保留着这一活动，园中树立着基诺族始祖阿嫫腰白的巨型雕塑，每年都要组织进行祭祀活动。无论其出发点如何，这是唯一保留这一传统节祭的地方了。在巴坡老寨，曾经有一个"白腊泡"，可惜1958年就去世了，是巴坡村委会的最后一个"白腊泡"。他离世以后，本应由"白腊泡"主持的祭祀活动都由"莫丕"和"卓巴"等村寨的寨老来代替。

在巴亚村委会札吕寨，我们访问了而今的卓巴，他叫白腊腰，68岁，1974年加入了中国共产党。他出生在村寨中最古老的家族，所以从小就有思想准备要当卓巴。他13岁就结了婚，生育9个儿女。村中虽然没有了"白腊泡"和"莫丕"，但还正常地传承着寨老制，以卓巴为首的七个长老各行其责，因而传统的宗教信仰活动还基本上能够正常进行。自从他当了卓巴后，就将村寨的神器木鼓移到了他家中供奉。一年一度的卓巴房祭祀也从来没有断过。祭卓巴房时村人都来到他家，宰牛祭祀，然后头脚共吃，牛肉按户平均分配。而今每年2月6日的特懋克节在有些村寨只过半天或一天，但在札吕，特懋克节由卓巴和卓色家族主持，前后要过三天。完全遵循传统的方式，第一天杀牛，第二天由卓巴家族组织，按家族姓氏过，第三天由卓色家族来组织。这期间要带人去祭祀铁匠房，要安排人在那里留守，要举行备耕仪式。村民们聚在一起唱歌、打球，平时有什么矛盾也通过唱歌来化解。

与札吕相比，亚诺寨的情况则大不一样。亚诺寨是1966年从亚诺老寨搬迁到新址建立的。搬迁之前，老寨还保持着共居的大家庭——长房，共有12家，长房中的人口最多时达到99人，搬迁之后大家庭逐渐解体，但直到1982年时也还存在3座长房，不久即解体，这是基诺山最后的长房了[①]。过去，也有两面代表村社的大鼓供奉在卓巴和卓色家里，而今村寨中连"卓巴"、"卓色"都已经没有了，年轻人对这些曾经管理村寨的"七老"以及"白腊泡"、"莫丕"等神职人员已经感到很生疏。现在村中的事务由村长主持，必要的宗教祭仪只有请寨中老人来主持，原先要祭地、祭茶神，现在都不祭了；年轻人的成年礼也取消了；特懋克节也和其他村寨一起组织，一起

---

① 参见郑晓云《最后的长房——基诺族父系大家庭与文化变迁》，云南大学出版社2005年版。

过。过去村中有一土坎，挖了一个小台，供奉着寨神，在大房子的西边还有鬼房，有人专门祭祀，但至今已经踪迹难寻。村寨中已经没有了属于自己的神山，村民们把所有大青树都视为神树，各家自行操持祭祀。

在巴卡小寨，70 岁的资木拉老人告诉我们，1958 年以后整个基诺山已经没有了"白腊泡"和"莫丕"，现在已经无人懂得那些与神灵沟通的深奥念辞，也不用再举行传统的"剽牛仪式"和"蒙贝仪式"了；已无人会按基诺族的传统方法计算日子，现在大家都使用通用的日历。虽然几位热心的退休干部为了配合外来拍电视或为了宣传基诺族历史的需要，曾经搞过"剽牛仪式"，但显然已不是传统意义上的活动了。至今巴卡小寨还有"卓巴"及其"五老"，卓巴在村中两个最早建立根基的家族中选，谁的年纪大就由谁来担任。组织集体性的祭祀、杀牛发肉、叫魂等有关宗教信仰方面的事务都由卓巴来主持，上新房、结婚、过节则由卓色出面；村中有人生病要请卓巴来念经，烧荒砍地前也要卓巴去念。不过现在村中有了医生，轮歇地变成了橡胶地，请卓巴念祭的机会也少了。特懋克节也是由卓巴等"五老"组织，多数时候都与亚诺、巴卡等其他村寨一起过。过去全村人都在担任"卓巴"和"卓色"的两个最老的家族家中过，现在都去青年之家和妇女之家的大公房里过了。平时村寨中的日常事务由村长负责，若无集体活动，一般也不找卓巴。现在村寨中非集体性的节祭活动主要有新米节和叫谷魂，都由各家家长自主祭祀，自己念祈祷词。不管怎样，在基诺族人的心目中万物有灵的观念并未彻底消失。

总体来说，在基诺山各村寨的宗教信仰习俗本来就各有不同，近年来由于受外来影响的强弱差异，其变迁的情况也有所不同，一般认为贯穿基诺山的小腊公路是一条分界线，在公路沿线，交通便利，或距离旅游景点较近的村寨变化较大，而在远离公路的偏僻村寨，其传统的东西保留得相对较多。比如基诺族传统的新米节（禾希早），现在也只在路南一带的村寨中保留着，路北一带已经不过了。

由于近年来基诺族的生产劳动对象有了较大的变化，从刀耕火种到定耕，从种植粮食为主到以种植橡胶和茶叶等经济作物为主，以及对狩猎活动的取缔，这些业缘关系的变化也深刻地影响着基诺族人信仰文化的变迁。比如，刀耕火种和狩猎活动的消失，与之相关的砍地仪式、烧地仪式、播种仪式，以及狩猎前后的祭祀仪式也随之成为历史。而在这个变迁过程中，信仰文化的演变不等于民族信仰的消失，民族的信仰在民族文化中具有一定稳定性。在我们的调查中发现，不仅中老年人都还有着根深蒂固的神灵崇拜思想，许多基诺族的年轻人也都还在一定程度上相信万物有灵，还具有朦胧的祖先崇拜意识，但在"喏蟆洛"等一些传统的祭祖活动被取消多年后，人们对民族传统信仰中的始祖阿蟆腰白、阿妣欧和丕蟆等渐渐变得陌生了，我们询问过的数十个年轻人都很少能说清楚这些始祖的来历。对于"白腊泡"和"莫丕"等这些曾经在基诺族宗教信仰中占有重要地位的祭师和巫师，许多基诺族年轻人也不甚了解了。一方面信仰的需求在传承和延伸，另一方面信仰的空间在缩小，显然在一定程度上打破了基诺族文化生态的平衡。

（四）怒族的宗教信仰

由阿怒、阿龙、怒苏和若柔四个支系组成的怒族虽然在中国的人口仅有27000 余人，但由于怒族是由多个居住在不同地域并具有不同文化传统的支系组成的一个民族，因此怒族的宗教信仰就难以一概而论，再加上近代以来各地怒族人都不同程度地受到了外来宗教的影响，更造成了怒族宗教信仰形态的复杂多样。即使居住在同一地域的同一支系的怒族人（甚至是同一家庭）中，其宗教信仰也常常呈现多样化的情况。

例如，贡山独龙族怒族自治县中阿龙人聚居的丙中洛乡，2005 年全乡信教人口中，藏传佛教徒占55%，天主教徒占22%，基督教徒占21%，其他占2%。再如该乡的茶腊村，2005 年 3 月共有 76 户人家，总人口 328 人。其中信仰藏传佛教家庭 47 户，天主教家庭 17 户，基督教家庭 5 户，多宗教家庭 6 户，另有 1 户称不信宗教（其实是信原生性宗教）。其中 6 户多宗教的家庭中，则有 4 户人家的成员分别信仰天主教和藏传佛教，有 1 户信仰基督教和藏传佛教，1 户信仰藏传佛教、天主教和基督教。

面对如此多元的怒族宗教信仰，我们仅就怒族信仰的几种主要宗教形态分述之。

1. 本民族传统的原生性宗教

相信万物有灵，举凡日月星辰、山川湖池、雷电风雨、草木鸟兽等，无不具有灵魂存在。基本上还停留在鬼神不分的阶段，认为鬼神有善恶大小之分；鬼神多半是保护人类的，但也有的会给人类带来灾祸，因此人的各种活动都必须经过鬼神的准许，需要用物品来祭祀鬼神，以求得保佑。在怒族不同支系中敬奉的鬼神各不一样，兰坪一带的若柔人信奉的鬼主要有山神、水神、树神、石神、天神等 20 多种；贡山一带阿龙人信奉鬼神主要是岩神、山鬼、水鬼、树鬼、路边鬼等 10 多种；福贡县城附近的阿怒人主要信奉的鬼有山鬼、天地鬼、战鬼、瘟疫鬼、冲犯鬼及民族鬼等 10 余种；而在福贡县匹河乡的怒苏人中，人们信奉的鬼神却有氏族神、自然鬼、灾难鬼和民族鬼等 4 大类 20 多种。

此外，在怒族人的信仰中还保留着比较完整的图腾崇拜形态，这在云南人口较少民族中表现得较为突出。各氏族都有本氏族的图腾传说，一个氏族往往以一种动物或植物为标志命名。例如，福贡县匹河乡的老姆登村的怒族人就说该村共居住着六个氏族，即达华苏（蜜蜂）、斗华苏（猴子）、亚华苏（熊）、拉吾华（老鼠）、明黑华（蛇）、纳着华（鸟）氏族。在各氏族的传说中，这些作为氏族标志的动物往往与本氏族的起源有关，都是他们传说中的祖先。比如蜜蜂氏族就传说，曾经有一群从天上飞过的蜜蜂落到怒江边变成了 16 个人，而后代代传衍下来。氏族图腾制衍变至今，作为氏族标志的动物在怒族的各氏族中已经基本上失去了图腾的本意，但仍在人们的观念中多少有些"神圣"之感，同时，氏族图腾的名称在怒族内部还具有区分不同亲缘关系，禁止氏族内婚等方面的作用。

信仰民族传统宗教的怒族各支系都有祭司和巫师，但称呼不同。阿怒人称为"尼玛"、"达施"；阿龙人叫做"董木萨"、"那木萨"，怒苏人叫做"于枯苏"、"绵安"。他们所司职能及司祭范围各有不同，但都离不开卜卦祭鬼、治病疗伤、主持神判之类。至今，各个怒族支系中要想找到一个被公认为有神通的祭师和巫师已经很不容易了。2008 年 3 月，我们原打算到福贡县匹河乡拜访一位当地怒族群众十分崇敬的"于枯苏"，但他却在不久前去世了。"于枯苏"是怒苏人的大祭师，不仅会念祭怒族人的鬼神，还要会念祭傈僳族和白族人的鬼神，不仅熟悉本民族的历史和文化习俗传统，还要能熟练地背诵本氏族父子连名世系家谱。他们在民族群众中都很有声望，颇受尊重。可惜这样的人物在怒族中已经找不到了。

目前当地怒族人常请去祭献鬼神的一位 85 岁（2008 年）的老人，名叫拉金，我们专程去老姆登村拜访了他。他刚被怒江州政府授予"文化传承人"的称号，但本人还未接到通知。他说他自己还不能算是严格意义的"于枯苏"，他并没有专门学过怒族传统的祭仪，只是由于前妻的父亲生前是"于枯苏"，耳濡目染地懂得一些念祭方式和词语。目前，周边村寨没有了"于枯苏"，他只好来充数了，周围的村民家里上新房，或有人将外出，或久病不愈都会请他去念祷，村委会和乡里举行的许多传统节祭活动也找他主持，每次都有少量的收入。近年来当地怒族人改信基督教和天主教的人越来越多，因此请他念祭的人就越来越少。他的妻子和孩子都已经改信了基督教，妻子也多次劝他改信基督教，但他因为断不了抽烟喝酒的习惯而作罢。

2008 年在阿怒人聚居的木古甲村，一位曾经相当于"尼玛"的宗教神职人员告诉我们：过去他用传统方式帮助村人祛除病魔，通过竹签等方式看鬼神，摆一把草、一碗酒，念咒驱鬼；还经常祭祀房神、树神等。四年前，他自己的眼睛看不见，被"爱心会"医好了。生病的时候，烟酒都不想沾，后来就信了基督教。信教之后，不再做驱鬼治病之类的事，现在连民歌调子都不唱了。他还告诉我们：他以前喝酒、抽烟身体不好，脸色暗，信教后断了烟酒，身体也好多了。看来，他对放弃本民族传统的信仰方式并无任何惋惜。而今村里很多人都改信了基督教。

虽然目前还有相当的怒族群众信仰着本民族的原生性宗教，但是其信仰的文化生态却发生了较大的变化，这不仅表现在神职人员后继乏人的问题上，而且还可以从民族的宗教节日活动中看出端倪。2008 年 3 月是福贡县匹河怒族乡一带怒苏人的如密期节。如密期本是一种村寨性的传统备耕祭祀活动，深为怒族人所看重，往往要请祭师和巫师出来主持和念祭，有的地方还要用樱桃木削制的"阿的的"（男性生殖器）来驱赶女妖"皮康米"，祭祀活动的宗教意味甚浓。近年来，作为怒族乡的匹河乡政府为了旅游和宣传的需要，出面组织节日活动，将其办成了一个娱乐和交流性的节日，到处都挂满了"欢度第三届如密期节"的标语。而有一些原先还举行"如密期"祭祀活动的村寨也都停止了自己的活动，完全听从政府的安排。在 2004 年农历 3 月，笔者曾到贡山县怒族聚居的桃花岛（扎那桶）调查，岛上的怒族人正在忙着过鲜花节。鲜花节是当地怒族人最为隆重的宗教性传统节日，相传是为了悼念一位曾经发明了溜索、引来甘泉的名叫阿茸的仙女。过去每逢节日，桃花岛的怒族人都要渡过怒江，登上高高的达拉后神山，到阿茸曾经住过的仙人洞里去住宿、祭祀、接神水。但是，不久前一位外地老板去承包开采大理石，把上山的路炸断了，村民们已无法上山，只有聚在村子里唱唱跳跳。

从上述两个事例不难看出，一些民族宗教节日正在发生变异，其中的宗教信仰氛围已经大为减弱。本来，宗教节日向世俗化方向演进也属正常，但这种由一些人为因素而引发的突变容易引起民族文化生态失衡的问题，需要给予足够的关注。

2. 藏传佛教

清朝末年，藏传佛教传入贡山怒族地区，在丙中洛建盖了喇嘛寺，还从西藏迁来了一些藏族居民，因此有一些阿龙人成为佛教信徒。1825 年落成的普化寺就建在怒族和傈僳族、藏族共同聚居的山岭上。在兴盛时期，仅住寺喇嘛就达 100 多人，还拥有大量的山林、田产和牲畜，在当地形成了政教合一的组织机构。贡山怒族信仰的藏传佛教属"宁玛派"，是藏传佛教中吸收和保留藏族传统"本教"因素最多的一个教派。它同怒族原生性宗教在自然崇拜和多神信仰的观念上有不少相近之处。当藏传佛教传入怒族地区的相当一段时间里，通过与怒族传统文化的接触与碰撞，藏传佛教本身也采取一些变通性的自我调适，来争取更多的信众。因此怒族的藏传佛教信仰与原有的民族传统宗教信仰得到了较好的融通。比如，二者对崖神的崇拜几乎是一致的。因而藏传佛教接受了怒族原生性宗教中关于崖神的传说和职能，怒族也吸收了藏传佛教朝山的某些仪式或巫术，每年"朝山节"祭祀崖神时，既有怒族巫师祭拜，也有喇嘛击鼓念经，形成了两种宗教祭祀仪式并存的特点。[①]

　　而今，当年藏传佛教信仰的兴盛情景已经过去，但普化寺周边的怒族依然把本民族的传统信仰和藏传佛教结合在一起，作为他们精神生活中的大事。每年农历 12 月在普化寺举行的传统节日"巴恰木"，除了全体喇嘛集中在寺内打鼓念经之外，还有当地信徒参加，其中有一天要点燃涂满酥油的一根面柱，怒族信徒要在周围持刀砍伐，大叫大喊，以示砍鬼，直到面柱燃尽倒下。正月举行的藏传佛教节日"支木切措"，各村寨的怒族群众也都集中到普化寺进香，用怒族传统的方式祈求风调雨顺，消灾祛病。每当遇到旱灾和虫灾的年份，到七月怒族的传统节日"崩巴"祭祀时，各村都要派人聚集到普化寺，排成队伍，背着经书，持各色旗幡，敲锣吹号，到各村寨巡游，各村长老带头在村头迎候。怒族人认为这样就能降雨、灭虫。相传普化寺曾经有一年流行恶性传染病，不少人被病魔夺去了生命，寺中百余名喇嘛仅幸存 18 人，为了争取信众，就在当地各族人中招收一些有妻室的男子入寺当喇嘛，从此教徒可以娶妻的做法相沿成俗。一些出家人学经取得"扎巴"学位后，在寺中当 15 年的住持和尚，即可回家当"俗家和尚"。结了婚的"扎巴"平时在家中种地念佛，每到宗教节日或寺内有事就自觉到寺里集中。贡山怒族中单纯信仰藏传佛教的人虽不算多，但有相当一部分怒族人都与藏传佛教具有千丝万缕的联系，他们不能称为佛教徒，但却受到佛教较深的影响，佛寺中的重大节庆活动，他们都会去参加。当然，还有不少信仰其他宗教的人也会在佛教的节庆中去凑热闹。

　　平时，普化寺中仍有不少喇嘛常驻，信仰藏传佛教的怒族和其他民族还时常到寺中上香。不过，普化寺的宗教事务则由丽江的活佛来统领，2004年我们前去调查的时候，正遇丽江寿国寺的朗秋活佛来寺中视察，寺中的喇嘛和当地信众对他尊崇有加。

　　3. 天主教和基督教

　　天主教于 19 世纪末就传入了怒江地区。最早来怒江贡山地区传教的是

---

① 何叔涛：《略论怒族原始宗教的特点及其演化》，《云南民族学院学报》1992 年第 2 期。

法国天主教徒任安守，在与当地喇嘛教徒的多次冲突之后，凭借《辛丑条约》要求清政府派兵保护，终于在白汉洛建起了一座天主教堂。后来又在更大的教案冲突中，迫使清政府在法帝国主义的压力下镇压了反抗洋教的群众，割让了普化寺地产，获得了大笔的赔偿，终于让天主教在怒江地区站稳了脚跟，并不断地扩大了势力，不仅在茨中重建了教堂，还在中丁和青那桶等地新建了更多的教堂，同时还千方百计地使部分群众改信天主教。由于当地民族群众一开始就对天主教产生了对立情绪，致使天主教在怒江地区的发展并不如传教士的愿，其传教的地域一直都未能突破贡山县的丙中洛、双拉、捧当和茨开一带。据史料载，直到1949年，天主教在贡山一共仅建立了5座教堂，有教徒827人，信徒中以怒族、藏族群众为主，也有部分傈僳族和独龙族群众。至今，怒族中天主教的信徒还仍然局限在贡山县阿龙支系的人群中，人数不算太多。

相比而言，基督教在怒江地区的发展要比天主教快得多。基督教晚于天主教，于1913年才开始传入怒江地区，但却发展迅速。30余年间，共有100多名外国传教士进入怒江地区传教，他们来自英、法、美、德、瑞典、加拿大，以及缅甸等国家，有内地会、神召会、基督会、五旬节等不同的教派，这些教派纷纷在怒江地区形成了各自的势力范围，基本上覆盖了怒江中上游的怒族居住区域。传教士在怒江建立了严密的教会组织管理机构，培养了当地民族的传教人员，还针对当地各族的通用语创制了傈僳文，用来印制《圣经》等基督教经典。据载，到1949年整个怒江就已经建立了213所基督教堂，发展教徒达2万多人，占傈僳族、怒族人口的19.3%。[①]其中，以碧江和福贡接壤的32个乡是基督教徒最为集中的地方，到1950年为止，怒族教徒就有5000余人，占了当时两县怒族人口总数的61%。[②]就是说，在当时碧江和福贡两县的怒族阿怒和怒苏两支系人群中，信仰基督教的人数已经超过了非信教的人数。

20世纪50年代以后，怒江像全国其他地区一样，教会实行了自治、自养、自传的"三自"改革，到了"文化大革命"期间，所有的教堂都被取缔，教徒的宗教活动由公开转入隐蔽，怒江地区天主教和基督教基本上偃旗息鼓。党的十一届三中全会以后，怒江地区的天主教和基督教又活跃起来，特别是基督教徒的发展几乎是呈直线上升。据2008年我们在福贡县的调查，许多怒族村寨的基督教信众已经达到了村民总数的80%左右。靠近福贡县

---

① 编写组：《傈僳族简史》，云南人民出版社1983年版，第68页。
② 陶天麟：《怒族文化史》，云南民族出版社1997年版，第141页。

城的上帕镇木古甲村委会是怒族阿怒支系最为集中的村委会，包括 6 个村民小组，共有 450 余户，1880 人，信教人数占了 80%，每个自然村都有一个教堂。匹河乡怒族怒苏人支系比较集中的老姆登村委会，全村共有 1113 人，怒族人占了 85% 以上，在怒族村民中约 75% 的人是基督教徒。重新恢复了教会活动以后，教徒们捐资出力，把过去村子里的茅草房、篾巴墙的教堂改建成了现在砖木结构的大教堂，颇为豪华气派，成为该村一大景观。

在我们调查中发现，多数怒族村民对宗教信仰的认知并不像我们城市人所理解的那样，在他们看来，从民族原生性信仰转到对基督的信仰，只不过是不喝酒、不抽烟，需要按时做礼拜，有利于健康的一种生活方式而已，因此人们转换信仰并不如我们想象得那样困难。实际上，而今多数人对传统的怒族文化已经不甚了解，也不太关心了，而西方宗教对怒族群众的影响却在不断扩大和深入。

自 20 世纪早期基督教和天主教传入怒族地区以后，某些信仰基督教的氏族、村社头人又成为教会的"马扒"（传教士）或"密枝扒"（管事），这样便形成了政治和宗教两位一体的头人制度。作为一种制度化了的宗教，天主教和基督教都具有自己完整的教会体制和教会组织，通过有规范的活动和跨地域、跨民族的传播，使它超越了过去家族和村社的金字塔结构，建立了一种特殊的人际交往关系。教徒间打破了原先的身份界限，不受社会身份所制约，通过共同的宗教活动，实现了日常的和谐交往，在需要时互帮互助，满足着人们宗教与非宗教的需求。应该说，近百年来天主教和基督教在怒族群众中的迅速传播，已经使怒族的传统文化发生了深刻变迁。近年来由于基督教影响的扩大，基督教的圣诞节、感恩节、复活节往往成为了当地怒族的重要节日。像福贡上帕一带的怒族人现已几乎不过本民族的节日了，而对基督教的节日和傈僳族的"阔时节"却甚为重视。

这些外来宗教不仅与怒族传统原生性宗教同时存在民族共同体中，而且还共存于同一个村落家庭以至同一个家庭内部。走访怒族村寨，我们随时都可以发现一家两制的情况，有的家庭夫妻两人各信一教，但多数都能和谐相处。近年来，福贡怒族地区的基督教发展较快，信教的人不断增加，基督教对怒族社会的影响越来越大，甚至影响到了不信教的人员。例如，过去怒族人结婚是要讲究彩礼的，后来基督教传入福贡怒族村寨，由村中的"密支扒"为教徒主持婚礼，提倡婚姻自主，勤俭节约，不要彩礼。而今，不光教徒是这样，即使非教徒结婚，也消除了在婚礼上大吃大喝的浪费现象。基督教与怒族传统信仰二者之间的关系也呈现出了复杂的情况：一方面基督教文化与怒族传统文化相互弥补、融会、整合，呈现出一种兼收并蓄的复合化状态；另一方面也对怒族传统文化造成一定的冲击，制约了传统文化的传承与发展。

从文化生态的角度看，一种新的外来宗教在怒族群众中的传播，本来可使怒族文化本身又多了一种变数和发展走向的选择，从而丰富了民族文化的多样性。然而，我们也要看到，基督教与怒族传统文化既形成了替换式的整合，又从另一方面限制了文化的多样性走向。实际的情况是，新的宗教在民族中的迅猛传播和发展，使一个民族人群的大多数放弃了原有的传统而改信新的宗教，从而导致了原有传统文化的萎缩。再加上这种外来宗教教规本身的排他性，以及人们对教规的误解和异化处理，更进一步加强了对传统文化的抑制。例如，早期怒江的传教士就在基督教"十戒"的基础上，又根据传教点的需要和自己的好恶增加了另外的戒律，并载入到经书中。且比较美籍加拿大牧师马导民和美籍牧师杨思慧两个传教士分别为福贡和碧江基督教徒补充制定的"十戒"（教规），前者为：一不吸烟，二不饮酒，三不偷盗，四不赌博，五不调戏妇女，六不信奉鬼神，七禁止唱民族歌谣，跳民族舞蹈，八禁止教徒与非教徒通婚，九不准教徒收送结婚彩礼，十教徒与非教徒不得合作共事。后者为：一不能行淫、通奸，二不能说谎，礼拜日要休息、做礼拜，三不能调戏妇女，四不偷窃、不杀人，五不能作假证，六不吸烟、不喝酒，七不跳民族舞、不唱山歌，八接近传道人并协助传教，九尊敬父母、守国法，十爱人如己、互相帮助，不可嫉妒。①

显然，上述两种教规都包含着一些正面的道德规范和行为准则，有利于维护正常的社会秩序，塑造人们的文明行为，但是其中却都不乏狭隘的宗教门户观念和不近情理的地方，如"禁止唱民族歌谣，跳民族舞蹈"之类就是。遗憾的是，直到现在怒江的大多数信徒都还恪守着这一"戒律"。而这种"戒律"却又使民族文化的保护和传承出现尴尬的局面。

木古甲的怒族老人阿南支告诉我们："以前我们怒族人的婚礼很热闹，要对唱民歌，老人与老人对，年轻人与年轻人对，现在都不唱了。村子里80％的人信了教，已经很难听到过去随时都听得到的怒族歌声了。也就是过阔时节的时候不信教的人随便搞一搞。不信教的人有时还会带着酒到野外杀鸡祭鬼，但信教的人不参加这些活动。教徒都不准唱情歌，结婚时双方亲属在一起喝白糖水，在教堂祈祷；孩子出生也只做祈祷，葬礼也是亲友在一起唱赞美诗。"由于宗教信仰的改变，怒族传统的很多习惯都改变了。

2008年3月，我们曾经在匹河乡老姆登村采访过一对老年夫妇，男的

---

① 　陶天麟：《怒族文化史》，云南民族出版社1997年版，第147—148页。

是云南省级的"非物质文化遗产传承人"，他擅长制作和弹奏怒族乐器达比亚；女的擅长弹口弦，弹得十分出众。他们夫妇俩都十分喜爱怒族的传统歌舞音乐，但是又都在 20 多年前就受洗礼皈依了基督教。于是，二人平时都尽量克制着自己，谨遵教会的"戒律"，有时来了兴致，就只能在家中悄悄自娱自乐地演奏，用他们的话说是"偷偷地搞"。在我们的要求下，他俩"偷偷地"为我们弹了一曲（参见第四章"案例 5"）。在怒族中能很好弹奏达比亚的人已经不多，会制作这一乐器的人更是凤毛麟角。我们也很难想象，在如此受制约的氛围中，在这种民族文化生态的状况下，他们将如何传承非物质文化遗产呢？

（五）阿昌族的宗教信仰

阿昌族的宗教信仰可分开陇川户撒和梁河两个居住区来看，两个聚居区中阿昌族宗教信仰各有不同。陇川县户撒阿昌族以信仰南传佛教为主，兼有汉传佛教、道教、自然崇拜的多元宗教体系；梁河阿昌族是以民族的原生性宗教为主并兼有部分佛道内容的多元信仰体系。下面分别探讨。

1. 户撒阿昌族

户撒阿昌族宗教信仰的文化形态比较复杂，大多数民族群众普遍信仰南传佛教，其中又掺杂有道教和汉传佛教的成分，同时还保留着民族的原生性宗教因素，形成了多样合一的突出特点。

户撒阿昌族信仰的南传佛教有多列、润、曼三种教派，其中属于曼派的信徒最多。各教派的教规、教仪、宗教节日等都与傣族相近，经文也是用傣文书写。过去，户撒阿昌族几乎是村村有南传佛教的奘房，家家念经颂佛。同时在户撒境内还耸立着汉传佛教的观音寺和大雄宝殿，道教的皇阁寺和关帝庙，等等。户撒阿昌族人一般都能把握南传佛教的特点，不会把它与其他宗教混淆，但同时人们并不刻意去深究南传佛教与汉传佛教的异同，也不细辨哪尊是佛家的佛，哪尊是道家的神，道、佛两教是混为一体的。他们既拜佛又拜玉皇，同时又是南传佛教的信徒。在他们身上集中体现了阿昌族多元宗教信仰的特征。尤其在皇阁寺附近朗光村委会，佛、道宗教人员都自称是释迦牟尼盛宗弟子，都被称为"先生"。道家弟子在长期跟随师傅学习后，端坐在玉皇大帝雕像前，接受高级先生的各种考核，考核通过后，师傅颁发的毕业证上盖的是佛家的印章，赐给的是佛家的袈裟和帽冠。相传始建于明代的皇阁报恩寺的格局就突出地体现了这种多元信仰共融的特点：上寺供奉着玉皇大帝、王母娘娘和三十六星宿；下寺则供奉佛、法、僧三宝；寺内左下方还巍然耸立着一座南传佛教的白色寺塔，右下方则是一座自然神庙，供奉着当地民族的保护神。周围的阿昌族、傣族、傈僳族、汉族等各种人群常常在这里"赶摆"，有玉皇摆、番桃摆、观音摆、白塔摆、土藏菩萨摆、土祖摆，等等。"摆"本是一种南传佛教的活动形式，但实际活动的内容则是多种宗教信仰的融汇。

在信仰人为宗教的同时，户撒阿昌族各家各户仍保留着本民族传统和多种来源的原生性宗教信仰，各村都祭寨神、祭太阳神、祭祖坟，拜各种神灵，有的寨子在奘房的东北角处立一根石桩，桩顶托一块石板或木板，称为"招先"，以示寨神之所在，也用来祭祀祖先。家家户户供奉着灶君、祖宗、财神；在堂屋立有"天地国亲师"牌位，牌位前还往往供奉着释迦牟尼佛像。每逢过年和各种宗教节日，以及每月初八、初十、十五、三十，都要去供斋饭，上水果祭献。这显然是阿昌族民间古老的信仰习俗与外来人为宗教相互交融的一种表现。

总之，户撒阿昌族在普遍信仰南传佛教的同时，融进了汉传佛教、道教和自然崇拜的文化因子，相互吸收，相互融合，形成了多种宗教信仰和谐并存的格局。这是户撒阿昌族信仰文化的一大特色。

下面我们拟从宗教场所及器物、宗教人员、活动情况和信众的信仰态度等几个方面来对户撒阿昌族地区宗教信仰情况及其相关的文化多样性的变化进行一个动态性的考察。

过去，在户腊撒地区有"六寺、六会、九摆、九塔和四十七奘"之说。"六寺"、"六会"指的是汉传佛教和道教的寺庙和集会；"九摆"是指南传佛教每年重大的集会赶摆活动；"九塔"指耸立在户撒的九座南传佛教的大佛塔，这些佛塔多建在奘房边，多为独笋塔形式，有的四周立有大象的塑像；"四十七奘"则是指阿昌族村寨的 47 座南传佛教的佛寺。在一块面积并不算大的土地上，矗立着这么多风格各异的宗教建筑，宗教聚会活动如此盛行，不难想见当时户撒阿昌族地区以南传佛教为主的多元宗教的兴盛和繁荣。

"文化大革命"中阿昌族的宗教信仰受到严重打击和摧残，不少佛寺、佛塔和佛像被砸毁，佛经被焚烧，僧侣们被迫逃往缅甸，教徒们不敢从事宗教活动。"文化大革命"过后，整个户撒地区仅存有 18 座奘房和 7 座佛寺[1]。后来许多村寨又陆续建起了奘房，据户撒乡政府提供的数据，到 2000 年 7 月全乡南传佛教奘房和佛寺已增至 34 座，截至 2011 年 3 月我们的调查

----

[1]　本数字来源于政协陇川县文史委、陇川县史志办《户撒史话》，云南民族出版社 2002 年版，第 285 页。

得知，整个户腊撒地区的大大小小奘房佛寺已经增加到了 49 座，几乎每个村寨都有一所。村寨中奘房的迅速增加，说明这是阿昌族群众信仰的需要。然而，这些新增的奘房绝大多数都显得简陋。所有的奘房中除了 6 座有专门佛爷、和尚住持之外，其他都由村民自己管理，通常设奘长义务管理。

过去，户撒的奘房大多都有和尚住持。有和尚长期住持的奘房，一般都有能读懂和抄写典籍的人，村民信徒也乐意到缅甸等地购置佛经来捐献给奘房，同时寺院的建设和管理也较为完善，宗教信仰的氛围比较浓厚，对信众更具影响力和凝聚力。在有和尚普遍住持的时候，户撒阿昌族奘房中多数藏书都很丰富，有大量的傣文、缅文、汉文图书，除了佛经，还有医药、历史、地理、数学、天文以至武术、气功知识等方面的书籍，因此奘房在一定程度上成了阿昌族培养民族人才的学堂。当时在户撒的所有奘房中，藏经书最多是曼旦寨奘房，可惜 1965 年失火被烧毁。经过"文化大革命"到而今，许多奘房里的藏书大多都已遗失。

相比而言，没有和尚住持的奘房要比有和尚住持的奘房简陋得多。不仅奘房的布局和设施较为简单，而且在佛教典籍等宗教文化方面的积累也有限，对信徒佛教观念的影响也大受局限。

像信仰南传佛教的其他民族一样，过去户撒阿昌族男孩长到七八岁，就要进奘房读经书，称为"戛备"，多数人学到一定年龄就还俗，少数的则留在奘房里，逐渐升成"尚"、"召闷"和"崩几"。"崩几"是和尚中最有知识的高级人才，当时阿昌族自己培养的"崩几"不少。"文化大革命"中户撒的大量奘房被毁后，这种男孩出家的习俗已经改变了。而今虽然大多数村寨都恢复了奘房，但绝大多数都没有专门的住持和尚，也断了男孩出家的习俗，"崩几"的培养也就断了线，同时奘房和佛寺中的高级僧人也日益减少。据陇川县民宗局 2000 年的调查统计，户撒乡当时尚有 4 位佛爷健在，而到 2011 年 3 月我们调查时，全乡就只剩下曼俄奘的一位"崩几"是本地阿昌族了，他现在仅带了一个和尚，虽是本地的阿昌族，但已经五十七八岁了。目前全乡所有的 5 位"崩几"，全都是从缅甸请来的。我们曾经与曼旦村的"崩几"及所带的 3 个小和尚交谈过，他们都是从缅甸南散来的德昂族，而非阿昌族。

没有和尚住持的奘房平时用锁锁着，有活动时方才打开，村寨里一般都选出一位或多位"桃芒"（相当于傣族的"贺露"）来负责领头组织大型佛事活动，没有"桃芒"的，则由德高望重的"波信"（老年男性信徒）主持。村寨中的老年男女信徒逢宗教节日就聚集到奘房诵经献佛，有的村寨也临时去邻村或缅甸请和尚来主持重大的宗教活动。

据我们观察，一般奘房里或佛事活动的诵经都使用傣文傣语，自从阿昌族男孩出家的习俗改变以后，户撒阿昌族中懂傣文的人越来越少，在没有和尚的奘房，一般诵经都由懂老傣文的波信来承担，一边诵经一边用阿昌话解释经文。而有的奘房找不到懂老傣文的人，就只有靠口耳相传的记忆随便解释一通，对经文的一知半解总是难免。不过在他们看来，理解经文的多少深浅并不重要，重要的是心诚意诚。

在户撒项街村村委会的送项村，被村民推为"桃芒"的曹有德，2011 年，他 62 岁，他告诉我们，去年该村曾经聘请过一位缅甸和尚来住持奘房半年多，但他不好好管理奘房，还酗酒，村民不喜欢，把他赶走了。目前，全寨也找不出懂傣文的人了，村里遇到一般的佛事活动就由他自己来主持颂经。他没有进过学校，只是当兵时在部队学了些文化，他也不会傣文，他只好用汉字语音来标注傣文的经书，凑合着念念经。

现在在户撒阿昌族中"波信"和"雅信"（指上一定年纪的老年男女信徒）可谓是南传佛教的虔诚信仰者，也是各种宗教活动的主体部分。在这一人群中，可谓佛教观念深入人心。有的信徒克勤克俭积累了钱财，就用来做"摆帕戛"，即一种向佛祖奉献大功德的仪式，向佛祖表达自己的虔诚。做"摆"之前，要到缅甸购买精美的佛像，请和尚抄写经书，然后精心装帧，还要准备纸裱的奘房、佛幡、佛伞、袈裟、铺盖、枕头等。然后再选良辰吉日做"摆"，届时杀猪宴请全寨信徒和亲朋好友，招待前来祝贺的人们。每日早晚请和尚来家里念经，历时三天，第三天午饭后将所准备的佛像、经书、佛幡等物件奉送到奘房里，和尚将事先准备好的"帕戛证书"颁发给做摆人，并赐予"××帕戛"的佛名。从此以后，别人便称呼其帕戛名，以表示对这位帕戛的崇敬。帕戛本人虽然消耗了相当的财物，却被视为奉献了巨大的功德而获得精神深处的最大满足和安慰[1]。

户撒的中青年阿昌族人虽然也不时会去参加一些佛事活动，如每年的"进洼"、"出洼"、"烧白柴"、"泼水"、"赶摆"、"赕佛"等，有的会到附近村寨的寺庙里赕佛、上供品，有些村的"青年会"也会在正月初八、初九、初十三天组织青年人到奘房设摆。但是多数阿昌族青年人对父母辈们的宗教信仰活动一般都不太感兴趣，甚至有的明显表现出一种淡漠的态度，他们对民族传统的宗教知识也十分贫乏。对此虔诚的老年信徒常会表现出一些不满，但也无可奈何，他们对中青年人只好劝其遵守戒律。

户撒阿昌族的奘房在不断恢复和增加，说明群众中的信仰需求也在不断

---

① 刘江：《阿昌族文化史》，云南民族出版社 2001 年版，第 139 页。

增加，而满足群众信仰所需的人才、场地和器物等多种条件却不能与之匹配。再从信众的年龄情况看，老年信众与中青年之间明显存在着对宗教态度和认知的较大差异，由此而产生的心理上的代沟总是难以消除。显然，这两个方面的问题明显地反映出了户撒阿昌族宗教信仰中文化生态不平衡的情况。

2. 梁河阿昌族

梁河阿昌族的宗教信仰与户撒阿昌族不同，主要信仰民族传统的原生性宗教并兼有一些佛教和道教影响的内容。他们供奉的自然神灵、祖宗神灵及各种鬼魂甚多，有30余种，形成了一定的谱系。人们认为万物皆有魂灵支配，而魂灵又像人一样有性格，他们按自己的理解把鬼神分为善、恶两类。这些神灵都与人们的生产、生活和民族的历史相关，渗透进了人们的观念和行为之中，如太阳神、月亮神、创世神、地方神、山神、树神、家神、火神、旱神、猎神、战神、炉神、谷魂，以及各种野鬼、地鬼，等等，都是至今梁河阿昌族普遍供奉和祭祀的神灵。此外，还有一些神灵是不同的人群各自供奉的，各村寨有自己的寨神，宗族有宗族神，家有家神。

其中，人们对寨神、树神、谷魂、炉神的祭祀最为隆重而频繁，尤其是寨神，被认为是最大的善神，在众神中地位最高。寨神，阿昌族语叫"瓦当帮"，是村寨中山神、水神、土神诸神的化身，人们认为它长有三头六臂，英勇善战，领兵率将，既护卫着人畜的平安，也护佑着庄稼的丰收。"瓦当帮"的象征物各村寨略有不同，通常为村寨中最高地势上生长的最繁茂的一棵或两棵大树，也有的村寨因"神树"被毁而以"土庙"或土墙代之，如丙盖村即是。对"瓦当帮"祭祀仪式虔诚而庄重，每年都有两次集体性的定时大祭，村寨里若遇天灾人祸等特殊事件则要全村寨杀猪宰羊来祭祀，以消灾祈福，届时禁止外寨人进入；平时，寨里有婚丧嫁娶之事也要请寨中老人携带祭品去祭献。

梁河阿昌族是一个典型的农业族群，他们经历了"刀耕火种"的游耕到定耕农业的发展阶段，因而对农业神灵的供奉和祭祀极为重视，所供奉的农业神主要是"谷期"和"榜争"。"谷期"就是谷魂，象征物为一个小篾篮，里面放置一枚鸡蛋和些许玉米，供奉于家堂祖灵牌位旁。人们认为，稻谷不能没有谷魂，如果谷魂离开，秧苗长不好，稻谷不会饱满。因此必须小心翼翼地祭献"谷期"。祭祀活动在每年栽秧和收割的时候进行。栽秧时要请谷魂在田间守护秧苗和稻谷，让它好好生长；收割后要请它回家守护谷仓，祈求来年有更好的收成。"榜争"被认为是五谷大神，其象征物是一株带双穗的玉米秆。许多人家将玉米秆分为三束，高悬于家堂高处，常年供奉在祖灵和灶君的旁边。每年于"撒种节"和八月十五"尝新节"进行两次祭祀。

祖灵崇拜是梁河阿昌族民族宗教信仰中的一项重要内容。在祖灵崇拜中地位最高、影响最大的神灵是本民族的创世神——遮帕麻和遮米麻。遮帕麻是天公，遮米麻是地母。阿昌族传说，在造天织地过程中遮帕麻和遮米麻战胜了恶魔，为人类造就了美好的生存世界。至今他们还一直是恶魔的驱逐者。因此，"阿露窝罗节"① 即从祭奉天公地母的活动演变成的一个阿昌族的盛大节日。节日中举行盛大的庆典时，都要请本民族的高级祭师"活袍"来念诵阿昌族创世史诗《遮帕麻和遮米麻》，颂扬两位始祖对人类的功劳，并为他们祝福；有时在送大、小家鬼的祭仪中也要请这两位大神来帮助送走祖先鬼魂，甚至在人死后的送魂仪式里，"活袍"也要请出他们为死者的魂灵引路。

从事阿昌族民族传统信仰的神职人员主要有"撒"、"掌塞"和"活袍"三种。"撒"即是占卜师，主要从事占卜，为人看香火，预告吉凶，主要供奉道教的一些神祇，一般不能送魂、驱鬼；"掌塞"即是巫师，村寨中祭祀瓦当帮或神庙的承头人。"活袍"则是阿昌族的高级祭师，像彝族的毕摩一样，在民族中颇具威信，享有崇高的地位，凡有重大祭祀活动，如送魂、念"大家鬼"等，都要请"活袍"来主持。

"撒"、"掌塞"多数阿昌族村寨都有，而"活袍"则不容易找。活袍必须会念经文或传诵民族的神话史诗，由于阿昌族没有本民族的文字，所念的东西都是靠口口相传、代代相承而来，因此"活袍"又被称为"无字经师"。

"活袍"不仅是阿昌族传统文化的象征及其守护者，而且在阿昌族群众中发挥着不可替代的作用。这从阿昌族村寨中请活袍"割歹"和驱鬼就可以看出来：阿昌族人普遍相信有一种叫"歹"的东西，虽然看不到也摸不着，但是它会危害人类。村寨不平安、家庭不顺、婚姻不幸、邻里不和等都往往是"歹"在作祟。几乎每个寨子都有一两户人家被说成会"放歹"的，人们对有歹人家往往敬而远之，很少与之亲近，更不敢缔结婚姻。近年来随着族际通婚范围的扩大，阿昌族村寨受其他民族的影响，普遍流传"披拍

---

① 梁河阿昌族的"窝罗节"来源于对遮帕麻和遮米麻始祖的祭祀，户撒阿昌族的"阿露节"（又称"会街"）的来源与佛教有关，过去分别在农历正月和九月举行，1983 年 4 月德宏州第八届人代会第一次会议决定将两个节日名称统一为"阿露窝罗节"，于每年公历 3 月 20 日举行，节日时间为 2 天。

鬼"和"扑死鬼"的说法，认为这些鬼也是"歹"的一种。一般人遇到了"歹"就要设法去撵、去割。阿昌族认为歹是阴气所致，因此撵歹的人阳气要盛才行。如果遇到厉害的"歹"，一般人对付不了，就必须请"活袍"出面。

另外，梁河的弄别、别董、弄丘、丙岗、关璋、勐科、芒掌、抄坡等阿昌族村寨，至今都供奉狼神，狼神又称狮子鬼。在阿昌族的信仰中，认为狮子鬼是一种最凶恶残忍的恶鬼。过去这些村寨都有定期的祭狼神仪式，一般是 5 年一次，现在多数都已不定期，但若寨子里不安宁，如出现疾病流行，尤其是大批青壮年生病，或是牲畜大量死亡，或是庄稼大面积枯死等现象，就认为是触犯了狼神。这时就必须请"活袍"来主持祭祀，给狼神许愿，还要在来年春节要狮子灯还愿祭祀。

"活袍"的存在满足着阿昌族的精神信仰需要，为构筑和谐的民族社会起到了润滑剂的作用，因而在阿昌族的文化生态中具有重要的意义。

过去许多阿昌族村寨都有"活袍"，在祭寨神、献家鬼、过窝罗节等许多较大的祭祀仪式都要由"活袍"来主持。"活袍"的产生，一般没有明确的规程或特殊的仪式，只要受到众人的承认即成为"活袍"。梁河的阿昌族干部孙家林认为："活袍"首先要认识鬼，要熟悉送鬼的程序，还要求会唱诵阿昌族史诗《遮帕麻与遮米麻》。梁河阿昌族相信"活袍"的传承有"阳传"和"阴传"两种。"阳传"者即通过师带徒的传授，代代相传；"阴传"是很偶然的被神灵附体之后而获传，一般是在一场大病或睡一觉之后就得到了必要的条件，掌握了必要的技能。阿昌族人似乎更敬重阴传的"活袍"。孙家林告诉我们，他父亲生前即是阴传的活袍，在四十六七岁时的某一天，生了一场病，吃药打针都不灵，突然跳上神台就会流畅地念诵《遮帕麻与遮米麻》，就会帮人相鬼、撵鬼，于是就成了"活袍"，可惜到64 岁时患了半身不遂而亡。至今被梁河阿昌族公认的唯一一个尚健在的阴传"活袍"名叫曹明宽，并成为国家级非物质文化遗产的传承人（参见第四章"案例2"）。

目前，在梁河阿昌族村寨中，"撒"、"掌塞"和"活袍"等神职人员在不断减少，后继乏人，特别是最受阿昌族群众崇敬的"活袍"已经到了快要绝迹的程度。据我们实地调查，整个梁河县能够被阿昌族群众认可的"活袍"已不超过 5 人，其中能够完全念诵《遮帕麻和遮米麻》的仅有 3 人（另外两人在关璋和湾中两个村寨），而最受阿昌族人信赖的阴传"活袍"只剩曹明宽 1 人。

至今，许多梁河阿昌族居住的地区都没有了"活袍"，加之受到交通和经济方面的制约，大多数村寨和村民都不可能到远处村寨去请"活袍"，许多本应由"活袍"来主持的信仰活动也只有下放给低一级的神职人员，或者是村寨内最早建寨的姓氏的男性老者，有的村寨连这两类人员都难以找到，就只好选一位村寨中口碑好的老人来主持。

这种不得已而求其次的做法对民族群众信仰的心理产生的影响不可低估，同时也透露出了阿昌族信仰中的民族文化保护和传承已经出现了危机。50 年前，阿昌族人对本民族创世史诗《遮帕麻和遮米麻》是老少皆知，而今在年轻人却变得陌生了。尽管在老年人的信仰心理中始祖遮帕麻和遮米麻还具有驱鬼压邪的功效，而在年轻人的认知里却不甚了了。

一方面是民族宗教信仰在延续，一方面是信仰认知的领域在缩减；一方面是神职人员（特别是高级神职人员）的骤减而难以为继，一方面是民族群众的信仰需求在不断增长……这在某种程度上造成了阿昌族民族文化生态的失衡。

（六）普米族的宗教信仰

由于居住地域和支系的不同，所受到外来文化影响的差异，普米族的宗教信仰呈现多样化的特点。从古老的民族原生性信仰崇拜到深受本教和藏传佛教影响的韩规教，再到有一部分人群成为虔诚的藏传佛教信徒，争相送子弟去当喇嘛……几乎形成了从自发宗教到人为宗教演化的一个共时性系列。

普米族的祭师称为"韩规"（宁蒗一带）或"师毕"（兰坪一带），因而多数学者都把普米族的民族传统信仰叫做"韩规教"。严格地说，韩规教的含义有广义和狭义之分，狭义的韩规教主要指居住在金沙江以北宁蒗、永胜等县境内普米族所信仰的宗教形态。这种宗教结合了本民族原生性信仰和本教、藏传佛教的特征，既信奉万物有灵和多神崇拜，又奉本教祖师"益史顿巴"（"丹巴喜饶"的转音）为祖师。广义的韩规教包括了居住在澜沧江地区兰坪一带的普米族信仰，它受到本教和藏传佛教的影响相对较少，基本上还是原生性的民族宗教，信仰万物有灵，表现为多神崇拜、祖先崇拜、自然崇拜和鬼灵崇拜等，常对天、山、龙、灶、火、仓房、中柱和祖先等神灵进行祭祀。在实地调查中，我们发现兰坪一带的普米族人一般都不认为自己信奉的是韩规教，多数人也说不清韩规教是什么；当地也无文字经典流传，大多数祭辞和宗教神话都以口头形式传承，因此我们认为使用韩规教的概念还是应以狭义为宜。

据对韩规教有研究的学者认为：韩规教就其经典、教义、神鬼体系及祭祀活动来说，它已不同于一般的原始巫教，而发展到较高级的阶段，具有喇嘛教派的一些特点。韩规教有不少的经典，并形成了一定的系统。韩规经分文字经和口授经两种，文字经主要是用藏文字书写，但用普米语来拼读，因而与藏文有所不同，被称为韩规文。韩规文流行不广，只有学过藏文而又懂普米语的人才能识别，这种人多数都是韩规。据说已经搜集到了60多部韩规经，主要是对各种神灵和祖先的颂赞和用于驱鬼的咒语，其中也不乏对有关自然地理、生产生活知识、民族医学、民间文学故事等方面的记录。在这些经典中突出地反映出了因果报应、转世轮回、普度众生、禁止偷盗、奸淫和斗殴凶杀等内容，可视为韩规教教义。研究者认为，韩规教属多神崇拜，有一个庞杂的神鬼体系，其神多达800种，其鬼竟有3000种，不过其中多数来自藏族和其他民族，属于普米本民族创造的神鬼不超过1500个[①]。说明韩规教受到其他民族宗教文化的影响是很大的。

　　韩归及其信徒都实行父子或舅甥相传。过去，每个普米族家庭都有固定的韩归，每个韩归有属于自己的信徒，信徒家庭要进行宗教活动时，只能请自己的韩归主持。如果韩归失去信徒的信任，信徒可投向其近亲中的另一位韩归。韩归的主要活动是主持婚嫁、送葬焚尸及各种祭祀活动。凡遇节庆、生育、烧荒开地、开镰收割、马帮出行等，韩规都要为信徒杀牲祭献神灵；在信徒遇到灾难、疾病、妇女不育时，还要由韩规来赶鬼驱魔。普米族在婚嫁、丧葬及举行各种宗教仪式时都要唱各种仪式歌，这些仪式歌中除宗教内容外，还记叙了普米族的历史，保存了许多优美的神话传说，演唱仪式歌也是一种深受人们喜爱的文化活动，因此韩归又是普米族的民间歌手。

　　韩规教在宁蒗普米族地区深入人心，可谓是全民信教。普米人还常在冬季成群结队去四川省木里县剌孜山腰的岩洞里朝拜巴丁喇木的自然石像，这是韩归教信仰中深受崇奉的"西番地上的女神"。这是一尊在洞穴里的自然化石，形状酷似女性。普米族认为巴丁喇木是妇女的最高庇护神，她主宰妇女的生育，也司管牲畜的繁殖，朝奉女神可以祈求人丁平安，六畜兴旺。平时人们也常在山野石穴中进行祭祀，遇有灾害疾病，都要去乞灵于巴丁喇木女神。

　　然而，近几十年来韩规教的神职人员却发生了巨大的变化。一位普米族学者曾经作了这样的描述和对比：

　　　　中华人民共和国成立前，居住在金沙江以北宁蒗、永胜等县境内的

---

① 杨学政：《普米族的韩规教》，载《普米研究文集》，云南民族出版社2002年版，第209页。

普米族，村村有韩归，寨寨有经堂，村寨上方有集体活动场地"塔瓦"（天香塔），村寨下方有嘛呢堆，家家房前有"松塔"，每天早晨烧香烟雾浓浓升空，到处听到念经声。每年正月春节期间，户户屋顶上换上新的各色各样的"甲才此木"（经幡）迎风飘扬。这是全民信仰韩归教的象征，是普米族村寨的象征。人人尊敬韩归，保护经堂、经书和法器，即使是发生冤家复仇械斗，也不会破坏神物和法器等。

据 20 世纪 50 年代初的统计，仅宁蒗县的知名韩归就有 60 多名。但由于民主改革和社会主义改造时对传统文化的否定，韩规教停止传承，紧接着"文革"十年极"左"路线又盛行一时，所谓"破除迷信，移风易俗"，缴毁了大量的经书和宗教文物。韩归经师被管制劳动，经堂无人管理而报废。开展"破四旧、立四新"，更把韩归当作搞封建迷信的"牛鬼蛇神"，成为被"横扫"的对象，毁尽了私人收藏的经书、神具、法器等宝贵文物，活着的韩归也受到了批判，全民停止韩规教信仰活动。1996 年，全县最后一个韩归经师嘎诺迪基辞世，这意味着宁蒗县境内的普米族韩归教文化陷入了彻底断层的局面。①

当然，一种宗教文化出现了断层，并不等于民族群众精神需求的终止。而今，在宁蒗普米族民间还能找得到的神职人员主要是"毕扎"或等而下之者。如果说韩规是祭师的话，毕扎可算为巫师，他们专事驱魔逐鬼的巫术活动，一般都不太懂韩规文和韩规经，但在韩规缺位的情况也能主持各种祭祀、驱鬼和丧葬活动，当地民间将他们统称为"师爷"，也有的年轻人没有见过真正的韩规，就将他们误认为是韩规。即使是这类"师爷"在宁蒗一带的普米族中也不是村村都有，有的村寨遇有丧葬和大些的祭祀活动，要翻山越岭到很远的地方去请师爷。而且一般都要秘密进行，不敢张扬。在调研中我们发现，当地村民心理还被一些"文化大革命"的遗毒影响着，他们认为这些是"迷信"，不能公开，只能悄悄进行，但在民族传统文化惯性的推动下，又觉得祭祀、驱鬼一类活动是个体和群体生存不可少的环节，关系着现在和将来、当代和后代的生死祸福，因此许多传统的信仰活动还是不能不开展。

因此，在普米族的实际生活中，当韩规和师毕一类宗教神职人员不断减少和消亡的同时，普米族群众对宗教祭祀活动的需求并没有下降，这种在

---

① 张海洋主编：《厚德载物——人口较少民族文化保护与发展》，中央民族大学出版社 2010 年版，第 187 页。

"文革"中被强行抑制的传统需求，改革开放以来一直处于有增无减的状态，毕竟韩规教的一些信念还深深扎根在普米族人的心中。村民们反映，现在的各种"迷信"活动很多，对神职人员的需求很大，而真正的韩规和师毕又太少，需要的时候找不到神通大的，就只好随便请些一般的，或是初学者上阵了。比如，普米族的葬礼上一定要举行"让比"的仪式，民间叫做"给羊子"，必须有祭师或巫师来主持，通过念《开路经》，一一完成"给羊"、"指路"、"下葬"等程序，将死者的灵魂引回到故乡。每遇这样的活动，村寨四邻、远近亲友都会去参加，十分隆重。

　　比较而言，在兰坪一带与韩规相同的"师毕"情况略好一些。师毕是兰坪普米族的祭师和巫师的统称，其在民族信仰中的作用与宁蒗普米族的韩规相似，深受群众的尊崇。2008 年 3 月，我们在兰坪县河西乡箐花村委会调查，村委会主任杨州泽告诉我们，至今各村寨中的普米族人还离不开师毕，无论是日常生活中的退口舌、叫魂、看日子，还是重大的"给羊子"、祭三角、祭山神、祭龙潭等祭礼，不管是村寨集体的祭祀礼仪，还是一个家庭或家族的各种信仰活动，一般都需要师毕来主持，师毕在普米族的精神生活中还发挥着很大的作用。过去每个村寨都有师毕，只是近年来，村寨里的师毕陆续离世，师毕越来越少，师毕的传承青黄不接。

　　箐花村委会可以说是兰坪普米族中民族文化保存得最好的聚居区之一，目前还有四五位年长的"师毕"在世，其中箐口村小组的杨根保选入了云南省非物质文化遗产传承人名录。在玉狮场村小组有两位 80 岁以上的师毕，分别叫杨国栋和杨玉繁，都上了 80 岁。目前他们正在带徒授艺，门下有八九个学员，村民们也挤出柴米油盐的钱来捐资助学。几年前，外地学者陈哲先生争取了有限的外来资助，在兰坪普米族中开展了"土风计划"，抢救、弘扬民族民间文化。他曾经在当地办过多种民族文化培训班，其中在罗锅箐和玉狮场村都办过祭师培训班，箐花村委会有 4 位年轻人接受过培训，加上村中老师毕的传授，现在已有两人能够在村寨中主持祭祀活动，算是学成了。我们对其中的学员和伟科进行过访谈，他从 17 起就跟随村中两位老师学艺，至今已经 42 岁了，但还没有独立主持过大的祭祀。他越学越感到普米族传统文化的深奥。他说，他并不在乎能不能主持祭祀赚钱，重要的是学点本领，把普米族传统文化传承下去。这种情况显然就要比宁蒗一带仍将信仰活动视为"迷信"，畏首畏尾不敢公开传承的情况形成了鲜明的对比。但是，据我们所知，箐花村是兰坪普米族保留民族文化相对较好的村寨，在其他有些普米族村寨中要找一个师毕也不容易。

（七）布朗族的宗教信仰

布朗族在云南7个人口较少民族中人口相对较多，居住分散，因而其宗教信仰也呈现多种多样的状况，难以一概而论。大致划分来看，居住在西双版纳、普洱和双江地区的布朗族普遍受傣族的影响信仰南传佛教；居住在保山市施甸、昌宁等县的布朗族主要信仰汉传佛教；居住在澜沧县文东乡旧苦寨和墨江县景星乡挖么一带的布朗族在历史上曾经信仰基督教，但"文革"之后却没有重新建立教堂；最近明确划归为布朗族的克木人、莽人和昆格人，则一向信仰本族群的原生性宗教。实际上，在所有布朗族中，即使是已经信仰了人为宗教的人群，都还明显地保留着民族原生性宗教信仰的许多痕迹。可以说，布朗族的宗教信仰是从民族原生性宗教到人为宗教信仰的共时性存在，形成了主要以南传佛教和民族原生性宗教信仰并行不悖，有机融汇的状况。

在西双版纳布朗族聚居区，布朗族信仰南传佛教，几乎每一个村寨都有一座佛寺，滴水赕佛融入了每家每户的日常生活。同时，人们也相信万物有灵，信奉多种鬼神，认为自然界的一切变化以及人的生老病死都被鬼神所左右。人们把鬼总称为"呷架"，称神为"代袜么·代袜那"。鬼是恶的，神是善的。为祈求神鬼的保护，每年都要举行多种多样的祭祀活动，如祭山神、祭地神、祭水神、祭火神、祭祖先等，此外布朗族人还盛行叫魂和驱鬼的活动。据对布朗山个别村寨的不完全统计，布朗族人所信奉的鬼神的种类就有80多种[1]。在信奉南传佛教的布朗族人群中，人们往往把祭祀鬼神与拜佛联系起来。例如，布朗族人崇信管水的大鬼叫"苦拉"，是一人头蛇身的怪物，凡遇洪水猛涨或山崩倒坍时，就会出来游荡，碰到的人便会死去，因此必须每年祭祀，才会化凶为吉。西双版纳的布朗族一般都是在佛教节日关门节和开门节的时候，同时祭祀"苦拉"。

新近划归为布朗族的克木人、莽人、昆格人的信仰就呈现出与原有的布朗族主体人群的不同特点，它们信仰的是本民族原生性的宗教，都相信万物有灵，然而各个群体对人与神鬼关系的解释和祭仪活动又各有差异。比如克木人就认为，世界分为人的世界和神鬼的世界。白天，人们生活在人的世界里，到了夜晚人睡眠的时候，其魂魄就离开身体进入神鬼的世界。人们相信生命和健康是神灵监护的结果，而食物匮乏、身体欠佳，以及生命垂危都被认为是神灵在作祟。因此，有必要在适当的时候举行仪式来取悦和供奉神

---

① 赵瑛：《布朗族文化史》，云南民族出版社2001年版，第134页。

灵。这样通过人的活动来干预神的行为，使之朝着有利于人的方面行事。他们的仪式所面对的神祇很多，例如家神、魔力神、个人灵魂、寨神、地神、区域神、城镇神、路神、龙神、坟山神、闪电神、天神、山顶神、山脊神、水神、水坝神，等等。[①]

　　而居住在西双版纳傣族自治州景洪市勐养镇北部的昆格人则更是把万物有灵的观念渗透进了社会生活以及群体规制的各个层面。由于过去很少有人类学者对昆格人进行过调查和叙述，当我们于 2008 年 8 月进入昆格村委会曼蚌汤村民小组调查的时候，了解到他们把万物有灵的观念结合进寨主和祭师选举的方式中时，不禁大吃一惊。过去，管理村寨的寨主"它色"一旦去世缺位就要重新选举产生新的人物，选举的方式是把所有候选人的衣服拿来，由村中有威望的老人主持，添上石子等东西全都用秤称足到一个同样的量级（比如一斤或二斤），然后将这些衣物封闭在一间屋子里，等到第二天再来重新过秤。如果谁的衣物超过了前一天的分量，比别人的重，谁就是"它色"。昆格人认为，这是神灵在参与选举，神灵看上了谁，就会附着在谁的衣物上，将来也会帮助这个人管理好村寨的事务。我们调查的村寨于 1959 年就是这样选出了"它色"，他管理村寨并主持各种祭仪直到 2003 年去世。之后，村里又用这种传统方式选出了一位名叫岩并的村民，时年 30 多岁。但是他坚决不干，因为当了"它色"之后要有很多公众事务和麻烦事。按习俗，村里的大鼓要挂在"它色"家；寨中有人生病要请"它色"杀鸡念卦；一年中的关门节和开门节全寨人都要到"它色"家吃喝，要在他家敲锣打鼓。另外还有很多对"它色"的禁忌。比如不能穿鲜艳或花色的衣服，只能穿自织的棉布，睡觉不能盖毛毯，不能经常出外工作，等等。由于岩并的坚辞，该村寨的传统选举方式就算终结了，该村也就没有了相当于头人和祭师的角色，只有由村长管理着村寨的各项事务。目前，昆格人居住的 8 个自然村中，还有两个村寨有"它色"。

　　在布朗族的各个不同聚居区或不同的支系中，对类似昆格人"它色"一类传统意义上的村寨头人和神职人员的称呼不同，如墨江称"白摩"，双江称"召色"，施甸称"扎义"，勐海称为"焦刚"或"召曼"。从民族原生性宗教的角度看，这些神职人员可以说是祭师，而在信仰南传佛教的布朗族人群中，他们又同时是佛教信仰活动的主持人，他们与佛寺中的佛爷、和尚密切地配合着，把本民族的多种信仰有机地整合起来。

---

　　①　李成武：《克木人——中国西南边疆一个跨境族群》，中央民族大学出版社 2006 年版，第 94 页。

　　除了少量人群以外，布朗族总体上是全民信仰南传佛教。只是在不同的居住地和不同的民族支系中，布朗族人还有除了佛祖释迦牟尼之外的自己的保护神。我们多次实地调查过的澜沧县惠民乡芒景村的布朗族所崇奉的最大神灵叫"叭哎冷"①，当地布朗族认为"叭哎冷"是他们的祖先，无所不会，无所不能，曾经教会了布朗族人种茶，并留下了万亩古茶园给子孙后代。人们在拜佛的同时也要祭祀"叭哎冷"。近年来，一位头人的后代在县城工作退休以后回到村寨，在村寨里建造了"叭哎冷"的塑像，把"叭哎冷"奉为茶神和茶祖，从2004年即恢复了"茶祖节"。在他的倡导下，布朗族村民对"叭哎冷"的崇拜有增无减，甚至超过了对佛祖的信奉。

　　应该说，大多数布朗族人对南传佛教的信仰是比较虔诚的。至今西双版纳和普洱市的绝大多数布朗族村寨都建有佛寺，大一些的寺庙都有住寺佛爷或和尚，这些寺院往往仿效傣族寺院，将教阶分为：帕囡、帕朗、帕听（或沙的听）、帕沙弥、帕桑、松列、帕召苦、阿曼木里八级。

　　在我们调查过的布朗族村寨中，完整地保留着南传佛教信仰传统形态的要算是勐海县西定乡章朗村委会了。这是一个较大的布朗族村寨，2008年8月，我们在该村进行了调查。该村委会共有244户1025人，除了少数嫁入或"上门"的人外，基本上都是布朗族。该村的四周有三座神山，虽然在"文化大革命"中遭到破坏，但至今次生林已经长得郁郁葱葱，历史上曾经两次发生过有人砍伐神山被火烧村寨的事，因此神山对村民们仍然十分神圣。村寨的西北角有一座佛寺，有大小和尚十余人，另外在村东南方向的玻璃山上还有一座寺庙，是村中大佛爷带领村民于十多年前建起来的，现在派二佛爷和一个小和尚驻守。章朗人自豪地认为他们村寨的佛寺来历悠久，缅甸来传教者最早就在这里传教，算是西双版纳数一数二的主寺，周围村寨要建庙都要到这里取一块砖瓦回去奠基。

　　我们发现该村至今还保持着十分浓厚的佛教信仰氛围，在信仰方面的文化生态基本上处于平衡状态。我们进村调研的时间正处于关门节到开门节之间，全村佛事活动不断，村里人合伙轮流出资举办各种赕佛活动。活动主要由以"焦刚"为首的神职人员团队主持，村民委员会和村民小组的行政领导都得听他们的。全村40岁以上的男女都要每周一次定期到佛寺听经拜佛，60岁以上的人夜里直接到佛寺里歇息。到了传统规定的某一时间，青年组织则邀约年轻人到寺庙中敲鼓助兴；到了该去拜佛的时候，青年人就会按时

---

　　① "叭"是过去当地布朗族人对行政长官的称呼，人们将"叭"字置于"哎冷"的人名前面，一则认为他是早期的领袖，一则也表达一种特别崇敬的意味。

到场，一一恪守规矩认真做完该做的活动事项；到了该给老人送饭的时候，青年人都会主动送去。在一次大赕的时候，我们看到大多数青年男女都陆续到佛寺磕头拜佛，同时还祭祀"苦拉"等鬼灵。

过去章朗的布朗族人很少同外族通婚，但现在逐渐多了起来。但是至今村民通婚的对象和范围还多少受到了信仰观念的影响。他们与傣族可以随便通婚，因为是同一信仰；与汉族也可以通婚，因为有传说过去布朗族人不穿鞋子，是汉族人穿着鞋子进入到荆棘丛中帮助布朗族迎来菩萨；但与哈尼族（爱伲人）则很少通婚，全村现在只有3—4对与爱伲人通婚的例子。无论是嫁进来的新娘或是来上门的新郎，结婚进入寨门时必须换上布朗族的衣服，以后都要跟随村里的布朗族人进佛寺赕佛。据村长说，章朗村近年曾经有6位布朗族人到勐遮镇的傣族村寨去当佛爷，现在有的已经回到村里来了，都很受村民的尊重。

章朗村的一位老人告诉我们，他们信仰佛教，得到的体会就是人与人之间要平等，不能歧视贫穷的、残疾的和弱小的人，大家都要互相尊重，否则就要遭到报应，死后要入地狱。这样的观念在整个章朗村的男女老少村民中还普遍被接受和认同。

尽管如此，在外界市场经济大潮的冲击下，章朗村的年轻人面对传统的宗教信仰，仍难免有自己的想法。我们采访了一位在该村佛寺出家的小和尚，他同时还在西定中学读初中二年级。开学时，白天上学，晚上到佛寺居住，放假的时候则全天留守在寺里。我们与他交谈的时候正值暑假，他被派到玻璃山与二佛爷一起驻守。他告诉我们，再有十天就要开学了，大佛爷不希望他继续去上学，说是浪费了爸妈的钱财，叫他等开门节以后再去上学，而当时距开门节还有30多天。他说："我已经想好了，一开学我就去上学，不管大佛爷怎么说。"他还告诉我们，他父亲在泰国打工，曾花了4600元为他购买了一辆摩托车，他有空就骑着到外面溜达。他很羡慕寺里的一位二佛爷，他自己购置了电脑，而且会熟练使用，经常上网，知道很多外界的事情，现在还在江西省等地云游。他还说，他很想还俗，已经同父母亲讲了。父亲同意，但母亲不同意。母亲认为在寺庙里不断的晋升会更有出息。

由此可见，在章朗这样信仰文化生态还算比较平衡的村寨中，观念上的"代沟"还是很明显的。这应该视为是时代发展中的一种正常现象。

在调查章朗村文化生态状况的同时，我们还了解了章朗的人际关系。村长岩应动告诉我们：村中给调解员每月100元的收入，但调解员的事情很少，全村家庭内部闹矛盾，需要调解的一年就只一两次；邻里之间，因土地纠纷，庄稼被牲口糟蹋之类需要调解的事很少，几乎都是自己解决；与外寨的纠纷几乎从来没有闹过。一位从湖南到章朗村开商店的女老板告诉我们，她们两口子到章朗村开商店已经 3 年多了，从来没有见到过村里有人吵架，即使有些人为某事一时不和，但很快又和好了。她的商店里有货物从外面运来，不管有多少东西，她都不用雇人搬运，来购物的人或周围过路的人，一看见就会主动来帮忙。看来，人际关系的和谐与民族文化的生态状况应该是具有一定内在关系的。

距离章朗村不远，同属一个乡的龙捧村也是布朗族聚居的村寨，我们也曾入村调查过，该村也同样保持着传统的信仰氛围。村中几乎全部男人都当过和尚。村长说，男人要当过和尚才算成人。即使到了 20 岁，没有当过和尚就只能算半劳力，也无权串姑娘，死了之后也无权葬入村寨的坟山；而一旦当过和尚以后，即使只有 10 岁的人，在别人的眼里也就成了全劳力。

可见在布朗族居住的核心区域，宗教信仰还基本保持着传统的形态。

二 云南人口较少民族宗教信仰的特点和问题

在以上对云南 7 个人口较少民族宗教信仰现状作了一些实证性的描述之后，简略列表如下。

表 5 - 1　　　　　　　　　云南人口较少民族宗教信仰概况

民族	宗教形态	崇拜对象	神职人员	场所和神器	重要节祭	活动情况
独龙族	民族原生性宗教；基督教	格蒙、南木、布兰；耶稣基督	南木萨、乌、传道员	皮鼓、摇铃；教堂	卡雀哇；圣诞节	剽牛祭天、祭鬼活动基本维持传统状态；基督教活动的吸引力在增强
德昂族	以南传佛教为主融合民族原生性宗教信仰	释迦牟尼、寨神、谷娘等	佛爷、和尚、阿章、达来、来装	奘房、谷魂和寨神的象征物	浇花（泼水）节、出洼、进洼、烧白柴	赶摆、赕佛等活动以中老年人为主
基诺族	民族原生性宗教	祖先崇拜、自然崇拜	白腊泡、莫丕、卓巴、卓色	卓巴房、木鼓	喏嫫洛、特懋克节、禾希早	喏嫫洛只在旅游区保留；有四分之一村寨不过特懋克节；有一半的村寨不过"禾希早"
怒族	民族原生性宗教、藏传佛教、天主教、基督教	图腾崇拜、自然崇拜、祖先崇拜；释迦牟尼、耶稣基督	于枯苏、尼玛、董木萨、绵安、扎巴、密鲁扒、马扒、密枝扒、瓦壳括扒	寺庙、教堂	如密期、鲜花节、巴恰木、圣诞节、复活节、感恩节	民族传统的节祭活动在萎缩和变异；西方宗教的节日活动处于发展态势

续表

民族	宗教 形态	崇拜 对象	神职 人员	场所和 神器	重要 节祭	活动 情况
户撒 阿昌族	以南传佛教 为主融合 多教	释迦牟尼、 玉皇大帝等	佛爷、崩 几、召冈	奘房、塔、 经书	进洼、出 洼、烧白 柴、泼水节	赶摆、赕佛等活动 以中老年人为主， 年轻人参与不足
梁河 阿昌族	民族原生性 宗教	创世神、寨 神、树神、 谷魂、炉神 等多种鬼神	活袍、撒 掌塞	村寨神庙、 神树、《遮 帕麻和遮米 麻》	窝罗节、祭 神树、祭 谷魂	保留传统的村寨祭 祀活动，但难以找 活袍来主持
普米族	韩规教、民 族原生性 宗教	益史顿巴、 巴丁喇木、 多神崇拜	韩规、师 毕、毕扎	巴丁喇木神 洞、山神 庙、锅庄、 中柱、白 绵羊	吾时（春 节）、小过 年、转山 会、清明节	真正的"韩规"已 经断层，但群众的 信仰需求有增无减
布朗族	南传佛教、 民族原生性 宗教	释迦牟尼、 多种神灵	佛爷、和 尚、焦刚、 白摩、召 色、它色	奘房、神 山、寨神象 征物	泼水节、出 洼、进洼、 景比迈、 赶摆	信仰南传佛教的布 朗族聚居区传统信 仰活动基本正常

根据前面对云南人口较少民族的调查研究，我们将从文化生态变迁的角度对云南人口较少民族宗教信仰的特点和问题进行如下概括。

（一）神职人员日益减少或出现断层

宗教神职人员日益减少，传承困难、后继乏人成为一个普遍性的问题。这样的问题在云南7个人口较少民族都存在着，只是表现的程度有所不同而已。相对而言，如独龙族、布朗族的情况略好一些，严重的如阿昌族的"活袍"、普米族的"韩规"、怒族"于枯苏"已经出现了断层。通常而言，一个民族的宗教神职人员往往是这个民族的"知识分子"或"高级知识分子"，是民族文化的守护者和传承者。如果这个民族缺少了这样的文化守护者，其民族文化就难以坚守，失去了这样的文化传承者，其民族文化就难以传承。更值得注意的是，神职人员的缺乏往往对应着民族群体信仰的弱化和传统力量的弱化，甚至有传统文化失序或文化生态失衡的可能。其连锁反应的结果，将会引起民族凝聚力的减弱和丧失。这不仅对于民族文化多样性的保护是一个难题，对民族和谐社会的构建也是一个极大的挑战。

（二）宗教认知的"代沟"在加深

在民族宗教信仰方面出现了明显的"代沟"，在同一信仰中年轻人与年长者在宗教认同和宗教认知方面都出现了较大的差异，在信仰的虔诚度方面更是形成明显的不同。一般来说，年轻人很难再像老年人那样把更多的情感倾注在信仰中，把自己的命运与宗教联系为一体；在宗教活动中，许多年轻人要么不参加，要么是被动地参加，或者则在信仰活动中加入了更多嬉戏的成分。这种代际差异现象本属正常，无可非议，但是由此而产生的年轻人的迷茫，长辈们的不满，老少之间共同语言的减少，代际鸿沟的加深，这些在一定程度上导致了民族信仰生态的失衡却是值得关注的。

（三）信仰分化呈多元态势

在怒族、独龙族等部分云南人口较少民族中，外来宗教的传入，使民族内部信仰系统分化，呈现多元化的态势。这样的情况，无论在理论上还是在现实中都会导致正反两方面的效应。从正面来说，这种多元化本是一种有利于民族文化多样化发展的现象，使得文化当事者多了一种观照世界、审视传统的视角，使得人们能够在多种信仰的互动中，在多样化的生存状态中，加深对文化多样性的认识，获得对和谐社会构建的启示和动力，重新找到文化生态的平衡。而从负面的方面看，民族信仰系统一分为二或更多，这使本来这些人口较少的民族群体出现了更多的分化，或是代际之间、或是阶层之间，或是家族之间，或是村社之间形成了不同的信仰群体，致使新的信仰人群与传统的信仰人群之间产生沟通受阻的危险，从而加剧了二者之间构建和谐社会的困难。在现实中，还出现了对原有民族传统文化抑制的表现和倾向，加大了对传统文化保护的难度。

（四）境外宗教势力的进入与渗透

在云南7个人口较少民族中，有5个民族属于跨界民族，其民族人口主体不是在国外就是境内外基本相当。由于境内民族信仰的弱化，往往导致境外宗教力量的进入和渗透。如前所述，这一点在德昂族中体现得最为典型。虽然我们也应该对这种现象进行一分为二的分析，既要看到有利于发展国家关系，稳定边疆，以及我国人口较少民族社会稳定和和谐发展的一面，同时也不可忽视对国内的正常宗教活动和民族文化生态走向带来一些不确定因素的另一面。特别是近年来，境外邪教势力和反动势力也借机披着宗教外衣加紧了对我沿边地区的渗透。它们利用有些信教群众的愚昧无知，宣扬宿命论、仙神论，打着宗教的旗号向我方渗透；它们在我国境内招收和培训青年教徒，提供资金收买人心，培植境外宗教代理人，派遣神职人员窜入我边境村寨讲经布道，开办非法教学点扰乱我基层教会，严重破坏我国宗教政策，干扰我境内正常的宗教活动。这是我们需要加以警惕和防范的。

三　宗教信仰中的文化生态失衡及其社会调适

上述所举许多云南人口较少民族宗教信仰中出现的问题，都有一个负面指向，那就是民族文化生态的失衡。这突出地表现以下方面：首先，民族传统信仰文化的传承困难重重。如前所述，各民族都不同程度出现的宗教神职人员减少或断层，信仰的凝聚力大大减弱，从而减弱了民族群众对宗教的信仰和认同程度，致使民族传统宗教文化在传承中不断衰减，甚至出现了难以为继的危机。其次，从宗教信仰的空间看，许多民族的信仰空间受到挤压。现代生存的压力、商品经济的冲击、各种思想观念的干扰，这些都在一定程度上挤压着民族原有的信仰空间；在现实中一些民族宗教信仰的场所减少和压缩也是信仰空间被挤压的表现；还有如户撒阿昌族，虽然奘房在不断恢复和增加，群众中的信仰需求也在不断增加，但是有和尚住持的奘房却在减少，奘房所营造的信仰氛围却在淡化，致使增强民族文化认同和归属感的教化作用也难以同过去相比。最后，从多数民族目前的宗教祭祀活动来看，其神性的成分在减少，功利性的因素在增加，甚至有一些民族的宗教信仰活动已经变成了世俗的聚会，其宗教信仰对民族群众的心灵约束和行为规范明显减弱。本来，宗教信仰对于固守民族传统、维护民族社会的和谐具有重要作用，但以上这些现象表明民族宗教信仰对民族传统文化保护能力在不断弱化，从而也降低了和谐社会建设的民族文化生态的自我修复能力。

实际上，一些地方民族人群信仰文化生态的失衡已经影响到了自然生态和人们的生产生活。在调查访谈中，原芒市宣传部的一位负责同志说："各民族都有保护生态环境的传统信仰，随着这些文化受到冲击，周围的生态环境也遭到了严重破坏。我们曾经在西山调查过，3 年干枯两个水源。其原因就是很多神山被毁了。生产生活上也是这样，过去信仰佛教的民族进洼（关门节）以后就不能串姑娘，现在好多青年人都不管了。"在基诺山乡我们了解到，有些村寨没有了卓巴，多数传统的信仰民俗仪式都被废止，过去隆重的成年礼也不举行了，一些传统的信仰戒律对青年人已经失去约束力。如按惯例，同宗族中三代之内是不能通婚的，现在有的青年人根本不听老人的劝说，二代之内也有通婚的。这不仅违背了传统，也不利于优生优育。

总之，许多现象显示，每个云南人口较少民族的宗教信仰中都不同程度地出现了文化生态失衡的状况，这对于民族文化多样性的保护和民族和谐社会的构建造成了极大的挑战。

　　我们认为，造成这种问题的原因是多方面的，其中突出的就是包括当事人在内的整个社会对民族宗教信仰的认识问题。到目前为止，我们还在相当的程度上对民族宗教信仰缺乏正确的认识和理解。这与未能肃清过去极"左"思潮的错误流毒，纠正理论上的偏颇有关。在相当一段时期我们总是把人们的宗教信仰与迷信画等号，总是强调了宗教的"精神鸦片"那一面，而未能认识到宗教信仰的社会调适和心灵慰藉的另一面；习惯于把宗教的唯心观念与马克思主义的唯物论相对立，却忘了马克思主义的辩证精神。这种认识上的偏颇，即使在今天的一些领导干部中都还不同程度地存在着。最近笔者就得知这样一个事例：一位做媒体的朋友曾经被派到一个人口较少民族地区当了一年的新农村建设指导员，帮助当地干部群众做了不少事情，他回省城以后还一直与当地人保持着联系。有一天，他先后接到了两个电话，一个县委宣传部长打来的，说他们已经成功地推动了当地民族群众在教堂里唱红色歌曲，请他下去拍摄点镜头帮在媒体上宣传宣传；另一个电话是一位担任教会传道员的村民打来的，说是县里要求他们信教群众在教堂做完礼拜之后，还要组织教唱革命歌曲，村民们其实是很不情愿的，很让他为难。中国的主流社会在几千年的封建社会中，以伦理代替宗教，缺乏真正的信仰和对宗教信仰的认知，加上多年来对宗教的曲解以及我们自身的信仰危机，仅从主流文化的角度是难以体会和理解弱势少数民族文化场域中的信仰的。

　　广义上讲，宗教信仰本身既是一种以信仰为核心的文化，同时又是整个社会文化系统的子系统。宗教信仰是人类特有的一种精神现象，其本质的功能就是一种精神性的功能，正是在这个意义上宗教信仰才隶属于与政治、经济相区别的文化。宗教对其信仰的民族群众具有重要的心理调适作用，不仅对个人心理，而且对族群心理的建构都具有很大的意义；宗教和宗教文化不仅在信教群众的精神生活中发挥作用，而且对各民族的社会文化形态也产生了重大的影响，它通过对民族的哲学思想、伦理道德、教育、生活习俗、文学、音乐、建筑、绘画、雕塑、诗歌等多方面的渗透，影响到了一个民族和地区的社会和谐稳定。一个民族的信仰在民族文化中占有重要的地位，犹如民族语言之于民族特质的表现一样，民族的宗教信仰也往往成为民族特性的标志。在民族文化结构的物质、制度和精神三个从外到里的层面中，信仰处在最深层的精神层面之中，它在文化群体的价值观念系统中居于核心地位，同时对人们的思维系统和情感系统都发挥着深刻的影响作用。因此，要贯彻落实党的信仰自由的政策和宗教工作的基本方针，依法管理宗教事务，积极引导宗教与社会主义社会相适应，在人口较少民族的和谐社会建设中，充分发挥宗教信仰和宗教文化的社会调适作用，增强民族和社区的凝聚力。

　　评估民族宗教信仰的价值有两个重要的指标：是否有助于文化多样性的保护；是否有助于和谐社会的建设。如果回答是肯定的，我们就应该给予更多的理解、宽容和支持。联合国教科文组织和世界文化与发展委员会编写的《文化多样性与人类全面发展——世界文化与发展委员会报告》中说："如果一种文化本身的价值观是容忍他人，并与全球伦理不相违背，我们就应该尊重它。这是一条基本原则。尊重不仅意味着容忍，它还暗含着对待他人的一种更积极的态度——为别人与自己不同的生活方式、为他们富于创造性的多样性而鼓舞喝彩。"①

　　本研究就是以这样一种指导思想来考察和研究民族宗教问题的。我们认为，建设和谐的民族社会有赖于民族文化生态的修复；要从民族传统文化中探讨构建民族和谐社会的历史和现实基础，尤其要从民族传统深层次的信仰观念和行为规范中，探寻民族传统文化中和谐的文化特质及其整合机制，并向建构区域性的多民族共同发展的和谐文化生态方向引导。希望我们有关民族宗教信仰的舆论和政策导向都能在这方面进一步发挥社会调适的功能，使人口较少民族的宗教信仰朝着有利于构建和谐社会和维护文化多样性的方向发展。

---

　　①　联合国教科文组织、世界文化与发展委员会编：《文化多样性与人类全面发展——世界文化与发展委员会报告》，张玉国译，广东人民出版社 2006 年版，第 4 页。

第 六 章

保护文化多样性构建和谐社会的
策略与对策

在对云南人口较少民族的语言、非物质文化遗产和宗教信仰进行了必要的考察之后，对云南人口较少民族的文化生态状况应该有一个总体的估价，其结果却是令人忧虑的。面对宝贵的民族文化严重流失、文化多样性受到严重冲击的现状，应该采取怎样的策略和对策？尤其是在近年来从国家到地方对人口较少民族开展了大规模的扶持工作以来，我们应如何更好地抓住机遇，应对挑战？

一　云南人口较少民族文化生态失衡的现状概括

"在当今自然界生态平衡遭到破坏时，人类社会所创立的文化生态的平衡也在遭到破坏。"① 从现实的总体情况来看，云南人口较少民族的传统文化流失十分严重，民族文化多样性受到严重冲击，我们认为，已经出现了民族文化多样性危机和文化生态失衡的局面。

前面说过，民族文化是具有自身价值指向的文化生态系统。民族文化生态是文化主体得以维持民族特性的一种生存状态，它为特定的人群提供着一种内在调适和驱动的力量，为维护文化多样性和民族社会的和谐发挥着不可低估的作用。一种正常的文化生态系统，其内部应该是各文化要素之间具有均衡的状态。功能派文化学家就认为，均衡是一种文化的整体统一性的显著特征，"在一种制度或一种关系的全部效用中，有着一种确乎的平衡力"（马林诺夫斯基语）。然而，"一种文化的均衡是动态的，一方面，该文化若要继续下去，必须保持内部平衡；另一方面，它并不意味着各种力量的完全

---

① 方李莉：《文化生态失衡问题的提出》，《北京大学学报》（哲学社会科学版）2001 年第 3 期。

平衡，而是一种带有由内外压力逼迫向前发展的易变的平衡。这些压力产生反压力，再产生压力，然而变化终归受到内部平衡力的控制，如果内部力量在遇到外来压力和干扰时不足以抵制其影响，该文化就会因此解组和变迁"。①

当前，世界经济一体化的趋势席卷着每一个民族地区，我们正处在一个经济社会急剧变革的时代，像其他民族一样，云南人口较少民族在国家科技和社会经济的不断发展进步中，也没有置身其外。加之近年来国家和地方各级政府对人口较少民族的大力扶持，基础设施的迅速改善，云南人口较少民族地区的封闭已经被打破；信息技术的迅猛发展更是缩短了这些边疆山区或半山区与外界的距离。2011 年我们到滇西调研就深有感触。当时日本东北部发生了强烈地震及海啸，3 月 17 日，我们正在户撒调查，国内有谣传引起了食盐抢购，中午友人从昆明来电话告知，我们立即到乡街子上看，当地所有商店的食盐已经被抢购一空了，当天下午我们到了梁河县河西乡的阿昌族和德昂族山寨，没想到这里的人早已经知道了消息，也将商店的食盐购买一空。在这样一个信息化的时代，山乡的封闭已经被逐渐打破，民族生活的社会环境正在发生前所未有的变化。与之相应，民族文化也处于急速变迁的过程中。

文化变迁，本是一个中性词语，并无褒贬。我们不能阻止它，让它不变，也不能说这种变化就必然好，或是必然糟；它可能向好的方向变，也可能向坏的方面变。以辩证的观点看，任何一种文化变迁应该说都有正面和负面的影响并存，不能一概而论。而是要具体问题具体分析，客观地分析其文化变迁对文化生态系统的正负影响。

我们认为，社会的发展进步牵动着民族文化的变迁，民族文化的变迁必然牵动着民族文化各种多样性关系的变动，从而也会对民族文化多样性本身造成正面或负面的影响，实际上也是在促使民族文化不断地调整着自身的适应性能，从而维护着文化生态的平衡。如果民族文化的变迁一旦脱离了应有的轨道，失去了正常的状态，其民族文化生态就将失去平衡，民族文化的多样性就将会受到较大的冲击，就会影响和谐社会的构建，出现许多难以预料的问题。

我们认为，在一个民族的文化生态系统中包括的要素很多，而语言、信仰和各种非物质文化遗产是其中比较关键的要件，因此本研究着重从三个方面进行了大量的实地调研，希望能通过这些要件透视出民族文化生态的状

①　覃光广等主编：《文化学辞典》，中央民族学院出版社 1988 年版，第 133 页。

况。从我们所调查和梳理问题来看，当前云南人口较少民族的文化生态系统境况不妙，准确地说是遭遇到了严重的危机，这种危机显然是与民族文化多样性保护以及和谐社会建设密切关联着的。

对于云南 7 个人口较少民族目前文化生态系统的严峻状况，我们作出以下三方面的概括。

（一）被强势文化层层包围的弱势系统

云南人口较少民族虽然地域分布较广，但其人口在全省总人口中所占的比例很小，其群体规模都不大，社区范围也较小，几乎都交错在人口较多的民族聚居区中。一般而言，一种文化的势能是与其文化主体的人口呈正比的，人口少，势能就弱；人口多，势能相对就大。例如，居住在云南德宏傣族景颇族自治州的德昂族和阿昌族就主要与人口相对较多的傣族、景颇族和汉族杂居在一起，形成大杂居，小聚居的局面。这些人口较多的属于国家或区域的主体民族，相对于人口较少民族来说是一种强势的文化拥有者。从地区范围来说，这两个人口较少民族处于区域主体文化的包围之中，从更大的范围来看，则是在国家主流文化的包围之中。它们在强势文化的层层包围之中，其文化显然处于劣势。比如，从语言使用就可以明显看出这种态势。一个德昂族人或阿昌族人为了适应当地的社会生存环境，除了在内部使用自己民族的语言之外，还往往要学汉语、傣语，或者景颇语。因为他们所处的文化生态环境逼着他们必须掌握强势文化的语言。久而久之，有些人口较少民族人群在祭祀、唤牲口时都要用当地强势民族的语言。甚至有相当一些年轻人不惜放弃了自己的民族母语，最后只会讲强势民族的语言了。而相反，处于当地强势文化中的民族人群，就很少有人去学习人口较少民族的语言。

更有甚者，在一些云南人口较少民族中还出现这样的情况，有些民族群众由于长期与国家或区域的主体民族杂居共处，逐渐淡化了民族意识，减弱了对自己民族的认同感，干脆放弃了自己原有的民族，最后在填报民族成分时变为了其他民族，为此有的地方在编制人口统计数据时还颇伤脑筋。

从文化生态的角度看，人口较少民族的文化是一个弱势系统。本来这种文化的弱势情况在历史上就已经形成了，但在过去长期的自给自足经济时期，民族各自生活在自己的圈子里，族际间互相交流较少，各自相对封闭，人口较少民族内部由于具有较强的内聚力而抵消了文化势能的不足，能够保持住文化生态系统的平衡。然而，像近期这样民族之间的樊篱被打破，民族与民族之间交流越来越频繁，相互之间的依赖越来越强的时候，弱势民族的文化受到了前所未有的冲击，其文化生态很容易出现失衡现象。

（二）被外力推动着急剧变迁的脆弱系统

进一步而言，近年来人口较少民族的社会变革与其说主要是由于内源所致，不如说是由一种外在的力量推动着。尽管社会进步，经济生活的改善是民族的内在需要，但是纵观这几十年的发展过程都还主要是在外力的帮扶下完成的。于是，在人口较少民族的文化上就出现了一个问题。外部的力量在推动着人口较少民族的经济社会急剧变革的同时，也在牵动着其文化的变迁。学术界根据引起现代化的动力来源不同，把现代化分为两类，即内源性的现代化和外源性的现代化。内源性的现代化是由社会自身力量产生的内部创新，经历了漫长的社会变革过程而实现的；外源性现代化是主要依靠外来推力所产生的，而且这一过程是在短时间内发生的，是突发性的，被异质文化激烈地撞击着。在外源性现代化的过程中，由于进化论和线性思维的影响，最容易导致对本民族传统文化的全盘否定，造成历史文化传承的断裂。

目前，人口较少民族的现代化主要是依靠外力推动，走的是外源性现代化的道路。表现在文化上，用人类学的术语说，这是一种外力作用下的文化涵化。其结果有三种可能：一是弱势文化逐渐萎缩或丧失，被强势文化所同化；二是在文化接触交流过程中发生融合，产生出与原来文化不同的第三种文化；三是弱势文化吸收了强势文化的特质，还顽强地保留着自身的文化特性。

我们希望人口较少民族文化未来将出现第三种或是第二种可能的情况，最不希望看到的是第一情况，然而从目前的趋势来看，恰恰是第一可能的情况在云南人口较少民族的文化中占据了主导。现实中也确有一些人口较少民族人群因自身民族特性的丧失而变成了其他民族，就我们所知，如普洱市澜沧县过去就居住着一些德昂族人群，后来都变成了当地一个人口较多的民族。1998 年我们在保山召开"中国德昂族自我发展研讨会"的时候，曾经请该地的一些村民来参会，他们已经完全不会讲德昂族语言，与其他地方的德昂族同胞交流的共同话题也不多；又如，遮放镇弄坎村委会的德昂族在 20 世纪 50 年代也曾经集体性地将民族成分更改为傣族，后来是由于国家出台了对人口较少民族照顾的政策，才又重新改回来。

一位对基诺族研究颇有建树的老专家通过对该民族长期的跟踪研究，就曾经预言：按照目前文化流失的速度，基诺族的文化将在 20 年内完全消失。人口较少民族的文化生态本来就是一个弱势系统，在受到外力的强烈冲击下，它就变得越发脆弱，若不采取措施加以特别的保护和挽救，很可能将在变迁中改变内质，而丧失自我。其实不仅仅只是基诺族，其他云南人口较少民族的文化也同样在迅速流失。如果一个民族的文化完全消失了，其作为民族而存在的根基也必将彻底动摇，其结果就会与我们扶持人口较少民族的初衷背道而驰。

因此，如何将人口较少民族的发展从外源性现代化的道路转变为内源性的现代化道路上来，如何让人口较少民族在文化涵化中保持自身的文化特性，却是值得认真研究的问题。同时我们也必须清醒地认识到，在帮扶人口较少民族加快经济社会发展的同时，一定不能忽略其文化的保护和发展，一定要充分考虑到其文化生态的脆弱性给予更多的呵护，需要采取多种措施减少文化的流失，增强文化生态的自我修复能力。遗憾的是，在过去各级政府对人口较少民族投入的大量帮扶资金中，却很少能够看到有关民族文化保护方面的额度。

（三）自我调适能力较弱的失衡系统

文化生态犹如自然生态，它需要在动态的过程中不断保持着内在平衡。一个正常的生态系统应该具有自我修复和自我调适的能力，一旦系统内部出现了失衡的情况，它能够迅速做出反应，给予修复和调适，使之达到新的平衡。这或许是把文化系统类比于自然生态系统而获得的一个重要启示。考察云南人口较少民族的文化生态，我们发现普遍存在系统失衡的现象。例如在一些经济相对较发达与其他民族交流较多的人口较少民族居住区，其文化大多都趋同于当地的主体民族，而本民族原有的文化特色则越来越少。这显然是文化生态失衡的一种表现。

从生态系统的角度看，本来暂时的失衡还不算什么大问题，但在失衡之后而不能进行自我修复和调适，那就是十分严重的问题了。在对云南人口较少民族的田野调查中，我们不难发现一个普遍性的问题，那就是文化自觉意识的缺乏。由于这些人口较少民族经济社会发展的长期滞后，长期处于贫穷匮乏的状态，经过改革开放以后，与周边主体民族一比较，其差距十分明显，许多人总认为自己民族落后，事事不如人。这显然严重地打击并挫伤了民族的自尊心，同时还把他们的注意力更多地引向了经济活动方面，而忽略了对本民族文化的守望，低估了自身文化的价值。近年来，经过从上到下各级组织的大力帮扶，使之获得了经济上长足进步的同时，一些民族人士也在一定程度上滋长了一种依赖的思想，削弱了自我发展的能力。这种现象在民族文化生态方面的反应，就是自我调适能力的弱化。面对文化生态的失衡，而又不能及时加以修复和调适，其民族文化的未来堪忧。因此，在扶持人口较少民族加快发展步伐的过程中，培养被扶持者的自我发展能力应该摆在首要的位置上。就像一个人一样，自己不迈动双腿去走路，总是被别人"推着"或"背着"向前的话，久而久之，他就丧失了走路的能力。

总之，云南人口较少民族的文化生态处于与其他国家或地域主体民族所不同的境况，面临着更为严峻的形势，这是我们的扶持工作在西南边疆文化多样性的保护和人口较少民族的和谐发展所面临的一道难题，需要花大力气去破解。

二　增强文化自觉，修复文化生态

谁也难以否认，在目前云南人口较少民族社会经济发生急剧变革和转型的时期，民族文化正在大量流失和快速消亡。可以说这正是民族文化生态失衡的显著表现。或者说，二者互为因果，民族文化的流失造成了民族文化生态的失衡，而民族文化生态的严重失衡又导致民族文化大量流失和消亡。因此，抢救和保护民族文化，修复民族文化生态就是同一事项的两个方面。要保护民族文化就首先要修复民族文化生态，要修复民族文化生态就要有效地减缓和制止民族文化的流失。

在正常的情况下，每一民族文化都有一种顽强的自我修复能力。一种民族文化作为一个文化生态系统，它总是不断地通过内部的调整而争取生态的平衡，而作为一个更大的文化生态系统中的一个部分，它又在所属生态系统内总是处于一种不断地相互适应过程之中。虽然不同民族文化自我修复的实例表现是极不相同的，但是有一个前提是一致的，那就是需要在民族文化自觉的基础上，付出艰巨的代价，方能完成每一轮新的文化生态的修复和对更大的生态系统的适应。

一直以来，在外界眼里，云南人口较少民族只是一个地处偏远边地、发展滞后的群体，是一个需要给予经济扶持的群体。却很少从民族文化上来分析，对其民族文化生态失衡的状态给予应有的认识和重视。尽管也有不少学者感叹于民族文化的大量流失和消亡，呼吁各级政府要加强对人口较少民族的文化进行抢救和保护。但怎样抢救和保护，却又往往流于空泛而难以见到实效。

我们认为，要有效地保护民族文化首先要对保护者有一个明确的定位。民族文化应该由谁来保护？保护的主体是谁？显然，保护民族文化的主体只能是文化拥有者的民族群众自己，除此之外别无他人。这本是一个无须花功夫讨论的简单问题。然而，在现实中我们常常会在这个简单问题上出现迷茫，许多人似乎已经习惯了把眼光投到政府身上，寄希望于上级、领导和专家学者，以为只要有了足够的投入，有了外界的帮扶，各民族的文化就能像堵住决堤的河水回归河道一样得到保护。可哀的是，有不少民族群众也受到这种思维定式的影响，袖手旁观地等待着上面和外面的帮助。主体意识的缺失已经成为阻碍民族文化保护、影响民族进步的一个重要问题。

辩证唯物主义认为，外因是事物发展变化的条件，它只能通过内因而起作用。内因才是事物发展变化的根据，是第一位的原因，它规定着事物发展的基本方向。不管外界怎样对人口较少民族文化保护的呼吁、投入、推动，最终都要体现在民族群众的认识和行动上。任何政策的落实只有化为民族群众的自觉行动，才能真正推动民族社会的发展与进步。

我们调查过的居住在镇康县高寒山区的德昂族，历史上曾经经历了两次村寨搬迁，一次是被迫的，一次是主动的，形成了失败与成功对比鲜明的两个不同结果。

第一次是在 20 世纪 50 年代末，当时在"大跃进"和极"左"路线的氛围中，由政府主持出现过一次大的移民并寨高潮，一部分高寒山区的农民被强迫移到坝区居住和劳作。本来这种出发点是好的，问题是政府的良好意图并未能真正为群众所理解，更没有化为群众的自觉意愿。而当时的政策制定者和执行者也未能真正从当事者的角度出发去开展工作，更未能从山地居民与坝区居民的文化差异和文化适应的方面去考虑问题，仅仅从开发坝区和便于集体化管理的角度，一厢情愿地强令移民并寨。据当时亲身经历过的人士回忆："为免误农时，有的村社当晚动员，第二天搬迁，不愿走者被警告'要拆房子，受处罚'。众间群迁，毫无准备，气候炎热，卫生条件差，缺乏疾病预防措施，酿成疾病大流行，不少人家星夜往回搬，有的则搬迁到缅甸果敢等地，1958 年底统计，外迁者 496 户，3133 人。"[①] 这些被迫的移民中，就有不少德昂族人。当时世居火石山的德昂人，许多就是这样移居到了哈里和下寨的。尽管那些按上面要求迁到新址居住的人们从高寒山区搬到了坝区居住，自然条件固然比以前好了，但由于搬迁不是出于当事者的自觉意愿，其结果并没有真正调动起群众的积极性来。人们依然在贫困中艰苦度日。

第二次搬迁是党的十一届三中全会以后的 1980 年，一些居住在高寒山区的德昂族群众充分认识到了搬迁到坝区和交通要道上对他们发展的好处，积极主动地寻找出路，求发展。在政府的协助下，他们主动将自己的村庄迁移到南伞至孟定的交通要道两旁，距离日榨甘蔗 300 吨的糖厂仅有六公里，

---

① 《镇康县志》，四川民族出版社 1992 年版，第 887 页。

既有利于发展交通运输业，也有利于发展甘蔗产业。村民们抓住了机遇，除了多方面地发展种植业外，还根据当地优势，贷款买车跑运输，建窑烧砖瓦，走上了致富的道路。村民们早在十多年前就几乎家家有了拖拉机，还有不少家庭购买了汽车，出现了多个当时被人羡慕的万元户。至今这个村寨还是笔者所走过的省内德昂族村寨中最为富裕的村庄之一。

两次搬迁，有着质的区别，效果刚好相反，关键就在于是否尊重了民族群众的意愿，是否真正调动了群众内在的积极性。由此不难看出，不顾少数民族群众的意愿，单靠行政命令，即使出发点是好的，也不一定带来相应的好结果；少数民族社会的发展进步首先必须是民族群众自身的内在需要，并化为自觉行动，才可能实现。

民族文化的保护更是离不开民族群众的意愿和行动。如果连承载着本民族文化的民族群众自身都不珍爱自己的文化，不采取行动保护自己的文化，那么民族文化保护和弘扬又何从谈起。若缺少了当事主体的参与，外部力量的任何努力都可能是竹篮打水一场空。只有民族群众真正认识到了本民族文化的价值，认识到保护本民族文化的重要意义，同时也行动起来，为保护自己民族的文化而尽责尽力的时候，民族文化的保护才可能真正取得成效。说到底，需要民族的文化自觉。文化的自觉是民族文化保护和文化生态修复的前提。

增强文化自觉，修复文化生态，还应落实到一些具体的民族文化事象上。在前面几章中，我们梳理和分析过云南人口较少民族的语言、非物质文化遗产和宗教信仰等方面的状况，我们认为这些是构成民族文化的几个重要表征，是民族特性认同的几个重要方面，也是维护文化生态的重要构件。因此，首先应该着重从这些构件入手来修复民族文化生态。我们将其概括为以下三个方面的"着重"：

着重从民族语言的传承开始来抢救与保护民族文化，保持民族特性，维护文化认同，唤起和增强民族文化自觉，修复民族文化生态；

着重从民族非物质文化遗产的抢救和保护中提高民族群众对自身文化价值的认识，唤起并增强文化自觉，修复文化生态。

着重从民族传统信仰，以及深层次的观念和行为规范中，探寻民族传统文化中和谐的文化特质及其整合机制，修复民族文化生态，并向建构区域性的多民族共同发展的和谐文化生态方向引导。

总之，就目前云南人口较少民族文化自觉普遍弱化和缺失的情况来看，保护与发展民族文化多样性、构建和谐的民族社会最为迫切最为关键的第一步就是唤醒和增强民族的文化自觉，这是需要民族内部和外部共同努力的方向。具体可从以下三个方面着手：

（一）提高对本民族文化价值的认识

在当今世界经济一体化的潮流中，在大量外来强势文化的层层包围和冲击下，人口较少民族文化到底还有没有价值？其价值何在？这无疑是让包括人口较少民族自己在内的许多人疑惑的问题，尤其是在目前文化单线进化的思想观念还普遍流行并以各种不易察觉的翻版形式渗透在主流文化的方方面面的情况下，处于弱势的人口较少民族的文化价值遭到误解和贬低，这也是难免的。因此，还要从改善社会的大环境方面去努力，尽量消除长期以来单线进化思想对民族文化的贬低和错误认识。

同时，还应该引导民族群众充分认识到本民族文化的重要意义。至少，应该从世界文化多样性、民族生存发展和构建和谐社会等多方面来凸显民族文化的价值。首先，文化多样性是世界和平进步的基础，每一种独特的民族文化存在的本身就是对文化多样性的维护，就是对世界文明的一个巨大的贡献。一个具有独特文化传统的民族，都应该为自己祖先的贡献和悠久的历史而自豪、骄傲。其次，从民族群体的内部来看，文化是一个民族群体认同的根据，是民族群体生存的特有方式，是民族精神的表现形态。一个民族如果一旦丧失了自己的文化，就等于失去了民族之为民族的特性，就失去了民族凝聚的基础。民族文化绝不是可有可无的摆设。最后，民族文化本是社会和谐的润滑剂，尤其是如前所分析的像云南人口较少民族传统文化那样，具有协调人与自然、人与人、人与社会，以及民族之间和谐关系功能的文化形态，对于构建和谐的民族社会，稳定边疆，推进世界和平发展具有重要的价值和意义。

（二）树立坚守民族文化的信心，获得文化的自信和自尊

一个民族不论大小，只有经济发展是不够的，必须伴之以一种民族聚合力的文化认同，这种认同是一种凝聚人群、动员人群、激发人群创造力的文化力量。作为一个人口较少的民族群体，其文化处于弱势，这种文化认同的力量是需要通过对民族文化的坚守来保证的。只有民族群众在认识到自己民族文化价值的基础上，获得文化的自信和自尊，才能树立坚守文化的信心。为什么呢？因为保护民族文化（尤其是弱势的民族文化）是一项未有穷期的任务，需要民族群众长期的坚守。从而今弱势文化深受冲击和挤压的现实来看，人口较少民族对自身文化的长期坚守相当不容易，需要极大的勇气和毅力。这种勇气和毅力首先来自对本民族文化的自信和自尊。

目前，普遍地缺乏"自我发展能力"，是云南人口较少民族开展现代化建设最主要的障碍之一。这种"自我发展能力"是与民族群众自主的意识和能力分不开的，这种自主性与文化的自信与自尊相关。就是说，文化自觉的信念与经济创造力是相辅相成的。对于来自上面或是外来的帮扶者来说，都需要明白一个道理，任何一个民族都有保护和发展自己民族文化的权利，任何一种的保护措施和发展规划都应在尊重权利主体的自主权和意愿的前提下方可实施，千万不能够采取行政命令的方式来制定强制措施，否则就会打击民族的自主意识和文化自信。在市场经济条件下，单纯通过外界的"输血式"扶贫或扶持，并不能改变民族群众比较薄弱的自主意识；对生产生活的改善，并不一定就必然提高人口较少民族的文化自觉。因此，在经济扶持的同时，还需要通过政策引导，树立民族群众坚守文化的信心，启发民族文化自觉，让人们对自己的民族文化获得自信和自尊，才能充分调动广大人口较少民族群众自我脱贫、自我发展的积极性和创造性，变被动"输血"为主动"造血"，得到可持续的发展进步。

（三）将民族文化与经济发展相契合，使之成为社会进步的推手

如果能将民族的传统文化与特定民族人群的生产生活提高、社会经济的进步契合起来，情况就会好得多。或许这是获得突破的一个努力方向。在调研中我们发现澜沧县惠民乡一个布朗族村寨正在为此努力，也许他们的做法会给我们一些有益启示。

笔者从20世纪90年代中起，就一直关注着芒景布朗族寨的发展变化，曾经先后四次到该村调查，平均每五年去一次。我们发现最近十年来，该村有了较大的发展，而发展的依托却是民族文化的恢复和保护。该村的布朗族人在信仰南传佛教的同时，还崇奉祖先神灵叭哎冷，奉之为茶祖。村民传说认为，周围的万亩古茶园都是叭哎冷留下给布朗族子孙们的。围绕着对叭哎冷的崇拜，该村历史上就形成了一套茶文化的传统，但经过半个多世纪的冲击已经体无完肤。近年来，村民们在退休干部苏国文的带领下，围绕着对传统的恢复和复兴大力发展茶叶生产，将二者很好地契合起来。村民们恢复了从1951年就终止了的每年一度的茶祖节，竖起了茶祖叭哎冷的雕像，并在雕像座基上镌刻上了叭哎冷要人们"事茶如眸"的遗训，还在每块茶地里立了茶魂，专门供奉，定期祭祀，以此激励村民自觉地培育优质茶。与此同时，村民们还成立了古茶保护协会，一方面弘扬传统的茶文化，另一方面推动科学技术的普及。村民们在增强对传统认知的同时，发展茶叶生产的自觉

性和积极性也得到了提升。大家有计划地对古茶园进行补栽，同时又发展了新栽种的台地茶，还在台地茶中栽树，保茶还林，以达到保护生态，人与自然和谐发展的目的。几年下来，芒景古茶的名气越来越大，又正好碰上茶叶市场的红火，村民的收入迅速增加，芒景的面貌发生了较大的变化。在这样的发展进程中，村民们对自己的民族文化有了更多的认知，增强了民族的自信和自豪感。有年轻村民曾对入户访谈的学者表示："我对民族传统文化过去什么都不知道。因为有古茶、有茶祖节，我才对自己民族的历史和文化有了一些了解，才为自己的民族感到自豪，所以应该保护和恢复我们的民族文化"；"不保护继承自己民族的文化，就是对自己民族的背叛。要像保护自己的母亲一样保护民族文化。没有母亲就没有孩子，没有民族文化就没有布朗族"。①

芒景的变化给我们的启示是，民族文化并非游离于民生之外的东西，它可以成为民族社会进步的一个有力推手。关键是要找到二者的结合点，使之有机地契合起来，相辅相成，它们将会相得益彰。

三　建议调整扶持策略，消弭发展的不平衡

在跨入 21 世纪前后，中国 22 个人口较少民族迎来了一个社会经济发展的大好机遇。1999 年 9 月召开的中央民族工作会议提出：要加大对全国人口在 10 万人以下的 22 个少数民族的扶持，把他们的脱贫发展作为国家民委"兴边富民行动"的重要内容来进行调查研究。2005 年 5 月，国务院总理温家宝主持召开国务院常务会议，讨论并原则通过《扶持人口较少民族发展规划（2005—2010 年）》，并于当年 8 月召开扶持人口较少民族发展工作会议；2006 年以来中央政治局常委会连续两年把此工作列入了工作要点；全国人大常委会还把这一工作纳入 2006 年执法检查的内容；中央领导曾多次指示督促，并赴人口较少民族地区实地视察；胡锦涛总书记及中央不少领导在云南视察时深入到人口较少民族的村寨，并作了重要指示。温家宝总理也作出批示，要求"一定要把这项工作尽早办好"。国家发改委与国家民委共同制定了《扶持人口较少民族发展专项建设规划（2006—2010 年）》，在国务院有关部委的大力支持和有关省区的推动下，扶持人口较少民族发展工作进展顺利。到 2009 年，国家共安排各类扶持项目 8000 多个，累计已为人口

---

① 张晓琼入户访谈记录，参见《厚德载物——人口较少民族文化保护与发展》，中央民族大学出版社 2010 年版，第 213 页。

较少民族投入各项扶持资金 29 亿多元，取得了明显成效。①

云南是较早开展扶持人口较少民族工作的省份之一。早在 2002 年，省政府就制定下发了《关于采取特殊措施加快我省 7 个人口较少特有民族脱贫发展步伐的通知》，决定以政府行为为主导，采取特殊政策措施，集中一定财力物力，努力加快 7 个人口较少特有民族聚居地区的经济社会发展步伐。要求从 2002 年至 2010 年，以实现 7 个人口较少特有民族村村通路、通电、通水、通广播电视并覆盖人口达 85% 以上，让所有民族群众有房住、有衣穿、有饭吃、有钱用、有书读，基本消除农户和学校的茅草房和危房（简称"四通五有一消除"）为目标，力争 5 年解决温饱，到 2010 年全部脱贫。2004 年，云南省率先在全国实施了对所有人口较少民族中小学生免除教科书费、杂费、文具费。2006 年 3 月，云南省政府第 40 次常务会议审议并通过了由 5 部门编制的《云南省扶持人口较少民族发展规划（2006—2010）》，进一步明确了云南省 7 个人口较少民族聚居村脱贫发展的目标，力争到 2010 年，实现全省人口较少民族聚居的 175 个村委会村村通路、通电、通广播电视，通电话；有学校、有卫生室、有安全的人畜饮用水、有安居房、有稳定解决温饱的基本农田地；人均粮食占有量、人均纯收入、九年制义务教育普及率达到国家扶贫纲要和"两基"攻坚计划提出的要求。同时，云南省还确定了要以行政村为单位，改善基础条件，以自然村为单位，实施整村推进的实施原则。为贯彻党中央、国务院的指示精神，省委、省政府作出了庄严承诺：决不让一个兄弟民族掉队。

从 2005 年到 2010 年，实施了第一轮国家和云南省扶持人口较少民族发展规划，共投入各项扶持资金 27.2 亿元②，对人口较少民族集聚地区的基础设施、特色产业、社会事业等进行扶持，使 7 个人口较少民族得到跨越式发展。

到 2010 年底，国家和云南省"扶持人口较少民族发展"的第一个五年规划都已经到期，具体的完成情况和成效如何，各有关部门正在评估之中。据云南省民委介绍，"十一五"时期，云南省较少民族聚居乡镇通油路率达 95%，175 个村委会全部实现村村通公路。解决了 17 个村委会 230 个自然

---

① 数据来源于 2009 年 7 月 11 日《经济日报》关于青海召开的"全国扶持人口较少民族发展工作交流会"的报道。

② 云南省民族事务委员会、云南省发展和改革委员会、云南省财政厅、中国人民银行昆明中心支行、云南省人民政府扶贫开发办公室：《关于印发云南省扶持人口较少民族发展规划（2011—2015 年）的通知》，云族联发［2011］8 号文件，第 8 页。

村不通电的问题，23 万人的安全饮用水问题。保证了 175 个村委会所在地全部实现通电话、通邮、通广播电视。新增或改造基本农田 7.2 万亩，新增茶园、桑园、果园 20.1 万亩，新增经济林 28.2 万亩。2010 年，175 个村委会经济作物总收入 7.4 亿元，农民人均纯收入达 2265 元，比 2005 年增加 1419.3 元。12.9 万人摆脱了贫困，贫困发生率由 2005 年的 56.3% 降至 2010 年的 13.6%。群众生产生活水平得到明显的提高。①

我们通过政府扶持前后的对比调查，可以肯定地说，大多数云南人口较少民族聚居的村寨确实都发生了明显的变化，无论是基础设施、村容村貌，还是群众的生活水平都有了明显改善，可以说在一些人口较少民族的村寨，这五年的发展变化超过了以往数百年甚至上千年的发展变化。说明国家和地方各级党政对云南人口较少民族大力扶持所取得的成效是显著的，成绩是巨大的，政治和社会影响也是较好的。

2011 年后，新一轮的人口较少民族扶持工作规划又启动了。经云南省人民政府批准，云南省民族事务委员会、云南省发展和改革委员会、云南省财政厅、中国人民银行昆明中心支行、云南省人民政府扶贫开发办公室五部门联合于 2011 年 9 月 7 日以云族联发［2011］8 号文件印发了《关于印发云南省扶持人口较少民族发展规划（2011—2015 年）的通知》，其中反映：在未来五年中，将投入 68 亿元，重点实施 6 大工程，扶持云南省 8 个人口较少民族②。《规划》中对六大工程预计投资的资金情况是：基础设施建设工程 28.44 元；特色产业培植工程 16.18 亿元；民生保障改善工程 21.56 亿元；民族文化发展工程 0.58 亿元；人力资源开发工程 1 亿元；和谐家园工程 0.24 亿元。③

当然，扶持人口较少民族的工作是一项前无古人的创举，没有任何现成的经验可以照搬，因此也需要在工作中不断探索，不断改进。前面对人口较少民族扶持的政策和实施情况来看，也暴露出了一些有待改进的问题，加之时代发展的需要，也出现了一些新情况、新问题，因此，建议各级政府在下一步工作中适时地调整扶持人口较少民族的策略和政策。从云南人口较少民

---

① 王德华报道：《我省加大人口较少民族扶持力度：175 个村实现"十一五"扶持目标》，《云南政协报》2011 年 4 月 27 日。

② 由于国家对人口较少民族的人数界定放宽，新一轮将要扶持的云南人口较少民族除了本研究涉及的 7 个民族外，还包含景颇族在内。

③ 云南省民族事务委员会、云南省发展和改革委员会、云南省财政厅、中国人民银行昆明中心支行、云南省人民政府扶贫开发办公室：《关于印发云南省扶持人口较少民族发展规划（2011—2015 年）的通知》，云族联发［2011］8 号文件。

族文化多样性保护与和谐社会建设的角度看，有如下的重要问题需要通过改进策略来应对：

（一）文化建设与经济进步不平衡，应强化民族文化的保护

由于过去云南人口较少民族与内地或其他发展较好的民族生存状况差距较大，因此各级政府的扶持工作往往偏重于解决温饱问题，改善基础设施，打好进一步发展的基础。在这些方面，各级政府对人口较少民族扶持的规划和实施意见一般都有明确的规定和要求，而对于推动民族文化建设，进行民族文化挖掘、整理和保护的问题一般都没有相应的指标，目前最多只停留在建设诸如图书室、文化站等一些基础设施的层面，而怎样保护好民族文化，民族文化怎么在人口较少民族的发展过程中产生积极推动作用，还没有进行深入的思考，更缺少硬性措施和要求，往往流于一般的口号，甚至有的规划和政策文件连提都不提，因此在具体实施中，往往形成一手硬、一手软的局面，人口较少民族文化的保护就基本成了空白；从大多数地区的实践看，也基本上是一个被忽略了的问题。这一点，从各地扶持资金的投向就不难看出。

现实中，在短短数年扶持之后，多数人口较少民族群众的生产生活和社会环境都有了较大的改变，同时也带来了一个民族文化的适应问题，凸显了发展进步的一元化追求和民族文化发展的多元化之间的矛盾，造成许多社会进步的缺陷和"后遗症"，实际上是难以达到"整体推进"的效果的。长期与民族传统社会一路相伴的民族传统文化在新的社会环境中，在新的生产生活方式面前，必将遭受来自多方面和各种外来文化的冲击，必然引起激烈的振荡。尤其是各方面都处于弱势的人口较少民族的传统文化将在无力抗拒的情况下遭受严重的打击，乃至流失和消亡。从我们对云南人口较少民族的语言、非物质文化遗产和宗教信仰等方面的调研所反映出的诸多问题，从许多人口较少民族社群中所出现的代沟问题等方面，都可以看出，云南人口较少民族的社会经济进步与文化建设存在很不平衡的现象。

我们认为，如何把人口较少民族经济和社会的进步与民族文化的保护有机地结合起来，在社会经济发展的同时还能保护好一些有价值的传统文化，特别是那些不可再重复的非物质文化遗产，使文化的发展与社会进步相适应，这是一个扶持工作中必须引起高度重视的问题。在新的规划中应该制定出具体的措施，强化对民族文化的保护。

（二）能力建设与社会发展不平衡，应加强对民族自我发展能力的培养

从五年多对人口较少民族大规模的扶持情况来看，主要还是通过大量的外部投入来推动民族社会的进步。但由于对人口较少民族自我发展的能力培养不足，出现了能力建设与社会发展不平衡的问题。

一般来说，欠发达民族地区依靠外部力量发展，有两种选择方式。一种是依靠国家和经济文化发达地区的无偿支援与帮助，在外部力量的扶持下构建自身的发展基础。另一种是外部经济的大量渗入，利用外部经济的进入和成长带动本地生产力水平的迅速提高，促进本地经济社会结构的调整和改变，逐步进入现代化的发展轨道。这种形式包括引进外来资金在本地发展经济文化事业，与发达地区开展经济技术协作，联合开发本地资源，等等。前提是建立互利互惠的利益关系。这两种发展方式，都必须有一个前提，那就是民族群众的自我发展能力要得到同步的提升，要与社会的发展相适应。

就是说，要让人口较少民族获得长远而可持续的发展，仅仅停留在依靠外力扶持的模式上是不行的。不言而喻，这也有一个外因与内因的关系问题，外因必须通过内因方能发挥作用，内因是起决定作用的。只有当发展的动力来自民族内部，是本民族人民的迫切要求和强烈愿望的结果，同时民族内部也获得了发展的能力，在充分发挥了本民族人民的智慧和力量的前提下，按照民族群众自己选择的、与其民族文化相适应的方式去发展的时候，这样的民族才能获得真正的发展。在云南人口较少民族的扶贫和扶持工作中，不少工作人员都遇到过类似这样的情况：政府购买给村民饲养的猪病了，他们会找上门来说："你们的猪病了，快去看看"；冬天到了，通知村民去领取外界爱心捐赠的衣物，有人就埋怨："怎么今年这么晚才把东西送来。"据我们在滇西一些人口较少民族地区调查发现，有多个 10 万元以上的水利扶贫项目，完全由政府部门实施，老百姓袖手旁观，最终都由于缺乏论证和监督不力而有始无终，投了钱不见效果。

如果长此以往地停留在靠外力扶持的模式上，很可能会出现与愿望相反的结果。国家的扶持和发达地区的支援毕竟还只是外部的推力，如果没有内因的作用，内部能力的提高，内在的积极配合和努力奋斗，一旦养成"等、靠、要"的依赖风气，那么人口较少民族的发展将会昙花一现。

现代经济是一种高度社会化和商品化的经济，而人口较少民族在长期的自给自足经济基础上形成的生活方式、观念意识和文化习俗，与现代经济的

要求是不相适应的。文化上的冲突和民族意识上的隔阂，在一定程度上也影响着传统经济与现代经济之间的沟通。如平均主义的分配观念，羞于买卖，不懂计划，不重积累，不思变革、安于现状的意识，以大牲畜为财富标志和杀牲祭神的传统习俗等，都难以同现代经济相协调。这些都是各级政府在制定扶持规划和实施计划的时候应该给予充分考虑的。

　　人类学家李亦园认为："在执行经济发展计划之前，假如没有先了解该民族的价值趋向，没有企图先转变一些不利于现代化经济的基本态度，那么计划的推行将受到很大的挫折。"他举过一个马来西亚南部巫人部落种植橡胶的例子来证明。马来亚独立后，政府为了解决这个人群的贫困问题，通过修公路、普及农业知识、贷款等方式来推动当地发展橡胶。政府按照一般经济循环的价值规律，以为只要改善了基础设施，使其生产发展，收入增加，就能促成较多的储蓄和更多的投资，更多的投资又将促进生产发展，从而人们的生活水平就可以大大提高。然而，数年后新树已出胶，公路也畅达到许多乡僻地区，可是农民经济状况并未得到改善，甚至比以前更困难了，原先的预期大半落空。后来，社会学家和人类学家细加考察后，发现妨碍这一发展计划的原因是巫人的传统生活态度。在新树产胶和公路完成之后，农民的收入确有不少增加，但他们并未像政府预期的那样遵循经济学理论的最合理处置办法，将这些增加的收入再投入来促使经济进一步发展，而是全部花在娱乐上面。原先在公路未通时，他们或是每周或是两三周到市镇上看一次戏，等到公路畅通之后，他们可以每晚都到集镇上去，甚而把增加的收入买了交通工具，可以更方便地每天随时到市镇上去玩，将所有的收入（甚至超过他们收入所允许）花在娱乐上。这种现象是由于文化传统使然，该族群历来以享乐为人生最高境界，他们认为有了钱就是要享乐。为什么要把钱存积到明天而让今天受苦呢？① 政府官员后来尽可指责这种生活态度没有理性，但他们为什么不事先将这些与文化传统相关的价值观考虑在扶持计划中呢？

　　2011 年 3 月，我们在滇西的一个人口较少民族村寨调研，正好碰到上级政府向村民无偿地发放猪仔，全村人都集中在一个存放猪仔的奘房院落门口，争先恐后地领取。后来一位较为熟悉的村民告诉我们："我家里已经先后领取过 12 头猪仔，家里猪圈有限，已经养不下了，养多了也烦，这次我领的猪其实是送给朋友去养。"

　　所以，对人口较少民族的扶持要充分考虑到受扶持者的内在需求、价值

---

① 李亦园：《人类的视野》，上海文艺出版社 1996 年版，第 28—29 页。

观念和接受能力，社会发展必须与能力建设同步，不能一厢情愿。诚如古人云，授人以"鱼"，不如授人以"渔"。"渔"才是发展的能力。

目前，云南人口较少民族中普遍存在的一个问题是自我发展能力不足。7 个民族的平均受教育年限只有 5.2 年，一些乡村的文盲人口超过半数，有些人口较少民族聚居的村寨，有史以来还未出现过一个初中毕业生。劳动力素质普遍偏低，农村实用技术人才缺乏，这是目前云南人口较少民族人口素质的总体状况。然而在现实中，一些初高中生甚至大学生毕业回到乡村，却又往往无用武之地，工作找不到，农活不会也不愿做。犹如当地人所说：毕业回家的是农盲，家里种地的是科盲。说到底，根本的原因就在于自我发展的能力较弱。尽管有些政府下达的扶持文件中也提到了"科教扶贫、民族文化扶贫和人才培养扶贫"一类的指导意见，但都往往流于空泛，最终难以落实。

建议各级政府在编制下一期扶持规划和出台相关政策措施时，要加强能力建设的内容，应该围绕提高民族群众自我发展能力这一关键来调整扶持项目、资金投向和绩效考核等一系列措施。扶持不可能万岁，只有尽快让受扶持者具备了自我发展能力，扶持工作才能画上圆满的句号。

（三）规划范围内外民族间和区域间政策的不平衡，应调整政策消除不和谐的社会影响

国家的《扶持人口较少民族发展专项建设规划（2006—2010 年）》和云南省编制的《云南省扶持人口较少民族发展规划（2006—2010）》都有明确的扶持对象和范围。如云南省的规划涉及云南省的 9 个州市 31 个县（市、区），81 个乡镇 175 个村委会中的 1407 个自然村，扶持的对象是人口较少民族。

多年以来，通过从上到下的各级政府和社会力量的共同努力，集中了人力、财力、物力，采取整村推进的方式，不断加大扶持力度，使规划内的 175 个行政村中 1407 个自然村全部得到扶持。使这些村寨的面貌和村民的生产生活确实有了较大的改变。

然而，在实地调查中，我们发现由于人口较少民族的扶持政策实施中覆盖面的不平衡，已经在一定程度上影响了民族间和区域间的和谐，这是需要引起高度关注的问题。这种影响可从两个方面来看：

其一是对规划内外不同村寨的影响。我们知道，云南人口较少民族主要呈"大杂居，小聚居"的点状分布，列入规划的 175 个村委会并不能覆盖所有云南人口较少民族的居住区。这 175 个村委会所辖 1407 个自然村居住

的人口较少民族大约占全省人口较少民族总数的 75%，另外还有 25% 左右的人口较少民族分布在其他 500 个自然村中。就是说，如果以人口较少民族这一明确的扶持对象来看，规划中却忽略了约 500 个村寨中的约 25% 的人口较少民族。而在具体实施中，这些 25% 的人只能眼睁睁地看着其他与自己身份相同的人群得到了扶持。从贫困的程度来说，有不少属于 25% 的自然村并不比属于 75% 的有些村寨好，它们同样是需要扶持的，民族群众同样具有奔小康的渴望，但是却仅仅是因为它们所属的村委会人口较少民族比重小而没有被列入规划的扶持范围。甚至有的在地理上毗邻的两个人口较少民族聚居村寨，由于属于不同的村委会，一个被列入了规划而得到了扶持，一个却没能列入规划而无法享受到国家的特殊扶持，他们往往在"望扶兴叹"的同时，表现出强烈的不满情绪。

　　另外，即使在同一个列入规划中的村委会中，也往往只能有少数自然村被确定为"整村推进"的扶持对象，而是否是"整村推进"的村寨，所得到的扶持力度却又大不一样。例如，德宏州的德昂族和阿昌族共分布在全州74 个村委会 415 个自然村中，而"十一五"期间，仅有 32 个村委会 264 个村民小组被国家、省、上海和州投入的扶持项目所覆盖，在 2009 年度共投入资金 890 万元，对 90 个自然村实施了整村推进项目。有的在一个村委会的两个和多个同样是人口较少民族聚居的自然村，曾为争取列入"整村推进"而闹得不和。

　　我们在滇西调查时，就遇到这样的两个同属一个人口较少民族聚居的村寨，两个村寨相距不远，本来的情况都差不多，自古以来就相互通婚，两村人多是亲戚，一向来往密切，但其中甲村所属的村委会因人口较少民族人口比重大而被列为省级规划特殊扶持的村寨；乙村因村委会中人口较少民族的比重小而未能列入规划，因而得不到特殊扶持。几年下来，村寨甲发生了较大的变化，村民们基本上都搬了新居，村舍焕然一新，村内外道路畅达；而村寨乙却仍然变化不大，盖新房的人家寥寥无几，进村的道路依然是晴通雨阻。随着两个村的差距出现，两村村民的关系也发生了微妙的变化：最近几年只有乙村的年轻人嫁到甲村或去上门，而甲村的年轻人一般不愿意与乙村的人谈婚论嫁，几乎没有人出嫁或上门到乙村。

　　在云南 7 个人口较少民族中这种同一民族中的不平衡现象是普遍存在的。只有德昂族由于得到了上海的帮扶资金，开展整族推进，情况略好些，但列入规划实施"整村推进"的村寨比起没有列入规划的村寨还是有较大的差别，而在其他民族中，这种差别就更大了。

　　其二是对同一居住地中不同民族的影响。在云南人口较少民族居住的村寨中，一般都或多或少地有一些其他民族杂居，如果从村委会的范围来看，两个或多个民族共同杂居的情况就更是普遍，纯粹由人口较少民族组成的村委会实际上是很少的。这样，在扶持人口较少民族的实施过程中，由于人口较少民族村民和非人口较少民族村民在利益获取上有较大的差别，不管是无偿的资助，还是项目的扶持方面都很不一样，于是在这些多民族杂居的村委会常常会出现一些意想不到的事情。比如，前面提到的滇西一个村寨中无偿分发猪仔的事，当时村中的大喇叭只通知其中的人口较少民族村民去领猪，同样居住在村中的其他民族村民就被排斥在外，我们当时曾听到这些被排斥在外的村民满腹怨言。当他们看见同村的人口较少民族村民高高兴兴地抱回猪仔的时候，他们的眼睛里流露的是无辜与愤怒交织的情绪。

这样的情况在学校里的反响就更为突出。在许多乡村的学校里，同一个班的学生中，属于人口较少民族的孩子不但免除了学费、书本费等一应费用，就连学生的住宿和吃饭都包了；而不属于人口较少民族的学生除了享受边疆学生都有的优待外，如免除学费之类，食宿等其他多数费用却一点也没有减免。这样无形中就在孩子中分出了两种人，对童稚的心灵造成了一定影响。现实中，有些不属于人口较少民族学生的家庭情况并不比人口较少民族学生的家庭情况好，有的家庭交不起这些费用，只有让孩子辍学。也有一些学校的领导和教师，同情家庭困难而又不属于人口较少民族的学生，暗自将其民族成分改为某人口较少民族上报，争取到了优待。

调查中我们还发现，有一些有办法的家庭，本不属于人口较少民族，但看到人口较少民族扶持中的诸多利益，干脆通过多种关系或自己手中的权力，将全家人的民族成分更改为某一人口较少民族，从而得以享受到人口较少民族的待遇。目前我们还难以确定这种现象发生的比例到底有多大，如果严重的话，不仅会对民族关系造成负面的影响，还可能会在某种程度上造成民族认定和文化认同的混乱。

我们认为，扶持人口较少民族除了"帮助人口较少民族加快发展步伐"这一人道主义的初衷之外，还应该有一些更远大更重要的战略目标，那就是通过帮助人口较少民族居住区域各民族的共同进步，构建一个多民族和谐发展的社会局面。由于人口较少民族多居住在边疆地区，因而政府扶持举措也是稳定边疆、繁荣边疆，构建和谐边防的一项重大策略。因此，建议下一期对人口较少民族的发展规划中，应及时地调整扶持的策略和政策：将扶持的对象从以民族人群为主转变为以区域性欠发展人群为主，将扶持的范围从一些人口较少民族的村寨拓展为覆盖具有一定特征的区域范围（如某人口较少民族的分布地区，或某边境地区，某自然保护区、某些山区，等等）；将扶持的目标由"脱贫奔小康"为主，转变为构建区域性（如边疆）的和谐社会，促进各民族的共同发展为主；将扶持的方式从外部投入基础建设为主，转变为以提高受扶持者自我发展能力为主；将扶持的评价指标由着重于经济方面调整为综合性的社会发展方面，其中应明确包括对民族文化和文化多样性的保护。

附　　录

以德昂族为例看人口主体在外的跨界民族对中国同族的复杂影响及其对策研究

一　人口主体在国外的西南跨界民族类型及相关问题探讨

（一）　我国西南地区的跨界民族及其目前研究状况

在我国这样一个统一的多民族国家中，少数民族大多居住在边疆地区。我国与 15 个国家接壤，有 2.2 万公里陆地边界线，其中 1.9 万公里在少数民族地区。全国 123 个边境县几乎都属于少数民族居住地区。在这些少数民族地区，居住着大量的跨界民族群体，一条或多条国境线将一个历史上同一的民族划分在国土毗连的、不同的国家之中，便形成了跨界民族。从东北鸭绿江起，北至黑龙江、内蒙古，西经甘肃到新疆，再到西南地区的西藏、云南、广西，在陆路边境地区居住着 32 个以上的跨界民族。

这里之所以要在给出"32"这一确切数字的同时，还要强调一个"以上"意思，那是因为目前对我国跨界民族数字尚无统一的认定，到底应该确认为多少个跨界民族的问题近年来一直有学者在探讨。经梳理我们暂认定为 32 个。

32 个跨界民族从东北到西北，再到西南，依次为朝鲜族、赫哲族、鄂伦春族、鄂温克族、蒙古族、俄罗斯族、哈萨克族、维吾尔族、塔塔尔族、乌孜别克族、柯尔克孜族、塔吉克族、藏族、珞巴族、门巴族、傣族、景颇族、傈僳族、怒族、独龙族、阿昌族、德昂族、拉祜族、佤族、布朗族、哈尼族、彝族、瑶族、布依族、苗族、京族、壮族。[①] 这些跨界民族在境外有

---

① 我国跨界民族数尚是一个有争议的问题。主张我国有跨界民族从 31 个到 34 个的说法比较常见，本文系在葛公尚主编《当代国际政治与跨界民族》一书所列的 31 个民族中，增加了乌孜别克族。

的与中国的称呼一致，有的则另有名称，如中国的鄂伦春族在国外称为奥罗奇人，鄂温克族称为埃文克人，赫哲族称为那乃人，塔塔尔族称为鞑靼人，乌孜别克族称为乌兹别克人，景颇族称为克钦族，独龙族称为日旺人，等等。

上面所列这 32 个跨界民族中，从"藏族"以后的 20 个民族都居住在中国的西南地区。这 20 个西南的跨界民族涉及印度、不丹、缅甸、老挝、越南、泰国、柬埔寨等多个南亚和东南亚国家。

此外，除了上述西南地区 20 个民族确切无疑地属于跨界民族之外，还有另外一些民族有较大的人群跨国而居，他们是否应属于跨界民族尚待讨论。这些民族不仅已形成跨国而居的事实，而且他们在国外一般都有世代聚居的区域，比如，缅甸的果敢地区聚居的"果敢族"实际上就是中国的汉族。这些"果敢族"还一度建立了被缅甸政府承认的地方自治政权，他们与欧美等国分散出境定居的海外"华人"、"华族"还有所不同（其实，海外有那么大的"华人"群体在跨国民族研究中也应占有一定的位置）①。据有关报道和研究文献反映，在紧邻西南的缅甸、老挝、越南等国家中还有相当人口数量的回族和白族聚居。有西方学者估计，在缅甸、老挝、泰国的边境地区居住的云南籍穆斯林有 10 万人之多②；另外，白族在境外的人口也不少。

总之，西南地区是中国跨界民族最多的地区，与中国西南地区接壤的南亚和东南亚国家也是民族众多的国家。这些国家中的跨界民族数量多、分布广，语言种类较多，宗教信仰形态多样，文化多元，经济发展相对滞后，民族问题和民族矛盾较为突出，各国内部以及各国之间的民族关系异常复杂。

由于我国采取与周边国家睦邻友好、共同发展的外交政策，过去存在的一些领土纠纷和未定疆界问题已经或正在逐步解决。目前在中国西南地区，总的来看，我国与周边国家的跨界民族关系是比较正常友好的，但是也不能不看到，在当前世界性民族主义浪潮的冲击下，难免会出现一些新的跨界民族问题，成为我国与相关国家睦邻关系和共同发展的隐患，严重的甚至会影响到我国边疆地区的稳定和国家的安全。对此我们需要引起高度的关注，需要对跨界民族双边的互动关系和交往特点，进行认真深入的研究。

---

① 根据贺圣达、李晨阳编著《缅甸》一书估计，目前仅缅甸的华人就有 80 万—100 万人，占全缅总人口的 1.5%—2%。

② 参见安德鲁·D. W. 福布斯《泰国北部的"钦浩"（云南籍华人）穆斯林》，关学君、郭庆译，《民族译丛》1988 年第 4 期。

过去我们在西南地区跨界民族的研究领域取得了很大成绩，但由于受到很多研究条件的限制，还存在不少研究的空白和不足的地方。而且随着我国的发展和周边国家睦邻友好关系的推进，原先的研究范围和范式都显露出了自身的局限，需要加以突破和深化。例如，在不同国家、不同发展模式下，同一个跨界民族相互之间是如何构成影响的？在经济、社会、文化和政治方面有哪些更为深层、更为复杂的相互影响因素？对于外来的复杂影响应该如何趋利避害，采取什么样的对策措施？这些都需要通过一些实际案例，加以深入调查研究。

我国不到20年的跨界民族问题研究，有一个不断深化的过程，已从开始的一般论述向跨界民族理论问题深入，学术概念的表述也逐渐达成了共识。但毋庸讳言，就西南地区跨界民族研究现状看，目前还存在着"四多四少"的状况：

一是对境内的民族研究得多，对境外民族研究得少。由于受诸多条件的限制，过去我们对中国境内的跨界民族研究相对较多、较细、较深，但是对于境外的民族却往往研究不足，甚至有些基本情况都还不太清楚。比如跨境居住在中国和缅甸的德昂（崩龙）族，我们的大多数调查研究都还只局限在国内，而涉及缅甸德昂（崩龙）族的成果则寥若晨星，更谈不上深入的研究。许多介绍德昂族的文字中，说到境外德昂（崩龙）族的人口数都各说不一，差异甚大，基本上都是根据很早以前的资料，难以准确把握目前的情况。

二是外在的、显性的问题研究得多，内在的、隐性因素探讨得少。由于中国幅员辽阔，国境线长，不同地区的跨界民族都有不少迫切需要解决的显性问题，而且在跨界民族研究起步的时候也有许多外部的理论问题需要解决，因而许多研究力量还集中在一些显性的问题上，比如，跨界民族概念界定、跨界民族分布和国家认同等研究上，至于像国界两边同一民族的内在关系、心理特点、文化异同、社会互动、经济背后的影响因素等，这些内在的问题还涉及不多。

三是单项问题研究得多，综合性的民族问题研究得少。中国的跨界民族问题研究从一开始就比较关注现实热点问题，比如云南紧邻"金三角"地区，毒品问题比较严重，于是禁毒问题就成为了云南跨界民族研究重点关注的问题。这样，虽然形成了我们在跨界民族研究中一个好的传统，但是也在一定程度上造成了注重单项研究而综合研究不足的情况，特别是对同一而不同国度的民族进行综合性的、深入的比较研究还不多见。

四是笼统的、宏观性的研究得多，分层分类的案例研究得少。就是说在研究范围和研究方法上，理论概括性的较多，深入的实地调研不足；概念性的研究多，案例研究少；宏观性研究多，分层分类的中观和微观性研究不足。因而总体上显得有些笼统，这种"笼统"应是深入不够的表现。甚至到现在都还没有按民族类别——做完中国跨界民族与境外同一民族的对应研究，更何况其他方面分门别类的比较研究。比如像本文所涉及的一种主体在外、少量在国内居住的跨界民族，在中国的西北、东北和西南地区几乎都占了一半以上，而对这样一种类型的跨界民族的专题研究，我们至今还未能见到。

本研究拟从双边人口分布情况的划分中，聚焦于对人口主体在外的跨界民族与我国同一民族的互动关系及其复杂影响的问题，通过个案分析，推进对西南地区跨境民族的研究。

（二）按境内外人口对比情况分类在西南跨界民族研究中的意义

过去我们研究跨界民族，虽然关注到了国内多民族的相互关系，而由于种种条件的限制，很少能够将他们与境外的同一民族作为一个整体和连动的对象来考察和考虑，因而使我们对跨界民族的研究难以深入地去揭示其全貌。

时至今日，要将跨界民族作为一个整体推进并引向深入，就应该多方位、多视角地切入研究对象，这恐怕已经成为了跨界民族研究领域的一个共识。问题是如何才能多方位、多视角地进行研究呢？我们认为，将跨界民族进行多种多样的分类研究是一条有效的途径。过去，我们对跨界民族的分类研究也多遵循传统上一般民族研究的路径，比如：按照居住地理区域的分类，按照语系和族源分类，按照发展阶段类型的分类，按照出现问题的类型分类，按照接壤的国家分类，按照国内居住人口的数量来分类，等等。虽然，这些分类研究对于推进我国跨界民族研究功不可没，但也应该看到，这些分类方式几乎都是把研究的重心放在国内方面的民族，而轻视了国外的民族，很少能够将境内外同一民族作为一个整体的研究对象来看待。

近年来，我国学者以多视角的方式对于跨界（跨境或跨国）民族进行了多种类型划分，取得了一定的成果。比较常见的如：根据跨界民族所跨国家数，划分为双边跨界民族和多边跨界民族两大类。[①] 根据是否为国家主体

---

① 其分类可参见刘稚《中国——东南亚跨界民族发展研究》，民族出版社 2007 年版，第16 页。

民族把跨界民族分为三类：一是在相关各国均为主体的跨界民族，如跨朝鲜和韩国而居的朝鲜族；二是单边主体跨界民族，如中朝两边的朝鲜民族；三是双边均非主体的跨界民族，如中俄的蒙古民族，中缅的哈尼族、拉祜族等。① 这些都是从国家的层面来对双边或多边跨界民族的分类。还有学者从跨国民族人口分布和数量两方面来综合分类，将跨国民族划分为四种类型：平衡型主体跨国民族、平衡型非主体跨国民族、失衡型主体跨国民族、失衡型非主体跨国民族。② 另外，该学者在同一书中还从民族形成原因、聚居和散居角度、国家政治认同角度等方面来划分跨国民族，其中从国家政治认同角度又可再划分为二类：一是内部认同异质发展型跨国民族，指跨国民族被不同国家分割的部分，一般都是向其所在国的主流文化靠拢，对其国家的认同高于对其民族的认同，也可称为向心型跨国民族类型；二是内部认同同质发展型跨国民族，指跨国民族被不同国家分割的部分，一般都是自我彼此靠近凝聚，与其所在国的主流文化背道而驰，也可称为一种离心型的跨国民族类型。③

以上所举的研究多从较为宏观的视角来进行分类，为我们提供了不少有益的启示。为了更有针对性地对西南地区的跨界民族进行分类研究，我们通过比较认为，可根据境内外人口的对比情况来进行分类研究，即按照境内外人口的多少来划分，将跨界民族分为两种类型：一是人口主体在外的跨界民族，二是人口主体在内的跨界民族。跨界民族的许多内在影响和互动关系往往与人口比例相关，人口多的一方对人口较少的一方更容易产生辐射和影响，而人口少的一方常常会对人口多的一方形成一种心理或实际的依存关系。因此，按照人口的对比情况来划分，虽有表面化和简单化之嫌，但却便于进行跨界民族互动关系的研究，因而被确定为本研究尝试的一个主要视角。

显然，这样分类研究的意义在于，它有利于将境内和境外的跨界民族作为一个整体来思考，有利于探寻境内外同一民族之间的互动关系，有利于揭示来自境内外的复杂影响及其所产生的效应，从而寻求最佳的应对策略。跨界民族的概念之所以提出，就是基于希望在统一的研究视野下，对境内外同一民族的清醒认识和深入了解。我们认为，按照境内外人口对比的情形来进行分类研究，符合跨界民族研究的主题思想和基本目标指向。

---

① 其分类可参见曹兴《跨界民族问题及其对地缘政治的影响》，载《民族研究》1999 年第 6 期。

② 参见周建新《和平跨居论——中国南方与大陆东南亚跨国民族"和平跨居"模式研究》，民族出版社 2008 年版，第 358 页。

③ 同上书，第 359 页。

因此，在确立了按境内外人口对比情况进行分类研究的两大类型之后，我们还要呼吁更加重视开展对人口主体在外的跨界民族的研究。因为：

一是我们过去对跨界民族的研究，更多地注重了国内人口较多的民族群体，较多地关注国内的主体民族，对人口较少民族研究不足，而这些人口较少民族大多都是人口主体在外的跨界民族。近年来，我国对 10 万人以下的人口较少民族加大了脱贫致富奔小康的扶持力度，投入了不少资金，给予了许多特殊优惠政策，但是却很少考虑到来自境外同一民族的影响。

二是实际上人口主体在外的民族，从外到内的影响力更为强烈，国内人口较少的民族群体往往要比其他民族群体对国外的同一民族的依赖性更强一些，无论是经济上的、文化上的，还是心理上的依赖，都是如此。对于这些民族的经济社会发展和民族文化保护，都应充分考虑这种外来的支撑力量和影响。

三是由于人口主体在外的跨界民族，在国内的部分一般都处于弱势，他们往往与国外主体的联系更为紧密，内外之间的互动较为频繁。也就是说，他们之间更容易形成一体性的联动。这种一体性的联动，既有积极的意义，也容易产生消极和负面的影响，从国家关系和边境安全的角度来说，是不可忽视的因素。

在中国的 32 个跨界民族中，至少有 20 个属于人口主体在外的民族，他们是：朝鲜族、赫哲族、鄂伦春族、鄂温克族、俄罗斯族、哈萨克族、塔塔尔族、乌孜别克族、柯尔克孜族、塔吉克族、珞巴族、门巴族、傣族、景颇族、怒族、独龙族、阿昌族、德昂族、布朗族、京族。从区域的分布来看，东北地区有 4 个，即：朝鲜族、赫哲族、鄂伦春族、鄂温克族；西北地区有 6 个，即：俄罗斯族、哈萨克族、塔塔尔族、乌孜别克族、柯尔克孜族、塔吉克族；西南地区有 10 个，即：珞巴族、门巴族、傣族、景颇族、怒族、独龙族、阿昌族、德昂族、布朗族、京族。

显然，中国西南地区的西藏、云南、广西三个省区中是人口主体在外的跨界民族种类最多的地方，10 个人口主体在外的跨界民族主要跨国境居住于印度、不丹、缅甸、老挝、越南等五个与中国西南边界接壤的国家中，甚至在泰国、柬埔寨等与我国相邻但并不接壤的国家中也有一些同一的民族分布。西南地区人口主体在外的跨界民族不仅数量多，而且分布广，所跨国家亦多，情况十分复杂，联动的敏感性较强。比如，最近缅甸政府军对缅甸掸邦第一特区果敢地区的进攻和接管，就涉及当地居住的德昂（崩龙）族、布朗族、傣族等多个跨界民族，自然也就迅速地牵涉到了中国境内的同族人群。

由此可见，按照境内外人口数据的对比来进行分类研究，对于西南地区的跨界民族研究具有重要意义，有必要列出若干专题来对西南地区人口主体在外的跨界民族进行分门别类的深入研究。当然，这种分门别类的研究需要以摸清每一个民族境内外情况为基础，而在目前对跨界民族的境外研究尚且薄弱的情况下，从个别民族着手或以之为例来投石问路无疑是必要的。

（三） 对境外跨界民族的界定和人口数字的质疑

研究跨界民族首先要涉及境内外人口数字的问题，尤其是要把一个民族确定为人口主体在外还是在内的民族类型时，境内外的人口数量就是一个最重要的依据。然而在研究中我们发现，这个看似简单的问题实际并不简单。

50 多年来，中国政府共进行过六次全国性的大规模人口普查，对于各民族人口的统计数据是明确的，没有什么大问题；而问题的焦点主要在于各个跨界民族的境外人口数量到底是多少？随便找几本国内关于跨界民族的论著，比较其中某一民族的境外人口数据，就会发现有诸多的不一致说法，甚至有的差距甚大，让人无所适从，难以确定其真实性。

比如说缅甸景颇（克钦）族的人口数量在不同的相关著作中就有不同的说法。葛公尚主编的《当代国际政治与跨界民族》一书中说："缅甸克钦族有近 60 万人；"① 而在《开放以来中缅民族关系研究》一书中却认为缅甸的克钦族有 108 万多人。② 相差近 50 万人。当然像景颇（克钦）族这样的跨界民族，尽管境外人口数据出入较大，但其人口主体在境外却是无可置疑的，将它划分为人口主体在外的跨界民族是不会有问题的。但是，像阿昌族、怒族这两个西南地区的跨界民族，对于境外的确切人口数字就比较重要了。从第五次中国人口普查的数据看，中国境内有阿昌族 3.39 万人，怒族 2.88 万人。而查阅有关论著，对缅甸的阿昌族和怒族的人口数量却波动在中国这两个民族的人口数字上下，有的认为缅甸的阿昌族和怒族超出中国的同族人口，有的则认为少于中国的同族人数。这样对于这两个民族是否属于人口主体在外的跨界民族就难以确定。

之所以出现这样的问题，究其原因也是多方面的。

一是与我国相邻的东南亚国家大多都没有像中国一样的户籍制度，也很少开展过像中国人口普查那样的工作，更缺少按民族分类的权威人口统计，因而也就难以获得准确而权威的数据。目前我们能见到的许多国内研究跨界民族的著作，一般提到跨界民族在国外的人口数据通常都没有说明其数据的出处来源，以及这个数据的最终统计时间。有的数据可能来历甚久，如果用

① 　葛公尚主编：《当代国际政治与跨界民族》，民族出版社 2006 年版，第 352 页。

② 　参见韦承二《开放以来中缅民族关系研究》，云南民族出版社 2001 年版，第 8 页。

来和最近国内的数据作比较，显然是有问题的。

二是由于一些少数民族受到其居住国家民族政策的影响，有些人不愿以自己真实的民族身份申报或应对调查，因而最终的统计数据的真实性就有了水分。例如，笔者在泰国北部调查的时候发现，当地政府在确认公民身份或发放居住证时，对实际已经居住的不同民族有不同的对待和待遇，于是居民们就往往不顾自己的真实身份，而以容易获得公民身份或容易得到长期居留权的民族身份来申报。

三是国内外对民族概念内涵外延的界定与中国不尽相同，因而人口统计的范围有大有小，其人口数据就会出现较大的差异。例如，在泰国与傣族相关的跨界民族有广义与狭义之分，广义上可以把泰族、泐族都算上，而狭义上则只算泐族，这样统计的数据就会相差很大。又如，缅甸的孟高棉语族的人群，其聚居和划分的情况与我国不一样，难以一一对应，因而人口的统计口径与我们就有了差异。

四是我们对境外跨界民族的了解还不够深入。比起对国内跨界民族的研究来，我们对于国外跨界民族的研究还只能算是相当粗浅的，往往获得一个数字来源而未能获得验证，就抄来抄去。由于多种因素的制约，大多数研究者都缺乏对境外的实地调查。当我们一旦进入实际调查的时候，会发现一些资料上的数据与实际往往出入很大。例如，珞巴族在境内人口不足 3000 人，而境外的人口数字从大多数资料看，都只有 5 万人左右，而据一位曾经在西藏珞巴族居住地区做过实地调查的学者认为，珞巴族的境内外总人数约在30 万人，主要分布在喜马拉雅山南麓麦克马洪线以南的印度占领区内①。再如，关于德昂（崩龙）族在缅甸的人口数量过去在国内出版物中有多种说法，但一般都是在 10 万至 40 多万人的范围内。1998 年，我们有机会进入缅甸德昂（崩龙）族聚居区调研的时候，缅甸德昂（崩龙）族群的主要领导人就曾亲口对我们说，之前缅甸有关部门曾统计过在缅甸领取过身份证的德昂（崩龙）族群共有 50 万人左右，由于 18 岁以上的人方能办理身份证，加上那些未领取身份证的人口数字，缅甸德昂（崩龙）族群的人口应该在70 万人以上。后来我们将这个调查到的数字在有关研究论文中发表以后，也逐渐被一些国内著述采用，甚至还有提出 100 万人以上的说法。当然，缅甸的德昂（崩龙）族群与我国的德昂族是否完全等同还需要进一步研究。

此外，对于跨界民族境内外人口数字的确定和人群对比的研究，似乎还

---

① 参见李旭《雅鲁藏布江大峡谷的子民》，云南人民出版社、云南大学出版社 2003 年版，第1 页。

有一个跨界民族概念的界定及其相互对应关系的问题需要澄清。当我们想要确定某一跨界民族的人口统计范围的时候，将会出现这样的问题：哪些群体属于跨界民族的"同一民族"？"同一民族"的范围到底有多大？比如，中国的德昂族与缅甸的德昂（崩龙）族群，在地缘上连片而居，语言相通，具有共同的民族心理，交往关系也较密切，可以看作是跨界民族的同一族群。然而，它们与柬埔寨的主体民族同属孟高棉语族，其语言有部分相通，在历史上也有渊源关系可寻，能否将他们作为跨界民族来看待呢？同样，中国的傣族与缅甸的第二大民族——掸族，以及老挝、越南的泰族，可以算是跨国界的同一民族；而在泰国，有一个被称为"泐"的族群，是从我国云南西双版纳迁到泰国北部定居的，与傣族语言和文化习俗十分相近，相互之间也有同胞的亲近感，只是其居住区与中国的傣族地理上没有接壤；同时中国的傣族与泰国的主体民族——泰族也有诸多相近的地方，有历史渊源关系，语言也可部分相通，是否又能都把它们全都视为同一跨界民族呢？再从历史纵向扩大来看，按照近年我国一些学者研究的结论，我国壮侗语族的壮、布依、傣、侗、仫佬、毛南、水、黎8个民族，越南的岱、侬、泰、布依、热依、佬、泐、山斋、拉基、布标10个民族，老挝的佬、普泰、泐、润、央、赛克6个民族，泰国的泰、佬族，缅甸的掸族，印度的阿洪人，等等，这28个民族都具有历史的渊源关系[①]，可以作为一个大族群来看待，而是否又能将它们之间都视为同一跨界民族呢？

其实，这涉及怎样来界定跨界民族这一概念的问题。跨界民族的概念有广义与狭义之分。我们认为，广义的概念应该是包含了居住在不同国度的有着一定历史渊源关系的同一民族和族群，如中国傣族与缅甸的掸族和老挝、越南、泰国的泐族、泰族都可视为同一的跨界民族；甚至还可以向更广的范围推延，把上述壮侗语族的诸多民族都视为同一语族的跨界民族族群。

而从狭义来看，跨界民族仅指分居在地理相连的不同国家边界两边的相互认同的同一民族群体。这个定义有两个关键点：一是要在地理边界相连的不同国家，二是这些不同国家的群体要相互认同为同一民族。比较而言，我们更主张采用狭义的概念。这样，我们在谈中国傣族的跨界民族时就可以不考虑泰国的泐族和泰族，说到中国的德昂族也无须将柬埔寨的民族联系起来；更不能把有历史渊源关系的族群与跨界民族的概念混淆，否则概念的无限扩大不利于对研究对象本质的把握。

我们赞成一些研究者提出用"跨界民族"、"跨境民族"和"跨国民

---

① 参见范宏贵《同根生的民族——壮泰各族渊源与文化》，民族出版社2007年版。

族"这三个概念来区分上述广义与狭义的意思。即是说，地理分布并不连成一片的同一族群可以说是同一的跨境民族或跨国民族，但最好不要称为跨界民族。跨界民族的概念相对要窄一些。"跨界民族具备两个必不可少的特征，一是原生形态民族本身为政治边界所分隔，二是该民族的传统聚居地为政治疆界所分割。换言之，原生形态的民族在相邻的国家间跨国界而居，地理分布是连成一片的，是具有不同国籍的同一个民族。"①

（四）人口主体在外的西南跨界民族的再分类

在境外一些民族的人口数据难以准确获得之前，我们也只好参照过去国内文献中常见的一些数据，将西南地区的 20 个跨界民族进行划分之后，把人口主体在内的这一类型在本文中排除掉，重点探讨人口主体在外的跨界民族。根据现有文献普遍认可的数字，我们将我国西南地区的 10 个跨界民族划为人口主体在外的民族类型（由于有的难以确定境外人口的具体数字，其中也包括少数境内外人口相当的民族）。具体列表如下。

表 1　　　　　　　　西南地区人口主体在外的跨界民族类型

民族	中国人口数（万人）	境外人口数（万人）	所在境外国家	中国主要的分布区域	语言所属
门巴族	0.89	≥15	不丹、印度	西藏门隅、洛渝地区	汉藏语系藏缅语族藏语支
珞巴族	0.29	5—30	印度	西藏洛渝及其相邻地区	汉藏语系藏缅语族
京族	2.25	约6500	越南	广西边境地区	孟高棉语族
傣（掸、泐、泰）族	115.90	≥500	缅甸、越南、老挝、印度	云南、广西边境一带	壮侗语族壮傣语支
景颇（克钦）族	13.21	60—110	缅甸、印度	云南德宏、怒江	藏缅语族景颇语支
德昂（崩龙）族	1.79	≥70	缅甸、老挝	云南德宏、临沧、保山	孟高棉语族佤德语支
布朗族（含克木人）	9.19	待考，详见文中的说明	缅甸、老挝	云南西双版纳、临沧、保山	孟高棉语族布朗语支
阿昌族	3.39	≥4	缅甸	云南德宏州	藏缅语族彝语支
怒族	2.88	≥2	缅甸	云南怒江州	藏缅语族彝语支
独龙族	0.74	≥2	缅甸	云南怒江州	藏缅语族彝语支

① 胡起望：《跨境民族探讨》，载《中南民族学院学报》1994 年第 4 期。转引自《当代国际政治与跨界民族》，第 12 页。

为了便于介绍，并有利于凸显其特点，我们还要对表1中10个人口主体在外的跨界民族再按照民族主体所在国家的政治地位和综合势能来划分。可分为三种类型：

第一种类型是国家主体民族。其中京族就属于这一类型。京族在越南是主体民族，人口有6500余万，占越南总人口的86.2%。京族不仅人口在越南占主体，而且在越南国家政权方面也占有主导地位。

中国的京族是历史上从越南迁入的。据2000年中国第五次人口普查数据，国内共有京族人口22517人，主要分布在广西防城港市下属的县级市东兴市境内，聚居在江平镇的巫头、万尾、山心三个海岛上，俗称"京族三岛"，另外还有少数散居于钦州、北海、上思、龙州、凭祥、宁明等地。中国的京族人虽然人口较少，分布范围也不大，但由于与越南的主体民族有着密切的渊源关系，且长期保持着交往，比较熟悉越南的语言文化，同时又由于他们长期与汉族和睦相处，绝大部分通用汉语粤方言，使用汉文。因此，对于边疆的发展和边防的巩固都有着重要意义。

中越关系改善以后，东兴市成为我国对越开放的前沿，京族人民得益于他们在语言、文化和民族关系上的优势，在边境贸易中充当了重要角色。由于中国京族人与越南商人没有语言障碍，沟通无碍，相互信任度也比较高，中国京族人对边境贸易的参与度就比较高，在各个层次上都有，或作为中间人、经纪人、代理人在发挥作用，有的则随行就市做小本生意，经营海鲜、纺织品、橡胶制品、建材等，边境上的京族居民几乎家家都有人参与边境贸易。

中国的京族人口虽少，但由于它在境外的人口主体占据了国家主体的地位，因而它在睦邻友好、和平外交方面扮演着重要的角色。

第二种类型是具有地方政治主体地位的民族。其中傣（掸、泰、泐）族、景颇（克钦）族就属于这一类型。

傣（掸、泰、泐）族是一个分布较广的跨国民族，跨中国、缅甸、越南、老挝、印度等多国而居。而从跨界民族的角度看，该族群在以中国西南接壤的缅甸、越南、老挝等国中并不占据国家的主体地位，只在缅甸的地方政权中起着主导作用。

中国的傣族主要分布在云南省西双版纳傣族自治州、德宏傣族景颇族自治州、耿马傣族佤族自治县、孟连傣族拉祜族佤族自治县和云南省境内景谷、景东、普洱、凤庆、云县、临沧、双江、新坪、元江、金平、元阳等30多个县市。学术界普遍认为，中国的傣族与境外的泰族、掸族和泐族同源于古代中国南方的百越族群中的一支，汉晋时期称为"滇越"、"掸"、

"僚"或"鸠僚"，唐宋时期称为"金齿"、"银齿"、"白衣"或"百夷"等，明清以后称为"白夷"、"摆夷"。从新石器时代以来的漫长岁月中，他们在中国南方和中南半岛的不断迁徙中，逐渐形成了今天的分布格局。从人口比较的情况来看，傣族的主体在境外。

据 2000 年第五次全国人口普查数据，我国云南共有傣族 115.90 万人，而 20 世纪 90 年代的数据中，仅与中国接壤的缅甸、老挝、越南三国的同族群人口至少在 500 万人以上（其中越南有 89.8 万人、老挝 180 万人、缅甸 250 万人）①。并且，我们认为这个数据可能比实际有所低估。

掸族是缅甸人口第二多的民族。据 2001 年出版的《缅甸研究》一书认为，缅甸讲壮侗语的掸族等相关民族，共占缅甸总人口的 7%②；最近美国 CIA 网站估计，掸族占缅甸总人口的 9% 左右。而据 2003 年出版的《缅甸》一书，估计全国共有人口 5284 万，而据最近美国 CIA 网站估计，目前缅甸的总人口为 4813 万。这样，如果按 5284 万总人口的 7% 算，就有 369.88 万掸族人，如果按 4813 总人口的 9% 计算，缅甸应有掸族人约 433 万人。看来，可以大致确定缅甸的掸族人口在 400 万左右。这与有些研究者的估计比较接近。③

缅甸的掸族主要聚居在缅甸东北部的掸邦境内，其余则散居和杂居在克钦邦、克耶邦、上钦敦、杰沙和缅甸本部其他几个县境内；缅北的杰沙、八莫、密支那、曼德德勒和东吁、彬文那等城市附近和上亲敦县境内居住的掸族人数较多，克耶邦和亲敦河上游、克伦邦首府巴安附近及缅甸中部为掸人的主要散居地。

缅甸独立后，缅甸掸族的 33 个土司邦经过争取，于 1948 年初联合建立了自治邦。缅甸掸邦面积共 15 万余平方公里，约占全国总面积的 1/4，是缅甸最大的一个邦区。全缅掸族有 60% 以上的人口居住在掸邦，是掸邦中的主体民族。掸邦位于缅甸东北部高原山区。掸邦东北部与中国云南省相毗连，有 1000 多公里的边界线。掸邦成立后，获得了一定的自治权。后来缅政府曾逐渐收回其民族上层的统治权，推行土地国有化，引起掸族的不满，出现了掸邦军等反政府武装。目前，虽然掸邦地区各地方民族武装均与政府达成和平协议，但仍保持着相当的独立性。因此，缅甸的掸族是缅甸具有地

---

① 参见李毅夫等编著《世界各国民族概览》，世界知识出版社 1986 年版。
② 钟智翔：《缅甸研究》，军事谊文出版社 2001 年版，第 47 页。
③ 参见周建新《和平跨居论——中国南方与大陆东南亚跨国民族"和平跨居"模式研究》认为，截至 2003 年，缅甸掸族人口约 420 万人，民族出版社 2008 年版，见第 127 页。

方政治主体地位的民族。

据说，缅甸的掸族群中的一个部落，在向西迁徙中，途经缅甸克钦邦和钦邦，到达印度的阿萨姆，并在阿萨姆内建立阿洪州①。因此，一般认为，印度的阿萨姆族也是与傣、泰、掸、泐同源的民族。

老挝的泰族约有 30 万人，泐族约 4 万人，分布在桑怒、阿速坡、占巴塞、丰沙里、琅勃拉邦、南塔等省。此外，在泰国北部还有 8 万多人是从我国云南西双版纳迁去的泐人。

越南泰族是该国的第二大少数民族，人口超过 110 万人②。聚居区位于与中国毗邻的越南西北部等地区，其内部按服饰划分为黑泰、白泰、红泰三个支系。其中白泰人迁入越南的时间最早，在 2 世纪初即已进入红河右岸，黑泰人是在 10 世纪以后沿红河从云南迁入的，红泰人则由白泰人和黑泰人中的一些支系融合而成③。越南的泰族虽有不同支系之分，但他们的语言差异不大，都可以相通。另外，分布在莱州省封土、兴湖、奠边等县的越南卢族与我国西双版纳的"傣泐"同源，语言、风俗习惯也基本相同，也应属于同一的跨界民族。④

中国的傣族与缅甸的掸族、老挝的泰族和越南的泰族居住区实际上是连成一大片的，只是国界把它们分割开了。它们之间语言可以沟通，有血亲、姻亲关系的人很多，平时走亲访友较为频繁，即使是国家关系紧张甚至战火纷飞的时候，仍然未能隔绝它们之间的往来。

中国、缅甸、老挝、越南和印度的傣、掸、泰、泐民族同根同源，语言属壮侗语族壮傣语支，生活方式、文化传统和宗教信仰都基本一致。从历史上看，中国的傣族之所以普遍信仰南传上座部佛教，显然是受到来自境外同族群宗教文化的影响。

在具有地方政治主体地位的跨界民族这一类型中，还有缅甸的克钦族与中国的景颇族（此外，在印度也有少数景颇族居住，称为"新颇"，仅有 1 万人左右）。他们虽然名称不同，但都属于同一的跨界民族。

据 2000 年中国第五次人口普查数据，景颇族人口为 13.2 万人。主要聚居在云南省德宏傣族景颇族自治州境内的陇川、盈江、潞西、瑞丽、梁河等五县市中，另外还有部分散居在怒江傈僳族自治州以及临沧市和思茅市

　　①　参见 U Min Naing《缅甸各民族》对缅甸民族的介绍，转引自周建新《和平跨居论——中国南方与大陆东南亚跨国民族"和平跨居"模式研究》，民族出版社 2008 年版，第 147 页。

　　②　参见白保兴、黄光成主编《红河流经的地方》，云南人民出版社 2008 年版，第 200 页。

　　③　葛公尚主编：《当代国际政治与跨界民族》，民族出版社 2006 年版，第 350 页。

　　④　参见周建新《中越中老跨国国民族及其族群关系研究》，民族出版社 2002 年版，第 87 页。

（现为普洱市）所辖的部分地区。中国景颇族因语言差异和自称的不同，分为景颇、载瓦、喇期（茶山）和浪峨等支系。景颇族居住的地区大多与缅甸毗邻，国境线较长。

缅甸克钦族主要分布在与中国接壤的克钦邦和掸邦，截至 2003 年，约有 130 万人，约占全国人口总数的 2.5%。该族群在缅甸总体被称为克钦族，但也有地区性的差别，当地缅族对孟拱地区和户拱河谷一带的克钦人称为“景颇”，对其他地区的克钦人则一律称为“克钦”。克钦是缅族对他们的称谓，景颇是民族的自称。缅甸克钦人认为克钦一称多少具有歧视意味，但因为缅甸联邦宪法已确定此族称，故被沿用下来。缅甸克钦族有五个支系，各支系相互交错杂居，其中景颇支主要分布在江心坡、户拱河谷和孟拱地区，载瓦支分布在迈立开江和恩梅开江汇合以南的广大地区，喇期（茶山）支分布在户拱河谷东北部的大片地区，浪峨（浪速）支与喇期共同居住在恩梅开江河谷及其以东的山区。

中缅景颇（克钦）族共同起源于中国古代氐羌部落。据景颇（克钦）族的传说和汉文古籍记载，这个族群是在一千多年前，从康藏高原沿金沙江、怒江等河谷南迁，而逐渐分布在中国云南和缅甸跨界地区的。这个同一的跨界民族，至今还保留着许多相同、相似的生活方式和文化传统，例如“目瑙会”就是中缅两国景颇（克钦）族最隆重的一种群众性祭祀盛典。1958 年，在缅甸克钦邦首府密支那修建了永久性的“目瑙”祭坛，以后每年都在这里举行全邦性的“目瑙会”。同样，在中国云南的潞西市、盈江县等景颇族聚居的地区都建立了“目瑙”示栋，并定期举行目瑙纵歌盛会。届时，主办方备足美酒佳肴，邀请境外同胞乡亲跨界而来赶赴盛会，互表敬意和祝愿。

景颇族历史上有自己的民族信仰，崇拜鬼神，从 19 世纪后半叶在西方传教士的传播下，有相当一部分人信仰了基督教。1895 年，在缅甸克钦族地区传教的美国传教士约翰逊夫妇，创造了一套用拉丁字母拼读的克钦族文字，并编写了一部克钦文字典，出版了《圣经》、《赞美诗》、《教徒手册》以及报纸杂志等。由于语言相同，居地相连，这套字母也很快流传到中国景颇族地区。中华人民共和国成立后，语言学者在景颇文的基础上进行了改革，而缅甸克钦族则一直沿用着原来的文字。

缅甸的掸族和克钦族虽不是主体民族，但人口不少，分布较广，政治上掌握着地方自治政权，有自己的民族武装，控制着丰富的自然资源，但经济发展滞后。它们都提出过独立的口号，与缅甸政府既和解又对抗，政治生态十分复杂，对中国境内同族的辐射和影响也是复杂而多样的。

　　第三种类型是政治实力较弱或被边缘化的民族。境外对应于中国的门巴族、珞巴族、德昂族、布朗族、阿昌族、怒族、独龙族 7 个民族就属于这一类型。本研究主要涉及缅甸的 Palaung 族群，其崩龙邦解放军虽然已经与缅甸政府达成和解协定，被命名为缅掸邦北部第六特区，但实际并未形成真正的地方自治政权，故仍划归于这一类型。

　　以上 7 个这一类型的民族在中国皆属于人口较少民族，在国外人口也不是很多，主要居住在边境地区。他们在国家政权中难以获得发言权，地方上没有民族自治的政权，政治上不能同主体民族抗衡，即使在地方政权中也难以同掌握地方自治政权的民族相较，没有掌握足够的经济、社会和自然资源，一般处于劣势，进入不了国家主流社会。但是它们与中国境内的同族人联系较为紧密，来往频繁，互动直接，境外人口主体对境内的影响较大，文化上的一致性更强。对待这样的民族更应该作为一个整体来看待。在国内的这 7 个民族，虽然人口不多，但却都能顽强地保留自己的文化传统和生活方式，在众多大民族的层层包围之中而没有被很快同化，这不能不说是与境外的支撑力量有较大的关系。尽管这种支撑力量很大程度上是来自心理上的。

　　目前，我们对这一类跨界民族的研究最为薄弱。由于这些民族在境外政治上的地位不高，从而既不受所在国当政者的重视，也很少受到主流社会的关注，较少进入研究者的视野。因此，至今我们能够获得的关于这些民族的参考资料很有限，对境外民族的确切人口数据，对境内外民族族群的对应关系都还不甚了解，更不要说弄清境内外的互动关系及其复杂影响了。

（五）从中缅德昂（崩龙）族①看跨界民族的对应关系

　　这里之所以要来探讨境内外跨界民族的对应关系问题，是因为我们认为，中国境内的民族与境外的民族作为同一的跨界民族来看，并非都是一一对应的。过去，我们的跨界民族研究往往受到国内民族研究思维定势的影响，总是习惯于以中国民族的分类去套境外的民族，以为境内有一个什么民族，境外就应该有一个同样的跨界民族来对应，最多只是名称不同而已。这种情况在过去的中缅跨界民族研究中尤为典型。"由于对缅甸各民族研究的深度不够，我们一时无法确认每一个民族，更没有太多的相关对比研究，因此对中缅跨国民族的研究，只能以中国的民族划分为标准，以现有的资料进

---

　　①　缅甸的 Ta - ang 或 Palaung 族群，其概念外延实际要大于中国的德昂族，而且也未必都自称"德昂"，有的还习惯用"崩龙"的名称，但为了行文的方便，以下皆以"德昂（崩龙）族"的表述方式来指称缅甸的这一族群。

行分析研究。这里必须要说明的是，这是一个不完全的研究。"①

的确，实际情况并不像我们原先想象的那么简单，并不是中国有一个民族，境外就一定有一个完全同一的跨界民族。考察中国西南的跨界民族，我们发现，除了境内外基本一一对应的民族之外，还有两种情况。一种是境内某一民族的概念大于境外的某一民族，就是说境内的一个民族对应着境外的民族不止一个。例如，中国的傣族，即使不用壮、傣、泰那种广义的族群概念，仅从狭义傣、泰跨界民族角度看，在越南至少对应着泰族和卢族，在老挝至少对应着泰族和泐族（甚至还可把佬族也算上），在缅甸除了对应着掸族群之外，还有傣人等民族。另一种情况是，境内民族的概念小于境外的民族，即是说境内的一个民族只对应境外某一民族或族群中的一部分，或者是境内几个民族共同对应境外的一个民族或族群（其实，对境外民族或族群的概念也是难以截然划分清楚的，有时也只好任其模糊下去）。中国的德昂族、布朗族等孟高棉语族与缅甸的跨界民族应该就属于这种情况。下面我们就以此为例作一些探讨。

自从 20 世纪 50 年代开始，我国就开始组织大批专家开展民族识别工作。到 1979 年，国务院最后批准基诺族为我国的一个单一民族为止，中国已经明确了是由 56 个民族组成的统一国家，从国家层面上对民族进行了最终认定。中国的民族界定是清楚的，而在缅甸，自从独立以来都没有开展过像中国这样全国性的民族识别工作，当然也没有能够在国家意志的权威下来对民族进行统一的确认和界定。于是，在缅甸这样一个民族众多的国家中，民族的划分就常常出现莫衷一是的情况。这样，我们要进行中缅跨界民族的对应研究首先就遇到一个大的问题：哪些是同一的民族或同一的族群？

当然在目前情况下，我们对其民族（族群）的划分根据有两点：一是根据缅甸学者的研究成果；二是根据我们的实地调查，看其是否有民族认同，若能相互认同的就视为同一民族或族群。

具体再来说与中国德昂族对应的缅甸跨界民族。

在缅甸，对德昂（崩龙）族有两个称谓：Ta - ang 和 Palaung。即德昂和崩龙（也有将 Palaung 翻译为"帕菄"或"波龙"）。缅甸德昂族人和中国德昂族一样，一般认为"德昂"是他们的自称（另外还有"尼昂"、"纳昂"等自称），而"崩龙"是其他民族对他们的称呼。

最近我们在缅甸德昂（崩龙）族社区调查得知：过去缅甸的缅族等民

①　周建新：《缅甸各民族与中缅跨国民族》，载《第二届中国与东南亚民族论坛论文集》，民族出版社 2007 年版，第 99 页。

族喜欢用"金崩龙"和"银崩龙"来区分德昂（崩龙）族。由于生活在山中的德昂（崩龙）族喜欢穿戴黄金饰品，所以就被称为"金崩龙"；山外的崩龙族喜欢穿戴银饰品，所以被称为"银崩龙"。这样的区分和称呼，虽然是缅甸其他民族对德昂（崩龙）族的一种亲密的称呼，并无恶意，但是德昂（崩龙）族却并不喜欢，认为是一种挑拨离间的话。在该民族的呼吁下，1996 年 2 月 29 日缅甸内政部以［1793］号文批准去除"金崩龙，银崩龙"的称谓，通称"德昂"。

目前，缅甸的德昂（崩龙）族群根据语言和服饰，其内部可分出多达13 个支系以上（缅甸不同学者将其划分为 13 至 19 个不同支系），而在中国境内居住的德昂族只有 4 个支系。就是说，从民族支系的角度看，作为跨界民族的中国德昂族，它们只能与缅甸德昂族中的一部分支系相对应。那么缅甸德昂族中另外那些不与中国德昂族相对应的民族支系是不是就与中国的民族人群无关，或是存在一些什么样的关系呢？

这里从实地调查的个人感受说起。1998 年 8 月下旬，笔者在云南省德宏州筹备并参加了云南省民族学会德昂族研究会的成立大会之后，受到缅甸方面的邀请，随同一大群国内的德昂族同胞赴缅甸南坎的一座大山上名叫"桑禄"的村镇去参加缅甸德昂（崩龙）族群的一个大型聚会。这是被称为"创文节"的纪念活动，其场面之隆重实在出于我们的预料，来人之多更让人惊奇。桑禄一带的大山上聚居的人群是德昂（崩龙）族的"汝买"支系，与中国瑞丽市的德昂族属于同一支系，即我们俗称的黑德昂。其妇女和男子的衣服都以黑为主，很容易辨认。但是我们发现，这次前来参会人员的服装却五花八门，特别是妇女的服饰更是五彩缤纷，至少有十余种独特的服饰。经了解方知，他们是来自不同地方和不同支系的人群，有的来得很远，如密支那、八莫、腊戌、果敢、景栋等地。我们还发现，前来参加庆典的人们尽管穿着不同、所属支系不同，他们所操的语言也各有差异（但大部分都可以互通），然而却都能认同这个族群，都在共同使用和推广一套新创立的民族文字。

直到在缅甸参加庆典活动的时候，我们一直都毫不怀疑地以为缅甸的Palaung 族即可等同于中国的德昂族。后来一位穿蓝裳、着红裙、头巾上戴着红花的妇女告诉我们，她曾经到过中国云南省的勐海县，那里的村子里有她的亲戚，周围许多人的穿戴与她相似，与她讲相同的话。我们知道目前勐海并没有德昂族居住，就奇怪地问她勐海的这群人称为什么民族，她想了一阵，跑去拉来了一位中年男子。那男子多少能讲一点汉语，他说他也到过勐海的村子，村子里的人自称为布朗族，与他们是同一民族。

　　过去我们在对缅甸与中国的跨界民族的研究中，根据缅甸的资料一般认为，布朗族属于缅甸佤族中的一部分，缅甸佤族中的蒲满、巴龙支系与中国的布朗族属于同一民族；① 也有学者认为，缅甸的拉族与中国的布朗族对应。②

　　然而，经过这两位参会的缅甸人提醒，我们开始怀疑起过去对缅甸民族的一些认识，先前我们说缅甸的 Palaung 即是中国的德昂族并不完全准确，它并不仅仅只与中国的德昂族对应，还对应着布朗族的一部分（到底是布朗族的一部分还是全部，此外是否还对应着其他民族，如佤族、克木人等，这都还是需要进一步研究的问题。可惜由于目前国内这方面的研究和资料都比较缺乏，也只好暂作存疑）。这种看法从民族史的角度分析也是合理的。中国的佤族、布朗族、德昂族和克木人皆源自古代的百濮族群，具有共同的渊源，同属孟高棉语系，唐代典籍所记载的"望苴子蛮"、"朴子蛮"即指这些族群。后来这个大族群的人口在向南迁徙过程中不断分化，留在中国境内的同一族群经过民族识别，划分成了我们今天所称呼的这几个民族，而南迁到境外的这一族群，其支系分布的情况与中国境内不同，其分化的过程各异，而且不同国度的民族识别和划分的标准也是不一样的，因而很难用我们的民族划分标准去一一对应境外的民族。

　　缅甸学者 U Min Naing 所著的 *National Ethnic Group of Myanmar*（缅甸各民族）一书③当中介绍，缅甸的孟高棉语族族群包括：苗—瑶亚族群、闽—开亚族群、佤—帕薄亚族群、孟亚族群，以及其他一些更小的部落。其中佤—帕薄亚族群包括："佤"、"拉"、"拉佤"、"卡牡"、"泰玉"、"安"、"阳兰"、"帕薄"、"帕蕾"、"大诺"等。再往下，每个分支又可再分出若干支系，如其中的"帕薄"（Palaung），又有 13 个以上的不同支系。由此看来，缅甸的族群关系有时呈现一种树状结构，一个大的民族族群往往包含若干个亚族群，每个亚族群又往往包含多个支系。这样，从大到小，一般都是层次分明、有章可循的，但这些族群或支系能够在哪一个人群范围内获得民族认同则不一定。

　　比如，在多达十多个支系的缅甸德昂（Ta - ang 或 Palaung）族群中，各支系内部肯定是能够得到民族认同的，他们往往按支系称谓自己的族别，

---

　　① 参见周建新《缅甸各民族与中缅跨国民族》，载《第二届中国与东南亚民族论坛论文集》，民族出版社 2007 年版，第 105 页。

　　② 参见赵和曼《少数民族华侨华人研究》，中国华侨出版社 2004 年版，第 119—120 页。

　　③ 参见周建新《和平跨居论——中国南方与大陆东南亚跨国民族"和平跨居"模式研究》，民族出版社 2008 年版，第 145、159 页。

如"绕买"、"迪博"等；但如果遇到本族群其他支系的人，往往要用总称加支系称谓来互相区别，即在支系名称后面要加上"德昂"的总称，比如，"绕买"支系的人在和"迪博"支系的人相互介绍或涉及民族关系时，通常要说"我是绕买德昂"，或"我是迪博德昂"。这样以强调民族的共同称谓来表示交谈双方相互认定是同一民族的人，否则跨了民族支系有时也不被视为同族人。

总之，像缅甸这样的东南亚国家，其民族并不一定与中国的民族划分一一对应。从中国跨界民族的边民与境外同族交往的情况看，由于多数边民能够与境外交流互动的范围有限，一般都只能与在语言上能够沟通的境外人群交往，并认定为同族人。也就是说，多数是在同一支系或相近支系的人群范围内首先获得民族认同。只有当一个民族能够有组织地从整体上与境外的族群或民族有了交流，方才能够得到更大范围的民族认同。例如，中国的德昂族在1998年以前都是各支系与境外的同一支系人群来往，后来由于成立了一个民族组织（云南民族学会德昂族研究委员会），方才能以一个民族整体的姿态与境外的民族族群进行交往，并在互动中得到更大范围的民族认同。

（六）本研究选择德昂（崩龙）族为例的理由

本书主要通过中国和缅甸的德昂族来看人口主体在外的跨界民族对中国同族的复杂影响。为什么要选择以德昂族为例来进行研究呢？我们认为至少有如下理由：

其一，德昂族在人口主体在外的跨界民族中具有典型性。

德昂族是中国与东南亚国家中一个典型的主体在外跨境而居的民族。德昂族的民族人口主体在缅甸，缅甸北部是德昂（崩龙）族最大的聚居区。据我们20世纪末在缅甸的调查，缅甸的德昂族人口当时就有70万人以上。缅甸的德昂（崩龙）族居住区几乎就是沿着与滇西边境接壤的地区向西和南部延伸，在掸邦北部的皎脉地区形成最大的聚居区，此外在掸南和掸东也有分布。缅甸德昂（崩龙）族几个主要聚居区在当地所占的人口比重是：掸北皎脉地区的南桑镇区和芒东镇区的德昂（崩龙）族占当地人口的95%，皎脉镇区、迪博镇区占40%，木姐地区的贵概镇区和南坎镇区占45%，南桑镇区占80%。据民间不完全统计，缅甸几个主要聚居区的德昂（崩龙）族人口数大致为：南坎3万人、木姐7000人、帕敢5000人、贵概4万人、上南散8万人、下南散8万人。此外，缅北还有多个德昂（崩龙）族聚居区。掸北的德昂（崩龙）族主要与掸、汉、傈僳等民族形成小聚居大杂居的格局①。

20 世纪 90 年代以前，在缅甸独特的政治环境中，德昂（崩龙）族还保留着自己的军队，有自己的旗帜，有自己的民族组织，以后虽然与缅甸政府达成和解，撤销了军队，但与缅甸政府的关系却很微妙，与中国的德昂族交往互动却越来越频繁，其影响也表现得十分复杂。

当前在经济全球化和区域经济一体化不断发展的背景下，中国云南与周边国家之间正在形成一个经济互动的次区域经济圈。在这个经济圈子中，云南边境地区跨界民族与境外同族在政治、经济、文化等多方面的联系和相互影响出现了一些新的变化：跨界民族的民族意识不断强化，跨界民族交往的形式和内容更加繁杂，跨界民族问题的表现形态更为多样化，境外民族主体对中国同族的影响日益突出，地缘和国家安全体系的维护、边疆的稳定与跨界民族的联系越来越紧密……这些情况和问题在中缅德昂族中都有突出的表现。因此我们认为，通过中缅德昂族来探讨主体在境外的跨界民族对中国境内同族的复杂影响问题具有典型的意义。

我们过去在对缅甸的跨界民族研究中，对于缅甸的主体民族和人数较多的大民族，如傣族、佤族、傈僳族等，研究得还相对多一些，而对像德昂族这样人口主体在境外，在中国的人口又比较少的民族，关注者较少，了解的程度也低，本研究以德昂族为例来加强对这一类跨界民族的认知，也是具有意义的。

其二，德昂族居住的西南边疆跨境地区具有典型性。

一般来说，国境线是在民族出现很久以后才出现的，随着国境线的产生也才有了跨界民族的概念。一定的地域环境对民族的形成、民族关系的建构和民族的互动具有极为重要的意义。

研究跨界民族不能不考虑境内外同一民族居住和分布的地缘关系。云南省地处我国西南边疆，与缅甸、老挝、越南三国交界，国境线长达 4060 公里，在漫长的边境线上，有国家级口岸 10 个，省级口岸 8 个，出境公路 20 多条，边民互市通道 86 条。然而，除了以上正规的口岸通道之外，对于边民之间来往的通道则难以计数。尤其是中缅两国边境线最长，边民人数最多，在漫长的边境线上，许多地方山林土地相互衔接，一山两国、一田两

---

① 从广义的跨界民族的角度看，德昂（崩龙）族是一个跨越多国而居的民族，除了中国与缅甸有着跨境分布的大量人群外，泰国、老挝、柬埔寨都有德昂（崩龙）族居住，在柬埔寨被称为高棉人或吉棉族，是该国的主体民族之一。本研究仅从狭义的跨界民族定义出发，主要聚焦于中缅两国德昂族。其中部分实地调查得到了友人董晓梅、李茂琳的协助，特此致谢。

国、一水两国、一街两国的现象普遍存在，国境线两侧同一民族跨境而居，沿边村寨相互交接、道路相通，犬牙交错、鸡犬之声相闻，边民通婚互市，串亲访友往来频繁，同族边民之间的来往十分方便。

中缅德昂（崩龙）族跨界而居的边境地区就典型地呈现出了上述特点。例如有大量德昂族聚居的镇康县就与缅甸掸邦第一特区果敢县山水相连，国境线长 96.36 公里。缅甸一侧与我国临沧地区和德宏州毗邻的一些区域也是境外德昂族聚居的主要地方。缅甸果敢县（旧称麻栗坝）的观宝、黑河、芒纠、楂子岭、河信崇、太白山等寨的德昂（崩龙）族，自称"纳昂"，与镇康德昂族同属一个民族支系，双方连片而居，来往频繁，关系十分密切。显然，跨界民族在地缘上连片而居要比跨区域而居者有了更多交往的便利，其互动更多，其影响也会更大。

再从地区政治的角度来看，跨界民族所在国或居住地区的政治对双边跨界民族的影响是十分显著的。目前在东南亚国家中，缅甸国内的政局最不稳定，政治形式最为复杂，多股政治力量不断冲突，对跨界民族的研究颇具典型意义。比如，在德昂族居住的中缅边境德宏段 503.8 公里的边境线上，缅方一侧就由三股势力控制：一是由缅甸中央政府控制的与我国瑞丽市接壤的木姐市、南坎镇区，与畹町接壤的九谷市，与陇川接壤的雷基市，与潞西市接壤的勐古市；二是由克钦邦地方自治政权控制的与陇川接壤的第二特区东部省迈扎央经济开发区、与盈江接壤的南部省拉咱经济特区；三是由地方政权（果敢民族民主同盟军）管辖的与临沧市接壤的果敢县，2009 年与中央政府军发生冲突，并被接管控制。这些不同的割据势力，造成了各地不同的政策，政局也不稳定。复杂多变的政治形势对于跨界民族关系的影响不能不成为一个观察指标。

中国德昂族聚居的德宏和临沧边境地区处于这种跨界民族的典型地缘环境中，目前既是我国面向东南亚、南亚开放的黄金通道，同时，又由于紧邻"金三角"毒源地区，不可避免地成为毒品过境运输的主干道和吸毒重灾区以及艾滋病的高发地区。在这样的跨境地区考察跨界民族的相互影响问题，无疑具有典型意义。

其三，中缅德昂族在跨界民族关系中具有典型性。

作为同一的跨界民族，中国德昂族与缅甸德昂（崩龙）族在民族关系上诸多的内在联系和一致性体现出了典型的跨界民族特点。

一是有着天然的地缘联系。就是说德昂族在境内外特定的地域和自然环境中所呈现出来的人地关系具有诸多一致性，他们所处的地域环境基本上是同一的，尽管他们分属不同的国家，但是长期以来各群体在与自然适应的过程中所获得的地缘关系大体相同。他们在同样的地缘环境中享受着大自然的恩赐和模塑。如果我们将横亘在其中的国境线从研究视野里暂时抹掉，将跨界民族所居住的地域作为一个整体来看待的话，我们将会发现其地理、地域上的更多的一致性。

二是有着割不断的亲缘关系。所谓亲缘指的是民族成员之间在血缘和姻缘等方面的联系。血缘关系是一种天然的存在，姻缘关系是亲情联结和扩大的纽带，由血缘和姻缘构成的亲缘关系奠定了早期民族的内聚基础，它把人们扭结在一个共同体中，有了共同的经济生活和情感体验。当一个民族成为跨界民族以后，他们那种天然的血缘关系依然存在，姻缘的网络仍然在编织着。对亲情的态度和处置方式本身就是一种文化的表现。就云南的跨界民族来说，绝大多数都格外看中亲情。德昂族似乎在这方面表现得尤为突出。德昂族自古以来一直奉行着不与外族通婚的禁条，至今虽然略有松动，但其传统禁条并未失效，多数人仍将择偶的范围限定在本民族之内，甚至有的还不能超出同支系的范围。由于历史上的血缘和后来的姻缘的联结，国境线两边的德昂族人大多都具有亲戚关系。既然是亲戚，难免就要常来常往。在人们的亲情接触中，相互的复杂影响是不可避免的。

三是有着业缘方面的诸多一致性。业缘是一个民族群体与自然进行物质交流所形成的特定关系，它与我们常说的生产形态相关。一个民族占主导的生产形态是什么，必然深刻地影响着文化的形态和变迁趋势。作为跨界民族，一般过去都有着相同或相近的业缘特点。中缅德昂族在这方面就表现得比较典型。比如，德昂族的种茶历史十分悠久，从德昂族流传的神话传说和习俗礼仪中都可以看出，茶在他们的生活中占有十分重要的地位[①]。这其实是从早期的业缘关系中积淀下来的一种文化现象，这种文化积淀对于国境线两边的德昂族都是一样的。而今，缅甸的不少德昂族人仍以种茶为业，靠茶为生；中国德昂族中专业种茶者虽已不多，但是种茶依然是他们经济收入的一个重要来源，茶文化在其精神生活中仍占据着重要的位置。尽管两国的种植者在生产关系上不一样，但是同样的生产对象却依然使他们有着许多对话的共同点。

四是神缘信仰上的同一性。神缘，指的是一个民族信仰的指向及其体系。在这一民族信仰系统中，包括来自宗教的、习俗的、神话的等多方面的

---

① 德昂族人类起源神话《达古达楞格莱标》和《祖先创世纪》等当中都提到人类起源于茶叶；茶叶在德昂族的祭祀礼仪和人们的日常交往中充当了十分重要的角色。参见黄光成《德昂族文学简史》，云南民族出版社 2002 年版。

民族信仰，它们都是民族精神的集中表现，在民族文化中占有重要的地位。境内外一致的神缘自然也是跨界民族在精神上维系文化认同的有力纽带。就说中缅两国的德昂族，他们不仅共同信仰的南传上座部佛教在东南亚国家具有典型性（缅甸是一个历史悠久的佛教国家，约有80%的人信仰南传上座部佛教），而且境内外还共享着许多古老的民族神话，并以这些神话作为某些信仰行为的解释依据。例如，德昂族以太阳象征父亲，以龙象征母亲，就是从一个古老的神话中来的，这个神话在两国的部分德昂族中共同流传着，于是当缅甸德昂族创制了一个龙阳标志的雕塑时，雕塑的样式很快就被中国的德昂族人引进，建立在自己的村寨里。如果没有一致的神缘信仰体系，这种做法是不可想象的。再如，中缅德昂族同样都有叫谷魂的习俗，这是从民族原始信仰中传承下来的古老习俗，同样都在双方的神缘信仰中发挥着作用。

五是物缘方面共同的情感积淀。民族文化的精神指向常常会表现在某些生产生活用具和用品之中，这些物品与创制和使用它的民族群体构成了特定的关系，这就是物缘。各民族的物缘之中往往具有能够体现出本民族特点的成分，例如，德昂族的水鼓和妇女身上的腰箍，以及茶文化礼俗，等等。这些物缘的共性也在一定程度上构筑着境内外同一民族关系的纽带，具有典型意义。我们曾亲历其境地体验到，当国内德昂族人出境到缅甸德昂族聚居的大山中参加庆典活动时，看到同胞身上的腰箍，听到独特的水鼓声，他们都会情不自禁地激动起来，一种民族的认同感油然而生。水鼓是德昂族独特的乐器，曾经一度在国内德昂族的许多聚居点消失了，后来在与境外跨界民族的交往中逐渐恢复。老一辈的德昂族人都具有一种水鼓情结，这可以说是物缘文化的深层积淀。[①]

六是语言上的互通与文化的共享。每一个民族都是通过其所操语言的"棱镜"来折射、观察和解释世界的，其中的差异往往就表现为民族文化的差异。显然，共同的语言和由语言形成的一系列文化关系，成为国境两边同一跨界民族沟通的有效工具和维系民族认同的重要标志。中缅德昂（崩龙）族在语言使用上也体现出了跨界民族的典型特点。一般来说，同支系的人在语言上的交流可以畅通，而跨支系的交流多数会有些障碍，但也会有不少相通的成分，因而竟出现了新创的民族文字在全民族中推广的情况。

---

① 参见黄光成《跨界民族的文化异同与互动——以中国和缅甸的德昂族为例》，载《世界民族》1999年第1期。另外，关于"缘"的文化解说，参见黄光成《云南民族文化纵横探》，科学出版社2006年1月版。

　　长期以来，由于以上诸方面的共同特点和一致性，中缅两国的德昂族人一直保持着密切的往来，即使在闭关锁国的时期，国境管理较严，两边的德昂族居民也从未断绝过交往。他们还在拉近着境内外德昂（崩龙）族人的民族关系，推动着双方交往互动，强化着民族的认同，增强着相互的影响……这些，对于跨界民族的研究来说无疑是具有典型意义的。

　　其四，德昂族在跨界民族的交往互动中具有典型性。

　　不同国家的跨界民族群体虽然处于不同的政体结构和政治环境中，但长期以来形成的同一民族关系和文化纽带，并不会轻易解构和消失，双方民族群体会在民族认同的基础上保持着来往和互动。中缅德昂（崩龙）族的交往互动就十分频繁，并具有多层次多方位交往的特点。

　　首先，从交往的频度和方式来看，中缅德昂（崩龙）族一直保持着十分密切的联系，而且方式多种多样：朋友的往来、婚姻的缔结、亲戚的走动、商贸的联手和交易、劳工的输出输入、宗教的交流、文化活动的互邀、团体组织的互访、突发事件的互助……几乎涵盖了一般跨界民族的各种交往形式。由于双方密切的交往使中缅德昂（崩龙）族在国境线两边的居住区形成了一个整体。也就是说，单独地看在我国居住的德昂族，他们人口少而分散，其民族和文化的势能并不强，但是当我们把视线越过国境线，将境内外的民族作为一个整体或者作为文化互动的两个对象来看待时我们会发现，他们并非是一个分散、孤独的群体，他们的文化势能并非仅限于在国内与其他民族交往的那点影响力。因而，以德昂族为例的研究有利于把境内外的跨界民族作为一个互动的整体来看待。

　　其次，从交往的区域范围看，中缅德昂（崩龙）族既有同一区域的交往又有跨区域的交往。在云南的德宏和临沧边境地区，中国的德昂族几乎都与境外同族人连片而居，各支系分别都与境外相邻的同族人保持着密切的来往，从来没有割断过千丝万缕的联系。不过，对于跨界民族的研究仅仅局限在边境地区还是不够的。由于缅甸德昂（崩龙）族群人口较多，分布较广，不仅分布在缅甸与中国接壤的木姐、南坎、九谷、勐古、果敢等边境一线，另外在缅甸内地的镇区也有大量分布，如掸邦的格罗、昂邦、亚绍、彬达亚、芒秀、孟贵、勒恰、结迪、迈崩、滚亨等镇区，以及腊戍、曼德勒等省区也有很多德昂（崩龙）族聚居区。就是说，以德昂（崩龙）族为例的研究，既可以看出跨界民族在边境一带的交往互动，也便于拓展研究视野，追踪来自内地聚居区的影响；既可以看出地理环境对跨界民族关系的作用，还便于揭示地缘政治对跨界民族互动关系的影响。因此，中缅德昂族在跨界民族的交往互动中也是具有典型意义的。

再次，从交往的层次来看，中缅德昂（崩龙）族既有个人层面的交往又有群体性的来往互动。从我们在边境调查的情况看，国境线附近的德昂族边民中，境内外个人层面的来往是十分普遍的。几乎每家人在境外都有亲戚，不是血亲就是姻亲；几乎每一个人在境外都有交往，不是朋友交情就是合作伙伴。中国的德昂族虽然居住得十分分散，但几乎每一个居住点距离国境线都不远，国境线似乎并未对他们的交往和文化交流造成太大的阻碍。另一方面，据我们掌握的情况可以肯定地说，近年来中缅德昂（崩龙）族的交往互动已经超越了个人的层面，而出现了群体性交往和交流的状态。自从1998 年云南省民族学会德昂族研究委员会成立以后，中国的德昂族就开始了以组织的形式与缅甸德昂（崩龙）族的民族组织进行人员互访和一系列的交流活动。另外，一些地方性的、小范围内的民族交往也在进行着，如瑞丽、陇川的德昂族就在与缅甸南坎等地的德昂（崩龙）族保持着村寨间的交流。

最后，再从中缅德昂（崩龙）族相互交流的内容和影响的因素来看，也是涉及了方方面面的问题，除了与经济、文化、宗教、婚姻家庭等相关问题外，有的还直接或间接牵涉国家政治方面的因素。下文将重点在这些方面展开分析，希望能够以斑窥豹。

总之，对中缅德昂（崩龙）族的调查研究应该是具有代表性的，从中可以看出西南边疆跨界民族带有普遍性的许多特点和问题，并寻求解决这些问题的对策方案。由于本研究仅仅是一次初步的尝试，我们只能尽最大努力，期待达到一个有益或具有启发作用的开端，并不敢奢望能够揭示出所有复杂而深刻的问题，提出全面而有效解决问题的方案和对策。

二　从德昂看来自境外民族主体的复杂影响及其效应

自20 世纪80 年代末至90 年代初以来，中国与东南亚国家的关系进入了历史上较好的时期，各国政府都先后制定了一系列扩大沿边开放与促进与周边国家共同发展的政策。中国政府适时地提出了面向东南亚开放的方针，将封闭的边境变为开放的前沿，积极扩大了与周边国家的经贸合作；周边国家也相应加快了边境地区的开放步伐和经济建设，使中国西南与周边国家的跨界民族地区出现了互相促进、共同繁荣的局面。多年的实践证明，以边境贸易为重点的沿边开放起到了"利国、富民、睦邻、安邦"的重大作用，已成为面向东南亚、南亚开放、参与国际经济大循环的重要组成部分，并有力地促进了边境民族地区经济社会的发展。

伴随着边境的开放，像德昂族这样人口主体在外的跨界民族与境外的交往和交流更加密切，来自境外同族的影响也日益复杂多样。本研究通过实地调研，在探寻各种复杂影响的同时，力求归纳和提炼出一些重要的表现形态加以阐述，并试图揭示其影响的效应。虽然这些效应不一定很直接、直观，有时只代表着一种趋向。

（一）民族组织与国家政治方面的影响

1. 民族组织与国家政治影响的主要表现

缅甸的德昂（崩龙）族不是缅甸国家的主体民族，它像缅甸众多无力掌控国家政权的非主体民族一样，只有通过一些民族组织来凝聚民族力量，争取民族权益。其实在境内外民族组织之间的相互关系中，国家政治的影子无处不在；其次，历史上边民在境内外的迁徙，其根源往往与某一方的国家政治影响有关；而国家政治造成的突发事件，更是直接地影响到了边境双方的民族生活。这些，都是值得加以探讨的政治影响问题。

（1）民族组织促进着境内外同族的交往

缅甸德昂（崩龙）族为了争取自己民族的权益，在20世纪中期就成立了自己的民族武装队伍，其中有两支的影响力最大：一支是"德昂（崩龙）邦解放军"（PSLA），总部在楠玛都，武装力量人数最多时大约1400余人，有各种武器1260件，早期领导人吴埃孟；另一支是"崩龙邦解放党"，主要活动于掸邦西北部的南散地区，人数500余人，早期领导人觉拉。[①]这两支队伍都有自己的旗帜，有自己的军队和武器，成了缅甸两大德昂（崩龙）族聚居区的民族领导组织，受到当地民族群众的支持。当时缅甸德昂（崩龙）族人在头人的号召下，按二丁抽一的征兵制进行派役。1998年8月，笔者在缅甸一次德昂族的盛大集会上，遇见当时德昂（崩龙）族军队的负责人达尼隆（据说是PSLA的二号人物），并与之交谈，他告诉我们，缅甸没有中国那么好的民族优待政策，只有靠民族群众自己团结起来求生存。缅甸德昂（崩龙）族有自己的旗帜，有自己的军队，还有全民族自己的管理机构，其总部位于掸邦和克钦邦的交界处。

20世纪末期，在缅甸政府强大的压力之下，这两支武装队伍都放下了武器，与缅甸政府达成和解协定，归顺了政府。德昂（崩龙）族聚居的掸邦北部地区，被命名为缅甸掸邦第六特区，但实际并未形成真正的地方自治

① 参见马树洪执笔《云南周边国家地方民族武装对我国构建和谐社会的影响》，国家社科基金项目，2008年2月。

政权。缅政府出于对德昂族（崩龙）头人的安抚，提供了一些经济资助（每年约合人民币 3 万元），作为头人和残留人员的开销。

　　当缅甸德昂（崩龙）族的武装力量从盛到衰逐渐消解的同时，缅甸德昂（崩龙）族的文化力量却在逐渐聚集，乃至发展成为一个全缅甸德昂（崩龙）族的民族组织——缅甸德昂（崩龙）族文学与文化委员会（THE TA – ANG LITERARY AND CULTURAL COMMITTEE OF MYANMAR）。

　　缅甸德昂（崩龙）族文学与文化委员会成立于 1972 年，并在缅甸南散政区召开了首届委员会会议。该委员会对外宣称的宗旨是：继承、弘扬和传播优秀的德昂族文学与文化，团结带领境内德昂族在宪法范围内开展活动，促进德昂族经济发展进步。之后各地德昂族聚居地相继成立了基层委员会，规模最大时，全国共有 110 个政区有了自己的基层委员会。

　　缅甸德昂（崩龙）族文学与文化中央委员会的成员由各基层委员会推荐并经选举产生，每五年为一届。换届会议将视情况轮流在缅甸的 14 个德昂（崩龙）族聚居区举行。近年来，该委员会显得比较活跃，经常在缅甸各德昂（崩龙）族聚居地区举行一些全国性的德昂族聚会活动，如龙阳节庆典、"创文"纪念活动，等等。有时，该委员会也会邀请中国云南的德昂族组织派代表参加这些重大聚会活动。

　　中国一方正式的德昂族组织主要为云南省民族学会德昂族研究委员会，云南省民族学会系由省民政厅正式注册的社团组织，由云南省社会科学界联合会管理，德昂族研究委员会为下属二级分支机构，成立于 1998 年 8 月。

　　云南省民族学会德昂族研究委员会自成立以后，即与缅甸德昂（崩龙）族文学与文化委员会有了正常的交往。1998 年 8 月下旬，云南省民族学会德昂族研究委员会在潞西芒市正式成立时，有 6 位缅甸德昂（崩龙）族代表前来祝贺。随后中国德昂族受邀即派出了十多名代表前往缅甸南坎参加全缅甸德昂（崩龙）族"创文"纪念大会及活动，并受到了隆重欢迎和盛情接待。① 当年 11 月，云南省滇西民族艺术节在德宏州举办，经组委会同意，邀请了 16 名缅甸德昂族专家学者来参加节庆，并参观了三台山德昂族乡。从那以后，中缅两国的德昂族组织就没有断绝过联系和交往。

　　云南省民族学会德昂族研究委员会除了经常受邀赴缅甸参加聚会活动外，若遇自己举行重大活动，也会邀请缅甸德昂（崩龙）族文学与文化委员会派员前来参加。如 1999 年，缅甸德昂（崩龙）族派出了 16 位代表来

---

　　①　云南省民族学会德昂族研究委员会成立时，笔者是发起人和组织者之一，也曾一同受邀赴缅。

参加滇西艺术节，他们中有专家、教授、军队副主席、地方副主席等，双方还进行了座谈；2006 年在举办中国德昂族更名 20 周年的纪念活动时，有缅甸德昂（崩龙）族文学与文化中央委员会的领导人率团前来，还带来了德昂族的水鼓队，在德宏民族广场举行了水鼓表演。这些都是笔者本人亲历见证过的活动。

2008 年 12 月 27 日至 2009 年 1 月 2 日，缅甸德昂（崩龙）族文学与文化委员会第九届中央委员会换届大会在缅甸贵概城内举行，参加本研究的朋友董晓梅、李茂琳与其他中国德昂族同胞一起也被作为嘉宾受邀前往观摩。据说，这次大会是经缅甸国家主席令批准召开的，共有来自全缅甸各个委员会的代表 600 多人参会，代表团人数较多的地区有眉培（南散）、打培（南桑）、捧线、南坎、木姐、迪博、脉麦、格罗、东枝、孟育、孟眉、孟休、曼德勒、仰光、果敢等地区。缅甸政府和军方也派人参会并全程监控。会议开始，首先由政府或军方代表发言，这时所有僧侣都要退席回避，原因是缅甸宪法规定僧侣不能参与政治，特别是 2008 年 5 月全缅僧侣集会请愿后，大型聚会更不准僧侣参与。政府或军方代表发言后，大会才能按照会议议程正式开始。

在缅甸，缅族保守势力不小，生怕缅族以外的民族在政治上取得优势，从而对其他民族精英人士采取压制措施。缅甸德昂族（崩龙）人就深感被压制：德昂（崩龙）族人从军，当到营长级别后就不再予以提升；在缅甸各级政府中，要害的职位是不会安排给德昂族官员的，至今德昂族人几乎没有一个副县市级以上的干部。显然，缅甸德昂族在国家政治上处于弱势。笔者就曾亲耳听到民族头人表示对缅甸现行民族政策的不满，并羡慕中国有这样好的民族政策。所以缅甸德昂族很乐意同中国的德昂族人和组织交往。不过他们在与中国同胞交往过程中，也时时谨小慎微，尽量不触动政府的敏感神经。例如，我们受邀去缅甸参加聚会后，他们都会再三打招呼，不要将所拍的影像在媒体上公开，以免缅政府看到惹麻烦。对于缅甸德昂族的处境，中国德昂族组织表示能够理解，因此双方的交往基本上都是在两国政策法规允许的范围内进行。

（2）折射着国家政治的边民来回迁徙

从对中国德昂族的田野调查情况来看，德昂族虽起源于中国云南，但目前居住在国内的德昂族人，其祖先多是曾经迁徙到过缅甸等地，后来（100—300 年前）又折回中国来定居的。历史上德昂族由于战乱、灾害、瘟疫等多种原因，一直处于动荡与迁徙之中。他们多数人已经习惯了迁徙的生活。过去边界对于大多数边民来说，并不像内地人想象得那么神秘，他们在边境两边来回搬家，就像城里人在一座城市里的不同街道搬家一般。只要在边境的一边居住得不顺心，就会想要迁到另一边去。一位曾经迁到缅甸居住多年、后来又搬回国内的德昂族老人就很轻松地对我们说："这边不好过了就出去，日子好过了又回来。"显然，这种在国境线两边的来回迁徙，一方面折射着国家政治的状况，另一方面也加强了两国同一民族之间的沟通以及相互的影响。

瑞丽市勐休乡广卡村一位德昂族老人说，从他记事起，村里就有过几次大的外出逃难：一是日本人来时，他家和一部分村民跑到缅甸的德昂大山上躲起来，一部分村民躲在中缅边境的傈僳族村寨，直到中国抗战胜利后回国。第二次是1958年"大跃进"时期，附近广课和广卡两个德昂村寨的人几乎都跑到缅甸南罗、雷木朵、木瓦等地避难，后广卡村的人陆续回国，而广课村的人就再也没有回来了，他们沿用原来的村名在缅甸建寨安家，只在家乡留下了他们的祖坟和神像遗址。第三次是"文化大革命"时期，村里的人几乎都跑光了，当时达桑廖已成家并有一男一女两个孩子，被以莫须有的罪名批斗、游街，最后送到劳改农场改造。这期间，他的父母兄弟姐妹妻儿吓坏了，举家连夜跑到缅甸雷木朵。直到1978年他平反回乡时，其妻子和父母已在缅甸病逝，儿子和女儿都在缅甸成家了。中国改革开放后，党的民族政策好起来了，其儿子、女儿又拖家带口地回到广卡村拢着老父亲过日子，并分得田地，同时登记在册，恢复了中国公民身份。

在中国德昂族最大的聚居区——潞西三台山也有着同样的经历。中华人民共和国成立初期，党和政府根据德昂族社会发展不平衡的实际，实行特殊政策，不搞土改运动，而是通过开展互助合作发展生产，逐步消灭剥削制度，直接过渡到社会主义。这一政策使"直过区"的生产力水平有了很大提高，稳定了德昂族边民的情绪，当时很少有人外迁缅甸，反而还有缅甸德昂族人迁入国内。1958年夏天，德宏地区也同全国一样卷入了"大跃进"运动中，德昂族聚居的三台山成立了人民公社，猪牛入社，什么都归集体，村村办食堂，人人吃"大锅饭"，日夜大炼钢铁，党的"直过区"政策遭到践踏。这时期，三台山德昂族人大量逃往缅甸，有的村寨几乎一夜之间就跑光，出走较少的村寨也只有半数人留下。据统计，1958—1960年，潞西县出境的人数达20054人，占当时全县总人口的1/6左右。"这给国家外交工作带来问题，周恩来总理亲自过问，派驻缅大使耿飚前来潞西考察。"① 后来，县委、县政府成立了专门领导班子，逐步纠正"左"倾错误，稳定了

---

① 云南省《潞西县志》编纂委员会：《潞西县志》，云南教育出版社1993年版，第42页。

民心，才稳住了边民，争取回归了一批民族群众。

20 世纪 50 年代末期，在"大跃进""左"倾路线的指导下，国内德昂族的另一个聚居区——镇康县也曾出现过一次边民大量外迁的事件，其起因是由于地方的政策失误所致。当地政府从开发坝区和便于集体化管理的角度，大搞移民并寨，强令一部分高寒山区的农民移到坝区居住劳作。"为免误农时，有的村社当晚动员，第二天搬迁，不愿走者被警告'要拆房子，受处罚'。众间群迁，毫无准备，气候炎热，卫生条件差，缺乏疾病预防措施，酿成疾病大流行，不少人家星夜往回搬，有的则搬迁到缅甸果敢等地，1958 年年底统计，外迁者 496 户，3133 人。"[①] 这些被迫的移民中，就有不少德昂族人。

"文化大革命"时期，边疆混乱形势得不到控制，引起民族群众恐慌，一开始就有边民外迁。据 1966 年年底统计，全州共外出边民 4680 人，其中有数百人是德昂族边民。在三台山的邦外和遮放去勐戛的结合部，曾经有"老佛爷一声号召，一夜之间，全村人像从人间蒸发掉一样，一个人都没有了"的事情发生过。1969 年 2 月，德宏五县一镇开展"清理阶级队伍"运动，搞阶级斗争扩大化，搞逼供信；1970 年 7 月，又派驻部队到村寨开展以阶级斗争为主要内容的"政治边防建设"。这两次都极大地破坏了边疆稳定，引起边民大量外逃。据德宏州档案资料记载，仅 1970 年，德宏州外出人员就达 17961 人，后来还不断蔓延，直到 1972 年以后才稳定了局势，争取外逃的边民回归。

目前，居住在缅甸德昂大山的德昂族人，有一些就是那些年代搬迁出去的中国村民。此外，还有部分德昂族人在匆忙的迁逃中，进入了其他民族村寨，而逐渐融入其他民族的情况。而今居住在中国的德昂族中老年人群中有不少人有过外迁然后又回归的经历，被称为回迁户。回迁户问题在德宏和临沧"直过区"的边境沿线都比较突出。

长期以来，像德昂族这样的人口较少的跨界民族，与境外同族不仅跨境而居，而且有的人还多次来回搬迁，变动着国别身份，并深受来自境外民族主体的影响。

（3）突发事件推动着边民互动

边疆民族地区出现的突发事件可分为两类；一类是局部性的，涉及的范围不太大；一类是国家政治引起的波及范围较大的事件。这两类事件，无论大小，只要对跨界民族人群有所冲击，都会引起边境两边的连锁反应。

---

① 编纂委员会：《镇康县志》，四川民族出版社 1992 年版，第 887 页。

先举一个局部事件的例子：

镇康县南闪镇的白岩村，现在是德昂族和汉族杂居的村寨。历史上就因为一桩局部事件没处理好，而引发了举寨外迁的事件。关于这一事件，《南伞公社史志》有如下记述："一九五八年彭木山区政府召开民族上层头人会议，叫下白岩寨并非地主富农，又非民族头人而只在崩龙族群众中有威信的董老大、曹六塔等二人参加会议。到会后，（他俩）看到与民族头人坐在一起，就疑惑不解，而私离会议回家……掌握会议的人，在盛怒之下，要南伞派出所配同部队押送二人回彭木山开会……董老大见人持枪而来，惊恐逃跑，部队排长见状，就持五零式冲锋枪对准其背扫射，派出所来人唯恐其不死，又于死者身上补了数枪……因此当晚下白岩 37 户，硝厂沟 46 户（全系崩龙族）拔寨而起，连夜逃往缅甸。城子 60 多户傣族群众，也有一半多人家，相继逃亡境外。"①

以武断的、强迫的方式来对待边疆少数民族群众，小事酿成大祸，肯定会极大地挫伤少数民族群众的感情，破坏党和国家边疆民族政策的贯彻执行。而作为边境上的跨界民族，它们只好以迁居境外来表示自己的强烈不满和对抗，从而引起了境内外民族的联动，造成了极坏的影响。

再看由国家政治引起的波及范围较大的突发事件。最明显的例子是2009 年 9 月发生在缅甸果敢的事件，由于缅甸政府军与地方武装果敢民族民主同盟军发生军事冲突，而导致了大量的果敢居民涌入中国境内避难。当地中国政府尽可能给避难者提供了人道主义救援。政府接待了许多无家可归、也没有亲友可投靠的难民；而缅甸过来的德昂族人则多数来到镇康的德昂族村寨投亲靠友。据我们调查，仅有 77 户德昂族村民的白岩村，一下子就涌进了 110 户缅甸德昂族人前来投靠。白岩村民刘贵荣向我们表示，此事对全村生产、生活的影响都很大。比如他家里在事件发生期间，先后有 13个缅甸德昂族亲友前来避难居住，他们随着缅甸果敢的局势发展起伏，曾经三进三出。第一次来住了 8 天，第二次住了 7 天，第三次住了 5 天。这些人的吃、住、用都靠他家提供，当地政府先后一共补助给他家 44 斤粮食，200元人民币，这些补助显然不足以抵消实际开支，超出的部分只得由他们自己承担。本来经济上并不富裕的中国边境上的德昂族，不得不忍受着巨大的经济负担来接待境外同胞。

此外，这一突发事件最大的影响是，加重了当地群众的不安全感。在果敢事件中，对方的炮弹曾经打到我方边境，炸死炸伤多人，使得当地居民产

---

①   转引自王敬骝《镇康县南伞地名调查》，载《民族调查研究》1984 年第 2 期。

生了恐慌，许多德昂族人也深感忧虑，一些老人曾打算搬出镇康。有的还纷纷联系了永德、耿马方面的亲戚。直到现在（2010年1月），镇康的德昂族边民都还不敢去边界上干农活，玉米等庄稼已经熟透了，甚至有的烂在地里，都还不敢去抢收。

当然，这些突发事件也在一定程度上增加了国境两边民族互动来往的频率。

2. 民族组织与国家政治影响的效应

上述三方面的情况集中体现了人口主体在外的跨界民族在政治方面的影响。像德昂族这样的非国家主体民族，民族组织之间的互动同样脱离不了国家政治的框架，同样受到国家政治直接或间接的制约，这也如同由于国家政治生活而造成的突发事件，以及边民迁徙等问题一样，对于跨界民族的影响将产生广泛而长久的效应。具体可从以下四方面来看：

一是提升双方交往与互动的层次。中缅德昂族双方民族组织之间的联系和交往是近年来出现的一种民族互动的新动向，比起过去村民之间走亲串戚似的交流和互动，显然提升了双方交往的层次，扩大了交流的领域和范围，增强了民族精英之间的联系。同时，其所交流的内容将会更广泛，更具有政治意味，所产生的辐射作用也更大。

二是出现了组织化的趋势。与过去散在的、随机的边民交往相比，双边民族组织之间的交往，更具有组织化的特征。因而，更易于造成国境两边的民族从整体上的互动，境外人口主体对境内同族的影响也会更直接，覆盖面更大。当然，这种组织化的交往将会更多受到国家对外政策和民族政策的制约，也考验着双边民族上层的智慧。就我们所知，德昂族双方民族组织之间的交流目前尚处于礼节性互通的阶段，尚未涉及较敏感问题的交流，需要给予更多的关注。

三是跨界迁徙加深了境内外同族的亲情关系。由国家政治以及突发事件等因素所造成的民族跨境迁徙或短期的暂住，其特点都是在本民族人群中流动，无论他们是迁出还是迁入，几乎都离不开境内外同一民族的居住区（村寨）。由于这种迁徙多是患难中的民族互帮互助，因而更容易拉近民族内部的亲近关系，导致境内外聚居区之间更紧密的联系，增强了相互之间的依赖感。加之，像德昂族这样一直保持着族内婚配习俗、至今尚未普遍与外族通婚的民族，这种境内外的迁徙更容易造成跨国婚姻的事实，必然使境内外的同族之间建立更多的亲缘关系。在我们调查过的曾经整村迁徙缅甸后又搬回国内的瑞丽市广卡德昂族村，全村有一半以上的家庭与境外保持着三代以内的血亲关系；全村24户德昂族村民中，竟有21户人家在三代之内和缅甸德昂族有姻亲关系。因而，这个村寨的德昂族与境外同族的联系格外密切，每到农忙季节，几乎每一家人都会聘请或雇用缅甸同胞前来帮助劳动。

四是民族认同的强化与国家认同的错位警示。在上述多种形式的跨界民族交往中，突出的效应就是强化了民族的认同。同一民族由于亲缘、地缘和语言文化等多方面的一致性，使民族人群有了一种本能的认同感。通过民族组织的交往、突发事件的冲击乃至国家政治的反作用等多种因素的驱使下，将会进一步强化这种民族的认同。但是，这种民族认同并不能与国家的认同呈正比提升。在目前的国家政治格局下，民族的认同应该从属于国家的认同，如果一旦出现二者错位的情况，那是很危险的，需要给予特别的注意。

同时，我们也要警惕和防范境外民族分裂势力的影响和渗透。如在德宏地区就发现有缅甸"泛克钦组织"入境到边境村寨，鼓动边民外迁、拉拢青年参加缅甸民族武装、制造分裂活动之类的现象。这是我们在跨界民族的跨境交往中不可忽视的问题。

（二）经济方面的影响

1. 经济影响的主要表现

中国的改革开放、社会经济的发展、边贸的繁荣，促使边境两边的居民相互间的经济联系日益紧密，境内外同族人的交往也增加了更多的经济内容。从中缅边贸情况看，进口中国的物品以原材料为主，中国出口的物品以工业品和日用品为主；经营原材料者多以公司为主，而日用品的经营则能让更多的边民介入，所以对边民来说有更多的经济活动是在中国境内发生的。而从目前边境口岸管理的情况看，境外人入境比境内人出境手续要简单，出入更方便，因此又造成进入中国边境的人员多于中国出境的人员的局面，这又让中国边境上的经济活动有了更多境外人的参与。再加上边民的劳务互通也是输入远远大于输出。于是，发生在中国境内的主要经济活动中，自外而内的影响要大于自内而外。从德昂族的情况就可以看出这样的特征。

（1）劳务往来日益密切

党的十一届三中全会以来，中国西南边境地区成了改革开放的前沿，坐落于边境口岸附近的许多德昂族村寨，农村经济迅速活跃起来，农业生产得到了快速的发展，农民的生活也走上了脱贫致富的道路。在短短的二三十年中，中缅边民的生活水平就出现了明显的差距，于是缅甸边民纷纷进入中国境内来谋生。由于边境附近的工业和建设项目不多，劳务容量有限，周围村寨就成了缅甸劳务输出的主要接收地。而今在我们所调查的大多数德昂族村寨，随处都能见到缅甸劳工的身影。调查得知，这些劳工大多都是缅甸的德昂族人，有的还是雇主的亲戚或好友。中缅德昂族人一向对本族人有特别的亲近感，加之生活习性相近，语言相通，在一起生活劳作方便，因此无论是找雇主，还是招雇工，首选的都是本族人。有的家庭本不需要雇工，而是看在同族和亲朋好友的情分上，收留外来者，也算是民族内部的一种互助。缅甸的德昂族民工大多都是自己跑来找活干，不需要更多的手续，索要工价不高，因而也容易找到雇主。

据反映，从缅甸来的德昂族民工，一般干活都比较卖力，甚至比本寨人还强，因此好多家庭都乐意雇用他们。在瑞丽等一些富裕地区的德昂族村寨，境外民工越来越多，他们不仅承担了寨子中好多重体力活，有的甚至把日常农活都包干了。这样，村寨里的人就有了更多的闲暇时间。据我们观察，这些村寨中的德昂族人似乎很满足，他们很少有人再外出去务工或经商。尤其年轻人显得有点游手好闲，经常成群结队地到县城或缅甸闲逛。

从一些雇工较多的德昂族村寨看，来寨子务工的缅甸人多了，也出现不少管理上和人际关系上的麻烦。一方面，这些来寨子打工的境外人员多数是无正规证件的缅甸边民，不便进行合法管理；另一方面，有的人本来在缅甸属于游手好闲之徒，甚至有的还有小偷小摸、吸食毒品等恶习，他们的行为无形中会给村子里年轻人带来不良影响；还有的境外劳工来寨子里的时间长了，心理产生不平衡，有时会借酒发泄不满，大喊大叫，甚至惹是生非；有的平时也会傲慢无理起来，与村寨的人产生摩擦，致使原先宁静的村寨变得吵吵嚷嚷。

（2）境外的商业氛围直逼国内同族边民

从我们多年来与中国德昂族人的接触和对德昂族聚居区的调查来看，德宏、临沧、保山等各地的德昂族都有一个共同的特点：出外和经商的人比较少。这可能与山地农耕的德昂族传统有关，他们世世代代自给自足于大山之中，习惯于与世无争，耻于言商，也不善经商。因此，至今境内德昂族经商的人也还很少。从乡村到城镇，德昂人从事的商业活动，一般还只限于卖点山茅野菜，或在乡村开个小杂货店，或是利用口岸通道便利做点小宗的小额买卖之类。很少有人入城当老板，从事专业的商贸活动。即使在商海中偶然碰到一二，那简直是凤毛麟角了。

然而，通过跨境调研我们发现，缅甸德昂族人的情况却大不一样，虽然我们拿不出数据来说明缅甸德昂族中经商人口的比例有多大，但给我们的感觉是缅甸德昂族经商的人较多，而且还有不少人善于经商，生意做得很大。

在赴缅甸的调研中，自从进入缅甸边境，我们就开始受到缅甸德昂族商人接力棒似地传递接待，从中国姐告对面的缅甸木姐政区一直到缅甸德昂族的最大聚居区的贵概，我们所经过的每一座城市都有不少德昂族人开的商号。经营着各式各样的商品：服装、家具、水果、山货、烟酒副食……有零售，也有批发。这些德昂族商人中，有的是行商，市场上缺什么就组织什么货源搞批发；有的占据了市镇中心的位置，开了较大的百货公司；还有的开办了相当规模的茶厂和茶叶贸易公司，种植、加工、销售一条龙经营，产品不仅在缅甸各地销售，还出口到泰国、新加坡等国家，与中国也有外贸业务往来。

紧靠中国的缅甸木姐政区是 20 世纪 80 年代中后期由于缅甸政府应对中国沿边开放政策而推动发展起来的新兴城市，街上商号林立，商贸活跃。我们认识一位德昂族商人，他家位于市中心的街面上，一幢两层小楼，里面是院场，楼上住人，一楼就是铺面，共有七间门面。第一间是自家开的百货店铺，约有 20 平方米，货柜与货架上摆满百货、烟酒和饮品，楼板下面悬挂着各式轻工产品，门边两侧还堆放着德昂山货，中间还摆放水果鲜品；第二间暂时没有出租，作为他家的客厅；再往上的三间出租给腊戌的一名德昂商人开办的贸易公司；最后两间是他小姨妹经营的服装店。与主人交谈中得知，木姐市区像他家这样经营规模的德昂商家有 4 家，小的商家就更多了。

在缅甸，经商者的收入远远高于上班族。一般在政府部门工作的上班族，月薪只有 3 万缅币（折合人民币约 180 元），大家都嫌薪水低，所以许多十年级（高中）或再高一点学历毕业的德昂族男女青年，都择业经商，而不愿当公务员。我们曾遇到一位南散的德昂族女士，赴美留学回来后，现在台湾驻仰光的一家商业公司当高层管理人员，问起她的收入，她有趣地说，她的月收入相当于在缅甸做中层公务员的姐姐的年薪。

再加之，德昂族人在缅甸当公务员往往受到缅族保守势力的压制，很难升迁，这样更进一步强化了他们经商的意识。在缅甸德昂族人看来，当商人经商不但不害羞，而且是一种值得骄傲的事。我们在缅甸期间询问过不少德昂族学生，许多人都打算将来经商；一些商人子女更是愿意继承家业。

在缅甸德昂（崩龙）族文学与文化委员会的一些领导成员中就有不少是出色的商人。例如，木姐委员会的主席是一名出色的矿业老板和商人，南坎委员会的秘书长是一个灵活经营各种贸易的商人，连德昂族著名歌星艾达文也同时是一个出色的商人。

缅甸德昂族人与中国德昂族人在对待经商的态度上有着如此大的差异，这显然是与国情和各自所在的生活环境相关。现在中国边境附近的德昂族与境外同族人接触多了，也知道境外德昂族经商的人多，而且很会经商，说起来不免流露出几分羡慕之情。随着时间的推移，缅甸德昂族的这种浓厚的商业氛围正逐渐影响到中国的德昂族中来。我们从国内人的羡慕神色，以及那些所谓凤毛麟角的德昂族商人身上已经看到了这样的苗头。在最近的调查中我们发现，这几年中国边境附近经商的德昂族人迅速增加，如交通比较方便的镇康白岩村，就有 10 多户人家是最近 5 年内开始做起生意来的。

（3）交通的便利促使更多的经济联动

在中缅跨界的人口较密集地区，一般都有定期集市，以方便边民互市。过去，居住在中国边境附近的德昂族经常去缅甸赶街，背一些东西及自织的裙布去卖，又买回所需商品。而最近十多年来，随着中国社会经济的发展，中国边境市场日益繁荣，缅甸德昂族前来中国赶集的人越来越多。尤其是近年中国西南地区与东南亚地区的交通有了较大的改善，我国德昂族与缅甸德昂族的联系更加密切，往来也更频繁了。

中缅德昂族居住的德宏、临沧两地区边境都有国家级和省级口岸，有高等级的公路与境外相通，另外，还有多条民间通道。即使是到缅甸德昂族最大的聚居区贵概，从中国瑞丽的姐告口岸出去，有 120 多公里。沿着第二次世界大战时期留下的史迪威公路也可一路驱车而至，虽然这段老路基有些路程路面不佳，但经罗兴汉为首的缅甸地方武装出资维修过，还算是过得去。

总之，中缅德昂族之间来往的交通已经变得便利多了。交通的便利对于促进双方的交往和经济的联动具有重要的作用。由于缅甸受到军人统治和地方割据势力的影响，工业比较落后，对中国商品的需求较大，许多商人成天奔走于中缅边境之间，这其中也有不少缅甸德昂族的商人。我们在瑞丽调查发现，有好几家缅甸德昂族商人在中国边境一侧设立了自己的商号，有的雇用了中国的同族人在其中工作；还有缅甸德昂族商人到中国境内进了货，将货物暂时囤积在中国德昂族村寨的亲戚家里，并支付给主人一些报酬；还有缅甸商人专门雇请中国同族人的汽车为其拉货，如南闪口岸附近的德昂族就有人因此而购置了汽车，成了运输专业户。可以说，这既是一种互助，也是一种经济上的合作。

只是由于中国德昂族人口较少，其商品意识也还比较淡薄，因而这种经济上的合作与联动还只是个别性的，处于起步的阶段。

2. 经济影响的效应

从中缅德昂族的互动情况看，经济活动的内容显然占据了一个重要的位置。天然的民族关系、深厚的亲情关系使他们在共同的经济活动中获得了一种相互信任的前提，于是就有了比与其他民族更多的经济交往，或者说在交往中把本民族作为了首选对象。这种交往所产生的影响效应将会对未来的经济活动发生作用，同时也不仅仅局限在经济方面。对于中国的德昂族来说，

至少以下三方面是明显的:

一是产生经济的联动并逐步推进境内外同族经济一体化。劳务输入使得中缅德昂族之间的相互依存性加强,甚至还进而缔结了更多的亲缘关系;由小到大的商务合作,似乎已经成为一种趋势,使两边同一民族边民有了更多经济的联动和互动;交通的便利致使劳务和商务的合作更加方便,也将会变得更加频繁和紧密,从而逐步推进着境内外同族经济朝一体化的方向发展。

二是改变着传统的观念和行为,增强了商品经济意识。中国德昂族人深受传统思想观念的束缚,长期未能跨越传统农耕的生产方式,直到目前还普遍缺乏商品经济的观念和意识。比较而言,境外德昂族人由于社会生存环境的影响,其商品和市场经济的意识超前于中国德昂族。所幸近年来中缅德昂族之间有了更多的经济交往和合作,在境外同族的带动下,中国德昂族人确实有了较大的进步。越来越多的中国德昂族人走向商海就是一个证明。一位从白岩村出来在南闪口岸附近开了一家电器土杂商店的德昂妇女曾对我们说:"起先我们德昂人总是觉得做生意赚钱不好,后来转变了思想学着做生意的时候,与别人打交道又总是腼腆害羞,好像自己低人一等似的。这几年和境外同胞交道打多了,我们也就学会了像汉族那样,理直气壮地做生意。"现在,她每天到边境互市点做着生意,其收入颇为可观。而今在白岩村像她这样出外做生意的妇女已有十余人。一批德昂族妇女告别了火塘,走出竹楼闯商海,过去的"锅边转"变成了老板、经理,这对一个民族群体来说是一种历史性的变化。

三是增强了国内民族人群的自豪感和自信心,有利于边疆的安稳。过去,中国处于闭关自守的时代,有一段时期缅甸的生活比中国好,许多边民的日常生活用品都要通过边境走私进来,于是导致一些边民产生崇外的思想,谁家有缅甸亲戚或熟人都会感到自豪,甚至还有一些人想到缅甸去定居,影响了边疆的稳定。近十多年来,随着中国的快速发展,中缅两国边民生活的情况似乎颠倒了过来,人们的思想态度也有了较大的转变。从德昂族人身上看这种变化尤为明显,以前是中国一方的人去缅甸打工,现在是缅甸一方的人来中国打工。而今中国德昂族的年轻人不会像他们的父母那样想要到缅甸打工或定居了,最多只是希望有机会能到缅甸逛逛而已。他们都认为缅甸没有中国好,他们在缅甸同族人面前常常自觉或不自觉地表现出了一种自信和自豪,从而也增强了对祖国的向心力,这对边疆的安定团结是有益的。

（三）文化方面的影响

1. 文化影响的突出表现

民族文化与其说是一潭死水，还不如说它是一条流动不息的河流。跨界民族在文化上既有相同的一面也有相异的一面，各自的文化走向也是既一致又不一致。在各自的发展和变迁的过程中，国内人口较少的一方是否会受到境外民族主体的影响和渗透呢？据我们对中缅德昂族文化的调查情况来看，回答是肯定的。具体可从以下几方面突出地表现出来。

（1）缅甸德昂文字的创制对中国同族的影响深远

过去，德昂族一直被认为是一个有语言而无文字的民族。在德昂族自己的传说当中也有不少关于自己民族文字丢失的故事，诸如天神赐给各民族文字的时候，德昂族的文字或是写在牛皮上，人们肚子饿时被烧吃了，或是背在大孔的竹篾背篓中过河时被漏掉了，等等之类的传说，其实反映出这个民族对文字的期盼和渴望。据说，1912 年在西方传教士帮助下，以南达占吏亚、沙拉丹孟为代表的缅甸德昂族语言文字专家曾经创造过自己民族的文字，并出现过多种版本的德昂文字结构和方案，但由于德昂族支系众多，语言复杂，新创文字难以适应，再加上当时缺乏一个有权威的民族组织来推广，因而没能通行。

过去德昂族尝够了没有文字的苦头，他们认识到，在当今民族之林中，要保持住自己的民族文化并使之不断提升，不创立自己的文字不行。直到1972 年 8 月，缅甸德昂（崩龙）族文学与文化委员会在南散正式成立的同时，趁缅甸各地不同支系的德昂族代表人物聚首之际，在本民族有识之士和知识分子的积极倡导支持下，23 位德高望重的德昂族僧侣和知识分子，依照德昂语的特点及语法结构，吸收全缅甸德昂族六个主要支系的语言，用巴利文与缅甸语文字的声母与韵母组合，创制了德昂文字。我们在多次跨境调查时都看到了这种文字，其声母、韵母、调号基本上借用缅文字母，只是除声母增加一个"θ"（读作"fa"，上唇盖着下唇发音，为下颚音）字母外，其他字母外形与缅文无多大差异。

这套文字系统创立后，缅甸德昂（崩龙）族文学与文化中央委员会正式确定，它是全缅甸德昂族的唯一文字。缅甸德昂（崩龙）族各支系也很快达成共识，全族人都要统一使用此文字。

30 多年来，缅甸德昂（崩龙）族文学与文化委员会做了大量的工作，致力于德昂文字的推广和使用。目前，全缅甸的德昂知识分子大都已掌握了这种文字，并能熟悉运用，还用它编制出版了《英、德昂语词典》、《德昂史》、《德昂语法》等书籍，目前已经开发出了电脑软件。从事教育的德昂艺术家运用这套新创文字创作了流行歌曲，还被搬上了舞台。

与此同时，德昂文字创立被最后确定的 8 月 30 日这一天成为全缅甸德昂（崩龙）族的一个盛大节日，每年都要举行隆重庆典。自从中国改革开放以后，庆典组织者每年都向中国的德昂族发出邀请，1998 年 8 月下旬，适逢云南省民族学会德昂族分会成立，笔者曾与中国的一些德昂族同胞一起受邀赴缅甸参加纪念德昂文创立 26 周年的庆典。这次庆典在一座名叫"杉禄"的大山上举行，十分隆重，缅甸德昂（崩龙）族的主要头人和军方领导人都从几百公里外专程赶来参加集会。庆典上，德昂族集会追述民族的历史，各地来的同胞要进行民族歌舞比赛、打水鼓比赛以及各种联欢活动，当地乡民还用自己捐的钱款奖励本民族品学兼优的学生及当年考取中专、大专和大学的学生。

据我们在国内德昂族居住区调查，这套文字创制不久，从 20 世纪 70 年代中后期开始，就有中国德昂族僧侣和一般群众到缅甸南坎等地学习这套文字，并将其传播到了德宏、临沧等地区。据初步调查，仅陇川的德昂族中就有 100 多人掌握了这套文字，他们还引进了缅甸开发的软件，可以在电脑中广泛运用；在云南其他县市德昂族佛寺中的住持佛爷或大和尚多数都懂得这套文字。他们或是去缅甸学习过，或是在缅甸德昂族人的帮助下自学而成，甚至有的本身就是来自缅甸的德昂族僧侣。

目前这套缅甸新创的德昂族文字还不能说已经在中国德昂族当中得到了普及，然而却可以说是得到了中国德昂族人的普遍认同，在调查中多数人都为自己民族有了统一的文字而兴奋，甚至有一些民族的上层人士还表示打算学习掌握这套文字，将来向自己的同胞普及。

（2）缅甸德昂族的文化标志、传说及节日被认同和引进

缅甸德昂（崩龙）族文字的创立受到了缅甸德昂族社会各阶层的重视，为了纪念这一历史性的重要事件，在那 23 位缅甸德昂族知识分子和僧侣正式通过文字方案的地方建立了一座巍峨的龙阳雕塑塔，于基座上将那套字母勒石刻碑，并以英文、缅文和德昂族文三种文字撰写道："1972 年 8 月 30 日下午 3 点 12 分，在掸邦北部的 Namkham 镇 Hpaden 村召开的德昂族文学和文化中央委员会第二次会议上正式确定了德昂族文字方案，以立碑为志。"自此之后，缅甸各地德昂族纷纷效仿，在许多重要的德昂族聚居区都矗立起了类似这龙阳塔样式的建筑，而且也都在基座的石碑上篆刻上了这套新创立的德昂族文字字母。

据友人告知，他们最近在赴缅甸调查，从南怕敢到贵概沿途有不少德昂

族村寨，他们在途中停留了几次，到村子里走了走，看到几乎每个村子都有龙阳塔或用水泥混合筑成的龙和太阳的标志物，几乎都是一条昂首盘旋着的龙，龙首后映一轮红日。这种样式就是缅甸德昂族的文化标志：龙阳。缅甸德昂（崩龙）族文学与文化委员会的会徽、会旗、会章全是"龙阳"结合的图案，就连缅甸德昂族最大聚居区的贵概，其市内广场演出舞台背景悬挂图案两边都是以"龙阳"为元素组合设计的。

　　龙阳的神话传说在缅甸德昂族中广泛流传。说的是当德昂族先民还没有诞生之前，在大地上有一个美丽的清水湖，湖的主人是一条青龙。一天，太阳公子变成一只大鸟从天上飞到湖边，发现这条龙后，想吃掉它。忽然，青龙变成一个美丽的姑娘坐在湖边的石头上休息。大鸟为之动情，自己也就变成一个英俊的小伙子，到湖边与龙女嬉戏。双方情投意合，遂结为夫妻。不久大鸟不得不告别爱妻，返回自己的家乡，而龙女却怀了孕，在石头旁产下三个蛋，经太阳照射，孵化出了三条小龙。小龙渐渐长大变成了人，他们追问自己的父亲是谁。母亲说：你出山洞去首先看到什么，什么就是你们的父亲。儿子出山洞，一眼就看到了冉冉升起的太阳，于是，太阳就被认作了父亲。这三条小龙据说就是德昂族的祖先。①

　　缅甸的德昂人都知道，这座龙阳雕塑中的龙象征母亲，太阳象征父亲。在他们的心目中，象征父亲的太阳，表示光明人间、五谷丰登；象征母亲的青龙，表示吉祥如意、风调雨顺。

　　然而，据我们对云南多个德昂族居住区的实地调查和对文献的查阅，发现早期只有在陇川章凤一带的德昂族中流传着类似的神话传说，其他居住区则很难找到同样的传说，然而近年来这个传说已经在多数德昂族居住区流传开了，其主要来源就是缅甸。当然这一神话传说能在国内同族人中的迅速传播，是与民族上层人士的推动有关。1998 年云南省民族学会德昂族研究委员会成立不久，德宏州分会的德昂族人从缅甸得到了"缅甸德昂（崩龙）族文学与文化委员会"的会徽、会旗和会章，很快就依样画葫芦地照搬了龙阳标志作为该分会的会徽，并印制在相关的印刷品中。显然，民族上层人士这样地认同和热衷，对于龙阳神话传说在民族群众中的传播具有很大的影响。

　　在云南省陇川县章凤镇户弄村委会的德昂族村寨，更是建立起了一座类似缅甸龙阳雕塑标志的建筑。据村中曾主持筹办这一工作的德昂族朋友介

---

　　①　类似的传说还有多种版本流传。参见黄光成《德昂族文学简史》，云南民族出版社 2002 年版，第 53 页。

绍，20 世纪 90 年代初，村寨里为了筹办一个德昂族的传统节日，节日组委会成员多次到缅甸考察学习，见到缅甸德昂族人活动时悬挂的龙阳会徽与会旗，也见到南坎德昂大寨中的龙阳塔标志，于是带回来了龙阳雕塑的设计图案和色彩稿。他们随即发动当地族人捐资筹款，开始了筹建工作，终于在村头依照缅甸的图案建起了这座龙阳塔标志。在整个修建过程中，他们都与缅甸的同族人保持着密切的联系，修造的主要师傅是从缅甸请来的德昂族同胞，修建过程中缅甸南坎德昂（崩龙）族文学与文化委员会还派专人送来了更详细的图纸，最后竣工的开光仪式也是请来缅甸德昂族高僧来主持。后来虽然经过修补和改造，但塔基一直保持着原貌，村民认为一经开光就不能大动。

这座巍然屹立在中国德昂族村寨边的龙阳雕塑塔，几乎与缅甸 Hpaden 村那座创世纪念的标志塔一模一样，基座四方也同样有四块石碑刻了那套缅甸德昂族文字的拼音方案，并在开头加中文说明："为了弘扬德昂族民族文化，于公元一九九四年二月十九日将德昂族文字刻入标志碑。"在这座雕塑和石碑前俯仰徘徊，我们似乎感觉到了一个跨界民族，在其文化中双方共振的节奏，互动的脉搏！

事情至此，还没有完结。陇川县章凤镇户弄村的龙阳雕塑塔落成后，村民们进一步引进缅甸德昂族的"龙阳节"和节日民俗。中国德昂族过去从来没有过"龙阳节"的习惯，许多村民甚至未曾听说过有这样的节日。1996 年 2 月 19 日，终于在那座龙阳塔前举办了中国德昂族的首届"龙阳节"。这次节日办得十分隆重，邀请了潞西、瑞丽、盈江、梁河等县市以及缅甸的德昂族 2000 多人，再加上其他民族，规模很大。大家都身着盛装前来参加节日。庆典的布置和活动方式有不少是从缅甸的德昂族那里学来的。人们在广场中央竖起一根龙柱，龙柱下用竹、木围成一个大花篮，人们自发地采来鲜花、树叶装饰花篮，再浇上清泉水；来自各地的代表队轮番表演自己的精彩节目，青年男女编好花篮互赠交友；来宾们载歌载舞，尽情地唱歌、跳舞……从那以后，1999 年、2002 年、2006 年、2009 年都分别举行了庆典。"龙阳节"在中国德昂族人群中"安家落户"了，每三年举行一次，似乎已成了规矩。

（3）国内濒于失传的文化遗产和技艺从境外获得部分弥补

经过"文化大革命"以及一系列的政治运动以后，中国少数民族的文化遗产受到了严重的冲击，加之后来在民族地区的发展上过多地偏重于经济，而一度忽略了文化的保护，至今还有许多有价值的文化遗产和民族技艺处于流失之中。而作为人口主体在外的中国人口较少民族，这种情况尤其突出。

就以德昂族来看，过去云南各德昂族聚居区都有不少颇具价值的民族文化遗产和技艺，现在已经处于失传或濒于失传的境地，但所幸有些东西在与境外民族主体的交往中又得到了一定程度的恢复或弥补。比如，水鼓就是一个典型的例子。

水鼓是德昂族的传统乐器，可以说就像德昂族妇女的腰箍一样，是最能体现德昂族文化质点的一种物件。德昂族是一个能歌善舞的民族，过去每逢节庆喜事，德昂族人最喜欢的活动就是跳传统的水鼓舞。其舞蹈动作潇洒大方，舞姿优美。跳水鼓舞必须敲水鼓，其鼓声低沉、庄重，有着一种特别深沉的美感。水鼓是用质地较软的木头挖空心子制成，鼓身呈长形，有大小头，表面绘有花纹，鼓面绷以牛皮。鼓的大小、轻重不定，轻的可一人挂在身上敲，重的要多人抬或用车拉。打鼓前要用水或酒湿润鼓皮以增音色，故叫水鼓，德昂语叫"格楞当"。水鼓是一种德昂族祖先传下来的独特的民族乐器，因而德昂族中自古以来就流传着关于水鼓的美丽传说。说的是一对德昂族男女青年相爱，遭到了怪物的破坏和阻挠，当女青年被劫持的时候，小伙子历经重重艰险，在众人的帮助支持下，终于打败了怪物，他们将怪物的皮子剥下来绷晒在树上，一敲就发出了嘭嘭的声响，于是制成了欢庆胜利的水鼓①。在这个传说中，水鼓不仅仅是一种乐器，已经成为德昂族人对爱情忠贞以及勇敢坚毅的象征。老一辈的德昂族人几乎都具有一种水鼓情结。每当他们见到水鼓，或听到水鼓的声响，就忍不住手舞足蹈，甚至激动得热泪盈眶，笔者就亲眼目睹过这样的情景。

过去，几乎每一个国内的德昂族聚居村寨都至少有一个水鼓，然而，经过"文化大革命"以后，到了20世纪90年代中期，据我们调查，整个中国德昂族中，还保留着水鼓的村寨不会超过4个，许多新一代的年轻人竟然连水鼓是什么样都没有见过，更不要说会打水鼓了。由于水鼓的制作比较复杂，其技艺已经失传，在国内已经找不到会制作水鼓的人了。

所幸缅甸的德昂族中还普遍保留着水鼓，每当节庆活动都要成群结队地敲起水鼓，跳起水鼓舞，有的地方还要举行水鼓比赛；水鼓的制作技艺在缅甸德昂族中也还正常地传承着。

到了20世纪90年代后期，云南省民族学会德昂族研究委员会成立以后，随着与缅甸德昂族交往的扩大和深入，国内德昂族人深受触动和启发，筹资到缅甸购买来了水鼓，有意识地倡导恢复水鼓文化，有的主要聚居区还

---

① 参见黄光成《德昂族文学简史》，云南民族出版社2002年版，第245—246页。

组织了水鼓队。而今在举办节日庆典活动时，也能听到水鼓的声响，看到国内德昂族水鼓队的身影。有时候，还会邀请缅甸的水鼓队来与之同台演奏。

类似水鼓这样的例子还有不少，如歌舞、银饰、建筑等，都有一些失传的技艺，后来在与境外同族的交往中得到了一定的弥补。

（4）境外的文化产品大量流入国内

近年来，随着中缅两国德昂族交往的日益频繁，境外的文化产品也大量地流入到了中国的德昂族人群中。通过走亲戚、朋友互访、商贸等来往，缅甸德昂族制作的一些文化用品，诸如腰箍、银饰等类的民族服饰、德昂族挂历、CD 或 VCD 歌曲带子、德昂族文字编写的书籍，大量地流入了国内民族群众手中。

这其中影响最大的是影碟的进口。由于近年影碟机基本普及，在许多边境上的德昂族村寨中，人们的闲暇时间多数用来观赏影视作品。中央和地方电视台站播放的节目以及中国正式出版的影碟作品都未能完全抓住民族群众的目光，这样就给境外的影碟流入提供了市场。

一些缅甸和中国的商人也瞅准这个机会，从缅甸购买大量的影碟，带进中国境内。这些商人中有一些本身是缅甸德昂族，他们深知中国德昂同胞的需要，带进了大量德昂语或与德昂族有关的影碟来村子里销售。这些境外来的影碟主要有三方面的内容：一是用德昂族语言演唱的歌舞。有的本身就是德昂族的歌舞，有的是用德昂语翻译的缅甸流行歌舞。二是有关缅甸德昂族人生活、节庆，尤其是佛教做贡（赶摆）活动的内容。这类影碟深受德昂族中老年人喜爱。三是缅甸或其他国家（如泰国）的电视剧、电影。有的翻译成了傣语，有的翻译成了德昂语，有的则是汉语字幕。这些作品较符合德昂族中青年人的口味。而今，在中国边境附近许多"80 后"（20 世纪 80年代出生的）德昂族青年都会唱一些用新德昂文字创作的缅甸流行歌曲。

像影碟这样一些文化产品的流入，显然也流入了境外多种多样的思想文化，它对于国内民族文化影响较为显著。由于这些文化产品的内容比较繁杂，良莠不齐，鱼龙混杂，这种影响就难免好坏并进，正面和负面并存。

2. 文化影响的效应

从以上现象中可以看出，来自境外的人口主体对国内同族的文化影响是复杂而多方面的，其影响的程度也不小，堪称既广且深。当然，这种影响既有正面的，也有负面的，难以一概而论。细加观察和分析，我们认为至少在以下几方面将会对国内民族造成长久的效应。

一是增强了对境外同一民族的认同感。改革开放以来，境内外同一民族的交往日益增多，境外大量民族文化的进入和传播，致使国内民族获得了许多物资和精神方面的填补，唤起了更多的民族记忆和民族感情，从而增强了对境外民族同宗同族的认同感。当然，这样的民族认同，如果在不影响到国家认同的前提下，应该是可以容忍的，或是值得鼓励的，但需要加以引导，以防患于未然。

二是提高了对本民族文化保护和坚守的信心。如德昂族这样人口主体在外的跨界民族，其在国内的人口较少，而且居住分散，相对而言，文化上处于绝对的弱势地位，而且被其他民族的多种文化层层包围着，在一定程度上造成了"文化孤岛"的感觉，成为民族文化保护的难题。通过与境外同民族更多的文化交流，民族群众逐步淡化了"文化孤岛"的心理，从而有助于消除文化的自卑，提高坚守民族文化的信心。

三是在一定程度上丰富了民族群众的文化生活。诸如德昂族的水鼓、歌舞、龙阳节等，境外一些民族文化的东西进来之后，之所以能够让包括德昂族青年人在内的民族群众引起共鸣，最重要的是能够唤起他们的民族情感，在一定程度上满足了他们文化生活的需要。如何让民族群众的业余文化生活更丰富、更具有民族的特点和色彩，这是构建和谐的民族社会，维护边疆稳定，需要致力于解决的问题。长期以来，我们国内虽然做了不少的努力，但毋庸讳言，目前还有许多不足的地方。尤其在文化生活民族化的问题上，一直是困扰我们的难题。为什么当今许多青年人不大喜欢民族传统的东西，其问题的根源主要是缺少能够为他们所喜爱的民族文化氛围、形式和产品。境外民族文化的进入一方面对民族文化生活的不足多少有所弥补，另一方面也在促使有关部门要更多地关注这一问题。

四是境外的多种不健康的思想观念和负面影响也随之而来。随着境外多种民族文化形式和各种文化产品的大量输入，许多不健康的和腐朽的思想观念也会随之在国内传播。这些思想观念在一定程度上扰乱了群众的认知，对民族群众（特别是青少年）的身心健康不利，严重的甚至造成了对党和国家政策的曲解和抵触。对于这些东西，需要加以具体分析，有的是属于来源地与我们社会主义的价值观不同所致，有的是属于境外敌对势力的恶意渗透。对此，我们需要有所警惕。对那些萎靡不振、腐朽没落的思想观念，加以有效的防范和控制；对那些具有一定不良目的的恶意渗透，给予坚决的抵制和打击。在调查中我们发现，有些受境外同一民族文化负面影响的原因，主要是由于境内民族人士缺乏创造力，或缺少分析判断的能力，而对境外同一民族现成的东西又比较容易认同，于是就盲目地照搬过来，从而在不知不觉中接受了对方文化的负面影响。

（四）宗教方面的影响

1. 宗教影响的突出表现

中国和缅甸的德昂族都全民信教，共同信仰南传上座部佛教。南传上座部佛教所分属的"润"、"摆庄"、"左抵"、"多列"四个教派中，中缅德昂族都兼而有之。尤其是其中的"左抵"和"多列"教派，在我国其他民族中所信奉的不多，而在德昂族中却传播甚广，门徒甚众。"传说'左抵'派创世人窄拉是缅甸芒海人，在曼德勒某寺出家为僧，于三百年前创立此派。八十多年前先后传入德宏州的瑞丽、芒市镇和镇康、耿马的少数崩龙族村寨。现镇康的南伞、军赛自称为'纳昂'、'绕进'的崩龙（德昂）族各支系都信奉'左抵'。"① "多列"教派据说早先是在树林里传教和生活的，后来也是由于受缅甸教派的影响而进入了寺院，一般认为"左抵"还是从其中派生出来的。在中国的德昂族各居住区中，信奉"多列"教派的占了大多数。如居住在潞西芒龙山、潞西邦外、楚东瓜、勐丹、南虎、冷水沟、陇川章凤、梁河二古城、盈江松山、瑞丽雷门、贺南毛等地的德昂族都信奉多列教派。

这两个教派的特点就是佛教戒律极严，传统上禁杀牲、禁食肉、禁吸烟喝酒等。除了报晓的公鸡外，不饲养其他牲畜家禽；但可拜外村寺院和僧侣，本村僧侣如后继无人，可请外村僧侣继承。由于它们都传自缅甸，缅式佛教文化的色彩较浓，过去除使用傣文写的巴利语经典外，还有用傣文写的缅语经典。尽管经过"文化大革命"以后，国内南传上座部佛教各教派之间的界限已变得逐渐模糊，一些戒律已被打破，但是信徒们对于自己属于哪一教派却是明确的，教派间的门户之见仍未完全消除。德昂族信仰的"左抵"和"多列"教派与国内其他民族信仰的南传上座部佛教教派仍有着明显的区别。如傣族、布朗族信仰这两个教派的人就很少。因此在宗教方面，德昂族与境外的交流要远远多于与国内其他民族的交往。

而且，德昂族与境外的宗教交往从很早以来就没有断绝过，至今中国的德昂族人都普遍认为，他们现在信仰的佛教是从缅甸传进来的，是"缅甸教派佛教"，他们信仰的源头在境外的缅甸。这对于虔信佛教的德昂族人造成的心理影响很大。再就"左抵"和"多列"这两个教派境内外的势能对比而言，国内显然处于弱势，缅甸一方处于强势，所以其宗教影响的走向总体是自外而内，来自境外的影响远远大于境内对境外的影响。

---

① 云南省编辑组：《德昂族社会历史调查》，云南民族出版社 1987 年版，第 64 页。

根据我们的调查，目前来自境外的宗教影响，可以从以下几方面明显地表现出来。

（1）境外的宗教人员纷纷入主我国佛寺

过去几乎每个中国的德昂族村寨当中都有一座佛寺，"文化大革命"中这些佛寺几乎都遭到被取缔的命运，佛爷、和尚大多还了俗，有的跑到了境外。"文化大革命"之后，由于村民们精神信仰的需要，许多德昂族村寨又陆续重建了佛寺，而佛寺的住持往往就成了一个问题。条件不足的佛寺只好让村中头人或阿章（还俗佛爷）来兼职照看，而稍微有点经济条件，或经过多年努力达到了一定经济条件的村寨及其佛寺往往要正儿八经地延聘住持寺院的佛爷和和尚。而这方面的"人才"在国内比较紧缺，如果在国内找不到合适的人选，到境外招聘自然就成了必然的选择。近年来，像大多数南传上座部佛教地区的年轻人一样，德昂族青年都不太热衷于宗教活动，不想当和尚，觉得做和尚待遇低，条件好的家庭也不愿意送孩子去当和尚，导致佛寺僧人人数严重不足。而且，信教群众多数都愿意聘请境外的僧侣到国内主持寺院教务和宗教活动，他们普遍认为国外的僧侣信仰更虔诚，宗教学识更高。

自20世纪80年代初以来，从缅甸聘请佛爷来"传授经典"的情况就已经渐成风气。当时中国德昂族两大聚居区中的两座最大的佛寺就率先开始了行动：潞西三台山处东瓜佛寺请了缅甸班包歹佛爷前来传经，镇康南伞镇的德昂大寨也聘请了缅甸观宝寨佛爷前来传授经典。那时由于受对外开放政策的限制，一般都把请境外佛爷来住持佛寺说成是来"传授经典"。

10年前，笔者在镇康硝长沟德昂族寨调查的时候，村长说他们正打算去缅甸请一位佛爷来住持寨子里的佛寺。最近笔者再临该村寨，在佛寺里见到了这位缅甸的佛爷。他通晓汉语和缅甸语，还懂得德昂族文字，得到村民们的信任，具有较高的威望，对村民们的影响较大。

有的德昂族村寨无力聘请僧侣来住持佛寺，一般也尽量聘请"贺露"。所谓"贺露"即是兼职性地住持村寨的佛教事务、管理佛寺，而非正式出家的人士。贺露需要具备熟悉宗教事务和民族习俗、知晓经文、能用傣语或缅语熟练地念经的能力。德昂族村寨若在本村找不到合适的贺露，通常就向外面寻找和延聘，若在中国找不到合适的往往就到境外去找。瑞丽市南尚村有近70户人家，其中除了4户是傈僳族、1户是傣族外，其余都是德昂族。该村寨在20世纪80年代初建起了佛寺，寺内没有僧侣，只有贺露。现任贺露30多岁，是从缅甸南坝的广搭佛寺聘请来的，村里聘他期间，给了他5亩田耕种，作为生活来源。

　　瑞丽市南尚村也同样请了一位来自缅甸南坎德昂族村的贺露，他曾经出家当过三年和尚，现年 66 岁。村里第一年给他 20 箩谷子作为当贺露的补贴，第二年给了 40 箩谷子，第三年给他种五亩田，一年的产量是 100 箩谷子。这五亩田被称为"贺露田"，只有在任贺露时才享有耕种权。

　　村寨里凡有丧事、喜事、上新房，以及重要的节庆活动，其中的佛事内容，如祝词、念经等，都离不开贺露；村民们家里有重大的事情要办，一般也都得自己出钱来请贺露。

　　无论是佛爷、和尚，还是贺露，在村寨中的佛事活动中都具有决策权，通常都是他怎么说，村民就怎么做。从缅甸聘请来的这些宗教人士，自然都会把他所熟悉的那套缅甸的东西，从形式到内容搬到中国的村寨中来上演。其中的影响可想而知。

　　（2）国内的宗教人员与境外宗教界往往具有特殊关系

　　即使有的佛寺聘请了国内的宗教人员来当住持，而这些人也大多与境外宗教界有着特殊的关系。他们或曾在境外修过行，或曾受到过境外师傅的传授、指点，都与境外有着割不断的联系。如陇川县章凤镇户弄佛寺的住持和尚虽是中国人，但他曾在缅甸木姐寺修行。他 14 岁出家，16 岁就到缅甸木姐奘寺，后来又在缅甸广母寺晋升为和尚。他学会了缅文，熟悉缅文佛经。当他入住户弄佛寺以后，所在的寺院每年进行重大的供拜活动前，都要到缅甸的木姐奘寺进行朝拜。就相当于弟子去向师傅请示。

　　现为潞西三台山处东瓜村佛寺的住持和尚俗名叫赛旺，僧名为果列洼，出生在本村，是地道的德昂族人，他削发为僧 20 多年，曾在缅甸的邦士代佛寺当过和尚。处东瓜佛寺同缅甸的邦士代佛寺相距约一天的步行路程，但由于赛旺的关系，双方在佛事方面的来往和交流就变得十分密切，每年他都要带着弟子到缅甸的邦士代佛寺去访问，每年的关门节期间都要互相朝拜。

　　在这种特殊的宗教交往中，境外的宗教文化对国内的影响是十分明显的。

　　（3）国内村民在宗教方面的需求多来源于境外

　　在我们调查过的众多德昂族村寨中，凡有汉白玉佛像供奉的佛寺，问及佛像的来源，其回答几乎都是一致的：来自缅甸。这些汉白玉佛像有的形体不大，多是村民自己出资购来献给佛寺的；而有的形体较大，供奉在大殿中，多数是村民们共同出资所购，一般在将佛像迎入村寨或装心子、开光时都要举行隆重的仪式。在举行开光仪式之类的重大佛事活动中，一般都会去邀请缅甸德高望重的佛爷来主持。这样一次重大的佛事活动，对于村民们的记忆是长久的，其影响是深远的。比如瑞丽市的南尚村，1996 年 7 月佛寺建好后，举行了盛大的佛寺开光和佛像装心子仪式。所谓装心子，就是用蜡把孔雀尾巴、碎玉石、银子拌在一起，装入佛像底部有孔处，或佛像的腋下。信徒们认为，如果一尊佛像还没装上心子就不能称为"佛"，而装心子的事必须由大德高僧来主持。当时村里邀请了缅甸弄玛和项撒的佛爷来念经，主持仪式。村民们认为，这一次活动举办得相当成功，以后村子也一直都很平顺，因而对缅甸弄玛和项撒这两个村寨一直抱着一种特别的友好和感恩之情。每当关门节送秉的时候，南尚村的德昂族村民往往会成群结队地到缅甸的这两个村寨向佛爷、和尚敬送食品，并与当地村民一起念经、拜佛，敬献供品。

2. 宗教影响的效应

从上述现象中我们不难发现，来自境外的宗教影响主要有以下四方面的效应：

一是宗教的往来加强了境内外民族群体之间的联系。由于佛事活动通常都是以村寨为单位的集体性行为，一个村寨一旦与境外的某一村寨或佛寺发生了联系，这种联系其实就是一种群体性的沟通，其交流的范围和辐射的广度都是一般个人性的交往所无法比拟的。所以，宗教往来对于沟通境内外民族群体之间的联系具有相当大的作用。

二是使中国德昂族的佛事生活进一步的缅甸化。作为人口主体在外的跨界民族，中国德昂族的宗教交往明显表现出这样的特点：与境外同族的纵向交流多于与中国境内其他民族的横向交流，其结果必然导致民族群众的佛事生活具有较强的缅甸化色彩。现实中也确实是这样，许多宗教教义、仪式、做派都亦步亦趋地学着缅甸同族人的做法。

三是增强了国内民族群众对境外主体民族的心理依赖感。像德昂族这样人口主体在外的跨界民族，他们在宗教生活中，无论从人才的需求，到物质的需求，再到精神的需求，在许多方面都需要从境外寻求得到。也就是说，他们与境外同族的依存关系相当密切，从而也产生了较强的心理依赖。

四是对国内的正常宗教活动带来一些不确定因素。像德昂族这样国内僧侣不足，境外僧人入境传教、主持或住持宗教活动的现象在国内其他民族（特别是信仰南传上座部佛教的民族，如傣族、布朗族）中已成普遍性的问题，这样难免会给境外敌对势力带来进行宗教渗透的可乘之机，也会给国内民族的正常宗教活动带来诸多不确定因素。

总之，从中国德昂族的情况来看，来自境外的宗教影响相当明显，其程度既深且广，正负因素并存，对其中潜在的问题不可掉以轻心。

（五）婚姻家庭方面的影响

1. 婚姻家庭影响的主要表现

长期以来，与异族通婚是德昂族传统婚配规范所禁忌的，人们一直遵循不与外族联姻的传统习俗。青年男女可以自由恋爱，但择偶的范围只能在本民族甚至本支系的异性圈子之内。近年来，这种相悖于现代观念和潮流的禁忌已经开始被打破，但在多数德昂族村寨中与其他民族通婚还未形成普遍风习。由于中国的德昂族支系较多，居住分散，每一个聚居区的人口都不多，年轻人在国内本族中可选择的通婚对象就更有限了。如中国德昂族最大的聚居点也不过才三千多人，除了老少，真正到了婚恋年龄的男女青年人数可想而知，其择偶范围扩大到境外是不可避免的。因此，与境外同族人的联姻就成为必然的选择，自古以来就这样。目前中缅德昂族的跨国涉外婚姻主要形成以下趋势。

（1）跨国婚姻出现普遍化倾向

改革开放以前，由于受国家政策和边防政治等多方面的影响，跨国涉外婚姻难以取得合法性，发生的情况相对少些。近年随着边境的开发、境内外民族交往的密切，跨国婚姻日益普遍，凡我们所调查过的边境附近几乎每一个德昂族村寨都有若干事例。

据云南省德宏州潞西市三台山德昂族乡政府的统计，近年有 37 对新婚夫妇涉及跨境婚姻。而距离边境更近的临沧市镇康县南闪镇白岩村，共有 77 户德昂族村民，近年就有 17 对德昂族夫妻涉外婚姻；镇康县另外一个德昂族聚居区，南伞镇哈里村委会的大寨、中寨和哈里三个德昂族村寨中共有 20 余户涉外婚姻。

这些跨国婚姻的起因有的是当事的青年人偶然相识之后，相互产生感情而出现的；有的则是由于边境内外村寨之间传统上具有的友好关系，双方老人撮合而成的。如果一旦遇到境内外男女青年，双方有了一些相好的苗头，家长和老人们一般都是极力促成，尽量让"有情人终成眷属"。两年前，我们在镇康一德昂族村寨调查中，恰好遇到村寨里发生这样的事：一位德昂族男青年赴缅玩耍时，喜欢上了一位缅甸德昂族女青年，并将她领回到了自己家中。第二天，男青年的家长就请了村长一起带着聘礼到缅甸女青年的家中去说媒。后来听说，这对青年不久就举行了婚礼。最近，我们在芒市调研还得知这样的事：一位来自缅甸贵概的德昂族女子，来到我国德宏州府芒市打工，经家乡人介绍，在芒市附近的一个德昂族村寨认了一位老干妈，偶然发现老干妈的儿子与她的出生年月日均相同，二人遂产生了好感，有了进一步的交往，后来家长请人测了生辰八字，认为没有相冲的地方，很快就撮合二人缔结了婚姻。

至今，类似这样的同一民族的跨国婚姻，已经屡见不鲜，有普遍化的趋势。

（2）跨国婚姻呈现多样化形态

过去，跨国婚姻的主要表现形式是，缅甸一方的女性嫁入中国一方，或者是中国一方的女性被缅方迎娶，主要就是嫁入或嫁出这样单一的形态。在瑞丽市的一个德昂族村寨，一位60多岁的德昂族大妈，就是从缅甸瑞丽江南岸嫁来寨子里，她告诉我们，20世纪60年代以前寨子里有10多个像她这样的家庭，也有寨子的女人外嫁到缅甸的情况，但是却从来没有过男人来村子里或外出上门的情况。最近几年，这种情况却出现了，光他们的一个寨子就有3起。都是由于缅甸的男青年到村子里来打工，被村中的女青年或家长看中，将其招赘而留在村中。云南省临沧市镇康县南闪镇白岩村的17对德昂族跨国婚姻中，其中就有两对是缅甸的男子来到中国一方上门的。另外的德昂族聚居区里大多也存在着这样的情况。

通过婚姻关系，男方进入女方的家庭居住，成为该村寨中的一员，这就是俗称"上门"的婚姻形式。由于中国的快速发展，中国德昂族的生活大大改进了，受到缅甸德昂族人的羡慕，不仅年轻的女性愿意嫁到中国来，就是男性也很乐意到中国来上门。尽管目前德昂族的跨国婚姻中，境外男方进入中国家庭的数量还不如女方进入的那么多，但却打破了历史上只有女方入嫁中国的单一形式，这种新近出现的婚姻形态使得原有的跨国婚姻呈现出多样化的倾向。当然，这也难免会产生出一些原先难以预料的家庭和社会问题。

（3）跨国婚姻引发的家庭和社会问题逐渐显露

由于中缅德昂族跨国婚姻越来越普遍，而且婚姻形态也出现多元化的倾向，因此由跨国婚姻直接或间接引发的一些家庭和社会问题也逐渐多了起来，并且随着时间的推移而愈显复杂。

仍以瑞丽市那个德昂族村寨招赘的跨国女婿为例，起初缅甸的小伙子来到中国村寨里务工的时候，一般都能埋头苦干，大家都认为他们表现好，赢得了姑娘和家人的好感，从而成就了跨国婚姻。然而，时间一长，男女双方的情感和心理都出现了变化，相互的磨合也出现了问题，一些深层的问题开始暴露。女方往往指责男方以家长自居、好吃懒做。于是，严重地影响了家庭的和睦，甚至有的导致家庭破裂；有的男子离开女方家，孩子由女方一人负担，导致了家庭生活、孩子教育等一系列的问题和困难。

同样，也有一些境外女子嫁入中国村寨的家庭出现了问题，最后导致离婚的。在边境上的一个德昂族村寨中，我们听到村里人与当事人一起指责一位从缅甸嫁过来的妇女：开始时都很勤劳，慢慢地变得懒惰起来，在青黄不接的雨季和缺乏零花钱的情况下，不想劳动，也不愿像村里其他人那样到深山野林采摘山茅野菜换取零花钱，而是趁下雨或者主人不在时到别人家的菜地和院子里偷摘瓜果蔬豆。据该村村民反映，村中讨缅甸老婆的男人结两三次婚已不算稀奇。德昂族全民信教，佛教的各种戒律深入人心，结婚时男女双方都要跪在佛像前虔诚发誓永远不离不弃。在德昂族的传统观念中，离婚是一桩十分丢脸的事，过去的德昂族人除非原配去世，很少有二婚的现象。伴随着跨国婚姻出现的这种高离婚率现象，对于民族的传统心理是极大的冲击。

在毒品泛滥严重的地区，甚至还有一些涉外婚姻的当事人竟然染上了毒瘾。为了筹毒资，见什么都拿，村民家中摆在外面的铜盆铁锅、锄头犁耙，山林中的树木，甚至寺院里供奉的器皿和打击乐器等无所不拿，社会治安混乱。甚至有的女人为换取毒资而沦为性工作者；有的是男人因吸毒被政府强制收戒或为逃避戒毒而到处躲避不归家，其妻子则不守妇道而"后院起火"。谈起这些不良现象，上了年纪的德昂人都直摇头，称搞不懂这社会是怎么了，有的老人则痛心疾首称教育不好子孙后代对不起祖宗，给社会治安带来很大的隐患。

2. 来自婚姻家庭影响的效应

上述跨国婚姻的情况不只出现在德昂族当中，在边境附近的许多民族中都普遍存在，已经成为一种不可回避的事实。分析这种跨国婚姻所产生的影响效应也是正负因素并存的。

一是进一步密切了两国民族群众的关系。跨界民族由于是同一民族，语言相通，文化习俗相同，历史上就有联系，加之天然的地缘关系，来往比较方便，相互之间本身就有了特殊的亲近感，一旦缔结了跨国婚姻关系，可谓亲上加亲。而且，这种亲缘关系不仅仅只限于缔结婚姻的两家人，往往会牵涉更广的范围。中国和缅甸的许多民族村寨都有这样的特点，村民之间大多都具有某种血亲或姻亲关系，一家结亲常常会牵动一大群人。如果一个村寨中有一户与境外某村寨某户人家缔结了跨国婚姻关系，也就会使两个寨子中的许多人家的关系更为密切。当然，如果所缔结的跨国婚姻关系出现了不好的问题，也会反过来影响到两边民族群众之间的关系。

二是为维持传统的婚姻观念和习俗注入了一剂强心针。长期以来，德昂族人一直奉行着不与外族通婚的传统习俗。像德昂族这样在中国属于人口较少民族，居住又很分散，若不打破传统规范，年轻人可通婚的范围就很有限，因而经常出现近亲通婚的现象。改革开放以后这种习惯势力已经有所改变，许多出外工作的德昂族人率先打破了异族不婚的禁区，但在许多传统的村寨中，还未能从整体上摆脱旧传统的束缚，与外族通婚的现象仍不普遍。近年来出现大量同族之间的跨国婚姻，一方面使年轻人通婚的可选择范围扩大了，另一方面却为维持民族传统的婚姻习俗提供了一些客观条件。这样，在一定程度上延缓了旧传统观念和习俗变革的步伐。

三是使境外的一些观念和行为更为直接地影响了当地居民。通过通婚而密切了境内外同一民族的联系，使双方的接触更为直接，更便于进行深层次的思想交流和行为互动。这样，境外的一些观念和行为难免更直接地影响到国内的民族群众当中。当然，这些外来的思想观念有好有坏，需要加以分析，以便趋利避害。且举一个不良影响的例子：居住在缅甸山上的德昂族一般接受中、高教育的机会很少，就算读书读到十级以上也多是为自己作生意作铺垫，很少有到政府或事业部门发挥专长的。所以这些从缅甸山上嫁过来或入赘的人对自己的后代在接受教育的观念上就存在读书无用的想法；其子女大多深受父母的影响，很少有读到初中毕业的。他们成天无所事事地东游西逛，也影响了同伴，使上学的人觉得读书很辛苦又没有多少机会参加工作，还不如早早回家务农更实际一些。在这种思想影响之下，村寨中厌学孩子多了起来，甚至有的村寨辍学的孩子也多了。国家虽然对人口较少民族学生采取了一系列优厚的教育扶持措施，免除了所有的学杂费用，而且还有补助，但是，目前边境上德昂族适龄儿童的教育水准依然难以提高，甚至还有下滑的趋势，来自境外的影响不能不说是一个问题。

四是引发的新问题挑战着原有的边民政策和治理思路。跨境而居的德昂族，不论在德宏，还是在临沧，一向都有通婚的习惯，只是由于国家政策的变动而表现有所不同而已。据德宏州民政部门介绍：20 世纪 50—60 年代，管理得很严格，以村寨为单位进行边情摸底，边民之间偶有通婚现象，政府部门都能及时掌握情况，有效监控；到 70 年代政治边防时期，曾一度加以限制，办理此类涉外婚姻的例子不多。后来随着边贸开放，双方交往多起来，涉外婚姻也随之多起来。从 1987 年起，民政部门专门设有科室办理有关手续并进行管理。到了 1990 年前后一段时间，政策有所收紧，曾严格控制过涉外婚姻的登记办理；自 1995 年以来，又放宽了这方面的政策，只要双方具有了合法手续，达到了规定的条件，都给予及时办理结婚登记与落户手续。

然而，由于缅甸国内的情况比较复杂，与我国边民通婚的情况也多种多样，仍有许多人难以办理合法的婚姻登记手续，造成了边境和便民管理上的一些问题。比如，潞西市三台山德昂族乡某社的德昂族小伙子阿毛（化名），2007 年在一次缅方举办的德昂族节庆活动中，认识了缅甸德昂族一女子，后来两个人相爱，由于女方系缅北少数民族居民，未曾办理过缅甸合法身份证，无法到民政部门办理婚姻登记，只能在村社中举办酒宴成家。不久，阿毛因车祸不幸亡故，其妻与其弟相处较好，即按德昂族风俗转嫁其弟为妻，也于 2009 年 5 月在寨子中举办酒宴成家。同样的原因，双方没有去办理合法婚姻登记手续，却成为事实婚姻。

在我们的调查中发现，类似情况并非个例。几乎每个边境管理地区都有一些未办理过正常手续而成为事实跨国婚姻的夫妻。一方面，对于多数边民而言，将要结婚的双方一般不会因为领不到证就不结婚了，他们只要在村寨里摆了酒席之后，村寨里的人也就认可了他们的夫妻身份。只是那些外来人长期解决不了落户问题，有的甚至结婚 20 多年还没有相应的国籍，长期处于边缘人的状态，还影响了子女。另一方面，也会给有关政府部门的监控和管理添加了困难，往往处于滞后状态，不利于边疆的稳定和治理。

近年来，在缅甸德昂族居住区的调查中我们发现，缅甸一方也存在同样的情况。贵概地区也有数例中国德昂女子出嫁到当地德昂族村寨的情况，她们也都未能解决落户和加入缅甸籍的问题，也一样面临着诸多的尴尬。

三　政策建议及对策措施

无论是就一个民族的发展来说，还是从边疆稳定和国家安全的角度看，像德昂族这样主体在境外，境外对境内形成强大影响的民族，深入研究其来自境外的复杂影响，采取必要的对策措施，不仅有利于边疆的稳定和德昂族本身的发展，而且还将具有较大的启迪和借鉴作用，其意义必然重大而深远。

通过境内外德昂族互动的案例研究可以看出，只要双方存在交往，来自境外的影响是不可避免的，而且这些影响是正面和负面并存的。对此，我们应该根据趋利避害的原则，既要消除过去的冷战思维，继续走改革开放的道路，也要认真对待由此所产生的各种问题。要结合以往关于边疆地区民族政策和边民对外交往的方针政策，采取一些补充或纠偏性的对策措施，一方面要推进双边民族关系的正常发展，促进民族社会的进步，另一方面要尽量避免负面的影响，消除边疆的安全隐患，防止不测事件的发生。

（一）完善边境管理制度，创造宽松的出入境环境

中华人民共和国成立以后，中国与缅甸等东南亚国家的关系受到了国家领导层面的高度重视，通过一系列相关的政策措施，并采取与内地不同的特殊治理模式来构建边疆的稳定，取得了成效。但由于过去受极"左"路线的影响，实行"政治边防"，限制了跨界民族群众的双边往来和交流，在某种程度上伤害了民族情感。党的十一届三中全会以后，中国边疆地区与内地一样实行改革开放，重新调整了边境政策，允许境内外跨界民族之间的正常来往，促进了跨界民族的双边交流和友谊发展。

然而，目前在中缅两国（中越、中老边境也有同样的情况）的跨界民族和民间交往中还存在不对等的现象，即境外边民入境容易，而境内边民出境困难。比如一个境外的德昂族边民，持有效身份证件在出入境处交很少的钱，几分钟内就能办妥入境手续，并且一天内还可多次出入。而一个中国的边民正规办理出入境手续则十分繁复，甚至要提前数天去有关部门申请，而且还要严格限定我方边民出入境的关口。这样造成了中国边民出入境的频率大大低于国外边民的情况，还致使许多边民不走正式渠道出入境，势必影响了边境的有效管理。而从跨界民族的角度看，也造成了双方交往的不平衡，也是导致跨界民族中来自境外的影响大于境内对外影响的原因之一。

因此，建议在不断完善出入境管理政策的前提下，实行在一定的边境地区（按省区或州市）常住居民出入境"一证通"，即边民持"边境地区出入境通行证"即可在一定地区内的各边境口岸（通道）通行，以方便边民出入境开展商贸活动和民间交流。这样更能显示出党和国家的边境政策和民族政策是实实在在为民族的发展而制定的，从而使居住国内的像德昂族这样的人口较少民族能够有条件与境外民族对等交流，使国内的民族群众充分感受到社会主义制度的优越性，进一步增强民族群众对祖国的政治认同和国家的认同。

（二）加强爱国主义观念教育，增强跨界民族的国家认同意识

跨界民族边民外出与回归问题是长期以来一直比较突出的问题。历史上由于极"左"思想的影响，一夜之间举寨外迁，少数民族边民像蒸发一样消失的例子就出现过多次。改革开放30多年来，随着中国民族社会的发展进步，各项民族政策的贯彻落实，边民外流的情况虽然少见了，但这是一个长期的隐患问题，如果一有风吹草动，就有复发的可能，这将引起边境的动荡，这是需要吸取的历史经验教训。究其原因，其中一个重要的问题是，跨

界民族群众中国家意识和国家认同感淡薄。因而，加强对边境跨界民族群众的爱国主义思想教育就显得尤为重要。一般来说，在边疆民族聚居区成长起来的民族人士，对于民族的认同是与生俱来的，而对于国家及其国家政治的认同则是需要通过感性和理性的认识来支撑，需要通过爱国主义教育来不断强化，需要通过培养热爱祖国的思想感情来增强。

因此，应该从国家安全和边疆长治久安的大局出发，制定出一套边疆民族爱国主义教育的长远规划和措施，在民族社区广泛开展相应的教育活动，在学校的正规教育中增加必要的爱国主义教育内容。其教育的方式方法一定要灵活多样、生动活泼、循序渐进，让边疆民族群众易于接受、乐于接受。同时也要对各级做边疆民族工作的干部进行教育，不断提高民族工作的水平，执行好党和国家民族平等与团结的政策，处理好各种民族问题，避免简单粗暴的工作方式和作风，深入宣传汉族与少数民族"三个离不开"的思想，做好边疆民族群众的各项工作。

（三）在扶持边境地区跨界和人口较少民族加快经济建设步伐的同时，加大民族文化保护的投入，以提高民族的文化自觉

在中国，人口主体在外的跨界民族多数都属于我国的人口较少民族，它们与国内其他民族群体相比，经济和社会发展滞后，许多方面都处于劣势。从 2006 年以来中央政治局常委会连续两年把扶持人口较少民族经济社会的发展列入了工作要点；中央主要领导多次视察人口较少民族地区，并作了重要指示，要求"一定要把这项工作尽早办好"。经过国家和地方大量扶持资金的投入和各级党委、政府多年的辛勤努力，近年来，我国人口较少民族的发展确实有了较大改观，许多人口较少民族村寨都改善了基础设施，甩掉或正在甩掉贫困的帽子，走上了奔小康的道路。

然而，近年来人口较少民族的社会变革与其说主要是由于内源所致，不如说是由一种外在的力量推动下完成的。于是，外部的力量在推动着人口较少民族的经济社会急剧变革的同时，也影响了民族文化的变迁。目前，一些人口较少民族的文化流失日益严重，出现了文化生态失衡的现象，经济发展与文化保护的矛盾十分突出。如果只有经济的进步，而没有民族文化的相应保护和发展，这样的发展显然不能说是和谐的，也是不可持续的，在与境外同族的文化交流中也将处于被动的、劣势的地位。

在对跨界民族中的人口较少民族的田野调查中，我们不难发现一个普遍性的问题，那就是文化自觉意识的普遍缺乏。由于这些人口较少民族经济社会发展的长期滞后，长期处于贫穷匮乏的状态，经过改革开放以后，与周边

主体民族相比较，其差距十分明显。许多人总认为自己民族落后，事事不如人，严重地打击了民族的自尊心，同时还把他们的注意力更多地引向了经济活动方面，而忽略了对本民族文化的守望，低估了自身文化的价值。近年来，经过从上到下各级组织的大力帮扶，使之获得了经济上长足进步的同时，一些民族人士也在一定程度上滋长了一种依赖的思想，削弱了自我发展的能力。这种现象在民族文化生态方面的反应，就是自我调适能力的弱化。面对文化生态的失衡，而又不能及时加以修复和调适，其民族文化的未来堪忧。而当这些民族在与境外民族主体的交往中，文化上又受到较大影响或牵制，往往处于不利的地位。

　　遗憾的是，在过去各级政府对人口较少民族投入的大量帮扶资金中，却很少能够看到有关民族文化保护方面的额度。说明我们对民族文化方面的扶持重视不够。因此，我们建议在推动和扶持人口较少民族和跨界民族脱贫致富、发展经济的同时，一定要对这些民族的文化保护和发展给予高度的关注和重视，应该尽快改变过去那种只重视经济扶持而忽视文化投入的工作思路和局面。特别是对于人口主体在外的跨界民族中的人口较少民族，它们在与境外同族的文化交流中面临着更为严峻的挑战，形势逼人，需要党和国家给予更多的帮助，让这些民族群众增强民族的自信和文化的自觉。

（四）制定相应的政策法规，加强民间劳务输入的管理

　　随着改革开放的深入和国家对人口较少民族的扶持，边境一线的部分跨界民族获得了快速发展的机会，走上了脱贫致富、奔小康的道路，许多民族村寨迅速地改变了面貌，出现了经济的繁荣富足，因而边境地区也随之出现了境外劳工涌入的现象。德昂族就是明显的例子，过去是境内的人到缅甸去打工，现在却反过来，大量的缅甸德昂族同胞来到中国的德昂族村寨中寻求工作。他们要价不高，境内同胞也乐于雇用他们，致使一些村寨到处都能见到境外民工的身影。类似的情况在其他许多跨界民族村寨也都存在着。

　　由于这是近年才出现的新情况，目前国家和地方还没有一套完整的政策法规来加以应对和规范。这些境外劳工大多都属于个人行为或地下行为，通常没有办理入户登记手续，当地派出所和乡干部难以掌握情况，也找不到相应的管理政策和法规。对境外务工人员的管理大多处于真空状态。如前所述，有的境外劳工进来做一段时间后还与村寨中的人未经登记就成婚，感情破裂之后提腿就跑出境外，给村寨带来诸多不安定因素；有的酗酒闹事，甚至出现违法乱纪的现象……村干部和行政部门则很难依法管理。

　　这种情况目前还有上升的势头，已从个案向普遍化方向发展，如果不及

时应对和规范，可能会变成一种影响边疆稳定的隐患，因此，有必要引起各级政府的高度重视。需要从申报、登记到日常管理等方面，制定出相应的政策措施，明确责任部门，落实管理人员。使之从地下变为地上，依法管理。有关部门也需要配合农村用工，一方面简便办理劳务输入手续；另一方面要加强完善监管措施，及时消除各种隐患。

（五）规范涉外婚姻登记，解决户口国籍问题

在前述关于婚姻家庭方面影响的时候我们曾提到，几乎每个边境管理地区都有一些未办理正常手续而成为事实跨国婚姻的夫妻，甚至有的境外人员来我国境内结婚二十多年还没有获得相应的国籍，往往会给有关政府部门的监控和管理带来困难。按现行政策规定，在边境60公里范围内的涉外婚姻应该到州级民政部登记，离边境超过60公里以外的，要在当地民政部门登记。但是据潞西、瑞丽、陇川三个县市不完全统计，共有50多例德昂族的涉外婚姻，至今只有5例正式登记。

其他民族的情况也大致相似，许多边境的涉外婚姻家庭往往按民族习俗摆酒席成亲后，得到社会公认即可。他们大多也不清楚目前涉外婚姻登记按州、县分属管理的规定和程序，往往嫌手续麻烦，或由于自身的手续不全而不去民政部门办理登记，从而造成涉外婚姻中外来一方无加入国籍户口，并进而影响到了其子女的户口登记，造成不少边境地区出现黑人黑户的现象，严重影响了边境地区的户籍管理制度，不利于边疆的稳定和治理，是一个需要消除的隐患。鉴于此，建议有关部门对此问题进行专题调研，尽快拿出较为合理的解决方案，出台相关政策措施，对边境地区的涉外婚姻和涉外婚姻家庭进行专项登记和管理，并广泛宣传，让边境地区的相关居民能够普遍知晓。

（六）在保证民族群众信仰自由的基础上健全宗教管理制度，进行有效的管理

由于我国边境地区跨界民族与境外同一民族在宗教信仰方面的诸多一致性，致使境内外的宗教交往已经成为跨界民族交往的一项重要内容，来自境外的宗教影响也已成为来自人口主体的重要影响之一。像德昂族那样由于国内僧侣不足，境外僧人入境传教、主持或住持宗教活动的现象在国内其他民族中也已成为普遍性的问题，尤其是在信仰南传上座部佛教的民族中表现得更为突出。据云南省宗教局的数据表明，2002—2004年，云南省南传佛教的佛寺从1648所增加为1661所，但僧侣人数则从1597人减少为1536人，

平均每寺还不足一名僧人；德宏州共有正式登记的南传佛教寺院 592 所，但只有 18% 的寺院有僧侣；而在全州有僧尼住持的 90 所寺院中，来自缅甸籍僧尼住持的寺院就有 40 所，占了 44.4%。[①] 面对这种状况，我们需要充分估计可能会给边疆的安定团结带来的诸多不确定因素，也要警惕和防范境外敌对势力借机进行宗教渗透的可能性。

由此我们建议，首先要依法加强对边境地区宗教事务的管理和宗教政策的宣传。要认真地保护合法，打击非法，切实保障民族群众的宗教信仰自由，使宗教管理走上制度化、法制化的轨道；要让边疆民族群众更多了解我国的宗教政策，提高辨别正常的宗教交流与宗教渗透的能力，有效地抵御来自境外的各种宗教渗透。

其次，要加强对宗教工作的管理力量。从目前云南的情况来看，我们在宗教工作方面的管理力量比较弱，全省 400 多万信教群众（不包含信奉传统原始宗教和民间信仰的群众），在编的专职宗教管理干部只有 300 多名，人手严重不足，造成管理力量的薄弱。需要尽快补充人力，特别要加强边境地区宗教管理的组织建设和能力建设。

最后，针对边疆跨界民族当中合格的宗教教职人员严重不足，向境外聘请宗教人员和境外宗教势力拉拢信教群众出境学习的状况，一方面要加强对入境宗教人员的管理，对境外聘来的宗教人士和学成归国的宗教人员开办针对其思想素质、宗教政策、法律知识的专项培训，合格者纳入正规宗教管理体系；另一方面需要加大国内的宗教院校和培训机构的建设力度，在边疆地区的省、州、县建成分布合理的宗教教育和培训网络，尽快培养出边疆民族地区所需的宗教人才。

（七）对境外跨界民族新创的民族语言文字进行专门调研和评估

在中国的许多人口较少民族中，一般都只有口头语言，而无书写文字，其民族文化主要依靠口头的方式传承。进入 20 世纪以来，随着民族意识的觉醒，许多民族已经意识到，民族文字对于民族文化的保护、传承和提升具有重要的意义，因而有的民族在西方传教士或国家有关部门和专家的帮助下，创立了书写文字，使该民族的文化有了较大的改观。近年来，由于民族主义思想的再度崛起，一些原先无文字的跨界民族在创立民族文字的问题上

---

① 参见张桥贵主编《云南跨境民族宗教社会问题研究》（之一），中国社会科学出版社 2008 年版，第 60 页。

出现了比以往任何时候更加强烈的诉求，因而境外的跨界民族也出现了创立自己民族文字的行动。据我们调查所知，除了缅甸德昂族创立了自己的民族文字之外，缅甸的怒族中也有人创立了怒族文字，虽然还未能像德昂族那样形成全民族的共识，但却同样在民族中具有很强的号召力，并且已经来到了云南福贡的怒族村寨中推广①。因此如前所述，缅甸德昂族创立自己民族文字并影响到中国境内的事件，不能看作是一种偶然的情况，需要加以认真地研究对待。

我们认为，对于这股来自境外的文化潮流，不能采取简单的回避办法，这是回避不了的，用堵塞的方式也不行，堵也堵不住，只能以疏导的策略来应对。应在有利于边疆稳定、有利于我国民族发展、有利于跨界民族睦邻友好的原则下，就如何与境外民族进行文化交流和民族文字推广使用的合作，制定出相应的对策措施和长远的规划。因此，建议有关部门尽快组织一个专题调研组，到中缅有关跨界民族地区进行深入调研，认真分析境外新创文字对国内民族影响的特点，深入评估其利弊，提出科学合理的应对策略和政策措施，对我国跨界民族的文化保护和发展给予科学的引导。

---

① 2008 年 3 月，笔者在云南省怒江傈僳族自治州福贡县木古甲怒族村调查得知，缅甸的怒族人在境外创立了怒族文字，并编成了课本，有人曾经来到境内教授。

主要参考书目

［德］马克思、恩格斯：《马克思恩格斯选集》第 1 卷，人民出版社 1995 年版。

联合国教科文组织（UNESCO）、世界文化与发展委员会（WCCD）编写：《文化多样性与人类全面发展——世界文化与发展委员会报告》（张玉国译），广东人民出版社 2006 年版。

［法］列维－施特劳斯：《种族与历史　种族与文化》，于秀英译，中国人民大学出版社 2006 年版。

费孝通：《论文化与文化自觉》，群言出版社 2007 年版。

［美］托马斯·哈定等：《文化与进化》，韩建军、商戈译，浙江人民出版社 1987 年版。

编委会：《中国人口较少民族经济和社会发展调查报告》，民族出版社 2007 年版。

叶舒宪、彭兆荣、纳日碧力戈：《人类学关键词》，广西师范大学出版社 2004 年版。

夏建中：《文化人类学理论学派——文化研究的历史》，中国人民大学出版社 1997 年版。

黄光成：《云南民族文化纵横探》，科学出版社 2007 年版。

河清：《破解进步论——为中国文化正名》，云南人民出版社 2004 年版。

程玄等：《云南“直过民族”社会发展与现代化》，云南人民出版社 2002 年版。

蔡永良：《语言、教育、同化——美国印第安语言政策研究》，中国社会科学出版社 2003 年版。

刘锡诚：《非物质文化遗产：理论与实践》，学苑出版社 2009 年版。

王铁志：《德昂族经济发展与社会变迁》，民族出版社 2007 年版。

郑晓云：《最后的长房——基诺族父系大家庭与文化变迁》，云南大学出版社 2005 年版。

桑耀华：《云南古代南亚语系民族及其他》，云南民族出版社 2007 年版。

杜玉亭：《基诺族文学简史》，云南民族出版社 1996 年版。

黄光成：《德昂族文学简史》，云南民族出版社 2002 年版。

修订本编写组：《基诺族简史》，民族出版社 2008 年版。

陶天麟：《怒族文化史》，云南民族出版社 1997 年版。

赵瑛：《布朗族文化史》，云南民族出版社 2001 年版。

刘江：《阿昌族文化史》，云南民族出版社 2001 年版。

陇川县史志办、德宏州民族艺术研究所：《阿昌族文化论坛》，云南民族出版社 2003 年版。

张晓琼：《变迁与发展——云南布朗山布朗族社会研究》，民族出版社 2005 年版。

李成武：《克木人——中国西南边疆一个跨境族群》，中央民族大学出版社 2006 年版。

杨学政：《藏族纳西族普米族的藏传佛教》，云南人民出版社 1999 年版。

胡文明主编：《普米族研究文集》，云南民族出版社 2002 年版。

张海洋主编：《厚德载物——人口较少民族文化保护与发展》，中央民族大学出版社 2010 年版。

周建新：《和平跨居论——中国南方与大陆东南亚跨国民族"和平跨居"模式研究》，民族出版社 2008 年版。

后　记

　　本书是国家社科基金西部项目的一项研究成果。起初申请课题的时候只计划写8万字左右的调研报告，但一旦投入身心调查研究之后，发现里面需要研究的空白太多，问题太多：有许多现实问题需要探究，有许多理论问题需要阐发，还有许多政策和策略的问题需要思索。于是也就放开调研的脚步，在云南人口较少民族地区到处疯跑，同时尽量开拓研究的视野，从现实到理论，从单一的文化事象到整个文化生态，进行必要的梳理和思考。毕竟，云南人口较少民族属于文化弱势的人群，学术界、理论界对其文化多样性的保护与传承问题的关注至今还很不够，理论积累也很有限。

　　经过大量田野调研和对资料的搜集后，面对一大堆笔记和相关资料，我一边反复消化，一边信笔而写，没料到竟然写出了超过了原计划字数的数倍，而且说它是报告又不完全像报告，说它是专著又不完全像专著。到送审结题的时候，再回过头去看看，发现在"文化多样性"与"和谐社会"两个研究主题之间，前者的比重弄大了，后者就显得轻了些。我知道就这样呈送专家评审难免出力不讨好，如果删削到八九万字，效果可能会更好些，然而毕竟是自己用心写的，写出来的东西就像自己的孩子一样，实在难以割舍。思来想去，还是"淡扫蛾眉"，不加修饰地送了上去，岂料专家匿名评审的结果反馈下来，竟然出现很大的评价差异，不过还是得到了大多数的好评，最终算是顺利结了题。结题之后我又作了一次认真修改。另外在附录中还加进了一个以德昂族为个案的跨界民族问题研究，这样从另一个角度来探讨本书的主旨，应该是有益的，也可为跨界民族的研究提供一些参考。

　　本书将列入"云南省社会科学院研究文库"出版，我想还是把原项目题目略微缩减一下，改成现在的书名，这样显得更简练些，可能也更切合主要内容，至于里面还保留着的有关"和谐社会"的内容，本来就是与"文化多样性"相关的，我想也不至于太突兀，不过在这里说明一下也有助于读者的理解。

　　本课题持续时间较长，差不多前后六个年头，当然其间常被其他事打了岔，中途还因眼疾而停顿了一段时间。至于说到本课题的研究渊源那就更长了，本人从年轻时代涉足民族研究之初就开始关注德昂族等一些云南人口较少民族的文化保护和发展问题了；我的另一个研究方向是文化地理问题，其实也基本上没有离开云南人口较少民族居住的地区。二十多年来我的目光并未离开过云南人口较少民族，我可以毫无愧色地说，这个课题成果凝聚了本人长期的心血，以及我对这些民族同胞的真诚挚爱。现在，课题结题，将要成书出版，总算可以松口气了。至于优劣成效如何，就由同行和世人去评说吧，不足之处还望得到方家的指正。

在本书即将付梓之际，我首先想到的是要感谢对本书调研、写作和出版给予帮助支持的一大批亲友：首先是一批调研点上的民族群众，他们中有的是村寨里的普通村民，有的是民族中的文化人，有的是出来工作的干部或工人；其次是一批曾经和我一起走村串寨的朋友，他们有的是我的同行，有的是当地的基层干部，有的是顺路与我同行的朋友：他们或为我带路，或去搞摄影，或去做行动项目，或问亲访友，或去旅游采风……由于下去的次数较多，变换的朋友也较多；再次是一批和我同样关注云南人口较少民族社会文化发展的同行，他们的相关成果为我的研究提供了宝贵的参考资料，给了我不少启发；还有那些为本书出版编辑运作的各位朋友，他们有的就是我的领导和同事，有的是出版社的编辑；最后还要提及我的妻子孙可钦，是她使我能够全身心地投入工作……没有他们的支持和帮助就没有本书的写作和问世。这一批批给过我帮助的亲友太多了，这里难以一一尽列，好在他们有的已在书中提及或引注，即使没有在书中涉及，我的心里也是牢牢记着的，这里再次向他们深深地鞠一躬，说声谢谢！

作　者

2012 年 12 月 21 日